WANDERN IN DEUTSCHLAND

200 leichte Touren in den schönsten Regionen

Impressum

Steiger Verlag
©1997 Weltbild Verlag GmbH, Augsburg
Alle Rechte vorbehalten

Es ist nicht gestattet, Abbildungen dieses Buchs
zu scannen, in PCs oder auf CDs zu speichern.
Ebenso unzulässig ist die Veränderung oder
Manipulation in PCs/Computern, es sei denn mit
schriftlicher Genehmigung des Verlags.

Alle Informationen und Hinweise ohne jede
Gewähr und Haftung.

Konzeption: Dr. Petra Altmann
Kartenskizzen: Ingenieurbüro für Kartographie
Heidi Schmalfuß, München
Satz, Layout und Reproduktion: Typework
Layoutsatz und Grafik GmbH, Augsburg
Druck und Bindung: Offizin Andersen Nexö,
Leipzig

Einbandvorderseite: Hintergrundmotiv: Abstieg
vom Hirschberg über das Hirschberghaus (Foto:
Siegfried Garnweidner, Baierbrunn); Einklinker:
Wanderpause am Bach (Mauritius, Mittenwald/
Foto: Pigneter); S. 1: Mitterfeldalm am
Hochkönig (Foto: Siegfried Garnweidner,
Baierbrunn)

Printed in Germany

ISBN 3-89652-113-6

Inhaltsverzeichnis

Ostfriesland/Nordseeküste/Hamburg
1. Im Zentrum der Krummhörn 5
2. Insel der Residenzen: Norderney 7
3. Helgolands Klippenweg 9
4. Wattwanderung nach Neuwerk 11
5. Im Naturpark Harburger Berge 13
6. Über den Amrumer Kniepsand 15
7. Rund um St.Peter-Ording 17
8. Über der Sylter Wattseite 19

Ostseeküste/Mecklenburg-Vorpommern
9. Geltinger Noor und Geltinger Birk 21
10. Um die Schlei bei Schleswig 23
11. Heiligenhafener Raritäten 25
12. Inselspaziergang Poel 27
13. Rund um den Darß 29
14. Über Rügens Kreideklippen 31
15. Auf der Halbinsel Wittow 33
16. Um den Hiddenseer Dornbusch 35
17. Rund um die Granitz 37
18. In der Feldberger Seenplatte 39

Lüneburger Heide
19. Von Niederhaverbeck zum Wilseder Berg
    und nach Wilsede 41
20. Von Undeloh nach Wilsede
    und zum Wilseder Berg 43
21. Von Behringen zum Totengrund
    und zum Steingrund 45
22. Von Oldendorf über Hermannsburg nach Müden 47
23. Von Hermannsburg zum Citronenberg 49
24. Von Unterlüß nach Hösseringen 51

Mark Brandenburg
25. Von Lindow nach Gransee 53
26. Von Rheinsberg auf die Krähenberge 55
27. Rund um den Wandlitzer See und Liepnitzsee . . 57
28. Potsdam-Sanssouci 59
29. Buckow 61
30. Erkner 63
31. Schloß Branitz in Cottbus 65

Spreewald
32. Im Unterspreewald von Lübben über Schlepzig
    und Krausnick nach Lubolz 67
33. Rund um Schlepzig 69
34. Rund um Burg 71
35. Von Schlepzig über Krausnick,
    am Köthener See vorbei, über Leibsch
    zurück nach Schlepzig 73
36. Von Lübbenau entlang der Hauptspree
    nach Lübben 75
37. Von Lübbenau nach Lehde und zurück 77

Braunschweig/Magdeburg

38. Im Jerichower Land bei Magdeburg 79
39. Großsteingräber bei Haldensleben 81
40. Wanderland Letzlinger Heide 83
41. Naturschutzgebiet Riddagshausen 85
42. Vorharz: Hornburg und Osterwieck 87
43. Rundwanderung vom Watzumer Häuschen 89

Harz

44. Auf der alten Harzstraße von Goslar
    nach Hahnenklee und zurück 91
45. Von Bad Grund nach Lautenthal
    und über Wildemann zurück 93
46. Zwischen Sagen, Hexen und Märchen:
    Thale und Bodetal 95
47. Zwischen »Großvater« und »Teufelsmauer«:
    bei Blankenburg 97
48. Von Clausthal durch den Oberharz
    nach Osterode 99
49. Von Herzberg-Sieber zur Hanskühnenburg 101

Weserbergland/Münsterland

50. Felsfaszination im Ith 103
51. Zum Hohenstein im Süntel 105
52. Mecklenbruch-Hochmoorwanderung im Solling . 107
53. Von den Externsteinen auf die Velmerstot 109
54. Emsaufwärts von Telgte nach Warendorf 111
55. Dörenther Klippen – Balkon des Münsterlandes . 113
56. Hohe Mark: Hexenbuchen, Wildpark, Heide . . . 115

Sauerland/Bergisches Land

57. Im Reich der Hohensyburg 117
58. An der Versetalsperre 119
59. Auf das Ebbegebirge 121
60. Am Saum des Rothaargebirges 123
61. Zwischen Schmallenberg und Latroptal 125
62. Oberkirchen und Nordenau 127
63. Höhen um Altastenberg 129
64. Bergkönig des Sauerlandes 131
65. Bei Winterberg 133

Hessisches Bergland

66. Im Vogelsberg – der Hoherodskopf 135
67. In und um Marburg 137
68. Auf den Eisenberg im Knüllwald 139
69. Der Werra-Burgen-Steig bei Witzenhausen 141
70. Von Naumburg zur Weidelsburg 143
71. Kassel-Wilhelmshöhe 145
72. Im Reinhardswald bei Hofgeismar 147

Rhön

73. Von Fladungen in das Schwarze Moor 149
74. Auf die Wasserkuppe bei Gersfeld 151
75. Der Kreuzberg bei Bischofsheim 153
76. Von Oberbernhards auf die Milseburg 155

Thüringer Wald

77. Von der Wartburg nach Ruhla 157
78. Ruhla – Dreiherrnstein – Großer Inselsberg 159

79. Großer Inselsberg – Trockenberg –
    Spießberg – Ebertswiese 161
80. Von der Ebertswiese nach Oberhof 163
81. Von Oberhof über den Großen Beerberg
    nach Stützerbach 165
82. Stützerbach – Dreiherrnstein – Neustadt a. R. –
    Masserberg 167
83. Von Masserberg nach Neuhaus am Rennweg . . 169

Region um Leipzig

84. Stadtwanderung durch Leipzig 171
85. Das Muldetal zwischen Grimma und Trebsen . . . 173
86. Von Trebsen nach Wurzen 175
87. Machern – Pürchau – Thallwitz – Eilenburg . . . 177
88. Von Eilenburg nach Bad Düben 179

Erzgebirge/Elbsandsteingebirge

89. Talsperre Bleiloch bei Lobenstein 181
90. Rund um Johanngeorgenstadt 183
91. Naturtheater bei Ehrenfriedersdorf 185
92. An der Oberen Flöha 187
93. Von Altenberg zum großen Lugstein 189
94. Kletterfelsen im Süden der Sächsischen Schweiz . . 191
95. Von Rathen auf die Bastei 193
96. Von Burg Hohenstein in den Tiefen Grund 195
97. Die Felsen Kuhstall und Heringstein 197
98. Im Quellgebiet der Kirnitzsch 199

Westerwald

99. Dillenburg und Wilhelmsturm 201
100. Von Montabaur zum Köppel 203
101. Kloster Liebfrauenthal bei Neustadt/Wied 205
102. Westerwälder Seenplatte 207

Eifel

103. Der Rotweinwanderweg 209
104. Mittelalterlicher Horst Nideggen 211
105. Das Natur-Amphitheater Gerolstein 213
106. Im Herzen der Vulkaneifel 215
107. Zauberhaftes Sauertal 217
108. Auf dem Moselhöhenweg 219
109. Märchenburg Eltz 221

Hunsrück

110. Bad Münster am Stein 223
111. Bad Sobernheim 225
112. Die Schmidtburg bei Rhaunen 227
113. St. Goar und Burg Rheinfels 229

Taunus

114. Auf den Großen Feldberg 231
115. In und um Weilburg herum 233
116. Im Rheingau bei Geisenheim 235
117. Zur Saalburg bei Bad Homburg 237
118. Von Oberursel nach Kronberg 239

Odenwald

119. Grube Messel – Fenster zur Erdgeschichte 241
120. Von Zwingenberg zum Auerbacher Schloß 243

3

121. Zur Ruine Rodenstein 245
122. Um Amorbach herum 247
123. Ab Rimbach über die Tromm 249

Spessart
124. Über Bergrothenfels durchs Hafenlohrtal 251
125. Von Alzenau auf den Hahnenkamm 253
126. Mespelbrunn – »das Wirtshaus im Spessart« . . . 255
127. Baumveteranen bei Rohrbrunn 257

Pfälzerwald
128. Burg Trifels bei Annweiler 259
129. Im Dahner Felsenland 261
130. Bad Dürkheim 263
131. Schloß Ludwigshöhe bei Edenkoben 265
132. Von Dannenfels zum Donnersberg 267

Kraichgau
133. Heidelberg – einmal anders 269
134. Wertheim und das Taubertal 271
135. Von Schloß Weikersheim durch die Weinberge . . 273
136. Römerlager bei Osterburken 275
137. Burg Guttenberg am Neckar 277

Steigerwald
138. Weinberge bei Bullenheim 279
139. Von Volkach zur Vogelsburg 281
140. Durch die Buchenwälder um Ebrach 283
141. Rundgang in und um Scheinfeld 285
142. Die Windsheimer Bucht 287

Fränkische Alb/Fränkische Schweiz/Fichtelgebirge
143. In Pappenheims Heimat 289
144. Von Kipfenberg ins Altmühltal 291
145. Von Kelheim zum Kloster Weltenburg 293
146. In die Wälder nördlich von Lauf 295
147. Von Neuhaus in die Wunderwelt des Karstes . . . 297
148. Romantisches rund um Obertrubach 299
149. Im Steinwald des Fichtelgebirges 301
150. Fichtelberger Quellenweg 303

Oberpfälzer Wald
151. Von Kappel bis Tirschenreuth 305
152. Seenplatte bei Schwandorf 307
153. Bierweg nach Burglengenfeld 309
154. Auf dem Oberpfalzweg zur Burg Falkenstein . . . 311
155. Das Goldland bei Oberviechtach 313
156. Der Pandurensteig nach Cham 315
157. Die Burgen an der Waldnaab 317

Bayerischer Wald
158. Auf den Spuren Albert Stifters
     zum Steinernen Meer 319
159. Erlebnistour auf den Großen Rachel 321
160. Über den Pfahl zur Burgruine Weißenstein 323
161. Vom Arberseehaus zum Großen Arber 325
162. Rund um den Pröller 327
163. An der Regenschleife bei Chamerau 329

164. Auf und um den Pilgramsberg herum 331
165. Zum Faulturm auf der Burgruine Donaustauf . . . 333

Schwarzwald
166. Durch das Naturschutzgebiet Monbachtal 335
167. Zwischen Kinzig- und Schuttertal 337
168. Vom Kinzigtal ins Gutachtal 339
169. Urlaubsorte Triberg und Furtwangen 341
170. Im Kaiserstuhl 343
171. Von St. Märgen nach St. Peter 345
172. Durch das obere Wutachtal 347
173. Im Markgräfler Land 349

Schwäbische Alb
174. Der Albtrauf bei Balingen 351
175. Über die Burg Hohenzollern zum Raichberg 353
176. Beuroner Naturtheater 355
177. Von Zwiefalten zur Wimsener Höhle 357
178. Wasserfälle über Bad Urach 359
179. Von Bissingen über die Teck 361
180. Von Blaubeuren zur Urdonau 363
181. Von Heubach auf den Albtrauf 365
182. Im Brenztal bei Herbrechtingen 367

Allgäu
183. Neuschwanstein und Alpsee 369
184. Zwischen Füssen und Zirmgrat 371
185. Breitenberg und Aggenstein 373
186. Zwei Rundtouren bei Oberjoch 375
187. Durch die Starzlachklamm 377
188. Seealpsee und Oytal 379
189. Vom Mittag auf den Steineberg 381
190. Gipfel-Tour beim Hochgrat 383

Oberbayern
191. Kenzenhütte – Kenzensattel – Geiselsteinjoch –
     Wankerfleck 385
192. Kloster Ettal – Manndl – Laberjoch 387
193. Linderhof – Brunnenkopfhäuser –
     Große Klammspitze 389
194. Garmisch – Kramer – Stepbergalm – Garmisch . 391
195. Mittenwald – Brunnsteinhütte – Rotwandlspitze/
     Brunnsteinspitze 393
196. Gschwendt – Tutzinger Hütte – Benediktenwand 395
197. Tegernsee – Riederstein – Baumgartenscheid –
     Tegernsee 397
198. Fischbachau – Breitenstein – Bucheralm –
     Fischbachau 399
199. Höglwörth – Teisenberg – Stoißberg –
     Höglwörth 401
200. Vordergern – Rauher Kopf 403

Erklärung der Kartensymbole 405
Bildnachweis 405
Ortsregister 406

Weserbergland – Münsterland

55 Dörenther Klippen – Balkon des Münsterlandes

Tourenlänge
16 km

Zeitbedarf
4 bis 6 Stunden

Etappen
Riesenbeck – Schöne Aussicht – Dörenther Klippen – Dendrologischer Garten – Riesenbeck

Steigung
Kurzer Kreuzweg-Aufstieg bei Riesenbeck, ansonsten weitgehend eben

Eignung für Kinder
Die Dörenther Klippen sind bei Kindern jedes Alters sehr beliebt. Die gesamte Wanderung verlangt schon etwas strammere Beine

Interessantes am Weg
Riesenbeck, Dörenther Klippen, Dendrologischer Garten

Wegcharakter
Waldwege, teils wurzelig

Wegmarkierung
H (= Hermannsweg) und X

Günstigste Jahreszeit
Bei Schneefreiheit und klarer Sicht

Unsere Wanderung beginnt an der *Kirche* von **Riesenbeck.** Zum Auftakt wollen wir einen kurzen Blick in diesen klassizistischen Bau tun: Ganz hinten (Westen) befindet sich der romanische *Grabstein* der heiligen Reinhildis, einer Wunderfrau aus der Zeit der mittelalterlichen Mystik; ihre Legende ist mit verschiedenen Orten in der Gegend verknüpft. Auf dem Grabmal winkt sie einem Engel zu.
Von der Kirche folgen wir der Markierung X7 nordwärts, überqueren den **Dortmund-Ems-Kanal** und steigen dann steil im Wald den Berg hinauf, begleitet von den Stationen eines Kreuzwegs. Belohnung ist oben (links) der weite Blick von der Plattform »Schöne Aussicht«.
Von nun an weist der mit einem H markierte **Hermannsweg** die Route (rechts) auf dem Rücken des Waldkamms. Der Hermannsweg ist auf dieser Strecke meist *kein* breiter Forstweg, sondern ein Pfad: Wurzelig, steinig, leicht federnd führt er zu den Dörenther Klippen. Vorher quert der Hermannsweg die B 219 und erreicht kurz hinter einem Campingplatz die **Dörenther Klippen**. Für diese Wunder in Stein sollte man sich Zeit lassen: Nicht nur das **Hockende Weib**, sondern auch die weiter östlich gelegenen Felsen am **Plisseetal** sind sehenswert.
Von den Klippen wandern wir auf derselben Route ein Viertelstündlein zurück, bis im Wald die mit einer Raute markierte Wanderroute kreuzt: Ihr folgen wir links (Süden) hinab, bis kurz nach Queren einer Landstraße in unmittelbarer Nähe des **Dendrologischen** (gehölzkundlichen) **Gartens** die Markierung X25 auftaucht: Sie leitet (rechts) nach Riesenbeck zurück. Dieses Zurückwandern unterscheidet sich sehr vom Hinweg oben im Wald: Der bequeme, fahrradfähige, sonnige Weg führt aussichtsreich durch Wiesen

55 Dörenther Klippen – Balkon des Münsterlandes

und Felder, kommt an alten, einsam gelegenen Gehöften vorbei, und rechts begleitet uns der bewaldete Kamm, auf dem wir zu den Dörenther Klippen gewandert sind. Schließlich schwingt X links zum Dortmund-Ems-Kanal und folgt diesem zurück nach **Riesenbeck**.

Informationen zur Tour

Ausgangsort
Hörstel-Riesenbeck

Zielort
Hörstel-Riesenbeck

Anfahrt
E 30 Osnabrück – Holland, Ausfahrt Hörstel und weiter nach Riesenbeck

Einkehrmöglichkeiten
Dörenther Klippen (am Camping und am Hockenden Weib)

Übernachtung
Anfragen: siehe Auskunft

Auskunft
48477 Hörstel-Riesenbeck, Touristinformation, Kalixtusstraße 6, Tel. 0 54 54/91 10

Karte
Freizeitkarte 1:50 000 Blatt 4, Münster/Tecklenburger Land

Vom Hockenden Weib schweift der Blick weit hinaus ins Münsterland.

Weserbergland – Münsterland

56 Hohe Mark: Hexenbuchen, Wildpark, Heide

Tourenlänge
13 km

Zeitbedarf
4 Stunden

Etappen
Parkplatz Hexenbuchen – Hexenbuchen – Waldbeerenberg – Naturwildpark Granat – Hülstenholter Wacholderheide – Parkplatz Hexenbuchen

Steigung
Insgesamt kaum wahrnehmbar

Eignung für Kinder
Mit kleinen Kindern besser ab Naturwildpark oder Hubertushof; sonst ab etwa 10 Jahren

Interessantes am Weg
Hexenbuchen, Naturwildpark, Hülstenholter Wacholderheide

Wegcharakter
Waldwege, teils sandig

Wegmarkierung
Verschiedene A-Markierungen, siehe Beschreibung

Günstigste Jahreszeit
Wenn die Bäume Laub tragen oder wenn sie tief verschneit sind

Das bewaldete Hügelgebiet der Hohen Mark umfaßt das Tiefland zwischen Dülmen, Bocholt, Wesel, Dorsten und Recklinghausen. Vom Wanderparkplatz **Hexenbuchen** leitet die Markierung A 9 waldeinwärts, schwingt vor einem Feld rechts und mündet am Ende des Feldes auf eine Art Allee, an der wir uns links wenden. Die alten Buchen auf dem niedrigen Wall links des Weges weisen bereits ungewöhnliche Wachstumsformen auf. Schnurgerade hält der Weg auf die als Naturdenkmäler unter Schutz stehenden

Hexenbuchen zu, uralte Buchen in den bizarrsten Formen: waagrecht wachsend, kamelhöckrig, luftwurzelig – ein eigentümlicher Ort. Es handelt sich angeblich um *Süntelbuchen*.
Von den Hexenbuchen folgen wir der Markierung A 9 auf dem Wallweg weiter und nach dem Funkturm auf dem Waldbeerenberg links, bis wir uns an einer Wegekreuzung (mit gelber Sitzbank) der Markierung A 3 anschließen und zum 600 000 m² großen, bergigen **Naturwildpark Granat** führen lassen, in dem sich Mufflon, Murmeltiere, Rothirsche, Sikahirsche, Känguruhs, Strauße, Pfaue und viele andere tummeln.
Auf der Zufahrtsstraße des Naturwildparks gehen wir geradeaus zum »**Hubertushof**«, der am Fuß des Maibergs zu gepflegter Rast lädt. An der kleinen **Marien-Halbkapelle** hinter dem Hubertushof wendet sich die Markierung A 4 links und leitet zur **Hülstenholter Wacholderheide**. Dieses Naturschutzgebiet führt vor Augen, wie früher weite Teile des westlichen Münsterlandes aussahen: Nach der Rodung des

115

56 Hohe Mark: Hexenbuchen, Wildpark, Heide

Die Hexenbuchen in der Hohen Mark

Waldes entwickelten sich auf den nährstoffarmen Sandböden Zwergstrauchheiden, in denen lediglich die stachligen Wacholder vom Verbiß durch die Schafe verschont blieben. Die Wacholder erreichen heute eine Höhe von bis zu vier Metern. Bald darauf zweigen wir an einer Schutzhütte auf den Weg X7 ab, der am Westrand der Hohen Mark zum Parkplatz »Specking« führt und dort wieder in den Wald eintritt, ehe uns an der Halterner Heck die Markierung X2 zum Ausgangspunkt zurückleitet.

Informationen zur Tour

 Ausgangsort
Parkplatz Hexenbuchen westlich von Haltern

 Anfahrt
A 43 Münster – Ruhrgebiet Ausfahrt Haltern auf die B 58 Richtung Wesel; in Lippramsdorf rechts abbiegen Richtung Reken und parken am schmalen, ausgeschilderten Wanderparkplatz

 Einkehrmöglichkeiten
Hubertushof

 Übernachtung
Anfragen: siehe Auskunft

 Auskunft
45721 Haltern, Verkehrsamt Haltern, Markt 1, Tel. 0 23 64/93 33 66

Karte
Freizeitkarte 1:50 000 Blatt 8, Naturpark Hohe Mark

Ostfriesland/Nordseeküste/Hamburg

1 Im Zentrum der Krummhörn

 Tourenlänge
14 km

 Durchschnittliche Gehzeit
3 Std.

 Etappen
Pewsum – Kloster Sielmönken 1 Std. – Freepsum 1 Std. – Pewsum 1 Std.

 Steigung
10 m

 Eignung für Kinder
Ab 7 Jahren

 Interessantes am Weg
Manningaburg, Kirchenwarft Freepsum, Kirchenwarft Canum, Pewsumer Mühle, Pewsumer Kirche

 Wegcharakter
Befestigte Wege durch die Marsch

 Wegmarkierung
Mehrere Wegweiser

 **Günstigste Jahreszeit**
Frühjahr bis Herbst

Hauptort und Häuptlingssitz der Krummhörn war jahrhundertelang **Pewsum**. Hier hatte die Familie Manninga ihre Burg, von der heute noch die Unterburg aus dem 15. Jh. sowie das Torhaus aus dem 16. Jh. erhalten sind.
Startplatz der Wanderung ist der Drostenplatz in Pewsum, von dem aus wir an der **Manningaburg** vorbei in die Marsch hinauswandern. Über den Galgenwarfsweg, den Weg Am Gemeindegarten und den Weg An den Schonungen kommen wir zur Siedlung Kloster Sielmönken. Hier gab es von der Mitte des 13. Jh. bis zur Reformation ein Kloster, zu dessen Aufgaben auch die Kontrolle der Siele gehörte und damit der Entwässerung des gewonnenen Deichlandes. Über den alten Klosterweg und die Freepsumer Landstraße erreichen wir den nach rechts (Westen) abzweigenden Mittelweg. Er führt durch das Freepsumer Meer zum tiefsten Punkt Deutschlands, der immerhin 2,3 m unter NN liegt. Hier hatte man ab 1664 nach holländischem Vorbild versucht, mit Windmühlen das eingedeichte Gebiet trockenzulegen. Nach Teilerfolgen gelang dies endgültig aber erst 1771.
Über den Meerweg bummeln wir hinüber nach **Freepsum**, dessen 1260 errichtete Kirchenwarft einen Besuch verdient. Auch im wenig nordwestlich gelegenen **Canum** gibt es eine solche Kirchenwarft von 1280. In der Kirche ist eine interessante Renaissancekanzel von 1573 zu entdecken.
In Pewsum können wir natürlich direkt wieder Richtung Manningaburg wandern. Interessanter aber ist es, hinter der Brücke über das Pewsumer Tief links abzubiegen und der **Pewsumer Windmühle** noch einen Besuch abzustatten. Sie ist ein dreistöckiger Galerieholländer von 1843 und heute Teil des Ostfriesischen Freilichtmuseums. Durch die Manningastraße kommen wir schließlich zurück zum Drostenplatz.

5

1 Im Zentrum der Krummhörn

Die Manningaburg in Pewsum, das früher Häuptlingssitz der Krummhörn war.

Informationen zur Tour

 Ausgangsort
Pewsum im Nordwesten von Emden

 Anfahrt
Bis Emden über die A 28 und A 31, ab Emden über die Landstraße Richtung Rysum.

 Zielort
Wie Ausgangsort

 Einkehrmöglichkeit
In Pewsum

 Unterkunft
In Pewsum

 Auskunft
26736 Krummhörn, Gemeinde Krummhörn, Fremdenverkehrs GmbH, Greetsieler Straße, Tel. 0 49 26/9 18 80

 Karte
Topographische Karte 1:50 000, L 2508 Norden

2 Insel der Residenzen: Norderney

Tourenlänge
15 km

Durchschnittliche Gehzeit
4 Std.

Etappen
Fährhafen – Kurverwaltung ½ Std. – Ostbadestrand 1 Std. ¾ Min. – Südstrandpolder ¾ Std. – Fährhafen 1 Std.

Steigung
30 m

Eignung für Kinder
Ab 7 Jahren

Interessantes am Weg
Argonner Wäldchen, Waldkirche, Windmühle, Aussichtsdüne und langer Strandweg

Wegcharakter
Etwa ein Drittel der Strecke verläuft auf befestigten Wegen, der Rest unbefestigt

Wegmarkierung
Zahlreiche Wegweiser und Hinweisschilder.

Günstigste Jahreszeit
Frühjahr bis Herbst

Norderney gehört zu den ältesten friesischen Seebädern. Bereits 1797 wurde hier der Badebetrieb aufgenommen. Richtig »standesgemäß« wurde die Insel ab 1836, als hier der blinde König Georg V. von Hannover seine Sommerresidenz einrichtete. Bis heute ist der Insel dadurch ein Hauch von Klassizismus geblieben.
Ausgangspunkt ist der **Fährhafen**, weil der Tagesgast dort ohnehin mit dem Schiff von Norddeich aus ankommt. Vom Hafen aus geht der Weg zunächst nach Süden ans Ostende der westlichen Strandpromenade. Sie führt nordwestwärts am Argonner Wäldchen, ursprünglich ein alter Ulmenhain, vorbei zur Kurverwaltung. An das Wäldchen schließt sich nach Osten hin ein ganzer Waldgürtel als südliche Begrenzung der Stadt Norderney an. Dort befindet sich auch mit der **Waldkirche** eine weitere Attraktion der Insel. Ihre Pfeiler und Säulen bestehen aus lebenden Bäumen, die Laubkronen sind ihr Dach. Schon seit 1912 wird diese Freilichtkirche für Sonntagsgottesdienste genutzt.
Auch nördlich der Kurverwaltung bleiben wir der Strandpromenade treu, erreichen bei der **Marienhöhe** den nordwestlichsten Punkt der Insel und folgen der Strandpromenade nun nach Nordosten. Bei der **Georgshöhe** läuft dann der Spaziergang entlang dem offenen Sandstrand und in der Brandungszone. Wer mag, kann hier die Schuhe ausziehen und barfuß nahe am Flutsaum weiterbummeln.
Nach knapp 5 km ist der Ostbadestrand bei der Weißen Düne erreicht. Hier wenden wir uns nach Süden, um auch den Inselrücken zu erleben. Seinen höchsten Punkt ziert die 21 m hohe **Aussichtsdüne**, die einen weiten Rundblick in alle Richtungen ermöglicht. Markanter Blickfang im Osten ist der 1874 errichtete und beinahe 60 m hohe **Leuchtturm**.
Von der Aussichtsdüne wandern wir südwärts hinunter bis zum Beginn des **Südstrandpolderdeiches**. Er schützt ein 160 ha großes,

7

2 Insel der Residenzen: Norderney

An der Brandung entlang

1941 eingedeichtes Polderfeld, das heute ein einziges **Vogelparadies** ist. Wir folgen zunächst dem Polderdeich nach Süden, später nach Westen und umrunden so das ganze eingedeichte Gebiet. Haben wir schließlich das westlich angrenzende Wattgebiet umwandert, ist kurz darauf auch der Hafen von Norderney wieder erreicht.

Informationen zur Tour

 Ausgangsort
Fährhafen Norderney im Südwesten der Insel

 Anfahrt
Mit Fährschiff von Norddeich aus

 Zielort
Wie Ausgangsort

 Einkehrmöglichkeit
Zahlreiche Möglichkeiten im Westteil der Wanderung

 Unterkunft
In Norddeich und Norderney

 Auskunft
26535 Norderney, Kurverwaltung, Postfach 13 55, Tel. 0 49 32/89 10

 Karte
Wanderkarte 1:25 000 der Kurverwaltung Norderney

Ostfriesland/Nordseeküste/Hamburg

3 Helgolands Klippenweg

 Tourenlänge
4 km

 Durchschnittliche Gehzeit
2 Std.

 Etappen
Hafen – Lange Anna 1 Std. – Hafen 1 Std.

 Steigung
60 m

 Eignung für Kinder
Ab 6 Jahren

 Interessantes am Weg
Lummenfelsen, Lange Anna, Vogelwarte, Meerwasseraquarium

 Wegcharakter
Außerhalb der Stadt Helgoland unbefestigter Kies- und Sandweg

 Wegmarkierung
Mehrere Hinweisschilder

 Günstigste Jahreszeit
Frühjahr bis Herbst

Helgoland ist die einzige deutsche Felseninsel. Ihre Felsformationen aus rotem Sandstein finden nirgends ihresgleichen. Ausgangspunkt für die Wanderung rund um die Insel ist der Hafen, wo der Gast von den Bötebooten abgeliefert wird, die ihn vom Seeschiff eigens abholen. Von der Landungsbrücke führt der Lung Wai hinauf zum Oberland. Dort nehmen wir den Weg Am Falm nach Süden zum Aussichtspunkt an der Südspitze des Klippenrandweges. Von hier schweift der Blick ungehindert über das Helgoländer Unterland, den Binnenhafen und die Binnenreede. Vom Aussichtspunkt ist der **Klippenrandweg** über Helgolands rote Sandsteinfelsen nicht mehr zu verfehlen. Entlang der Südwestküste schlän-

gelt sich der Weg hoch über den Felswänden nach Nordwesten bis zum Nordkap der Insel. Auf der zweiten Hälfte des Weges tauchen die berühmten Helgoländer Vogelfelsen auf, allen voran der **Lummenfelsen**. Ab etwa Ende April brüten hier Tausende stark an Pinguine erinnernde Trottellummen.

Gegenüber vom Helgoländer Nordkap ragt die **Lange Anna**, das weltberühmte Wahrzeichen von Helgoland in den Himmel. Der gut 50 m hohe Felspfeiler ist der letzte Rest eines ehemaligen Felsentores, das bis 1856 auf vier Säulen stand und von den Helgoländern »Hengst« genannt worden war.

Vom Nordkap folgt der Weg nun dem Klippenrand auf der Nordostseite der Insel bis auf die Höhe des Sportplatzes. Dort verlassen wir den Kliffrand und gehen an der nächsten Kreuzung geradeaus, um die **Vogelwarte** und den **Vogelfanggarten** nicht zu versäumen. Über eine große Trichterreuse werden hier jedes Jahr etwa 17 000 Zugvögel gefangen, bestimmt und beringt.

An der Kirche vorbei kommen wir zum **Hingstgars** und über den **Steanaker** zurück zum **Falm**. Hier geht es zur Treppe hinunter zum Unterland und damit zurück zur Landungsbrücke.

9

3 Helgolands Klippenweg

Der Lummenfelsen auf Helgoland

Sollte vor der Rückfahrt des Schiffes noch Zeit bleiben, sei ein Besuch des **Meerwasseraquariums** an der Kurpromenade empfohlen. Immerhin 34 große Becken vermitteln interessante Einblicke in die Geheimnisse der Unterwasserwelt der Nordsee.

Informationen zur Tour

 Ausgangsort
Landungsbrücke an der Südostecke von Helgoland

 Anfahrt
Mit Ausflugsschiff von vielen Punkten der Nordseeküste

 Zielort
Wie Ausgangsort

 Einkehrmöglichkeit
Zahlreiche Möglichkeiten im Unter- und Oberland der Stadt Helgoland

 Unterkunft
Auf der Insel, doch am besten nur mit Voranmeldung

 Auskunft
27498 Helgoland, Kurverwaltung/Zimmervermittlung, Tel. 0 47 25/8 08 50

 Karte
Topographische Karte 1:50 000, L 1716 St. Peter-Ording oder (besser) örtliche Wanderkarte

Ostfriesland/Nordseeküste/Hamburg

4 Wattwanderung nach Neuwerk

Tourenlänge
15 km

Durchschnittliche Gehzeit
4 Std.

Etappen
Sahlenburg – Neuwerk 3 Std; Umrundung der Insel Neuwerk 1 Std.

Steigung
5 m

Eignung für Kinder
Ab 7 Jahren

Interessantes am Weg
Biomasse im Watt, Friedhof der Namenlosen und Wehrturm Nyge Werk. Zu Fuß auf dem Meeresboden

Wegcharakter
Unbefestigter Weg durchs Watt, der nur entsprechend dem Tidenkalender begangen werden kann

Wegmarkierung
Der Weg durch das Watt ist mit Pricken markiert

Günstigste Jahreszeit
Frühjahr bis Herbst

Das Watt an der deutschen Nordseeküste ist weltweit einmalig. Teile dieser außergewöhnlichen Amphibienlandschaft gehören inzwischen zum Nationalpark Wattenmeer. Den schönsten Zugang in diese Wunderwelt vermittelt die Wanderung von Sahlenburg zur Insel Neuwerk.
Der Weg beginnt in **Sahlenburg** Am Muschelgrund. Von hier aus schlängelt sich der nur bei Ebbe begehbare Wattweg über den Sandrücken zwischen dem Neuwerker Fahrwasser und dem Ostertill. Auf der rund dreistündigen Wanderung durch das auf den ersten Blick eintönig wirkende Watt erlebt man die Spuren einer kaum geahnten Lebensvielfalt. Auffälligste Spuren sind zunächst die zahllosen Kringelhäufchen des Sandpierwurms. Seine Kothäufchen sind nichts anderes als der von ihm gefressene Sand. Einer seiner Verwandten ist der Wattringelwurm, der sich durch geweihförmig verzweigte Oberflächenspuren verrät. Den eigentlichen Tierbestand des Watts aber muß man sich erst bewußt machen. Da die meisten der Schnecken, Krebse und Muscheln ganz winzig sind, bedeutet dies, daß auf 1 qm Watt gut 100 000 einzelne Lebewesen ihre Heimat haben. Die Biomasse Watt produziert pro Jahr und Hektar bis zu 2 Tonnen!
Am Südrand der Insel Neuwerk erreichen wir den **Friedhof der Namenlosen**. Hier haben viele von der See angeschwemmte Seeleute ihre letzte Ruhestätte gefunden.
Die rund 300 ha große Insel **Neuwerk** ist in ihrem Kern durch einen Deich geschützt. Auf ihm kann man die Insel in einer Stunde bequem umrunden. Attraktivstes Ziel auf Neuwerk ist der **Wehrturm Nyge Werk**, der der Insel ihren Namen gegeben hat. Gebaut wurde der Turm bereits Anfang des 14. Jh. im Auftrag des Hamburger Senats. Mit seinen nahezu 3 m dicken und 45 m hohen Backsteinmauern ist der Turm das älteste Bauwerk an der deutschen Nordseeküste. Seit 1815 brennt auf dem Turm das Leuchtfeuer, das

11

4 Wattwanderung nach Neuwerk

Wege ins Watt (hier bei Sahlenburg)

den Schiffen den richtigen Weg zur Einfahrt in die Elbe weist. Der Besucher darf 138 Stufen hinaufklettern und von einer Aussichtsplattform aus den weiten Blick über das Wattenmeer genießen.
Der Rückweg erfolgt entweder mit dem Wattwagen zurück nach Sahlenburg oder mit dem Schiff nach Cuxhaven.

Informationen zur Tour

 Ausgangsort
Sahlenburg Am Muschelgrund (beim Campingplatz)

 Anfahrt
Cuxhaven ist über die A 27 zu erreichen, Sahlenburg ist der westlichste Vorort von Cuxhaven

 Zielort
Wie Ausgangsort

 Einkehrmöglichkeit
In Sahlenburg

 Unterkunft
In Sahlenburg und Cuxhaven

 Auskunft
27472 Cuxhaven, Kurverwaltung, Tel. 0 47 21/40 40

 Karte
Topographische Karte 1:50 000, L 2116 Cuxhaven West

Ostfriesland/Nordseeküste/Hamburg

5 Im Naturpark Harburger Berge

 Tourenlänge
14 km

 Durchschnittliche Gehzeit
3½ Std.

 Etappen
Bahnhof Neugraben – Moisburger Stein 1½ Std. – Kiekeberg ½ Std. – Bahnhof Neugraben 1½ Std.

 Steigung
100 m

 Eignung für Kinder
Ab 7 Jahren

 Interessantes am Weg
Moisburger Stein, Kiekeberg, Museumsdorf Ehestorf, Scheinberg

 Wegcharakter
Sanfter Spaziergang durch die Wälder der Harburger Hügellandschaft

 Wegmarkierung
Neugraben – Moisburger Stein Ka; Moisburger Stein – Kiekeberg Wfr; Kiekeberg – Neugraben Ki.

 Günstigste Jahreszeit
Ganzjährig

Von dem über 55 000 ha großen hamburgisch-niedersächsischen Naturpark Harburger Berge liegen nur knapp 4000 ha auf Hamburger Staatsgebiet. So gehören die Naturschutzgebiete Fischbeker Heide und Neugrabener Heide zu Hamburg, der 127 m hohe Kiekeberg dagegen bereits zu Niedersachsen.

Ausgangspunkt ist der S-Bahnhof **Neugraben** im Südwesten von **Hamburg**. Nach der Querung der B 73 folgen wir der Markierung Ka und dem Hinweis Fischbektal. Durch das Tal wandern wir zügig nach Süden und queren dabei den Ostteil der **Fischbeker Heide**. Auf der Höhe des **Tempelberges** (Wegweiser) lohnt sich die Überlegung, ob es noch ein kleiner Abstecher sein darf. In der Nähe des 95 m hohen Tempelberges gibt es nämlich einen archäologischen Wanderpfad, in dessen Verlauf die Funde aus einem eisenzeitlichen Urnenfriedhof erklärt sind. Auf der Höhe des Tempelberges wendet sich der Weg nach Ostsüdost und erreicht kurz darauf den **Moisburger Stein**. Er ist allerdings weder alt noch Teil eines Hünengrabes, sondern König Georg II. von Hannover grenzte damit sein Reich 1750 gegen Hamburg ab. Über den Weiler Alvesen erreichen wir den 127 m hohen **Kiekeberg** und seine prächtige Aussicht.

Am Südrand von **Ehestorf** ist der Besuch des Freiluftmuseums Kiekeberg angesagt. Hier hat das **Helms-Museum** bäuerliche Baudenkmäler aus dem Harburger Raum wieder aufgebaut und mit landwirtschaftlichen Geräten ausgestattet. Im Gasthof »Zum Kiekeberg« neben dem Museum gibt es nach mehrhundertjährigem Rezept gebackenes Bauernbrot.

Sind Kinder mit von der Partie, darf auch der Besuch des **Hochwildparkes Schwarze Berge** wenig nordwestlich von Ehestorf, nicht fehlen. Hier tummelt sich das Wild aus einheimischen und aus fernen Wäldern gleich rudelweise, viele dürfen sogar gestreichelt und gefüttert werden.

Die Hauptroute folgt von Ehestorf dem Zeichen Ki nordnordwestwärts durch die Wälder. Wir über-

13

5 Im Naturpark Harburger Berge

queren dabei den Bredenberg, den Falkenberg und zuletzt den 59 m hohen Scheinberg, der zum Schluß noch einmal eine besonders gute Aussicht bietet. Vom Scheinberg ist es nur noch ein Katzensprung zurück zum S-Bahnhof Neugraben.

Informationen zur Tour

 Ausgangsort
S-Bahnhof Neugraben im Südwesten von Hamburg

 Anfahrt
Mit der S-Bahn oder über die B 73

 Zielort
Wie Ausgangsort

 Einkehrmöglichkeit
Gasthof »Zum Kiekeberg« beim Museumsdorf

 Unterkunft
Zahlreich in den umliegenden Vororten

 Auskunft
21224 Rosengarten-Ehestorf, Freilichtmuseum am Kiekeberg, Tel. 0 40/97 76 62

 Karte
Topographische Karte 1:50 000, L 2524 Hamburg-Harburg

Freiluftmuseum Kiekeberg bei Ehestorf

Ostfriesland/Nordseeküste/Hamburg

6 Über den Amrumer Kniepsand

 Tourenlänge
15 km

 Durchschnittliche Gehzeit
4 Std.

 Etappen
Nebel – Kniepsand ¾ Std. – Hospiz 2 Std. – Nebel 1¼ Std.

 Steigung
10 m

 Eignung für Kinder
Ab 8 Jahren

 Interessantes am Weg
In Nebel die alte St. Clemenskirche, Grabsteine auf dem Kirchhof und die Windmühle; Kniepsand; Vogelschutzgebiet Odde

 Wegcharakter
Knapp die Hälfte des Weges ist befestigt, der Rest ist eine unbefestigte Strandwanderung

 Wegmarkierung
Wegweiser in den Orten, am Kniepsand keine Markierung

 Günstigste Jahreszeit
Frühjahr bis Herbst

führt. Wo sie nach Norden schwenkt, gehen wir weiter westwärts, queren den schmalen Waldstreifen und schließlich den Dünengürtel, bis wir ganz zum Ende den **Kniepsand** erreichen. Auch dieser wird noch weiter nach Westen gequert bis zum Strand. Dort wenden wir uns nach Norden und folgen der Uferlinie entlang des Kniepsandes. Dieser im Schnitt etwa 1,5 km breite Sandstreifen war ursprünglich eine riesige Sandbank, die noch im 16. Jh. quer vor der Südküste Amrums lag. Strömung, Wind und Wellen sorgten dann dafür, daß der Sand um beinahe 90° versetzt und am Westrand von Amrum angelagert wurde.

Die Strandwanderung entlang des Kniepsandes endet auf der Höhe des von Pastor Bodelschwingh errichteten Hospizes. Hier beginnt das **Vogelschutzgebiet Odde**. Naturfreunde können vom Hospiz aus weiter nach Norden bis zur Seevogelwarte wandern. Von dort aus gibt es

Die Insel Amrum hat einen kleinen Geestkern, einen großen Dünenteil und im Westen vorgelagert den riesigen Kniepsand. Ihm verdankt die Insel auch ihren Namen (am Rem = sandiger Rand). Schönstes Dorf der Insel ist das malerische **Nebel** mit seiner alten **St. Clemenskirche**. Ihr Schiff und Chor stammen noch aus dem frühen 13. Jh., ihr dreiflügeliger Altar ist mit Malereien von 1634 geschmückt. Immer wieder interessant sind die zahlreichen alten Grabsteine, die mit kunstvollen Reliefs verziert sind. Auch die Windmühle am südlichen Ortseingang stammt schon von 1771.

Ausgangspunkt der Wanderung ist die Kirche in Nebel. Von ihr aus wandern wir südwärts bis zur Inselhauptstraße, die hier genau nach Westen

15

6 Über den Amrumer Kniepsand

Windmühle bei Nebel

im Sommer regelmäßig Führungen in das Vogelschutzgebiet.
Vom Hospiz aus wandern wir auf der Wattseite südwärts nach **Norddorf**. Von hier aus könnte man zwar mit dem Bus nach Nebel zurückfahren, weitaus schöner aber ist es, den Wiesenweg östlich der Fahrstraße bis nach Nebel zurückzubummeln.

Informationen zur Tour

 Ausgangsort
Nebel in der Mitte der Insel Amrum

 Anfahrt
Mit Fährschiff von Dagebüll aus nach Wittdün und mit Bus bis Nebel

 Zielort
Wie Ausgangsort

 Einkehrmöglichkeit
In Norddorf

 Unterkunft
In Nebel und Norddorf

 Auskunft
25946 Nebel, Kurverwaltung, Tel. 0 46 82/8 81

 Karte
Topographische Karte 1:50 000, L 1314 Hörnum und 1316 Wyk auf Föhr

7 Rund um St. Peter-Ording

 Tourenlänge
15 km

 Durchschnittliche Gehzeit
4 Std.

 Etappen
Bad St. Peter – Süderhöft 1½ Std. – St. Peter 1 Std. – Ording 1 Std. – Bad St. Peter ½ Std.

 Steigung
5 m

 Eignung für Kinder
Ab 6 Jahren

 Interessantes am Weg
Böhler Leuchtturm, Hauberg Matthiesen, Eiderstedter Heimatmuseum, romanische Kirche in Ording

 Wegcharakter
Die Wege auf der Landseite von St. Peter-Ording sind alle befestigt, an der Seeseite kann man häufig wahlweise auf befestigtem Weg oder auf Sand gehen

 Wegmarkierung
Zahlreiche Wegweiser

 Günstigste Jahreszeit
Frühjahr bis Herbst

Der Reiz des Seebades an der Westküste der Halbinsel **Eiderstedt** besteht im scheinbar fließenden Übergang zwischen Festland und See. Der Marsch vorgelagerte, riesige Sandbänke sind so verfestigt, daß sie sogar von Strandseglern und Autos befahren werden können.
Ausgangspunkt ist die Kurverwaltung an der Seebrückenbuhne in **St. Peter**. Von hier aus wandern wir über die Kurpromenade nach Süden und bald darauf nach Südosten. Dabei weicht der große Priel, der die Südhälfte von St. Peter-Ording von der vorgelagerten Sandbank trennt, stetig weiter zurück und das Vorland verbreitert sich entsprechend. Erstes Ziel ist der **Böhler Leuchtturm** auf der Höhe von Süderhöft. Er ist zugleich der südliche Umkehrpunkt in unserer Wanderung. Nordwärts geht es nun durch Süderhöft nach **Wittendün**, wo der Hauberg Matthiesen steht. Der 1760 errichtete Hof ist ein prächtiges Beispiel für den auf der Halbinsel Eiderstedt verbreiteten Hoftyp.
Tiefere Einblicke in die Eiderstedter Bauernkultur vermittelt dann das Eiderstedter **Heimatmuseum** in der Olsdorfer Straße 6 in St. Peter. Es ist in einem ebenfalls aus dem 18. Jh. stammenden Bauernhaus untergebracht und präsentiert bäuerliche und kirchliche Gebrauchsgegenstände.
Wenig nördlich des Ortszentrums von St. Peter erreichen wir bald den alten Westmarkendeich, dem wir nordwestwärts folgen. Über die Waldstraße und den Strandweg geht es weiter durch die Dünenlandschaft nach Ording-Süd, wo bereits wieder das Ende des Marschlandes erreicht wird. Dem Deich entlang geht es nun genau nach Norden bis nach **Ording**. Hier lohnt sich ein Blick in die kleine Dorfkirche. Sie ist ein romanischer Backsteinbau aus dem 13. Jh., deren Chor in der Gotik ausgebaut wurde.
Westlich vor Ording ermöglicht eine Zufahrtsbrücke den Zugang zu der der Halbinsel Eider-

7 Rund um St. Peter-Ording

stedt vorgelagerten, riesigen Sandbank. Von der Strandzufahrt aus brauchen wir lediglich noch genau nach Süden zu wandern, um zur Seebrückenbuhne in Bad St. Peter zurückzukommen.

Informationen zur Tour

 Ausgangsort
Seebrückenbuhne in Bad St. Peter

 Anfahrt
Über die B 5 und die B 202 nach St. Peter-Ording

 Zielort
Wie Ausgangsort

 Einkehrmöglichkeit
In den verschiedenen Ortsteilen von St. Peter-Ording

 Unterkunft
In den verschiedenen Ortsteilen von St. Peter-Ording

 Auskunft
25826 St. Peter-Ording, Kurverwaltung/Zimmervermittlung, Tel. 0 48 63/99 90

Karte
Topographische Karte 1:50 000,
L 1716 St. Peter-Ording

Am Strand von St. Peter-Ording

Ostfriesland/Nordseeküste/Hamburg

8 Über der Sylter Wattseite

Tourenlänge
14 km

Durchschnittliche Gehzeit
3½ Std.

Etappen
Bahnhof Morsum – Munkhoog – Morsum Kliff 1 Std. – Keitum – St. Severin 2 Std. – Bahnhof Keitum ½ Std.

Steigung
30 m

Eignung für Kinder
Ab 7 Jahren

Interessantes am Weg
Munkhoog, Station der Naturschutzgemeinschaft Sylt, Morsum Kliff, Seefahrerkirche St. Severin, Heimatmuseum Keitum

Wegcharakter
Etwa ein Drittel der Strecke ist unbefestigter Weg

Wegmarkierung
Wegweiser und Hinweisschilder

Günstigste Jahreszeit
Frühjahr bis Herbst

Die »stille« Seite von Sylt hat Beachtliches zu bieten: der 23 m hohe Munkhoog ermöglicht einen hervorragenden Ausblick über das Watt, das Morsum Kliff aus Limonitsandstein gibt Einblicke in den Aufbau der Geest, und die alte Seefahrerkirche St. Severin in Keitum ist ein Schatzkästlein für sich.
Ausgangspunkt zur Eroberung all dieser Schönheiten ist der Bahnhof in **Morsum**. Nach der Querung der Bahn wenden wir uns nach Nordosten, um über den Ortsteil Abort den **Munkhoog** zu erklimmen. Er ist mit seinen 23 m der schönste Aussichtspunkt weit und breit. Um ihn herum breitet sich die Hochfläche der **Morsu-**

mer Geest aus, die eine ähnlich atlantisch geprägte Pflanzenvielfalt aufweist wie diejenige in der Bretagne.
Im Südosten des Munkhoogs wartet das Landhaus **Nösse** auf Besucher. Hier hat die Naturschutzgemeinschaft Sylt eine kleine naturkundliche Sammlung zusammengetragen und informiert über Geologie, Flora und Fauna der Küstenlandschaft. Im Sommer gibt es von hier aus auch naturkundliche Führungen.
Vom Landhaus Nösse aus wenden wir uns nach Norden, um beim **Morsum Kliff** die Abbruchkante der Geest zu erreichen. Am Kliff selbst wenden wir uns nach Westen und folgen der Bruchkante bis zurück zum Ortsteil **Abort**.
Von dort aus ist der Weg der Küste entlang hinüber nach Keitum nicht zu verfehlen. Er quert im Westen von Morsum ein bis zu 400 m breites Neuland mit dem sprechendem Namen »Anwaks«.
Wir queren das alte Kapitänsdorf **Keitum** mit seinen immer wieder überraschend schönen Friesenhäuschen, bis wir am Nordwestrand des Dorfes die alte Seefahrerkirche St. Severin erreichen. Sie stammt aus dem 13. Jh. und beeindruckt schon von weitem mit ihrem wuchtigen Glockenturm. Kostbarste Stücke ihrer Ausstattung sind ein von vier Löwenfiguren getragener, romanischer Taufstein und ein gotischer Schnitzaltar aus dem 15. Jh. Von der Kirche aus wandern wir quer durch das alte Keitum hinunter zum Bahnhof und

19

8 Über der Sylter Wattseite

Morsum Kliff bei Keitum

besuchen bei dieser Gelegenheit noch das **Sylter Heimatmuseum**. Vom Bahnhof Keitum bringt uns die Bahn zurück zum Ausgangspunkt beim Bahnhof Morsum.

Informationen zur Tour

 Ausgangsort
Bahnhof Morsum im Osten von Sylt

 Anfahrt
Mit der Bahn von Niebüll aus

 Zielpunkt und Rückfahrt
Keitum; nach Morsum zurück mit der Bahn

 Einkehrmöglichkeit
In Morsum und Keitum

 Unterkunft
In Niebüll, Morsum und Keitum

 Auskunft
25980 Sylt-Ost, Kurverwaltung Sylt-Ost, Ortsteil Keitum, Am Tipkenhoog 5, Tel. 0 46 51/33 70

 Karte
Topographische Karte 1:50 000, L 1116 Kampen

Ostseeküste/Mecklenburg-Vorpommern

9 Geltinger Noor und Geltinger Birk

 Tourenlänge
16 km

 Durchschnittliche Gehzeit
4 Std.

 Etappen
Gelting – Windmühle Charlotte 1 Std. – Geltinger Birk 1 Std. – Falshöft 1 Std. – Gelting 1 Std.

 Steigung
5 m

 Eignung für Kinder
Ab 7 Jahren

 Interessantes am Weg
In Gelting die Dorfkirche und das Herrenhaus; Windmühle Charlotte, Vogelreservat Geltinger Birk, Leuchtturm Falshöft, Geburtshaus Georg Asmussen in Pommerby

 Wegcharakter
Gut die Hälfte der Strecke ist befestigter Weg, der Rest ist unbefestigt

 Wegmarkierung
Zahlreiche Wegweiser

 Günstigste Jahreszeit
Frühjahr bis Herbst

Die Flensburger Außenförde wird durch die Geltinger Halbinsel vor der offenen See geschützt. Auf der Halbinsel gibt es einen trockengefallenen Strandsee und verschiedene Sumpfgebiete. Sie bieten einer Vielfalt von Sumpf- und Wasservögeln eine ideale Heimat.
In **Gelting** selbst ist das Herrenhaus Beleg dafür, daß die ganze Umgebung einst dänisches Krongut war. 1758 kaufte Sönke Ingwersen dieses Krongut und wurde dafür vom dänischen König zum Baron von Gelting geadelt. Der frischgebackene Baron baute dafür das Herrenhaus zur stattlichen Dreiflügelanlage aus. Die Geltinger Dorfkirche ist ein spätgotischer Bau mit einem frei stehenden, hölzernen Glockenstuhl von 1729.

Im Inneren steht eine geschnitzte Taufe von Hans Gudewerdt aus dem Jahre 1653.
Ausgangspunkt der Wanderung ist der Parkplatz bei der Geltinger Kirche. Von ihr aus wandern wir zunächst der Straße entlang zügig nach Norden, biegen bei Goldhöft von der Inselringstraße nach links ab und erreichen nach einem weiteren Kilometer am Ostufer des **Geltinger Noors** die malerische alte Schöpfmühle Charlotte. Sie ist ein 1826 gebauter Erdholländer, der allerdings nie zum Getreidemahlen diente. Mit der Windkraft wurden vielmehr die tiefer gelegenen Landstriche im Osten des Geltinger Noors entwässert.
An der Windmühle beginnt das nur noch den Fußgängern vorbehaltene **Naturschutzgebiet**. Der Fußweg folgt weiter der Uferlinie nach Norden bis zur Nordspitze der Halbinsel. Sie ist ein prächtiger Aussichtspunkt an der Nahtstelle zwischen der Flensburger Förde und der offenen See. In den weiten Sumpfwiesen der Halbinselspitze haben über 150 verschiedene Vogelarten ihre Heimat.
Von der Nordspitze der Halbinsel schwenkt der Weg nach Südosten, folgt aber weiterhin der Uferlinie bis hinunter zum **Leuchtturm von Falshöft**. Hier wenden wir uns landeinwärts

21

9 Geltinger Noor und Geltinger Birk

Charlotte, die Windmühle (bei Gelting)

und wandern über Langfeld südwestwärts nach **Pommerby**. Hier steht das Geburtshaus von Georg Asmussen, dem Begründer des Guttemplerordens. Von Pommerby wandern wir entlang der Inselringstraße zurück nach Gelting.

Informationen zur Tour

 Ausgangsort
Gelting am Ostrand der Flensburger Förde

 Anfahrt
Von Flensburg aus über die B 199

 Zielort
Wie Ausgangsort

 Einkehrmöglichkeit
In Pommerby und Gelting

 Unterkunft
In Gelting

 Auskunft
24395 Gelting, Amtsverwaltung, Süderholm 18, Tel. 0 46 43/1 83 20

 Karte
Topographische Karte 1:50 000, L 1324 Kappeln

Ostseeküste/Mecklenburg-Vorpommern

10 Um die Schlei bei Schleswig

Tourenlänge
20 km

Durchschnittliche Gehzeit
5 Std.

Etappen
Haddeby – Wedelspang – Fahrdorf 1 3/4 Std. – Fleckeby 1 3/4 Std. – Missunde 1 1/2 Std.

Steigung
20 m

Eignung für Kinder
Ab 8 Jahren

Interessantes am Weg
Feldsteinkirche von Haddeby, Wikingermuseum Haithabu, Gut Louisenlund, Missunde

Wegcharakter
Der größte Teil der Strecke ist befestigter Weg

Wegmarkierung
Zahlreiche Wegweiser

Günstigste Jahreszeit
Frühjahr bis Herbst

Die bei Schleswig wie ein geheimnisvoller See aussehende Schlei ist in Wirklichkeit ein gut 40 km in das Land hineingreifender Arm der Ostsee. Diese riesige Förde war einst ein wichtiger Schiffahrtsweg und zu Zeiten der Wikinger eines der wichtigsten Verstecke für diese »Wasserbanditen«.
Ausgangspunkt ist der Hafen von **Schleswig** zu Füßen des riesigen Backsteindomes. Von hier fahren wir mit dem Boot über die Schlei hinüber nach **Haddeby** und zum Museum Haithabu. Bei allem Interesse für die Wikinger darf dabei die Feldsteinkirche von Haddeby nicht übersehen werden. Immerhin stammt sie aus dem 12. und 13. Jh. Zu sehen gibt es in ihr eine sächsische Kreuzigungsgruppe aus der Zeit um 1250 sowie einen dreiflügeligen, gotischen Schnitzaltar. Bei Haddeby hat die Schlei eine Art Blinddarm, das **Haddebyer Noor**. Es war der ideale Schlupfwinkel für die Wikinger, hier hatten sie eine ganze Stadt gebaut. Bis heute teilweise erhalten ist davon die Stadtmauer aus dem 10. Jh. Es war dies ein bis zu 10 m hoher und insgesamt etwa 1300 m langer Erdwall, der sich wie ein Halbkreis mit etwa 600 m Durchmesser zum Wasser hin öffnete. Was von der Wikingerstadt gefunden wurde, ist in einem eigenen Wikingermuseum zu bestaunen.
Von Haithabu wandern wir rund 1 km nach Süden bis Wedelspang, wenden uns dort nach Osten und nutzen die Brücke zwischen dem Haddebyer Noor und dem Selker Noor. Am Ostufer des Haddebyer Noors wandern wir nach Norden, genießen vom Ehrenfriedhof Karberg aus den schönen Blick über die Schlei auf Schleswig und bummeln schließlich von Fahrdorf über das Landsträßchen hinüber nach Borgwedel. Dem Ufer der Schlei entlang geht es nun hinüber zum alten Hofgut **Louisenlund**, das der dänische König Christian VII. 1770 seiner Schwester Louise geschenkt hatte.
Von Louisenlund wandern wir südwärts auf **Fleckeby** zu, schwenken aber bei den ersten Häusern wieder nach links, um an das Ufer der Schlei zurückzukommen. Rund 2 km können wir der Uferlinie an der Südostseite der großen Breite folgen, bevor wir in Weseby zunächst nach rechts

23

10 Um die Schlei bei Schleswig

und wenig später nach links schwenken, um nach **Missunde** und damit zu einer der romantischsten Stellen der Schlei zu kommen. Von Missunde gibt es im Sommer Rückfahrmöglichkeit mit dem Schiff nach Schleswig.

Informationen zur Tour

Ausgangsort
Hafen von Schleswig bzw. Haddeby

Anfahrt
Über die B 77 oder B 201 nach Schleswig

Zielort
Wie Ausgangsort

Einkehrmöglichkeit
In den einzelnen Ortschaften

Unterkunft
In den einzelnen Ortschaften

Auskunft
24837 Schleswig, Touristinformation, Plessenstr. 7, Tel. 0 46 21/2 48 78

Karte
Topographische Karte 1:50 000, L 1522 Schleswig und L 1524 Eckernförde

Schleswig über der Schlei

Ostseeküste/Mecklenburg-Vorpommern

11 Heiligenhafener Raritäten

Tourenlänge
12 km

Durchschnittliche Gehzeit
3 Std.

Etappen
Heiligenhafen – Steinwarder – Hohes Ufer 1 Std. – Heiligenhafen 2 Std; der Abstecher auf die Halbinsel Graswarder kann beliebig lang gestaltet werden

Steigung
20 m

Eignung für Kinder
Ab 7 Jahren

Interessantes am Weg
In Heiligenhafen Pfarrkirche, Salzspeicher am Kattsund und Heimatmuseum; Schwemmlandinsel Graswarder, Kliff am Hohen Ufer

Wegcharakter
Etwa zwei Drittel der Strecke sind befestigter Weg, der Rest ist unbefestigt

Wegmarkierung
Einige Wegweiser

Günstigste Jahreszeit
Frühjahr bis Herbst

Ausgangspunkt zur Eroberung der **Heiligenhafener** Raritäten ist das Ortszentrum wenig nördlich der Kirche. Nach der Brücke über den Binnensee steht ein Abstecher auf die im Osten gelegene Schwemmlandinsel **Graswarder** an. Hier können mit Hin- und Rückweg leicht 6 – 8 (allerdings lohnende) km zusammenkommen.
Für die Hauptwanderung wenden wir uns nach links und überschreiten die Halbinsel **Steinwarder** längs nach Westen bis hinüber zum großen Ferienzentrum am Westende des Binnensees. Hier schwenken wir nach Norden und folgen am nördlichsten Punkt des Ufers dem Uferweg nach Westen, später nach Südwesten. Er führt uns automatisch auf das 13 m hohe **Hohe Ufer** das hier als Kliff steil zur See abbricht. Von dieser Erhebung bietet sich ein umfassender Rundblick.
Vom höchsten Punkt aus wandern wir noch 1,5 km weiter südwestwärts bis zu einem befestigten Querweg, der nach weiteren knapp 2 km wiederum auf einen Querweg trifft. Ihm folgen wir nach links, um zurück nach Heiligenhafen zu kommen.
Im Zentrum von **Heiligenhafen** sollte es niemand versäumen, durch die winkligen alten Gassen zu bummeln. Immerhin gab es hier schon Mitte des 13. Jh. einen Hafen und einen Markt mit Stadtrecht. Auf die gleiche Zeit geht der Kern der gotischen Backsteinkirche zurück. Schönstes

Den besonderen Reiz Heiligenhafens machen zwei vorgelagerte Halbinseln aus. Beide sind nach und nach durch die Erosion des Kliffs im Westen von Heiligenhafen entstanden. Angetrieben vom ewigen Westwind haben Wellen und Meeresströmung das Lockermaterial vom Kliff nach Osten verfrachtet, wobei das schwerere Material natürlich am wenigsten, das leichtere Material am weitesten transportiert wurde. Entsprechend besteht die Halbinsel Steinwarder hauptsächlich aus schwererem Material, die Halbinsel Graswarder dagegen aus leichten Sanden und Tonen.

25

11 Heiligenhafener Raritäten

Stück ihrer Ausstattung ist ein mit Schnitzfiguren, Reliefs und Ornamenten reich verziertes Chorgestühl aus dem 16. Jh. Die schönsten Fachwerkgiebelhäuser stehen im Thulboden, wo sich auch das Heimatmuseum findet. Ein Prachtstück für sich ist der 1587 errichtete alte Salzspeicher am Kattsund.

Informationen zur Tour

Ausgangsort
Heiligenhafen

Anfahrt
Über die A 1 und B 207

Zielort
Wie Ausgangsort

Einkehrmöglichkeit
In Heiligenhafen

Unterkunft
In Heiligenhafen

Auskunft
23774 Heiligenhafen, Touristinformation, Bergstr. 43, Tel. 0 43 62/9 07 20

Karte
Topographische Karte 1:50 000, L 1730 Oldenburg

Schwemmlandinsel Graswarder

Ostseeküste/Mecklenburg-Vorpommern

12 Inselspaziergang Poel

 Tourenlänge
16 km

 Durchschnittliche Gehzeit
4 Std.

 Etappen
Kirchdorf – Gollwitz 1 Std. – Timmendorf-Strand 2 Std. – Kirchdorf 1 Std.

 Steigung
20 m

 Eignung für Kinder
Ab 7 Jahren

 Interessantes am Weg
In Kirchdorf gotische Kirche und alte Wallanlagen, Schwarzer Busch, Hafen Timmendorf

 Wegcharakter
Die Wege über das Inselinnere sind weitgehend befestigt, der Weg an der Küste ist unbefestigt

 Wegmarkierung
Einzelne Wegweiser

 Günstigste Jahreszeit
Ganzjährig

Die Insel Poel war ab 1648 für gut 250 Jahre in schwedischem Besitz. Erst 1903 kam das Wieseneiland wieder an Deutschland zurück. Hauptort der 37 qkm großen Insel ist Kirchdorf, das spätestens im 12. Jh. gegründet wurde. An ihrer großzügigen Kirche bauten die Inselbewohner von 1229 bis in die Mitte des 15. Jh. Es finden sich hier zwei Schnitzaltäre aus dem frühen 15. Jh., ein spätgotisches Kruzifix und ein überraschend schöner, barocker Orgelprospekt von 1740. Die heimlichen Schönheiten der Insel zogen früh den Landesherren an. So baute Herzog Adolf Friedrich I. von Mecklenburg bei der Kirche von Kirchdorf bis 1619 ein Sommerschloß und ließ innerhalb einer eigenen Festungsbastion einen großzügigen Park anlegen. Leider waren die Befestigungen für Wallensteins Truppen kein Hindernis. Erhalten sind heute nur noch Teile der alten Wallanlagen.

Ausgangspunkt ist der Hafen von **Kirchdorf** – von ihm aus wandern wir ostnordostwärts hinüber zum Weiler Vorwerk und dann nordwärts hinauf zur Siedlung Gollwitz. Hier wenden wir uns nach Westen und erreichen kurz darauf das **Poeler Nordwestufer**. Ihm folgen wir nun für rund 2 Std. südwestwärts. Erstes Ziel ist hier die Feriensiedlung beim **Schwarzen Busch**. Ihr Name steht für ein Wäldchen mit knorrigen Eichen und gekämmten Birken. Sie wiederum sind der kümmerliche Rest des Waldbestandes, der im Mittelalter noch große Teile der Insel bedeckt hatte. Auch nach dem Schwarzen Busch bleiben wir weiter dem Ufer treu, bis hinunter zu dem schon längst sichtbaren Leuchtturm in **Timmendorf-Strand**. Er ist einer der wichtigsten Seezeichen für all die Schiffe, die in den Wismarer Hafen einlaufen wollen. Im kleinen Timmendorfer Hafen sind noch Fischer zu Hause, und ein Seenotrettungskreuzer wartet auf hoffentlich harmlose Einsätze. In Timmendorf-Strand wenden wir uns nach Osten und folgen zunächst dem Landsträßchen bis Timmendorf. Bei seinem Dorfteich zweigt links ein Feldweg ab, der mitten durch die Felder geradewegs zum Ausgangspunkt Kirchdorf zurückführt.

12 Inselspaziergang Poel

Hafen auf Poel

Informationen zur Tour

 Ausgangsort
Kirchdorf im Zentrum der Insel Poel

 Anfahrt
Von Wismar per Schiff oder über die Landstraße bis Kirchdorf

 Zielort
Wie Ausgangsort

 Einkehrmöglichkeit
In Kirchdorf und Timmendorf

 Unterkunft
In Kirchdorf oder Wismar

 Auskunft
23999 Kirchdorf, Fremdenverkehrsamt, Wismarsche Str. 22, Tel. 03 84 25/2 03 4

 Karte
Topographische Karte 1:50 000, Blätter 83 B Wismar und 71 D Insel Poel

Ostseeküste/Mecklenburg-Vorpommern

13 Rund um den Darß

 Tourenlänge
20 km

 Durchschnittliche Gehzeit
4 Std.

 Etappen
Prerow – Leuchtturm am Darß 1½ Std. – Esper Ort 1 Std. – Prerow 1½ Std.

 Steigung
20 m

 Eignung für Kinder
Ab 8 Jahren

 Interessantes am Weg
In Prerow Seefahrerkirche, Darß-Museum und Kapitänshäuser; am Darß Leuchtturm und Infostation der Nationalparkverwaltung

 Wegcharakter
Etwa ein Drittel des Weges ist befestigt, am Darßer Westufer teilweise Naturstrand

 Wegmarkierung
Einzelne Wegweiser

 Günstigste Jahreszeit
Frühjahr bis Herbst

Der Darß ist seit jeher ein Anlandungsgebiet mit Heideflächen, moorigen Senken und lichten Dünenkiefernwäldern. An der Nordspitze gibt es umfangreiche Sandanlagerungen und vom Meer abgeschnittene Strandseen.
Ausgangspunkt ist der nordwestliche Ortsrand von **Prerow**, wo der Leuchtturmweg zum Darßer Ort ausgeschildert ist. Ihn kann man per Fahrrad oder per Kutsche auf dem Fahrweg oder parallel dazu zu Fuß auf dem Wanderweg bewältigen. Der Weg mündet beim **Darßer Leuchtturm**, der hier seit 1848 steht und damit zu den ältesten Leuchtfeuern in Mecklenburg-Vorpommern zählt. Unmittelbar neben dem Leuchtturm unterhält die Nationalparkverwaltung eine Informationshütte.
Vom Leuchtturm aus wandern wir knapp 500 m auf dem Leuchtturmweg zurück und folgen dann der Abzweigung nach rechts (Süden) etwa 1,5 km weit, bis zu einer Abzweigung vor einem kleinen Binnensee. Ihr folgen wir nach rechts (Westen) und kommen damit an das **Darßer Westufer**
Es ist zwischen dem Darßer Ort und dem Ostseebad Ahrenshoop im Süden knapp 15 km lang und ist in seiner Wildheit einmalig an der gesamten deutschen Ostseeküste. Der Strand ist gesäumt von einem Urwald aus Kiefern, Buchen, Lärchen und Eichen, die tapfer versuchen, dem ewig nagenden Wind und den gefräßigen Wellen die Stirn zu bieten. Jahr für Jahr wird Meter um Meter des Steilufers in die See gerissen. Vor allem wegen dieser stetigen Landschaftsverformung ist die Wanderung entlang der Darßer Westküste so interessant.
Nach gut 2 km erreichen wir den **Esper Ort**, wo der Wald etwas vom Ufer zurückweicht. Etwa 300 m südlich dieser Lichtung zweigt ein Weg landeinwärts ab, den wir quer durch den Darßer Wald bis zurück nach Prerow ostwärts folgen. Dabei erleben wir erneut ein Stück naturbelassenen Urwald. Zurück in Prerow sollten wir es nicht versäumen, einen Blick in die **Seemannskirche**

29

13 Rund um den Darß

An der Westküste auf dem Darß

auf der Nordseite des Prerower Stromes zu werfen. Sie beeindruckt mit einem hölzernen Tonnengewölbe und einer hübschen Barockausstattung. Um die Kirche herum gibt es alte Seemannsgrabsteine mit interessanten Reliefs zu entdecken.

Informationen zur Tour

 Ausgangsort
Prerow auf der Halbinsel Darß

 Anfahrt
Von Barth oder Wustrow über die Landstraße

 Zielort
Wie Ausgangsort

 Einkehrmöglichkeit
Getränke beim Darßer Leuchtturm, sonst in Prerow

 Unterkunft
In Prerow

 Auskunft
18375 Wieck am Darß, Kurverwaltung, Bliesenrader Weg 2, Tel. 03 82 33/2 01

 Karte
Topographische Karte 1:50 000, Blätter 49 D Wustrow und 50 C Barth

Ostseeküste/Mecklenburg-Vorpommern

14 Über Rügens Kreideklippen

Tourenlänge
14 km

Durchschnittliche Gehzeit
3½ Std.

Etappen
Saßnitz – Ernst-Moritz-Arndt-Sicht 1¼ Std. – Königsstuhl 1¼ Std. – Lohme 1 Std.

Steigung
100 m

Eignung für Kinder
Ab 8 Jahren

Interessantes am Weg
Piratenschlucht, Wissower Klinken, Ernst-Moritz-Arndt-Sicht, Viktoria-Sicht, Königsstuhl, Hertha-See

Wegcharakter
Über den Kreidefelsen unbefestigter Waldweg, am Fuß der Kreidefelsen Kiesstrand.

Wegmarkierung
Blauer Querstrich auf weißem Grund

Günstigste Jahreszeit
Ganzjährig

Die Rügener Halbinsel Jasmund ist für ihre Kreideküste weltberühmt. Auf einer Länge von gut 15 km reihen sich bis zu 117 m hohe Kreidefelsen, die nahezu senkrecht aus der See zu wachsen scheinen. Am Fuß der Kreidefelsen finden sich immer wieder interessante Fossilien und vor allem schön geformte Feuersteine.
Ausgangspunkt zu Deutschlands schönster Klippenwanderung ist der östliche Ortsrand von **Saßnitz**. Hier beginnt der prächtige Buchenwald, der uns bis fast hinauf nach Lohme begleiten wird. Nach wenigen Minuten erreichen wir die Piratenschlucht, wo sich einst ein Schlupfwinkel des berühmten Seeräubers Klaus Störtebeker

befunden haben soll. Nach knapp 1 km erreichen wir den **Hengst**, ein Klippenvorsprung, auf dem Erdwälle eine etwa 1000 Jahre alte Fluchtburg der Slawen belegen.
Erster richtiger Höhepunkt sind die **Wissower Klinken**. Sie waren für Caspar David Friedrich das Vorbild für sein berühmtes Gemälde »Kreidefelsen auf Rügen«, das er 1818 gemalt hat. Wenig nördlich der spitz gezackten Klinken können Schwindelfreie über etwas luftige Leitern zum Strand hinuntersteigen.
Der nächste Höhepunkt ist die **Ernst-Moritz-Arndt-Sicht**, ein Klippenvorsprung, der wie eine Nase über die Grundlinie des Hochufers hinausragt. Die nach dem 1769 auf Rügen geborenen Dichter benannte Klippe bietet eine besonders gute Aussicht.
Bei der Mündung des Kieler Baches könnten Sie

31

14 Über Rügens Kreideklippen

Kreidefelsen auf Rügen: die Wissower Klinken

erneut über Leitern zum Strand hinuntersteigen. Ein weiteres Glanzlicht im Reigen der Kreideklippen ist dann die **Viktoria-Sicht**. Hier reicht die Aussicht nun schon bis zum Königsstuhl. Nördlich dieser Klippenspitze gibt es erneut eine Abstiegsmöglichkeit zum Strand.
Absoluter Höhepunkt im Klippenweg ist natürlich der 117 m hohe **Königsstuhl**, der höchste Fels der Rügener Kreideküste. Vom Königsstuhl wandern wir zunächst ein Stückchen in Richtung Hagen, um dann mit dem Wegweiser zum **Hertha-See** zu gelangen, der wie ein leuchtendes Auge mitten im prächtigen Buchenwald liegt. Entstanden ist der See aus einem Toteiskessel der letzten Eiszeit. Über eine Forststraße wandern wir schließlich vollends hinaus nach **Lohme**. Von dort kann man mit dem Bus zurück nach Saßnitz fahren.

Informationen zur Tour

 Ausgangsort
Saßnitz auf der Halbinsel Jasmund

 Anfahrt
Über die B 96

 Zielort
Wie Ausgangsort

 Einkehrmöglichkeit
Gaststätte Waldhalle bei den Wissower Klinken

 Unterkunft
In Saßnitz und Lohme

 Auskunft
18546 Saßnitz, Nationalpark Jasmund, Stubbenkammer, Tel. 03 83 92/3 50 11

 Karte
Wanderkarte 1:50 000, Rügen (RV Verlag)

Ostseeküste/Mecklenburg-Vorpommern

15 Auf der Halbinsel Wittow

Tourenlänge
20 km; bei Rückfahrt mit dem Bus vom Kap Arkona Halbierung der Strecke

Durchschnittliche Gehzeit
5 Std. bzw. 2¾ Std.

Etappen
Altenkirchen – Nobbin 1¼ Std. – Kap Arkona 1½ Std. – Mattchow 1¼ Std. – Altenkirchen 1 Std.

Steigung
50 m

Eignung für Kinder
Ab 6 Jahren bei Rückkehr mit dem Bus

Interessantes am Weg
Großsteingrab bei Nobbin, Fischerdorf Vitt, Jaromarsburg, Kap Arkona, Feldsteinkirche Altenkirchen

Wegcharakter
Gut zwei Drittel der Strecke sind befestigter Weg, der Rest ist unbefestigt

Wegmarkierung
Einzelne Wegweiser

Günstigste Jahreszeit
Ganzjährig

In Altenkirchen steht Rügens älteste Pfarrkirche, am Kap Arkona stand zuvor der Tempel des Slawengottes Svantevit. Dazu kommen landschaftliche Schönheiten, wie sie nur im äußersten Norden von Rügen zu finden sind.
Ausgangspunkt ist das Dörfchen **Altenkirchen** mit seiner auf das 12. Jh. zurückgehenden Kirche. Hier findet sich ein um 1250 aus gotländischem Kalkstein gearbeiteter Taufstein, das Triumphkreuz wurde im 14. Jh. gefertigt und der Altaraufsatz stammt von 1724. Im südlichen Choranbau gibt es einen slawischen Grabstein.
Von Altenkirchen aus wandern wir zunächst knapp 1 km über die Straße in Richtung Putgarten. Vor Presenske biegen wir rechts ab und wandern ostwärts zur Küste. Dort wenden wir uns nach Norden und erreichen am Nordrand der **Tromper Wiek** das aus der Jungsteinzeit stammende Großsteingrab von Nobbin. Nächster Höhepunkt ist das alte Fischerdörfchen **Vitt**, das sich malerisch in eine Schlucht des Steilufers schmiegt. Hier wurden einst große Mengen Hering umgeschlagen, heute scheint hier Dornröschen Einzug gehalten zu haben. Unter dicken Reetdächern ducken sich uralte, weiße Katen.
Die Nordostspitze der Halbinsel Wittow bildet das **Kap Arkona**. An der äußersten Ostspitze stand die Jaromarsburg, eine slawische Wallanlage um den Tempel des Slawengottes Svantevit. Diese Wallanlage, deren Reste noch heute eindrucksvoll sind, war die größte auf Rügen.
Der **Jaromarsburg** gegenüber stehen an der äußersten Nordspitze gleich zwei Leuchttürme als Wahrzeichen des Kaps. Der kleinere, gut 19 m hohe, viereckige Backsteinturm wurde nach Plänen von Karl Friedrich Schinkel 1827 errichtet. Von seiner Aussichtsplattform hat der Besucher einen herrlichen Blick über die Halbinsel Wittow. Im Jahre 1902 übernahm dann der 36 m hohe neue Leuchtturm die Funktion des Schinkelturms. Vom Kap Arkona aus bummeln wir der Nordküste der Halbinsel Wittow entlang bis hinüber zum

33

15 Auf der Halbinsel Wittow

Campingplatz bei **Varnkevitz**. Dort verlassen wir das Ufer und marschieren südwärts durch die weite Ebene zurück zum stets sichtbaren Altenkirchen.

Informationen zur Tour

 Ausgangsort
Altenkirchen auf der Halbinsel Wittow

 Anfahrt
Über die B 96 bis Sagard, von dort über Landstraße

 Zielort
Wie Ausgangsort

 Einkehrmöglichkeit
In Vitt und am Kap Arkona

 Unterkunft
In Altenkirchen

 Auskunft
18556 Putgarten, Tourismusgesellschaft Kap Arkona, Dorfstr. 15, Tel. 03 83 91/41 90

 Karte
Wanderkarte 1:50 000, Rügen (RV Verlag)

Jaromarsburg am Kap Arkona

Ostseeküste/Mecklenburg-Vorpommern

16 Um den Hiddenseer Dornbusch

Tourenlänge
12 km

Durchschnittliche Gehzeit
3 Std.

Etappen
Kloster – Leuchtturm 1 Std. – Kloster 1½ Std. – Vitte ½ Std.

Steigung
75 m

Eignung für Kinder
Ab 7 Jahren

Interessantes am Weg
In Kloster die alte Klosterkirche und die Villa Seedorn von Gerhart Hauptmann; Hucke am Hochufersteig, Leuchtturm; in Vitte die Blaue Scheune, die Räucherkate und das »Karussell«

Wegcharakter
Bis auf kurze Strecken unbefestigter Weg

Wegmarkierung
Einzelne Wegweiser

Günstigste Jahreszeit
Im Juni, wenn der Ginster blüht

Insgesamt nur 18 km lang ist die seepferdchenförmige Insel Hiddensee im Westen von Rügen. Das Inselchen ist ein liebenswertes Mosaik aus schroffen Steilufern, blühenden Ginsterhängen, Dünenheide und Sandstränden.
Ausgangspunkt ist der Hafen von Kloster, den man von Schaprode aus per Schiff erreicht.
Kloster erhielt seinen Namen von einem 1296 gegründeten Zisterzienserkloster, von dem allerdings nur die gut 600 Jahre alte Backsteinkirche erhalten geblieben ist. Ihr Wahrzeichen ist ein blau-weiß bemaltes Tonnengewölbe. Pilgerziel vieler Besucher ist die **Villa Seedorn**, in der der Dichter Gerhart Hauptmann ab 1930 jeweils die Sommermonate verbrachte. Im Heimatmuseum ist die Inselgeschichte nachgezeichnet. Zu sehen ist dort auch eine Kopie des berühmten Hiddenseer Goldschatzes. In Kloster wandern wir an die Westküste und nehmen dort den Kliffweg hinauf zur **Hucke**. Von diesem Kap bietet sich bereits ein hervorragender Ausblick nach Süden über die Insel und nach Westen und Norden auf die Ostsee.
Der Steig folgt weiter der Kliffkante bis hinauf zu dem schon von weitem sichtbaren Leuchtturm auf dem **Bakenberg**. Der Turm steht auf dem höchsten Punkt von Hiddensee und kann leider nicht bestiegen werden. Dennoch ist auch von seinem Fuß aus die uneingeschränkte Aussicht nach allen Seiten grandios.
Vom Leuchtturm aus folgen wir weiterhin dem Klippenrandweg, der sich langsam gegen die Ostspitze des Dornbusches senkt. Diese Spitze heißt bezeichnenderweise Enddorn. Hier wenden wir uns südwestwärts und wandern über **Grieben**, wo die beiden ältesten Häuser von Hiddensee aus den Jahren 1769 und 1771 stehen, zurück nach Kloster.
In Kloster gehen wir noch einmal zur Westküste und folgen dort dem Uferweg nach Süden zum Hauptort der Insel, nach Vitte. Dabei kommen wir

16 Um den Hiddenseer Dornbusch

Die Villa Seedorn war viele Jahre das Sommerdomizil Gerhart Hauptmanns.

an der berühmten **Hiddenseer Dünenheide** vorbei. Sie ist eine durch stetige Beweidung entstandene Kulturlandschaft aus unterschiedlichsten Zwergsträuchern. In **Vitte** selbst sind die 1776 errichtete Räucherkate, die Blaue Scheune von zwei Malerinnen sowie das »Karussell« der Stummfilmdiva Asta Nielsen interessant. Von Vitte geht es mit dem Schiff zurück nach Schaprode.

Informationen zur Tour

 Ausgangsort
Kloster im Norden von Hiddensee

 Anfahrt
Mit Schiff von Schaprode im Westen von Rügen

 Zielort
Wie Ausgangsort

 Einkehrmöglichkeit
In Kloster und Vitte

 Unterkunft
In Schaprode

 Auskunft
18565 Vitte, Touristinformation, Tel. 03 83 00/6 42 26

 Karte
Wanderkarte 1:50 000, Rügen (RV Verlag)

Ostseeküste/Mecklenburg-Vorpommern

17 Rund um die Granitz

Tourenlänge
17 km

Durchschnittliche Gehzeit
4 Std.

Etappen
Sellin – Granitzer Ort – Binz 2 Std. – Jagdschloß Granitz – Sellin 2 Std.

Steigung
150 m

Eignung für Kinder
Ab 8 Jahren

Interessantes am Weg
Granitzer Ort, Schwarzer See, Jagdschloß Granitz

Wegcharakter
Größtenteils unbefestigter Weg

Wegmarkierung
Sellin – Binz gelber Strich; Südrand der Granitz roter Balken auf weißem Grund

Günstigste Jahreszeit
Ganzjährig

Der breite Höhenrücken der Granitz ist der nördlichste Geestkern des Biosphärenreservats Südost-Rügen. Gut 10 qkm lichter Buchenwald prägen ein wunderschönes Wanderrevier, das im Norden über ein Steilufer zur Ostsee abbricht und im Süden mit sanften Sonnenhängen zum Bummel verlockt.
Ausgangspunkt ist das **Ostseebad Sellin**, wo wir vom Ortszentrum aus zunächst zur Seebrücke vorgehen. Von ihr wenden wir uns nach Norden und erreichen bald den mit gelbem Strich markierten Wanderweg, der links in den Wald hinein und zum Hochuferweg hinauf geht. Nach etwa 2 km versteckt sich auf der linken Seite im Wald der **Schwarze See**. Der knapp 4 ha große, geheimnisvoll dunkle See ist am schönsten, wenn die Seerosen blühen und die Libellen in der Sonne tanzen.
Etwa auf halber Strecke zwischen Sellin und Binz erreichen wir den **Granitzer Ort**, das »Nordkap« der Granitz. Von hier öffnet sich der Blick weit nach Nordwesten über die Prorer Wiek, auf die schmale Heide, das Ostseebad Binz und bis hinauf nach Saßnitz und zur Halbinsel Jasmund. Ab dem Granitzer Ort folgt unser Weg weiter dem Hochufer, erreicht beim **Silvitzer Ort** noch einmal einen schönen Aussichtspunkt und senkt sich dann durch die Piratenschlucht hinunter zum **Ostseebad Binz**. Beim Parkplatz könnte man sich sofort nach links wenden, doch wer möchte schon das prächtige Kurhaus und die schöne Seebrücke von Binz versäumen. Danach queren wir Binz geradeaus nach Südwesten bis zum Ufer des Schmachter Sees.
Vom Binzer Bahnhof folgen wir zunächst der Landstraße ein kurzes Stück, bis links die für Autos gesperrte Zufahrtsstraße zum **Jagdschloß Granitz** abzweigt. Ihr folgen wir bis zum hoch auf dem Tempelberg gelegenen Schloß. Es wurde 1836 von Fürst Malte I. von Putbus errichtet und präsentiert sich als ockerfarbiges, zinnenbewehrtes Märchenschlößchen mit zierlichen Ecktürmchen und einem etwas martialischen Zentralturm. Im

37

17 Rund um die Granitz

Schloß ist heute wieder ein Jagdmuseum eingerichtet.
Vom Schloß aus folgen wir der ebenfalls für den Verkehr gesperrten alten Straße in Richtung Lancken-Granitz, bis links ein mit rotem Balken auf weißem Grund markierter Wanderweg abzweigt. Er führt uns am Südrand der Granitz entlang zurück nach Sellin.

Informationen zur Tour

 Ausgangsort
Ostseebad Sellin

 Anfahrt
Über die B 196

 Zielort
Wie Ausgangsort

 Einkehrmöglichkeit
In Sellin und Binz

 Unterkunft
Zahlreiche Möglichkeiten in Sellin und Binz

 Auskunft
18586 Sellin, Kurverwaltung, Warmbadstr. 4, Tel. 03 83 03/2 93;
18608 Binz, Verkehrsamt, Tel. 03 83 93/3 74 21

Karte
Wanderkarte 1:50 000, Rügen (RV Verlag)

Das Kurhaus vom Ostseebad Binz

38

Ostseeküste/Mecklenburg-Vorpommern

18 In der Feldberger Seenplatte

 Tourenlänge
10 km

 Durchschnittliche Gehzeit
2½ Std.

 Etappen
Feldberg – Schmaler Luzin – Carwitz 1½ Std. – Hullerbusch – Feldberg 1 Std.

 Steigung
100 m

 Eignung für Kinder
Ab 6 Jahren

 Interessantes am Weg
Schmaler Luzin, Luzinstein, Fallada-Gedenkstätte in Carwitz, Hauptmannsberg, Wallanlage und Findlinge beim Hotel »Hullerbusch«

 Wegcharakter
Gemütlicher Spaziergang meist auf Fußwegen

 Wegmarkierung
Mehrere Wegweiser

 Günstigste Jahreszeit
Ganzjährig

Schmalen Luzin. Dieser bis zu 34 m tiefe, fjordartig eingetiefte Rinnensee wurde von Gletscherschmelzwassern geformt. Während der Wanderung entlang des Ufers lohnt es sich, aufmerksam die Hänge zu beobachten – gibt es hier doch so manche botanische Rarität. Immer wieder liegen auch aus Skandinavien stammende Findlinge in der Landschaft. Der schönste ist der **Luzinstein**, ein gut 7 Kubikmeter dicker Granitbrocken.
Nach der Umrundung des Südhakens des Schmalen Luzin erreichen wir auf einer schmalen Landbrücke zwischen Schmalem Luzin und Carwitzer See das Dörfchen **Carwitz**. Hier lebte von 1933 bis 1944 Rudolf Ditzen, der als Hans Fallada weltberühmt wurde. Sein Arbeitszimmer kann hier besichtigt werden.
Wenig nördlich von Carwitz erreichen wir den

Das Städtchen Feldberg war einst eine Fischersiedlung im Haussee. Erst vor gut 200 Jahren dehnte sich die Siedlung aufs Festland aus. Der Schloßberg auf der Nordseite des Breiten Luzin dagegen trug bereits im vorigen Jahrtausend eine altslawische Höhenburg, in der bis zu 1000 Menschen in 60 bis 80 Großhäusern gelebt hatten.
Ausgangspunkt ist die Prenzlauer Straße in **Feldberg**. Über den Fischersteig wandern wir hinunter zur Gaststätte Luzinhalle am **Schmalen Luzin**. Am Fähranleger schwenken wir nach rechts auf den Steig am Westufer des

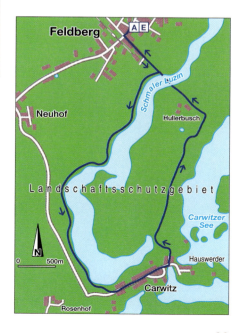

18 In der Feldberger Seenplatte

119 m hohen **Hauptmannsberg**, den Geologen eine eiszeitliche Endmoränenaufstauchung nennen würden. Hier findet sich eine interessante Trockenrasenflora und ein Ginsterbestand, wie man ihn sonst allenfalls in mediterranen Bereichen findet. Zu den Raritäten des Hauptmannsberges führt ein als Lehrpfad angelegter Steig.

Vom Hauptmannsberg wandern wir weiter nach Norden und erreichen schließlich das Hotel **Hullerbusch**. In seiner Umgebung gibt es Reste einer alten Wallanlage, eiszeitliche Findlinge und einen Teufelsstein mit prägnant ausgebildeten Gletscherschrammen. Selbst ein bronzezeitlicher Kultplatz fehlt nicht. Vom Hotel Hullerbusch folgen wir dem schmalen Pfad hinunter zum Fähranleger am Schmalen Luzin. Die Kahnfähre bringt uns ans andere Ufer, von dort geht es zurück nach Feldberg.

Informationen zur Tour

Ausgangsort
Feldberg

Anfahrt
Von Neustrelitz über die B 198 bis Möllenbeck, von dort über die Landstraße bis Feldberg

Zielort
Wie Ausgangsort

Einkehrmöglichkeit
In Carwitz und im Hotel Hullerbusch

Unterkunft
In Feldberg

Auskunft
17258 Feldberg, Fremdenverkehrsverein, Strelitzer Str. 15a, Tel. 03 98 31/2 03 43

Karte
Topographische Karte 1:50 000 Blatt, 99 B Lychen

Der Schmale Luzin bei Carwitz

19 Von Niederhaverbeck zum Wilseder Berg und nach Wilsede

Tourenlänge
5 km

Durchschnittliche Gehzeit
1 Std.

Etappen
4 km bis zum Wilseder Berg,
1 km bis Wilsede

Steigung
70 m

Eignung für Kinder
Ab 8 Jahren

Interessantes am Weg
Heideflächen mit Wacholder, Schafställe und Bienenzäune, Fernsicht vom Wilseder Berg, Heidedorf Wilsede mit Museum »Dat ole Huus«

Wegcharakter
Gut ausgebaute, etwas sandige Wege

Wegmarkierung
Wegweiser auf Findlingen

Günstigste Jahreszeit
Zur Heideblüte Ende August und im September

am Fürstengrab vorbei zum Wilseder Berg. Dies ist ein recht wenig begangener, dabei sehr angenehmer Weg. Gemächlich ansteigend, führt der Wanderweg an einem alten Schafstall vorbei zum Fürstengrab, auch »Ebbenbrocken« genannt, das nah am Wegesrand liegt. Es ist das größte Hügelgrab im Naturschutzgebiet Lüneburger Heide. Unterwegs hat man sehr reizvolle Ausblicke auf den Wilseder Berg. Charakteristische Wuchsformen der Eichen lassen die fast vergessene bäuerliche Nutzungsform des Niederwaldes erkennen. Dann liegt der **Wilseder Berg** unmittelbar vor den Wanderern: Die berühmteste Erhebung der Lüneburger Heide ist nichts als eine breite Kuppe, auf der eine einzelne Buche wächst. Bei klarer Sicht kann man von der Anhöhe die Türme Hamburgs erkennen. Vom Wilseder Berg schlagen wir den Weg am Holzturm vorbei nach **Wilsede** ein. Man trifft am Heidemuseum »Dat ole Huus« ein, das mit dem Leben in der Heide vor hundert Jahren bekannt macht. Die alten Höfe im Dorf sind fast alle Eigentum des Vereins Naturschutzpark Lüneburger Heide; Pkw-Verkehr ist in der Regel untersagt. Für den Rückweg wählen wir die direkte Route nach Niederhaverbeck und biegen unterwegs in Richtung »Heidetal« ab.

Niederhaverbeck ist ein typisches Heidedorf: Man findet verstreute Höfe, die von Eichen und trocken gesetzten Steinmauern umgeben sind, es gibt mitten im Dorf flachwellige Wiesengründe, alte Schafställe und Scheunen. Das historische Dorfbild ist erhalten, auch wenn die meisten Höfe nach der Jahrhundertwende zu Gasthöfen und Pensionen umgebaut wurden. Unbedingt zu empfehlen ist ein Besuch im Naturinformationshaus, das die verschiedenen Landschaften der Heide vorstellt. – Die Wanderung beginnt am großen Parkplatz in Niederhaverbeck und führt

19 Von Niederhaverbeck zum Wilseder Berg und nach Wilsede

Am Wilseder Berg

Informationen zur Tour

 Ausgangsort
Niederhaverbeck

 Anfahrt
Pkw: A 7, Abfahrt Bispingen
Bus: (ab ZOB, Hamburg) Buslinie 1920 über Harburg, Buchholz, Welle, Wintermoor, Ehrhorn, Einem bis Niederhaverbeck

 Zielpunkt und Rückfahrt
Wilseder Berg, Wilsede; Rückkehr über »Heidetal« zum Ausgangsort

 Einkehrmöglichkeit
Unterwegs Witthöft's Gästehaus in Wilsede und Café Heidetal

 Öffnungszeiten
Naturinformationshaus (Hans-Pforte-Haus), Wilseder Straße, Niederhaverbeck, Mai bis Mitte Okt. Di – So 10 – 13, 14 – 17 Uhr, Tel. 0 51 98/3 79; Heidemuseum »Dat ole Huus«, Wilsede, Mai – Okt. täglich 10 – 13, 14 – 17 Uhr, Tel. 0 41 75/6 73 und 4 45

 Unterkunft
Landhaus Haverbeckhof, Niederhaverbeck 2, 29646 Bispingen (Haverbeck), Tel. 0 51 98/12 51 und 720

 Auskunft
Verein Naturschutzpark, Niederhaverbeck, 29646 Bispingen, Tel. 0 51 98/4 08; Fremdenverkehrsverband Lüneburger Heide e. V., Lüner Weg 22, 21337 Lüneburg, Tel. 0 41 31/5 20 63

 Karte
Naturschutzgebiet Lüneburger Heide (1:50 000)

42

20 Von Undeloh nach Wilsede und zum Wilseder Berg

Tourenlänge
5,5 km

Durchschnittliche Gehzeit
1 Std.

Etappen
4,5 km bis Wilsede, 1 km bis zum Wilseder Berg

Steigung
25 m

Eignung für Kinder
Ab 8 Jahren

Interessantes am Weg
St. Magdalenen-Kapelle in Undeloh, Heidelandschaft mit Erika (Heidekraut), Wacholder, Birken, Eichenalleen und Schafställen am Wegesrand, Museum »Dat ole Huus« sowie alte Höfe in Wilsede, Aussicht vom Wilseder Berg

Wegcharakter
Gut ausgebaute, etwas sandige Wege

Wegmarkierung
Wegweiser auf Findlingen

Günstigste Jahreszeit
Zur Heideblüte Ende August und im September

Undeloh liegt in einem reizenden Talgrund und galt einst als der Inbegriff eines Heidedorfes. Der Ort hat sich aufgrund des Besucheransturms zu einer Art Touristenzentrum entwickelt. Die über achthundert Jahre alte Siedlung geht auf die Langobarden zurück, wie der Dorfname verrät: Undeloh bedeutet Quellhain. Die St.-Magdalenen-Kapelle wurde als feldsteinerne Wehrkirche Ende des 12. Jahrhunderts errichtet, der Fachwerkanbau mit Chor stammt von 1641. Von der Kapelle biegen wir in die Wilseder Straße in Richtung Wilsede ein. Man kommt unterwegs am Haus der Natur und am Föhrenhof des Kunstmalers Bernhard de Bruycker (1891 – 1971) vorbei. Leicht bergan wandern wir aus dem Dorf hinaus, zu beiden Seiten erstreckt sich Heidelandschaft mit Wacholdersäulen und Birken.
Wilsede ist weitgehend autofrei, insofern verläuft auch die Zeit der Heideblüte im Spätsommer recht ruhig. Die wenigen Höfe gruppieren sich ausgesprochen lieblich um das weite Tal der Schwarzen Beeke. Wilsede wurde 1287 zum ersten Mal erwähnt und ist heute fast ganz im Besitz des Vereins Naturschutzpark Lüneburger Heide, der das altertümliche Dorf weitgehend erhalten konnte. Größte Attraktion ist das Heidemuseum »Dat ole Huus«. Das 1742 gebaute Fachwerkhaus stand ursprünglich in Hanstedt und wurde in Wilsede wiederaufgebaut. In einem solchen Haus lebte früher die ganze Bauernfamilie mit dem Vieh unter einem Dach. Nah beim Museum führt ein Weg mäßig bergan zum

20 Von Undeloh nach Wilsede und zum Wilseder Berg

Wilseder Berg. Man könnte von der breiten Kuppe enttäuscht sein, doch die Aussicht hat wohl noch jeden Besucher wieder versöhnlich gestimmt. Vom Wilseder Berg führen zwei parallele Wege zurück nach Undeloh.

Informationen zur Tour

 Ausgangsort
Undeloh

Anfahrt
Pkw: A 7, Abfahrt Egestorf; B 3 bis Welle, Landstraße über Handeloh und Inzmühlen
Bus: Linie 1902 von Hanstedt über Schätzendorf, Egestorf nach Undeloh; Linie 1910 von Lüneburg über Kirchgellersen, Salzhausen und Egestorf nach Undeloh

Zielpunkt und Rückfahrt
Wilsede und Wilseder Berg; Rückkehr zum Ausgangsort

 Einkehrmöglichkeit
Witthöft's Gästehaus in Wilsede

 Öffnungszeiten
St.-Magdalenen-Kapelle, Undeloh, »Musik in alten Heidekirchen« im Sommer alle 14 Tage So 17 Uhr (abwechselnd mit Egestorf); Föhrenhof des Kunstmalers Bernhard de Bruycker, Wilseder Straße, 21274 Undeloh, täglich; Haus der Natur, Wilseder Str. 23, 21274 Undeloh, Mai – Sept. Di – So 10 – 12, 13 – 17 Uhr; Heidemuseum »Dat ole Huus«, Wilsede, Mai – Okt. täglich 10 – 13, 14 – 17 Uhr, Tel. 0 41 75/6 73 und 4 45

 Unterkunft
Smes-Hof, Wilseder Str. 7, 21274 Undeloh, Tel. 0 41 89/2 34

 Auskunft
Verkehrsverein Undeloh, Zur Dorfeiche 27, 21274 Undeloh, Tel. 0 41 89/3 33

Karte
Naturschutzgebiet Lüneburger Heide (1:50 000)

In Wilsede

Lüneburger Heide

21 Von Behringen zum Totengrund und zum Steingrund

Tourenlänge
10,5 km (ohne Abstecher)

Durchschnittliche Gehzeit
2 Std.

Etappen
9 km bis Totengrund, 1,5 km bis Steingrund; Abstecher nach Wilsede: 1 km, zum Wilseder Berg: 2 km

Steigung
60 m

Eignung für Kinder
Ab 10 Jahren

Interessantes am Weg
Totengrund, Steingrund, evtl. Wilsede und Wilseder Berg

Wegcharakter
Breite Feld- und Waldwege, das letzte Drittel typische Heidelandschaft

Wegmarkierung
Zahlreiche Wegweiser auf Findlingen sowie »Weißkreuz« (Europäischer Fernwanderweg)

Günstigste Jahreszeit
Zur Heideblüte Ende August und im September

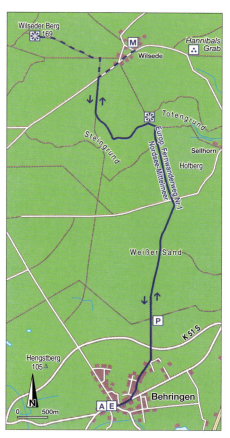

Behringen liegt am Südrand des großen Naturschutzgebiets Lüneburger Heide. Von der Hauptstraße gehen wir beim Café zur Mühle in die Mühlenstraße, kurz darauf links in den Sellhorner Weg. Auf der Hügelkuppe angekommen, überqueren wir die Landstraße und gehen geradeaus (Wegzeichen: Weißkreuz) auf einem breiten Fahrweg in den Wald, in Richtung *Forsthaus Sellhorn*. Unterwegs kommt man durch eine herrliche Buchenallee. Nach etwa 1500 Metern zeigt ein Wegweiser die Route nach links zum **Totengrund** an (Weißkreuz). Auf sandigem Weg durch Buchenwald erreicht man das bis zu 40 Meter tiefe Trockental, eine der großen Sehenswürdigkeiten der Lüneburger Heide. Der Weg führt durch die Senke, an einem hölzernen Bienenzaun vorbei, den Hang hinauf zu einer Art Aussichtsplattform, die immer gut besucht ist. Der Blick zurück über den weiten Talkessel mit seinen Wa-

45

21 Von Behringen zum Totengrund und zum Steingrund

Im Steingrund

choldersäulen ist besonders im August und September von großem Zauber. Die Entstehung des Totengrundes ist umstritten: Das Tal geht vielleicht auf einen Toteisblock zurück, der gegen Ende der vorletzten Eiszeit hier liegenblieb, andere sagen, es sei durch Bodenerosion entstanden. Am Totengrund zeigt ein Wegweiser die Richtung zum **Steingrund** an, einem weiteren Talkessel, der jedoch zum größten Teil bewaldet ist. Im Steingrund, der vermutlich von Gletscherzungen ausgeschürft wurde, finden sich auffallend viele Findlinge, daher der Name. Wir gehen am Nordrand des Steingrundes weiter, stoßen auf einen breiten Kutschenweg, in den wir rechts einbiegen. Nach kurzer Strecke erreichen wir **Wilsede** und haben die Wahl: Geradeaus kommt man in das berühmte Heidedorf hinein, nach links erreicht man den nicht minder reizvollen **Wilseder Berg**.

Informationen zur Tour

 Ausgangsort
Behringen

Anfahrt
Pkw: A 7, Abfahrt Bispingen
Bus: (ab ZOB, Hamburg) Buslinie 1920 über Harburg, Buchholz, Welle, Wintermoor, Ehrhorn, Einem, Niederhaverbeck, Oberhaverbeck bis Behringen

 Zielpunkt und Rückfahrt
Totengrund und Steingrund; Rückkehr auf demselben Weg

 Einkehrmöglichkeit
Restaurant Heidemuseum und Witthöft's Gästehaus in Wilsede

 Öffnungszeiten
Heidemuseum »Dat ole Huus«, 29646 Bispingen (Wilsede), Mai-Okt. tägl. 10 – 13, 14 – 17 Uhr, Tel. 0 41 75/6 73

Unterkunft
Witthöft's Gästehaus, 29646 Bispingen (Wilsede), Tel. 0 41 75/5 45

 Auskunft
Verkehrsverein Bispingen, Borsteler Str. 4 – 6, 29646 Bispingen, Tel. 0 51 94/8 87; Verein Naturschutzpark, Niederhaverbeck, 29646 Bispingen, Tel. 0 51 98/4 08

Karte
Naturschutzgebiet Lüneburger Heide (1:50 000)

22 Von Oldendorf über Hermannsburg nach Müden

Tourenlänge
11 km

Durchschnittliche Gehzeit
2½ Std.

Etappen
5 km bis Hermannsburg, 6 km bis Müden

Steigung
So gut wie keine Steigungen

Eignung für Kinder
Ab 8 Jahren

Interessantes am Weg
Tal der Örtze, Treppenspeicher und vogelkundliche Ausstellung in Oldendorf (Erich-Eickenrodt-Haus), Fischteiche bei Oldendorf, Kirche in Müden

Wegcharakter
Weg durch das waldreiche Tal der Örtze

Wegmarkierung
Einige Wegweiser

Günstigste Jahreszeit
Von April bis Oktober geeignet

Oldendorf im Tal der Örtze ist ein typischer, wenn auch wenig bekannter Heideort. Im Süden der Ortschaft liegt am Beutzener Weg, dem Wanderweg nach Eversen, das Erich-Eickenrodt-Haus, dessen vogelkundliche Ausstellung im Hochsommer geöffnet ist. Auch einen Waldlehrpfad findet man in der Nähe. Gegenüber dem Gasthof Im Örtzetal nahe der Straßenbrücke, am Weg Örtzheide, trifft man hinter der Biegung auf einen alten Treppenspeicher. – Der Wanderweg nach Hermannsburg verläuft östlich der Örtze. Auf dem Weg Dicksbarg wandern wir am Ufer der Örtze entlang, in Richtung Schlüpke, wo der Weg sich ein Stück von der Örtze entfernt. In **Hermannsburg** angekommen, wenden wir uns am Ende des Schlüpker Wegs links in die Lotharstraße, die Hauptverkehrsstraße. Der Name Hermannsburg geht zurück auf Markgraf Hermann Billung, der 973 verstarb. Der Heideort steht ganz im Zeichen zahlreicher Kirchen und der Tätigkeit des Pastors Ludwig Harms (1808 – 1865), Begrün-

Im Tal der Örtze bei Oldendorf

22 Von Oldendorf über Hermannsburg nach Müden

Am Hof Lutter findet man links einen Rastplatz an der Örtze. Vor der Straßenbrücke mit dem weißen Geländer führt rechts ein Wanderweg durch den Wald nach Müden an der Örtze. Bei der Gabelung halten wir uns geradeaus. Nach einer Stunde ist das schöne **Müden** erreicht. Am Heidesee läßt sich ausgezeichnet rasten und picknicken.

Informationen zur Tour

 Ausgangsort
Oldendorf

Anfahrt
Pkw: B 3 bis Bergen, Landstraße über Dohnsen und Beckedorf bis Oldendorf

 Zielpunkt und Rückfahrt
Hermannsburg und Müden; Rückkehr auf demselben Weg

Einkehrmöglichkeit
Gasthof Im Örtzetal an der Escheder Straße in Oldendorf; Niemeyers Posthotel an der Hauptstraße in Müden/Örtze

 Öffnungszeiten
Erich-Eickenrodt-Haus, Beutzener Weg, 29320 Hermannsburg (Oldendorf), 15. Juli – 30. August, Sa 14 – 17 Uhr, So 10 – 12, 14 – 17 Uhr, Kontakt: Deutscher Bund für Vogelschutz e.V., Tel. 0 51 41/66 68; Ludwig-Harms-Haus, Harmsstr. 2, 29320 Hermannsburg, Tel. 0 50 52/6 92 20-21

Unterkunft
Heidehof, Billungstr. 29, 29320 Hermannsburg, Tel. 0 50 52/97 00; Niemeyers Posthotel, Hauptstr. 7, 29328 Müden/Örtze, Tel. 0 50 53/9 89 00

 Auskunft
Verkehrsverein Hermannsburg, Harmsstr. 3 A, 29320 Hermannsburg, Tel. 0 50 52/80 55; Verkehrsbüro Müden/Örtze, Hauptstr. 6, 29328 Faßberg II, Tel. 0 50 53/3 29

 Karte
Naturpark Südheide (1:50 000)

der der Hermannsburger Mission. Die Erneuerungbewegung der protestantischen Kirche wurde 1849 ins Leben gerufen. Am Ludwig-Harms-Haus gehen wir rechts in die Harmsstraße, bei der Bäckerei links in den Lutterweg und weiter durch die Waldstraße auf den Weg nach Lutter.

Lüneburger Heide

23 Von Hermannsburg zum Citronenberg

Tourenlänge
10 km

Durchschnittliche Gehzeit
2 Std.

Etappen
7 km bis Dehningshof, 3 km bis Citronenberg

Steigung
Geringe Steigungen, mit Ausnahme des Citronenbergs (20 m Steigung)

Eignung für Kinder
Ab 10 Jahren

Interessantes am Weg
Örtzetal, waldreicher Naturpark Südheide, einige Seen

Wegcharakter
Hügelreiche Waldlandschaft des Naturparks Südheide

Wegmarkierung
»Weißkreuz« (Europäischer Fernwanderweg) und Naturpark Südheide 3

Günstigste Jahreszeit
Von April bis Oktober geeignet

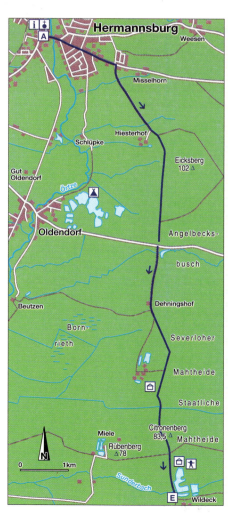

ein. Man überquert die Landstraße, kurz dahinter liegt links eine große Heidefläche mit Teich und Wanderwegen – ideal für einen Abstecher mit Rast. Wir gehen weiter geradeaus zur Alten Fuhrmanns-Schänke (Dehningshof), einem beliebten

In **Hermannsburg** an der Örtze gehen wir auf der Lotharstraße, der Hauptstraße des Ortes, nach Osten, in Richtung Unterlüß. Hinter dem Waldhotel folgt das Schwimmbad, dann ein großer Parkplatz. Kurz dahinter biegt rechts die Alte Celler Heerstraße ab. Auf der ruhigen Fahrstraße gehen wir durch Weideland und kleine Wälder nach Süden. Mit etwas Glück trifft man unterwegs auf eine der charakteristischen Heidschnuckenherden. Wir halten uns immer geradeaus, auch auf dem Erdweg. Unterwegs sieht man mächtige, jahrhundertealte Baumveteranen, meist Eichen und Buchen. Einige Wanderhütten laden zur Rast

49

23 Von Hermannsburg zum Citronenberg

Heidschnuckenherde in der Nähe von Hermannsburg

Ausflugslokal. In diesem Anwesen arbeitete der Katastrophenstab, der 1975 den großen Waldbrand nordöstlich von Celle bekämpfte. Wir halten uns weiter geradeaus, bei einer Schutzhütte endet die Straße. Wie biegen nun nicht zum Reiterhof Severloh ab, sondern halten uns geradeaus. Rechts erstreckt sich eine große Heidefläche mit nur wenigen Wacholderbüschen, wie sie für die Südheide typisch sind. Der Weg steigt gemächlich an zu dem 83 Meter hohen **Citronenberg**, der für seine schöne Aussicht über die waldreiche Südheide berühmt ist. Die südliche Heide ist, verglichen mit dem Gebiet um den weiter nördlich gelegenen Wilseder Berg, sehr waldreich, hat dafür weniger Heideflächen und Wacholderbüsche, auch Schafställe bekommt man recht selten zu sehen. Typisch für die Südheide sind die Kieselgurgruben, die im Norden ganz fehlen. Geradeaus auf dem sandigen Weg erreichen wir einen langgezogenen, flachen Teich links des Weges, der im Hochsommer allerdings gelegentlich austrocknet. Bei einer uralten Buche hat man von einer Bank einen guten Ausblick auf den Teich: Ein idealer Platz für ein Picknick im Walde.

Informationen zur Tour

 Ausgangsort
Hermannsburg

 Anfahrt
Pkw: B 3 bis Bergen, Landstraße bis Hermannsburg

 Zielpunkt und Rückfahrt
Citronenberg, Rückkehr auf demselben Weg

 Einkehrmöglichkeit
Zur Alten Fuhrmanns-Schänke (Dehningshof)

 Öffnungszeiten
Ludwig-Harms-Haus, Harmsstr. 2, 29320 Hermannsburg, Tel. 0 50 52/6 92 20-21

 Unterkunft
Heidehof, Billingstr. 29, 29320 Hermannsburg, Tel. 0 50 52/97 00 und 33 32

 Auskunft
Verkehrsverein Hermannsburg, Harmsstr. 3 A, 29320 Hermannsburg, Tel. 0 50 52/80 55

 Karte
Naturpark Südheide (1:50 000)

24 Von Unterlüß nach Hösseringen

Tourenlänge
10,5 km

Durchschnittliche Gehzeit
2½ Std.

Etappen
1 km zum Wanderparkplatz, 8,5 km bis zum Museum Hösseringen, 1 km zum Landtagsplatz

Steigung
Einige langgezogene Steigungen bis zu 20 m

Eignung für Kinder
Ab 8 Jahren

Interessantes am Weg
Waldgebiet der Südheide, Waldlehrpfad beim Museum Hösseringen, Landtagsplatz beim Museum

Wegcharakter
Wanderwege durch das Waldgebiet des Naturparks Südheide

Wegmarkierung
Wegepilze

Günstigste Jahreszeit
Von April bis Oktober geeignet

Unterlüß liegt versteckt in den weiten Wäldern der Südheide an der Bahnlinie Hannover-Hamburg und dem Truppenübungsplatz Unterlüß, der sich nördlich der Gemeinde erstreckt. In Unterlüß lebte der Maler Albert König (1881-1944), in dessen Wohnhaus in der Albert-König-Straße ein kleines Museum samt Bilderausstellung eröffnet wurde. König gilt unter den Heide-Malern als Porträtist der Bäume und als Maler der Kieselgur-Gruben, die es u. a. bei Neuohe gibt. – Wir wenden uns vom Bahnhof durch den Fußgängertunnel in die Weyhäuser Straße, die leicht bergan aus dem Ort hinausführt. Nach etwa einem Kilometer erreichen wir einen Wanderparkplatz, wo wir links in den Wald wandern. Nach etwa 1700 Metern, unterhalb des ganz mit Wald bedeckten Lüßberges, biegen wir rechts ab, nach knapp 700 Metern, an einer großen Kreuzung mit Bank, halten wir uns links. Knapp zwei Kilometer weiter, an einem Wegpilz, wandern wir geradeaus. Nach etwa 1,8 Kilometern gehen wir rechts in Richtung **Freilicht-Museum** (nach gut einem Kilometer links halten). Bedeutendstes Exponat des Museums ist der Brümmerhof von 1775 aus Moide bei Wietzendorf, ein Zweiständerhaus mit Döns (der guten Stube), Flett (der Arbeitsdiele) und dem Stall. Die zwei Reihen der innenstehenden Eichenstempel, auf denen das ganze Dach ruht, gaben diesem Haustyp den Namen. Bei einem Spaziergang durch das Museumsdorf findet man ferner einen Imkerspeicher mit Arbeitsgerät des für die Heidebauern so wichtigen Erwerbszweiges. Hinter dem Museum führt ein Weg durch den Wald zum Landtagsplatz. Dort tagte im 16. und 17. Jahrhundert die Landschaft, das Ständeparlament des Fürstentums Lüneburg.

Informationen zur Tour

Ausgangsort
Unterlüß

Anfahrt
Pkw: B 191 bis Weyhausen, Landstraße bis Unterlüß
Bahn: bis Bahnhof Unterlüß

Zielpunkt und Rückfahrt
Museum Hösseringen; Rückkehr auf demselben Weg

24 Von Unterlüß nach Hösseringen

Einkehrmöglichkeit
Haus am Landtagsplatz im Museum Hösseringen (Montag Ruhetag)

Öffnungszeiten
Albert-König-Museum, Albert-König-Str. 10, 29345 Unterlüß, Tel. 0 58 27/3 69, Mai – Okt. Di – So 14.30 – 17.30 Uhr, Nov. – April Sa und So 14.30 – 17.30 Uhr; Museumsdorf Hösseringen, Am Landtagsplatz, 29446 Suderburg-Hösseringen, Tel. 0 58 26/17 74, 1. April – 14. Juni Di – Sa 14 – 17.30 Uhr, So 10.30 – 17.30 Uhr, 15. Juni – 15. Sept. Di – So 10.30 – 17.30 Uhr, 16. Sept. – 31. Okt. Di – Sa 14 – 17.30 Uhr, So 10.30 – 17.30 Uhr, übrige Zeit So 10.30 Uhr bis zur Dunkelheit

Unterkunft
Goldene Kugel, Müdener Str. 19, 29345 Unterlüß, Tel. 0 58 27/16 33; Waldhotel Bötzelberg, Im Spring 8, 29556 Suderburg (Hösseringen), Tel. 0 58 26/14 67

Auskunft
Verkehrsverein Hardautal, 29556 Suderburg, Tel. 0 58 26/16 16

Karte
Naturpark Südheide (1:50 000)

Variante
Es empfiehlt sich die Rückkehr auf demselben Weg

Der Landtagsplatz bei Hösseringen

25 Von Lindow nach Gransee

Tourenlänge
18 km

Durchschnittliche Gehzeit
ca. 4 Std.

Etappen
Bahnhof – Klosterruine 25 Min. – Wutzsee östlicher Zipfel 45 Min. – Meseberg 1,2 Std. – Gransee 1,2 Std. – Bahnhof 45 Min.

Steigung
Unbedeutend

Interessantes am Weg
Klosterruine Lindow, Schloß Meseberg, Wartturm, Luisendenkmal in Gransee und mittelalterliche Stadtanlage Gransee

Wegcharakter
Feld- und Wanderwege durch eine leicht hügelige Wald- und Seenlandschaft

Wegmarkierung
Keine, bis auf eine kurze Strecke, die am Ostrand des Wutzsees als Fahrradtour N 3 gekennzeichnet ist.

Der **Bahnhof** von **Lindow** liegt knapp 2 km außerhalb des Ortszentrums. Aus dem Bahnhof nach links wenden und entlang der *Hauptstraße* bis zur **Klosterruine** laufen. Das kleine Städtchen liegt idyllisch zwischen zwei Seen, im Westen der Gudelacksee mit der Insel Werder und im Osten der langgestreckte Wutzsee. Das Prämonstratenserinnenkloster, dessen Ruinen sehr malerisch am Ufer des Wutzsees liegen, wurde etwa 1230 gegründet und 1531 säkularisiert. Vom Restaurant Klosterblick geht es das Nordufer des Wutzsees entlang, ein Weg, der unmittelbar am Wasser entlangführt. Am Ostufer des Sees nach rechts auf den *Fahrradweg N 3* Richtung Strubensee abbiegen und am nächsten Kreuzweg nach links einem breiten Feldweg durch die waldreiche, hauptsächlich kiefernbestandene Baumgartener Heide Richtung Meseberg folgen. Das ist der stillste Abschnitt der Wanderung – quer durch einige Fließtäler.

In dem kleinen Ort **Meseberg** am Ufer des Huwenowsees befindet sich ein schlichtes, zweistöckiges **Schloß**, das eine pikante Geschichte um den Bruder Friedrichs des Großen aufweist. Nach der Kirche, deren Ursprünge im Mittelalter zu datieren sind, nach links Richtung Seeufer und Richtung Gransee abzweigen.

Vom Schloß aus der alten Allee nach **Gransee** folgen, die über Wiesen, Felder und durch Wäld-

25 Von Lindow nach Gransee

Der Stechlin, ein sagenumwobener See nördlich von Lindow, diente Fontane als *setting* für einen Roman.

chen führt. Kurz vor Gransee entdeckt man zur Rechten in einem Wald den **Wartturm**, einen im 15. Jh. errichteten Backsteinbau mit Feldsteinsockel. Am Stadtrand am Abzweig Richtung Löwenberg nach links und an der *Hauptstraße* gleich wieder rechts abbiegen. Von dort kommt man mitten ins Herz der kleinen Stadt mit der mittelalterlichen Stadtmauer samt **Pulverturm** und **Ruppiner Tor**. Unmittelbar an diesem Tor befindet sich auch das **Heimatmuseum**, das in einem Bau aus dem frühen 14. Jh., dem Heilig-Geist-Hospital, untergebracht ist. Auf dem Marktplatz, dem *Schinkelplatz*, entdeckt man die berühmteste Sehenswürdigkeit Gransees, das **Luisendenkmal**. Der **Bahnhof** von Gransee liegt am südöstlichen Stadtrand, entlang der Landstraße Richtung Zehdenick; nach Überquerung der B 96 rechts abbiegen.

Informationen zur Tour

 Ausgangsort
Lindow

 Anfahrt
Pkw: A 24 Richtung Hamburg bis Neuruppin, dann B 167 bis vor Herzberg, Landstraße nach Lindow
Bahn: Von Berlin aus mit der S 1 bis zur Endhaltestelle Oranienburg; von dort fährt alle 2 Std. die Regionalbahn 54 Richtung Rheinsberg. Die Fahrzeit beträgt 43 Min.

 Zielpunkt und Rückfahrt
Gransee
Pkw: B 96 nach Berlin
Bahn: Von Gransee aus fährt etwa stündlich ein Zug nach Berlin-Lichtenberg

 Unterkunft
Hotel Krone, 16835 Lindow, Straße des Friedens 11, Tel. und Fax 03 39 33/7 03 13

 Einkehrmöglichkeiten
Museumsschänke, Mittelstraße 10, 16835 Lindow; Ratskeller Lindow, Straße des Friedens 21, 16835 Lindow; Zur alten Eiche, 16835 Klosterheide, Dorfstraße 22

 Öffnungszeiten
Heimatmuseum Gransee, Rudolf-Breitscheid-Str. 44, 16775 Gransee, Tel. 0 33 06/2 16 06

 Auskunft
Touristik-Information Gransee, wie Heimatmuseum

Karte
Stadt & Land Vertrieb, Ruppiner Land/Rheinsberg, 1:60 000

26 Von Rheinsberg auf die Krähenberge

Tourenlänge
10 km

Durchschnittliche Gehzeit
2½ Std.

Etappen
Rheinsberg bis Café Untermühle 40 Min. – Ruine Leuchtturm Rheinsberg 30 Min. – Krähenberge 40 Min. – Rheinsberg 45 Min.

Steigung
Etwa 90 m

Interessantes am Weg
Rheinsberger Leuchtturm, Schloß Rheinsberg

Wegcharakter
Flach und bis hinter Untermühle durch Flußwiesen, dann bis zu den Krähenbergen hügeliges, teilweise dichtes Waldland

Wegmarkierung
Vom Leuchtturm bis nach Rheinsberg grüner Balken auf weißem Grund

Vom **Rheinsberger Bahnhof** aus geht es in südöstlicher Richtung den *Damaschkeweg* entlang. Am Ende des Fahrwegs zweigt man rechts ab zum Ufer des Flüßchens **Rhin**. Am Flußufer entlang führt der Weg bis zum **Café Untermühle**, wo eine Brücke den Fluß überspannt. Dort folgen wir dem *Zechower Weg*, der links abbiegt, bis er einen Wassergraben, einen Zufluß des Rhin, überquert. Unmittelbar nach der Überquerung geht es wieder nach rechts bis zum **Rheinsberger Leuchtturm**, der nach wenigen hundert Metern rechts auf einer Anhöhe zu erblicken ist.
An der nächsten Kreuzung halten wir uns links und folgen nun der Wegmarkierung bis zurück nach Rheinsberg. Die **Krähenberge** bilden mit ihren 117 m die höchste Erhebung in der Endmoränenlandschaft südlich des Städtchens. Von dort oben hat man einen wunderbaren Blick über märkische Landschaften und die Rheinsberger Seen.

Schloß Rheinsberg gehört dank der zauberhaften Lage am Grienericksee und den geschickt angelegten Parkanlagen zu den anmutigsten Schlössern Brandenburgs, das seinen Ruhm hauptsächlich dem vierjährigen Aufenthalt des Kronprinzen Friedrich, des späteren Friedrichs des Großen, verdankt. Nachdem Friedrich 1740 den Thron bestiegen hatte, verließ er das Schloß für immer. 1744, kurz vor Vollendung seines Schlosses Sanssouci, schenkte Friedrich Schloß Rheinsberg seinem Bruder Heinrich, der dort bis zu seinem Tod im Jahr 1802 residierte. In seine Ägide fiel der Bau des Schloßtheaters. Auch die Ausgestaltung des Parks mit dem Heckentheater und den kleinen Bauten geht auf die Initiative Heinrichs zurück.

Das romantischste Denkmal setzte dem Schloß jedoch Kurt Tucholsky, der mit seiner Erzählung »Rheinsberg – ein Bilderbuch für Verliebte« der Anlage einen nachhaltigen Zauber verlieh. Ihm

26 Von Rheinsberg auf die Krähenberge

Obwohl Schloß Rheinsberg eher mit den Jugendjahren von Friedrich dem Großen verbunden wird, prägte sein Bruder Heinrich Schloß und Park.

ist im Schloß eine **Gedenkstätte** gewidmet. Zu den Höhepunkten eines Schloßbesuchs gehören die sommerlichen Aufführungen der Kammeroper Rheinsberg, wobei die gesamte Schloßanlage, das idyllische Heckentheater und die Ruine des Schloßtheaters als Kulisse genutzt wird.

Informationen zur Tour

 Ausgangsort
Rheinsberg

 Anfahrt
Pkw: A 24 Berlin – Hamburg Abfahrt Neuruppin/Rheinsberg, von dort aus ist der Weg gut ausgeschildert
Bahn: Von Berlin aus mit der S 1 bis zur Endhaltestelle Oranienburg; von dort fährt alle 2 Std. die Regionalbahn 54 Richtung Rheinsberg

 Unterkunft
Hotel Goldener Stern, Mühlenstraße 4, 16831 Rheinsberg, Tel. 03 39 31/21 79

 Einkehrmöglichkeit
Café Untermühle mit Kanuverleih; Restaurant Holländer Mühle, Schwanower Straße; mehrere Cafés mit Straßenterrasse in der kleinen Innenstadt und am Schloß

 Öffnungszeiten
Schloß Rheinsberg, Di – So 9.30 – 17 Uhr, Kassenschluß 16.45, Nov. bis März nur mit Führung; Kurt-Tucholsky-Gedenkstätte, Mai – Okt. Di – So 9.30 – 17 Uhr, Nov. – April Di – So 9.30 – 15.30 Uhr

 Auskunft
Touristik-Information Rheinsberg, Markt/Kavaliershaus, 16831 Rheinsberg, Tel./Fax 03 39 31/20 59

Karte
Stadt & Land Vertrieb, Ruppiner Land/Rheinsberg, 1:60 000

27 Rund um den Wandlitzer See und Liepnitzsee

 Tourenlänge
6,5 km (nur Wandlitzsee) bzw. 18 km

 Durchschnittliche Gehzeit
1½ bzw. 5 Std.

 Etappen
Bahnhof Wandlitzsee – Agrarhistorisches Museum 1½ Std. – Campingplatz Liepnitzsee 1½ Std. – Ützdorf 1 Std. – Fährablegestelle 45 Min. – Bahnhof Wandlitzsee 1¼ Std.

 Steigung
10 m

 Interessantes am Weg
Agrarhistorisches Museum Wandlitz

 Wegcharakter
Ufer- und Waldwege, etwa zwei Kilometer ruhige Landstraße

 Wegmarkierung
Gute Markierungen, unterschiedlich um beide Seen

Die reizvolle Wald- und Seenlandschaft prägte die Geschicke von **Wandlitz** als Ausflugsziel großstadtmüder Berliner seit Beginn des Jahrhunderts. Der früher slawische Ort – *vandelice* bedeutet »Menschen, die am Wasser leben« – wurde im 13. Jh. von deutschen Siedlern als Rundling um den Kirchberg angelegt und war ab 1242 dreihundert Jahre im Besitz des Klosters Lehnin. Mit der Eröffnung der Eisenbahnstrecke Berlin – Groß Schönebeck, der »Heidekrautbahn«, im Jahr 1901 begann der moderne Tourismus. Wald- und Seeparzellen lockten Käufer von Villen und Landhäusern an, ein Seebad wurde 1923 errichtet, und am Rahmersee entstand eine Künstlerkolonie. Kein Wunder, daß sich diese herrliche Gegend auch Nazigrößen wie Goebbels als Landsitz auserkoren und daß später die berühmt-berüchtigte Waldsiedlung zum »Luxusgetto« der DDR-Bonzen wurde. Die Einwohner von Wandlitz hatten mit der Waldsiedlung nichts zu tun. Im Gegenteil – sie wurden dadurch nur zusätzlich belastet.

Die Wanderung beginnt am **Bahnhof Wandlitzsee**, der 1972 im Bauhausstil fertiggestellt wurde, und führt – dem gelben Punkt folgend – entlang der Seepromenade zunächst nördlich um den See über die *August-Bebel-* und weiter über die *Uferstraße*. Man folgt auf der Westseite des Sees ein kurzes Stück der B 273 bis zum Schild Richtung **Agrarhistorisches Museum**

»Mittelalterlich« mutet der Mähdrescher im Agrarmuseum von Wandlitz an.

27 Rund um den Wandlitzer See und Liepnitzsee

Zu den besonders erwähnenswerten Exponaten gehören eine Heucke-Dampfpfluglokomobile (um 1900), Lanz-Bulldogs (1921, 1924, 1940), eine Hanomag-Dieselraupe (1923) und ein Claas-Mähdreschbinder (1934). Interessant sind auch die DDR-Traktoren »Brockenhexe« (1949) oder »Aktivist« (1950).

Die Wanderung geht weiter um den idyllischen und waldumsäumten **Liepnitzsee**, folgt der gelben Markierung und führt über die Straße *Langer Grund* und die *Lindenallee* zurück Richtung Bahnhof Wandlitzsee, wobei man sich jedoch kurz zuvor an der wiederum gelben Ausschilderung (Strich) Richtung Heilige Drei Pfühle orientiert. Nahe des Nordufers des Liepnitzsees – die Insel Großer Werder rechts im Blick – führt der Weg vorbei am Campingplatz über eine Lindenallee Richtung **Ützdorf**. Dort kehrt man an der alten *Försterei* um und wählt den Wanderweg am südlichen Ufer des Sees. Auf diesem landschaftlich herrlichen Weg kommt man an der **Fährstelle** vorbei, von der aus zu jeder vollen Stunde ein Boot auf die Insel verkehrt. In Höhe des Badestrands beendet man die Umwanderung des Liepnitzsees, folgt den gelb-blauen Balken Richtung Wandlitz bis zum Bahndamm und dann zurück zum **Bahnhof Wandlitzsee**.

Informationen zur Tour

 Ausgangsort
Wandlitz, Bahnhof Wandlitzsee

 Anfahrt
Pkw: Von Berlin aus A 11 und Bundesstraße 273 oder Bundesstraße 109
Bahn: Regionalbahn 27 ab S-Bahnhof Berlin-Karow (S 8 Richtung Bernau) stündlich in beiden Richtungen bis Wandlitzsee, eine Station nach Wandlitz

 Rückfahrt
Bahn: Entweder direkt vom Bahnhof Wandlitz oder von Wandlitzsee aus

 Unterkunft
Hotel Seeterrasse, Thälmannstraße 93, 16348 Wandlitz, Tel. 03 33 97/815 91, Fax 815 92

 Einkehrmöglichkeit
Waldidyll, Speiserestaurant, Stolzenhagener Chaussee 53; Jägerstube, Oranienburger Straße 19, 16348 Wandlitz

 Öffnungszeiten
Agrarmuseum Wandlitz, Breitscheidstraße 22, 16348 Wandlitz, Tel. 03 33 97/2 15 58

 Auskunft
FVV Märkische Seenlandschaft, Prenzlauer Chaussee 157, 16348 Wandlitz, Tel. 03 33 97/66 31, Fax 66 16

 Karte
Stadt & Land Vertrieb, Berlin-Ost 1:60 000,
RV Regio Atlas »Rund um Berlin« 1:50 000

28 Potsdam-Sanssouci

Tourenlänge
6 km

Durchschnittliche Gehzeit
2–3 Std. (ohne Besichtigung der Schlösser)

Etappen
Brandenburger Tor – Schloß Sanssouci 20 Min. – Orangerieschloß 10 Min. – Drachenhaus 10 Min. – Belvedere 5 Min. – Neues Palais 20 Min. – Schloß Charlottenhof 20 Min. – Römische Bäder 10 Min. – Chinesisches Haus 15 Min. – Friedenskirche 20 Min. – Brandenburger Tor 15 Min.

Steigung
30 m

Interessantes am Weg
Schlösser im Park Sanssouci

Wegcharakter
Parkwanderung

Wegmarkierung
Keine

Eignung für Kinder
Für Kinder besonders geeignet

Ein kleines Paradies sollte **Potsdam** einst werden, und so bauten über die Jahrhunderte die Hohenzollern nicht nur die zauberhaften Schlösser in und um Potsdam, sondern schufen auch eine Parklandschaft, die die Potsdamer Region tatsächlich zu einem kleinen Paradies gemacht hat. Das berühmteste Schloß ist zweifellos Sanssouci, ein Kleinod des friderizianischen Rokoko, das in vergleichsweise bescheidenen Ausmaßen auf einem sanften Hügel ruht. Doch der weitläufige Park Sanssouci birgt noch weitaus mehr Schlösser und architektonische Spielereien, und so sollte man einen ganzen Tag für diese Wanderung veranschlagen. Gleichwohl ist auch ein Parkspaziergang mit seinen verschiedenen landschaftsarchitektonischen Ausprägungen – vom kleinen Barockgärtchen bis hin zum englischen Landschaftsgarten – gleichermaßen reizvoll. Ausgangspunkt ist das **Brandenburger Tor** in Potsdam, das den Abschluß zur Haupteinkaufsmeile Brandenburger Straße bildet und hinter dem die Allee nach Sanssouci direkt zum Eingang »Am Grünen Gitter« und von dort zum **Schloß Sanssouci** führt.

Friedrich der Große ließ sich das reizende Bauwerk 1745–47 auf dem Weinberg als Sommerschlößchen errichten. Das Schloß ist nur mit Führung zu besichtigen. Es ist ratsam, sich vor allem an Sommerwochenenden vor einem Parkspaziergang anzumelden, da die Besucherzahl beschränkt ist.

Die Rückseite des Schlosses, der eigentliche repräsentative Eingangsbereich, präsentiert sich weitaus formeller, bietet dafür aber durch die halbkreisförmigen Kolonnaden hindurch einen verblüffenden Blick auf den **Ruinenberg**, einen Hügel, auf dem Friedrich romantische Ruinen allein wegen des hübschen Anblicks und als Verkleidung für eine Wasserpumpe für die Schloßgartenfontänen errichten ließ – die im übrigen nie funktionierte.

Das pompöseste Schloß, das **Neue Palais**, bildet den westlichen Abschluß des Parks Sanssouci. Nach dem Siebenjährigen Krieg, als Preußen nahezu ausgeblutet war, ließ Friedrich diesen

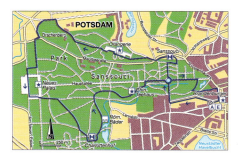

59

28 Potsdam-Sanssouci

Reine Schauarchitektur, nichts als Bluff – Friedrich der Große wollte mit dem Bau des Neuen Palais nach dem Siebenjährigen Krieg zeigen, daß Preußen nicht pleite war.

gigantischen Bau 1763 als größtes Gästehaus seines Reichs mit rund 300 Zimmern errichten. Kaiser Wilhelm II. nutzte es seinerzeit als Domizil, da es ihm in seinen Ausmaßen als angemessen für seinen Größenwahn schien. Dort unterzeichnete er den Eintritt Deutschlands in den Ersten Weltkrieg. Von dort floh er auch für immer ins Exil nach Holland.

In die Südhälfte des Parks führt ein geschlängelter Weg durch einen wunderschönen englischen Landschaftsgarten und endet bei einer weißen Traumvilla, dem **Schloß Charlottenhof**. Friedrich Wilhelm IV. ließ sich das ursprünglich bescheidene Gutshaus ab 1825 nach dem Vorbild der römischen Villa Albani in ein elegantes Sommerschlößchen umbauen.

Nicht weit von dieser Villa entfernt, wieder Richtung Hauptallee, wartet eine weitere architektonische Überraschung, die einen unversehens in die Toskana entführt: die **Römischen Bäder**. Wieder war es Friedrich Wilhelm IV., der dort seine Sehnsucht nach Italien in Architektur umsetzte.

Kurz vor der Hauptallee zweigt ein kleiner Weg nach rechts ab zu einem Schmuckstück, das so versteckt zu liegen scheint, daß man es beinahe übersehen könnte: das **Chinesische Haus**. Wie ein kleines Juwel aus Smaragd und Gold leuchtet es aus dem Gebüsch hervor. Friedrich der Große ließ es 1754 – 64 als Teehaus erbauen, im Stil der im Rokoko sehr beliebten Chinoiserie, einer Anlehnung fernöstlich-exotischer Illusionen an das Rokoko.

Ein letztes Mal geht es zu einem Bauwerk Friedrich Wilhelms IV., eines, das der tiefen Gläubigkeit des Monarchen am ehesten entsprechen dürfte. Die **Friedenskirche** ließ der Romantiker auf dem Thron im Jahr 1845 errichten, genau hundert Jahre nach der Grundsteinlegung von Schloß Sanssouci.

Von der Friedenskirche geht es wieder zurück zur *Hauptallee* und dort nach rechts zum friderizianischen Entree in den schönsten Schlösserpark Potsdams – in diesem Fall zum Ausgang Richtung Brandenburger Tor.

Informationen zur Tour

 Ausgangsort
Potsdam, Stadtzentrum, Brandenburger Tor am Ende der Fußgängerzone Brandenburger Straße

 Anfahrt
Pkw: B 1
Bahn: S-Bahn bis Potsdam-Stadt, Straßenbahn ab Lange Brücke bis Friedrich-Ebert-Straße, dort über die Brandenburger Straße zum Brandenburger Tor.

 Unterkunft
Schloßhotel Cecilienhof, Neuer Garten, 14469 Potsdam, Tel. 03 31/3 70 50, Fax 29 24 98

 Einkehrmöglichkeit
Rund um den Park Sanssouci nicht zu empfehlen

 Öffnungszeiten
Schlösser 9–17 Uhr mit unterschiedlichen Schließtagen

 Auskunft
Potsdam Information, Friedrich-Ebert-Straße 5, 14467 Potsdam, Tel. 03 31/29 11 00, 275 58-0, Fax 29 30 12; Besucherzentrum Sanssouci mit den aktuellen Öffnungszeiten, Allee nach Sanssouci 5, Tel. 03 31/96 94-2 00

Karte
Pharus-Plan Potsdam 1:17 500

29 Buckow

 Tourenlänge
8 km

 Durchschnittliche Gehzeit
2½ Std.

 Etappen
Brecht-Weigel-Haus – Weißer See 15 Min. – Höhe Bollerdorf 50 Min. – Buckow 45 Min. – Brecht-Weigel-Haus 20 Min.

 Steigung
Leicht hügelig (30 m), für den Flachland-Märker daher fast alpin

 Interessantes am Weg
Brecht-Weigel-Haus

 Wegcharakter
Wald- und Wanderwege, Fahrwege

 Wegmarkierung
Grüner Punkt ab Brecht-Weigel-Haus

Nicht erst heute gehört der **Schermützelsee** zu den Höhepunkten Berliner Ausflugslebens. Bald nachdem Theodor Fontane den Reiz Buckows inmitten der Märkischen Schweiz beschrieben hatte, eroberten Sommerfrischler den Ort und bauten am östlichen Ufer des Schermützelsees ihre Villen. Eine davon, die **»Eiserne Villa«**, die der Berliner Bildhauer Roch um 1910/11 erbauen ließ, pachteten 1952 Bertolt Brecht und seine Frau Helene Weigel. Dem mit Eisenplatten beschlagenen Vorgängerbau und den vergitterten Fenstern verdankt das Haus seinen merkwürdigen Namen.
Die fünf Buckower Sommer waren für Brecht fruchtbare Jahre. Im alten Gärtnerhaus schrieb er auch die »Buckower Elegien« und kritisierte scharf das DDR-Regime.
Das Museum zeigt unter anderem den großen Eß- und Wohnraum, in dem Helene Weigel, »die suppenkochende Kennerin der Wirklichkeit«, Freunde mit selbstgesammelten Pilzen bewirtete, die nur der mißtrauische Brecht verschmähte. Im alten *Bootshaus* steht noch heute der Planwagen, den Helene Weigel als Mutter Courage erstmals 1949 über die Bühne des Berliner Ensembles zog und dann über 500mal auf Gastspielen von Paris und London bis Moskau.
Nichts ist einfacher als um den Schermützelsee zu wandern, denn vom Brecht-Weigel-Haus aus ist der Rundweg gut markiert (grüner Punkt). Vom **Buckower Bahnhof** gelangt man in wenigen Minuten über die *Haupt-* und *Berliner Straße*, die Seepromenade am kleinen Buckower See und den Kurpark zum **Brecht-Weigel-Haus**. Vom **Parkplatz** an der **Schule** sind es nur wenige Schritte zum Wanderweg.
Die Wanderung führt am **Weißen See** vorbei, auf dem Seerosen wuchern, später überwiegend durch ufernahen Wald, mit immer wieder phantastischen Ausblicken auf den See, auf dem sich Ruderer vergnügen und auf dem in dichter

29 Buckow

Elegisch lädt Buckow lechzende Sommerfrischler aus Berlin zu Gast – unter ihnen waren Helene Weigel und Bert Brecht.

Folge Ausflugsboote schippern. Teilweise ist der direkte Zugang zum Schermützelsee wegen der Häuser mit Ufergrundstück und Kleingärten nicht möglich.
In **Buckow** selbst, kurz vor dem Ausgangs- und Zielpunkt, kann man sich glücklich schätzen, zu Fuß unterwegs zu sein, denn das überaus holprige und bucklige Kopfsteinpflaster macht das Fahrradfahren nahezu unmöglich.

Informationen zur Tour

 Ausgangsort
Buckow, Brecht-Weigel-Haus oder Parkplatz an der Bertolt-Brecht-Schule am nördlichen Ortsrand von Buckow oder Bahnhof

Anfahrt
Pkw: B1/5 Richtung Frankfurt/ Oder bis Müncheberg

Bahn: Regionalbahn 29 von Berlin-Lichtenberg über Müncheberg bis Buckow, stündlich, Fahrtzeit 56 Min.

 Unterkunft
Siehe Einkehrmöglichkeiten

 Einkehrmöglichkeiten
Bergschlößchen, Hotel und Restaurant, Königstraße 38, Tel. und Fax 03 34 33/5 73 12;
Haus Wilhelmshöhe, Lindenstraße 10, 15337 Buckow, Tel. 03 34 33/2 46, Fax 4 31

 Öffnungszeiten
Literaturmuseum Brecht-Weigel-Haus, Bertolt-Brecht-Straße 29, 15377 Buckow, Tel. 03 34 33/4 67, April – Okt. Mi. Do, Fr 13 – 17 Uhr, Sa, So 13 – 18 Uhr, Nov. bis März Mi, Do, Fr 10 – 12 und 13 – 16 Uhr, So 11 – 16 Uhr

 Auskunft
Umwelt- und Fremdenverkehrsamt Märkische Schweiz, Wriezener Str. 1a, 15377 Buckow, Tel. 03 34 33/ 5 75 00 und 6 59 81, Fax 6 59 20

 Karte
Stadt & Land Vertrieb, Ruppiner Land/Rheinsberg, 1:60000

30 Erkner

Tourenlänge
15 km

Durchschnittliche Gehzeit
4 Std.

Etappen
Erkner Bahnhof – Museum 15 Min. – Ostufer Werlsee 1¼ Std. – Fangschleuse 1 Std. – Bahnhof 1¼ Std.

Steigung
Keine

Interessantes am Weg
Gerhart-Hauptmann-Museum

Wegcharakter
Zunächst durch besiedeltes Gebiet, entlang einer Straße und auf einem Wanderweg

Wegmarkierung
Entlang der Löcknitz grüner Punkt

Als Gerhart Hauptmann im Berliner Tiergarten gedankenversunken über eine Wiese ging und vom Parkwächter zur Rede gestellt wurde, fuhr er zurück: »Wissen Sie überhaupt, wer ich bin?« – »Ick weeß, Jöthe. Aber darum dürfen Se noch lange nicht det Jras zerlatschen.«

Am **Bahnhof Erkner** befindet sich ein Orientierungsplan, der zum 15 Min. entfernten **Gerhart-Hauptmann-Museum** führt.

»Ich habe vier Jahre in Erkner gelebt und zwar für mich grundlegende Jahre. Mit der märkischen Landschaft aufs innigste verbunden schrieb ich dort ›Fasching‹, ›Bahnwärter Thiel‹ und mein erstes Drama ›Vor Sonnenaufgang‹. Die vier Jahre sind sozusagen die vier Ecksteine für mein Leben geworden ...«, bedankte sich Gerhart Hauptmann 1936 in einem Brief gegenüber der Gemeinde.

Wie in allen seinen Stücken verewigte er die Menschen seiner Umgebung – gewollt und ungewollt. Der Novelle »Fasching« liegt ein tatsächlicher Unglücksfall zugrunde. Drei Mitglieder einer Familie ertranken damals im Flakensee. Im »Biberpelz« (1893) ähnelt der Rentier Krüger dem Hauswirt Hauptmanns, Nicolaus Lassen.

Vom Museum aus führt die *Fürstenwalder Straße* über den Bahnübergang und weiter über die *Löcknitzbrücke*. Rechts beginnt der *Leistikow-Weg*, der auf einem Abschnitt Naturlehrpfad ist. Am **Löcknitzidyll** vorbei, der Schiffsanlegestelle, wo sich auch Parkplätze befinden, läßt man den von Seerosen überzogenen **Wupatz-see** links liegen. Der kurz darauf folgende tief-

30 Erkner

Die »märkische Streusandbüchse«, die große Teile der Mark Brandenburg ausmacht, wirkt gelegentlich wie eine bewaldete Dünenlandschaft.

blaue **Heiderreutersee** strahlt Ruhe aus, trotz der nahen Autobahn.
An Campingplätzen vorbei folgt man dem Weg bis zum **Denkmal**, an dem es rechts auf der Straße nach Spreenhagen abgeht. Am nächsten Parkplatz hält man sich wieder rechts und kommt damit auf die Südseite des **Werlsees**, eine der schönsten Strecken dieser Wanderung. Dort legt an der **Fangschleuse** die Fähre zur Insel ab. Am Ufer der Löcknitz schlängelt sich ein kleiner Weg durch lichten Wald zurück nach **Erkner**.

Informationen zur Tour

 Ausgangsort
Erkner, Bahnhof

 Anfahrt
Pkw: A 10, Berliner Ring, Abfahrt Erkner

Bahn: S 3 von Potsdam-Stadt über Berlin-Friedrichstraße alle 20 Min., Fahrtzeit ab Berlin-Hbf. 36 Min.

 Unterkunft
Waldhotel (mittel), Albert-Kiekebusch-Straße 16, 15537 Erkner, Tel. 0 33 62/2 82 20, Fax 33 49

 Einkehrmöglichkeit
Zur alten Dampflok, direkt am Bahnhof, 15537 Erkner; Gaststätte und Hotel am Peetzsee, Karl-Marx-Straße 9, 15537 Grünheide

 Öffnungszeiten
Gerhart-Hauptmann-Museum, Gerhart-Hauptmann-Straße 1, 15537 Erkner, 0 33 62/36 63, Di–So 11–17 Uhr

 Auskunft
Gemeinde Erkner, Friedrichstraße 6–8, 15537 Erkner, Tel. 0 33 62/37 82

 Karte
Stadt & Land Vertrieb, Berlin-Ost 1:60 000

31 Schloß Branitz in Cottbus

Tourenlänge
6,5 km

Durchschnittliche Gehzeit
2–3 Std.

Etappen
Cottbus Bahnhof – Branitz 40 Min. – Parkschmiede 15 Min. – Schloß 10 Min. – Pyramiden 40 Min. – Branitz Ort 30 Min.

Steigung
Kaum

Interessantes am Weg
Park und Schloß Branitz

Wegcharakter
Parkwanderung

Wegmarkierung
Keine

Der Bus Nr. 15 fährt vom *Breitscheidplatz* (am Bhf. links in die Thiem- und Bahnhofstr., Liebknechtstr. rechts, 1 km) ins Dorf **Branitz**. Dort, an der *Endhaltestelle*, Ecke Kiekebuscher Straße und Branitzer Dorfmitte, beginnt die Wanderung. Mit dem Pkw kann man in der Nähe auch parken.
Will man die Innenstadt mit dem schönen Marktplatz besuchen, sollte man das auf den Nachmittag verschieben, denn die Lichtverhältnisse im Park Branitz sind so berechnet, daß man am günstigsten morgens an der **Parkschmiede** losgeht. Dorthin gelangt man vom Bus über die Straße *Branitzer Dorfmitte* und die im Verlauf nach links abknickende *Kastanienallee*.
»Fürst Pückler war ein luxusverwöhnter Snob, der Duelle focht und mehr Liebschaften als Casanova hatte, ein Abenteurer, der zu Pferd halb Afrika durchquerte, von höchstem Adel, gleichzeitig republikanisch gesinnt, begabter Autor, genialer Gartenarchitekt.« So charakterisiert ihn sein Biograph.
Von der **Parkschmiede**, in den Jahren 1849 – 51 von Ludwig Persius im Stil der Neogotik errichtet (heute Sitz der Verwaltung), führt ein Weg zum **Schloß Branitz**, dem heutigen Museum, wo Fürst Pückler und seine Frau Lucie 25 Jahre lang wohnten. In den exotischen Räumen im Obergeschoß des Schlosses zeigt ein zeitgenössisches Gemälde und eine Statue seine schöne Geliebte Machbuba, die wie das Ideal heutiger Models wirkt.
Pückler, der große Landschaftsgärtner, ließ den **Park** aufwendig in den Jahren 1846 – 71 nach seinen Vorstellungen anlegen. Seen, Berge und Pyramiden wurden geschaffen, 100 000 Kubikmeter Erde bewegt, um seine Idee von der allgemeinen Verschönerung der Mutter Natur umzusetzen und seine Naturmalerei in der eher kargen märkischen Landschaft mehr im Geist als in der Form zu betreiben, wie der Fürst es sinngemäß formulierte.
Pückler konnte sich dabei auf das von seinem Großvater 1772 errichtete **Schloß** stützen, das mandelfarben restauriert ist. Er ließ es 1846 von

31 Schloß Branitz in Cottbus

»Schnucke«, die Frau von Fürst Pückler, soll nicht begeistert gewesen sein, als er seine äthiopische Geliebte mit nach Branitz brachte.

Gottfried Semper (Oper Dresden) ausbauen und eine repräsentative Freitreppe anlegen.
Die Parkwanderung an der **Orangerie** und dem **Cottbusser Torhaus** vorbei, dem ehemaligen Haupteingang, führt zu den beiden spektakulären **Pyramiden**, von denen die Seepyramide als Grabstätte von Pückler und seiner Frau Lucie, genannt »Schnucke« dient, und die Landpyramide an die Ägyptenreise erinnert.
Nach Park Branitz kann man noch den **Tierpark** und den **Eichenpark** besuchen. Beide schließen sich direkt westlich an den Branitzer Park an und verlaufen entlang der Spree.

Informationen zur Tour

 Ausgangsort
Cottbus, Dorf Branitz

 Anfahrt
Pkw: A 15, Abfahrt Cottbus West oder Süd, ausgeschildert
Bahn: Interregio und Regionalexpreß etwa stündlich vom Bhf. Berlin-Lichtenberg, Fahrtzeit etwa 1 Std. 30 Min.

 Unterkunft
Best Western Hotel Branitz, 03042 Cottbus, Heinrich-Zille-Straße Tel. 03 55/75 10-0, Fax 71 31 72

 Einkehrmöglichkeit
Gaststätte Kavaliershaus direkt am Schloß

 Öffnungszeiten
Fürst-Pückler-Museum, Park und Schloß Branitz, 03042 Cottbus, Kastanienallee, Tel. 03 55/75 15 21, Fax 71 31 79; April – Okt. Di – So 10 – 18 Uhr, Nov. – März 17 Uhr

 Auskunft
Cottbus-Information, Karl-Marx-Straße 68, 03044 Cottbus, Tel. 03 55/2 42 54, Fax 79 19 31

Karte
Stadt & Land Vertrieb, Spreewald, 1:60 000; Falk Stadtplan Cottbus, 1:20 000

Spreewald

32 Im Unterspreewald von Lübben über Schlepzig und Krausnick nach Lubolz

Tourenlänge
29 km

Durchschnittliche Gehzeit
7 Stunden

Steigung
20 Hm

Etappen
Lübben Bahnhof – Fischteiche 1¼ Std. – Gasthaus Petkampsberg 1¼ Std. – Schlepzig 50 Min. – Krausnick 1¾ Std. – Lubolz 1¾ Std.

Interessantes am Weg
Agrarhistorisches Museum Schlepzig

Wegcharakter
Vogelreicher Spreewald und märkische Sandboden-Kiefernlandschaft

Wegmarkierung
Unterschiedlich, aber eindeutig

In Preußen gestaltete man solch profanen Hinweise unaufwendig. Reste der Stadtmauer mit dem Trutzer sind erhalten, und der Schloßturm mit seinem Wappensaal wurde restauriert. Nicht weit von Lübben entfernt zeugt der Rundwall am Burglehn von der noch weiter zurückliegenden slawischen Vergangenheit der Region. Für den geschichtlich interessierten Wanderer hat Theodor Fontane in seinen »Wanderungen durch die Mark Brandenburg« diese verschiedenen Etappen der Vergangenheit anschaulich beschrieben.

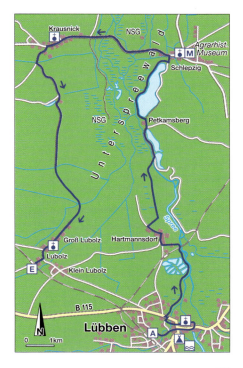

Der nördlichere Teil des Spreewalds heißt *Unterspreewald* und ist touristisch weniger erschlossen. Die hier beschriebene lange Wanderroute bringt uns über weite Teile in eine absolut ruhige, natürliche, vogelreiche Landschaft.

Vom Hauptbahnhof in **Lübben** geht es über die Bahnhofstraße und links die Friedensstraße quer durch den Stadtpark über einen Nebenarm der Spree, die Berste, und weiter über die verkehrsfreie Breite Straße ins Zentrum mit der Hauptspree und drei Kahnfährhäfen. Die Pracht der Postmeilensäule in der Innenstadt weist auf einen Teil der Geschichte hin: Bis 1815 gehörte der Spreewald zu Sachsen, wo ein Gefühl für diese Art der Alltagsästhetik vorhanden war.

32 Im Unterspreewald von Lübben nach Lubolz

Kahnfahrt im Spreewald

Durch den Ort geht es zurück über die Spree, ein Stück rechts die Berliner Straße (B 115) entlang bis vor ein Schulgebäude mit Turm, vor dem der markierte Wanderweg rechts am kleinen Seitenarm der Spree abbiegt. Kurz nachdem sich der Seitenarm mit der Hauptspree verbindet, sieht man links den 63 m hohen Pfaffenberg und die großen Fischteichanlagen. Nach dem Unterqueren einer Eisenbahnbrücke kann man nun direkt am Uferdamm weitergehen oder links über Hartmannsdorf in den eigentlichen Spreewald vordringen, der während der Eiszeit entstand. Nach dem Ort folgt man rechts der von Feldern umgebenen Pappelallee, die durch einen Erlenwald wieder zum Spreedamm führt. Auf dem folgenden, schönsten Teilstück der Wanderung entlang der Hauptspree und mitten durch den Wald hört und sieht man die reiche Vogelwelt.
In **Schlepzig** bietet sich eine Bootsfahrt an, ein Besuch im agrarhistorischen Museum oder eine Rast im Landgasthof Zum grünen Strand der Spree. Ein Bus verkehrt zurück nach Lübben.

Ein Wanderweg gleich am Ortseingang führt durch Auenlandschaft nach **Krausnick** über eine wenig befahrene Straße, die die kleine Wasserburger Spree überquert.
Noch vor dem Ortsende von Krausnick führt ein Weg links über leicht hügelige Felder auf den Wald zu, um uns Wanderer am Waldrand und schließlich durch den typisch brandenburgischen Kiefernwald auf sandigen Böden – einem erstaunlichen Kontrast zum nahen Spreewald – nach **Lubolz** zu bringen.

Informationen zur Tour

 Ausgangsort
Lübben

 Anfahrt
Pkw: A 13, Abfahrt Lübbenau, B 115 Lübben
Bahn: IR von Berlin-Lichtenberg alle 2 Std., Fahrtzeit 56 Min., oder von Berlin Schöneweide stündlich, Fahrtzeit 55 Min.

 Zielort und Rückfahrt
Lubholz
Bahn: Von Lubolz nach Berlin-Schöneweide stündlich, Fahrtzeit 50 Min.

 Unterkunft
Landgasthof Zum grünen Strand der Spree, 15910 Schlepzig, Dorfstraße 53, Tel. 0 35 472/2 02, Fax 473;
Landhotel Krausnick, Dorfstr. 94, 15910 Krausnick, Tel. 03 54 72/6 10, Fax 6 11 22

 **Einkehrmöglichkeit**
Landgasthof Zum grünen Strand der Spree, Schlepzig (s.o.), empfehlenswertestes Restaurant im Spreewald

 Öffnungszeiten
Agrarhistorisches Museum Schlepzig, Dorfstr. 26, 15910 Schlepzig, Tel. 03 54 72/2 25;
Schloß Lübben, Ernst-von-Houwald-Damm 14, 15907 Lübben, Tel. 0 35 46/18 26 61

Auskunft
FVV Lübben/Spreewald & Umgebung, Lindenstr. 14, 15907 Lübben, Tel. 0 35 46/30 90 und 24 33, Fax 25 43;
Tourismusamt Unterspreewald, Hauptstraße 49, 15910 Schönwalde, Tel. 03 54 74/4 05, Fax 5 25

Karte
RV Verlag, Spreewald 1:50 000

33 Rund um Schlepzig

 Tourenlänge
10 km

 Durchschnittliche Gehzeit
2 Std.

 Steigung
Keine

 Etappen
Umrundung des Fischteichs 1 Std – Naturlehrpfad 1 Std. 10 Min.

 Interessantes am Weg
Agrarhistorisches Museum

 Wegcharakter
Durch kultivierten Spreewald und über einen Naturlehrpfad

 Wegmarkierung
Gute Ausschilderung beider Teilstrecken

Diese kurze Rundwanderung hat den Vorteil, sowohl durch kultivierten Spreewald wie auch durch ein Stück ursprüngliches Revier zu führen, und läßt außerdem Zeit für eine Bootsfahrt und ein Spreewalddinner. Vom Parkplatz links vor **Schlepzig** (von Krausnick aus) kommt man am Restaurant Zum grünen Strand der Spree vorbei, wo man nach Anmeldung auch eine Kahnfahrt mit gehobener Verpflegung unternehmen kann. Schlepzig wurde in einer Schenkungsurkunde Heinrichs II. an das Kloster Nienburg als »Zloupisti« im Jahr 1004 erwähnt, also 150 Jahre vor dem heute größeren Lübben. Im agrarhistorischen Museum in einem Fachwerkhaus aus dem Jahr 1818, wo es des Sommers Blechkuchen und Brot nach überlieferten Rezepten gibt, werden Arbeits- und Haushaltsgeräte der Spreewälder gezeigt.

Direkt nach dem Restaurant biegt man am Fährhafen links zur Hauptspree ein, um einen Fischteich zu umrunden, in dessen Nähe Graureiher auf die Karpfenbrut lauern. Am Südende des Fischteichs und gut ausgeschildert bietet das Gasthaus Petkampsberg Karpfen und andere Spreewaldfische an. Entlang der Spree kommt man auf alle Fälle trockenen Fußes zurück nach Schlepzig, aber je nach Jahreszeit sind die Feuchtwiesen überflutet oder relativ trocken, manchmal versumpft und oft von Teichrosen überzogen.

Auf dem Weg zum *zweiten Rundgang* kommt man am Ausgangsparkplatz vorbei, durchquert in Richtung *Krausnick* eine storchenreiche Wiesenlandschaft und wendet sich an einer Bushaltestelle rechts zum ausgeschilderten *Naturlehrpfad Buchenhain*. Hatte man zuvor schon trotz der Kultivierung den Eindruck, recht ursprüngliches Land kennengelernt zu haben, merkt man jetzt, daß der *alte Spreewald* noch viel wilder, tierreicher und undurchdringlicher gewesen sein muß.

33 Rund um Schlepzig

Bei Petkampsberg im Spreewald

Baumstämme liegen quer, auf denen sich lange Marschkolonnen von Ameisen bewegen, Schmetterlinge niederlassen und wo eigentümliche Pilzarten wuchern. In dieser verzauberten Wildnis von Buchenhainen, Birkenlichtungen, Kiefernwäldchen und Lärchenwäldchen trifft man schließlich auf ein Gewässer, das an eine mehrarmige indische Gottheit erinnert, den kleinen Schiwastrom, dessen Name aber wohl eher sorbischen Ursprungs ist. Hat man bei hereinbrechender Dunkelheit den Weg zurück vielleicht noch nicht ganz gefunden, kann einem eine tieffliegende Fledermaus haarscharf am Schopf vorbeisegeln …

Informationen zur Tour

Ausgangsort
Schlepzig

Anfahrt
Pkw: A 13 bis Teupitz oder Staakow, Landstraße

Unterkunft
Landgasthof Zum grünen Strand der Spree (siehe vorhergehende Tour)

Einkehrmöglichkeit
Landgasthof Zum grünen Strand der Spree (s.o.); Spreewaldgasthaus Petkampsberg, 15910 Schlepzig, Tel. 0 35 472/2 47

Öffnungszeiten
Agrarhistorisches Museum Schlepzig, Dorfstr. 26, 15910 Schlepzig, Tel. 0 35 472/2 25

Auskunft
Tourismusinformation im Museum (s.o.); FVV Lübben/Spreewald & Umgebung, Lindenstraße 14, 15907 Lübben, Tel. 0 35 46/30 90 und 24 33, Fax 2543

Karte
RV Verlag, Spreewald 1 : 50 000

34 Rund um Burg

Tourenlänge
15 km

Durchschnittliche Gehzeit
3½ Stunden

Steigung
Keine

Etappen
Burg – Waldschlößchen 1 Std. 20 Min. – Burg Kolonie 1 Std. 10 Min. – Burg 1 Std. 10 Min

Interessantes am Weg
725 wildwachsende Pflanzenarten, darunter Wasserseerosen und Sumpfschwertlilien

Wegcharakter
Über kleine Wege und über zahlreiche Fließe durch überwiegend kultiviertes Land

Wegmarkierung
Unterschiedlich, überwiegend deutlich

»Wenn ich eine Fuhre Touristen fahre, verdiene ich mindestens so viel wie bei zwanzig Fuhren Heu«, erzählt ein Spreewaldbauer bei Burg und macht damit auf das zentrale Problem der Spreewaldbewohner aufmerksam: Mit der Landwirtschaft auf zerstückelten Feldern und unter schwierigen Bedingungen, häufig mit Karre und Spaten, läßt sich nicht viel verdienen, aber ohne möglichst traditionell wirkende Landwirtschaft sind die Touristen nicht zufrieden.
Von der **Kirche** in **Burg** aus, gegenüber der man parken kann, geht man einige Schritte nach rechts die Hauptstraße am Hotel Bleske vorbei, links in die Bahnhofstraße, an der Ausschilderung zum Hafen vorbei und rechts in die Straße »Am Bahnhof«, die direkt auf die Hauptspree führt.
Durch Eingemeindungen der Orte *Burg-Kolonie* und *Burg-Kauper* mit dem ursprünglichen Dorf entstand die flächenmäßig größte Gemeinde Deutschlands, eine Streusiedlung auf der von der Spree während der Eiszeit aufgeschütteten Streusandfläche mit inselartigen Erhöhungen. Möchte man die ganze Gegend überblicken, geht das am besten vom 29 m hohen **Bismarckturm** aus, der etwa 2 km nördlich von Burg – die Byhleguhrer Straße entlang – auf dem 9 m hohen Schloßberg steht. Von dort aus kann man gut erkennen, wie die Region von 300 Fließen durchzogen ist, von denen 190 befahrbar sind und von den 80 Kahnfährleuten auch befahren werden.
Der Wanderweg entlang der Spree ist durch einen blauen Balken gekennzeichnet. Hier trifft man auf die erste »Bank«, eine holzgezimmerte Fußgängerbrücke, die über einen Fließ führt und es den Kähnen erlaubt, mit ihre Heuladung darunter zu fahren. Bis zur nächsten Straße folgt man der Spree, geht einige Schritte nach rechts, um gleich wieder links auf einem kleinen Weg, auf Pfaden und über Fließe durch landwirtschaftlich erschlossenes Gebiet zu laufen, in dem sich Schwarzstörche, Blauracken, Kraniche und Fischotter wohlfühlen. Nach einem Kilometer wählt man den Weg rechts, folgt der nächsten Straße rechts und biegt beim »Wendenkönig« links ein Richtung Waldschlößchen. Dort wurde am Kahnfährhafen ein bäuerliches Ensemble aufgebaut mit ei-

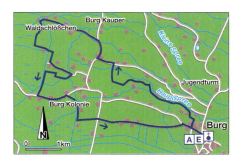

34 Rund um Burg

Sorben in ihrer Tracht in Burg

nem Galerie-Stallgebäude, einem Bohlenhaus und einem Ziehbrunnen.
Der Weg zum *Gasthaus Erlkönig* nach Süden ist ausgeschildert. Dort macht man quasi eine Kehrtwende, um am nächsten Fließ, der »Wildbahn« nach links zu gehen. Auf der Straße Richtung Burg-Kolonie hält man sich wieder links und folgt entweder der von Leipe kommenden, kaum befahrenen Straße zurück nach Burg, mit dem Vorteil, an drei weiteren Gasthäusern vorbeizukommen, oder verläßt diese nach weniger als einem Kilometer rechts, um über die Südpolder und entlang eines Weges zum Ausgangsort zu gelangen.

Informationen zur Tour

 Ausgangsort
Burg

 Anfahrt
A 15 Richtung Cottbus bis Vetschau, Landstraße

 Unterkunft
Romantik-Hotel Zur Bleiche, 03096 Burg, Tel. 03 56 03/6 20, Fax 60292; Seehotel, Willischzaweg 4, 03096 Burg, Tel. 03 56 03/6 50, Fax 6 52 50

 Einkehrmöglichkeit
Spreewäldergasthaus, Ringchaussee 136, 03096 Burg, Tel. 03 56 03/68 50, Fax 6 85 44

 Öffnungszeiten
Heimatstube Burg, Mo und Do–So 10–12 und 14–16 Uhr

 Auskunft
Naturwacht Spreewald, Ringchaussee 274, Tel. 03 56 03/2 55, kostenlose Führungen; Fremdenverkehrsamt Burg, Am Hafen 1, 03096 Burg, Tel. und Fax 03 56 03/4 17

 Karte
RV Verlag, Spreewald 1:50 000

35 Von Schlepzig über Krausnick, am Köthener See vorbei, über Leibsch zurück nach Schlepzig

Tourenlänge
25 km

Durchschnittliche Gehzeit
6½ Std.

Steigung
Unwesentlich

Etappen
Schlepzig – Krausnick 1 Std. – Wehlaberg 1 Std. 10 Min. – Köthen 50 Min. – Leibsch 1 Std. 30 Min. – Schlepzig 2 Std.

Interessantes am Weg
Fachwerkkirche in Krausnick

Wegcharakter
Ruhige Wanderung durch leicht hügelige Kiefernwälder und über zahllose Fließe

Wegmarkierung
Unterschiedlich, sehr gut

Seit 1991 steht der Spreewald als Biosphärenreservat unter der Schutzherschaft der UNESCO. Mit dieser Synthese aus National- und Naturpark soll vorbildlich gezeigt werden, wie das Leben im ländlichen Raum zukünftig organisiert werden kann. Am besten gelingt das dort, wo der Spreewald wenig kultiviert und nur dünn besiedelt ist. Daher führt auch diese längere Wanderung durch den landwirtschaftlich kaum belasteteten *Unterspreewald*.
Vom Parkplatz in **Schlepzig** am Ortsausgang folgt man einfach der kleinen Straße nach **Krausnick**. Kinder zählen dabei gern, wie viele Spreearme man überquert. Die Krausnicker Kirche wurde 1728 in Fachwerktechnik erbaut und ist durch einen himmelstrebenden Turm gekrönt.

Schon kurz zuvor geht der nach *Köthen* ausgeschilderte Weg ab, dem man durch einen Kiefernwald bis zur Straße folgt, sich links hält und zum Feuerwachturm am Wehlaberg gelangt, einem 144 m hohen Endmoränengeschiebe. Dort kann man einer Ausschilderung zum Aussichtspunkt folgen. Bergab geht es nun manchmal fast serpentinenartig weiter. Hinter dem Wald verborgen liegen der Schwanen- und der Mittelsee, der gut ausgeschilderte Wanderweg führt dann nahe am Pickersee vorbei und weiter zum großen Köthener See. Wählt man den etwas längeren Weg über das Dorf **Köthen**, kann man sich noch das ehemalige Jagdgut der Diplomaten ansehen und in der Gaststätte Zum Köthener See direkt am See einkehren.
Umgeht man Köthen, folgt man der asphaltierten Straße Richtung *Groß Wasserburg*, die man auf einem Waldweg links verläßt, den kleinen Randkanal überquert, und an der nächsten Wegkreuzung rechts durch Felder nach **Leibsch** führt.

35 Von Schlepzig zum Köthener See

Der Landgasthof »Zum grünen Strand der Spree« in Schlepzig

Von Leibsch aus kann man sich auf der Spree nach Schlepzig mit einem Kahn zurückbringen lassen, bei gutem Wetter, wenn es also in der Flußniederung nicht zu feucht ist, entlang der Spree wandern. Ansonsten aber sollte man die sehr ruhige, kleine Straße über *Neu Lübbenau* nehmen, die wieder mehrere Fließe überquert.

Informationen zur Tour

 Ausgangsort
Schlepzig

 Anfahrt
Pkw: A 13 bis Teupitz oder Staakow, Landstraße

Unterkunft
Landhotel Krausnick, Dorfstraße 94, 15910 Krausnick, Tel. 03 54 72/6 10, Fax 6 11 22

Einkehrmöglichkeit
Landgasthof Zum grünen Strand der Spree, 15910 Schlepzig, Dorfstraße 53; Spreewaldgasthaus Petkampsberg, 15910 Schlepzig; Restaurant Landhotel Krausnick, Dorfstraße 94, 15910 Krausnick, Tel. 03 54 72/6 10, Fax 6 11 22

Öffnungszeiten
Agrarhistorisches Museum Schlepzig, Dorfstr. 26, 15910 Schlepzig, Tel. 03 54 72/2 25

 Auskunft
FVV Lübben/Spreewald & Umgebung, Lindenstr. 14, 15907 Lübben, Tel. 0 35 46/30 90 und 24 33, Fax 25 43

 Karte
RV Verlag, Spreewald 1 : 50 000

36 Von Lübbenau entlang der Hauptspree nach Lübben

Tourenlänge
13 km

Durchschnittliche Gehzeit
Knapp 3½ Stunden

Steigung
Keine

Etappen
Lübbenau Bahnhof – Ortsausgang 50 Min. – Hauptspree 30 Min. – Lübben 1½ Std. – Bahnhof 40 Min.

Interessantes am Weg
Informationszentrum Spreewald in Lübenau

Wegcharakter
Zu Beginn und am Ende kleinstädtische Straßen, im Hauptteil Spreeauen und Wälder

Wegmarkierung
Unterschiedlich

Natürlich muß man **Lübbenau** als bekanntesten und mit 23.000 Einwohnern größten Ort des Spreewalds einmal gesehen haben: Den Markt mit den prachtvollen Bürgerhäusern aus den beiden vergangenen Jahrhunderten, die sächsische Postmeilensäule nahe der Nikolaikirche aus dem Jahr 1740 und den Topfmarkt mit seinem backsteinernem Torhaus. Auch der Fährhafen, auf dem zur Hauptsaison viel Betrieb herrscht, ist sicherlich interessant. Steht man aber nicht besonders auf Massentourismus, kann man sich die eineinhalbstündige Standardfahrt ins *Museumsdorf Lehde* sparen. Kurz gesagt: Der Spreewald hat an seinen nicht überlaufenen Stellen Schöneres zu bieten. Fontane läutete 1859 mit seinen Reiseberichten in Berliner Zeitungen voller Begeisterung und Mitteilungsdrang den Tourismus ein. Der Spreewald war seine zweite Destination. Seitdem ist der Boom in Lübbenau nicht zu bremsen. Nicht versäumen sollte man jedoch einen Besuch des *Informationszentrums Biosphärenreservat Spreewald*, wo man einen komprimierten und anschaulichen Überblick über Geschichte und Gegenwart, Leben und Wirtschaften der Region erhält.

Vom Bahnhof führt die Poststraße ins Zentrum, die Ehm-Welk-Straße an der Touristinformation rechts zum *Fährhafen*. Den Start der Wanderroute findet man, indem man an der Touristinformation links und über den Töpfermarkt in die Karl-Marx-Straße geht, in deren Verlauf rechts der Weg nach Lübben ausgeschildert ist.

Nach einem kurzen Wegstück an den Ausläufern Lübbenaus entlang kommt man zum Deich des Ballacefließes, der Überschwemmungen verhindern soll. Man übersteigt dann zunächst die Zerkwitzer Kahnfahrt, bald darauf das nächste Fließ, die Krimnitzer Kahnfahrt, um zum Zusam-

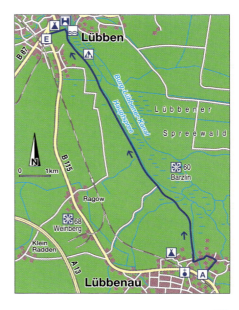

75

36 Von Lübbenau entlang der Hauptspree nach Lübben

Schloß Lübbenau

menfluß mit der **Hauptspree** zu gelangen. Jetzt kann auch für weniger erfahrene Wanderer nichts mehr schiefgehen, denn es geht mehrere Kilometer schnurstracks geradeaus und immer an der Hauptspree entlang, die erst von einem aus knorrigen Eichen und schlanken Pappeln bestehenden Waldgebiet begleitet wird und später von einer Wiesenlandschaft geprägt ist, in der man Bauern beim Heumachen sowie Störche und Gefieder jeder Art beobachten kann.

In Lübben kann man, nachdem man am Burglehn vorbeigekommen ist, entweder vor dem Überqueren des Spreenebenarms Schlangengraben gleich links abbiegen und über die Puschkinstraße (rechts), den Platz der Mütter links in die Logen- und von dort rechts in die Bahnhofstraße zum Hauptbahnhof wandern oder über eine kleine Brücke zunächst in die Stadt gehen, die man via verkehrsberuhigter Einkaufszone Breite Straße zum Bahnhof verläßt.

Informationen zur Tour

 Ausgangsort
Lübbenau

 Anfahrt
Pkw: A 13, Abfahrt Lübbenau, B 115

Bahn: Interregio ab Berlin-Lichtenberg alle 2 Std., Fahrtzeit 66 Min.

 Zielort und Rückfahrt
Lübben
Pkw: B 115, A 13
Bahn: Interregio ab Lübben alle 2 Std., Fahrtzeit 66 Min.

 Unterkunft
Hotel Schloß Lübbenau, Schloß, 03222 Lübbenau, Tel. 0 35 42/87 30, Fax 87 36 66

 **Einkehrmöglichkeit**
Lübbenauer Hof, Ehm-Welk-Str. 20, 03222 Lübbenau, Tel/Fax 0 35 42/8 13 62; Restaurant Ebusch, Topfmarkt 4, 03222 Lübbenau, Tel/Fax 0 35 42/36 70; Spreewaldhof Wotschowska, mitten im Spreewald, nur auf dem Wasserweg oder zu Fuß erreichbar, Tel. 0 35 46/76 01

 **Öffnungszeiten**
Spreewaldmuseum Lübbenau, Schloßbezirk, 03222 Lübbenau, Tel. 0 35 42/24 72; Freilandmuseum Lehde, 03222 Lehde; Bauernhaus- und Gurkenmuseum, An der Dolzke 6, 03222 Lehde

 Auskunft
FVV Lübbenau & Umgebung, Ehm-Welk-Straße 15, 03222 Lübbenau, Tel. 0 35 42/36 68 und 24 74, Fax 4 67 70; Informationszentrum Biosphärenreservat Spreewald, Schulstraße 9, 1 Minute zu Fuß von der Touristinformation entfernt, Tel. 0 35 42/89 21-10, Fax -40; Spreewaldhafen Lübbenau, Tel. 0 35 42/22 25, Fax 36 04, Fahrten in Spreewaldtracht mit gastronomischer Versorgung, Lampionfahrten

Karte
RV Verlag, Spreewald 1:50 000

37 Von Lübbenau nach Lehde und zurück

Tourenlänge
6 km

Durchschnittliche Gehzeit
2½ Std.

Etappen
Kahnhafen Lübbenau – Lehde 1 Std. – Lübbenau 1 Std.

Steigung
Keine

Interessantes am Weg
Museum

Wegcharakter
Ruhiger, sehr schöner, asphaltierter Weg

Wegmarkierung
Grüner Balken, gelber Balken

Der rund 45 km lange und 15 km breite **Spreewald**, eine der ursprünglichsten Landschaften Deutschlands, wurde 1991 zum UNESCO-Biosphärenreservat erklärt. Ein Schüler des Gartenarchitekten Fürst Pückler (siehe Tour 31) entwarf das Gelände rund um das Schloß und schuf damit ein neun Hektar umfassendes Abbild des Spreewalds *en miniature*. Das **Museum im Schloß Lübbenau** gibt einen Einblick in die Geschichte des Spreewalds, gegenüber in der Orangerie finden den Sommer über Kunstausstellungen statt.

Lübbenau ist das ganze Jahr über voller Touristen, die sich mit Kähnen durch den Spreewald staken lassen – ein Erlebnis voller Ruhe und Harmonie.

Vom **Fährhafen** aus begibt man sich auf den mit einem grünen Balken markierten Weg, der auf ordentlichem Wanderweg durch Feuchtwiesen zum **Freilichtmuseum** in **Lehde** führt, das bis 1928 nur auf dem Wasserweg erreichbar war. In dem Museum wurden drei vollständige Höfe aufgebaut und durch Tauben, Schafe, Ziegen und Hühner belebt. Auch beim traditionellen Handwerk kann man zusehen, wie beim Blaudruck, Kahnbau und Töpfern.

Südlich von Lehde, man überquert die Hauptspree, ändert sich die Markierung an der ruhigen Straße zurück nach Lübbenau in einen gelben Balken.

Informationen zur Tour

 Ausgangsort
Lübbenau

 Anfahrt
Pkw: A 13, Abfahrt Lübbenau, B 115 Lübben,
Bahn: Interregio ab Berlin-Lichtenberg alle 2 Std., Fahrtzeit 66 Min.

 Unterkunft
Hotel Spreewaldbahnhof, Am Bahnhof 1, 03096 Burg, Tel. 03 56 03/8 42

37 Von Lübbenau nach Lehde und zurück

Die Fahrt durch die Fließe des Spreewalds kann zu einem tiefgehenden Erlebnis werden.

Einkehrmöglichkeit
Zum fröhlichen Hecht und Café Venedig, Lehde; Café zum Nußbaum, Dammstraße 76, Lübbenau; empfehlenswert im Spreewald: Landgasthof (und Hotel) Zum grünen Strand der Spree in 15910 Schlepzig, Dorfstraße 53, Tel. 0 35 47 2/2 02, Fax 473

Öffnungszeiten
Spreewaldmuseum, Schloßbezirk, 03222 Lübbenau, Tel. 0 35 42/24 72, April bis Sept. Di–So 10–18 Uhr, Mitte Sept.–Ende Okt. 10–17 Uhr; Freilichtmuseum, am Ende der Straße nach Lehde über eine Brücke zu erreichen; Spreewaldmuseum: Im Schloß wird der Spreewald von seiner ersten Besiedlung bis heute dargestellt

Auskunft
FVV Lübbenau, Fährhafen, 03126 Lübbenau, Tel. 0 35 42/36 68

Karte
Stadt & Land Vertrieb, Spreewald, 1:60 000

Kahnfahrten
2–5 Std. ab Hafen Lübbenau 10–25,– DM

Im Freilichtmuseum in Lehde

38 Im Jerichower Land bei Magdeburg

Tourenlänge
12 km

Durchschnittliche Gehzeit
4 Std.

Etappen
Gommern – Plötzky 4 km – Pretzien 2,5 km – Silbersee 3 km – Gommern 2,5 km

Steigung
50 Hm

Interessantes am Weg
Letzte große Wanderdüne auf der östlichen Elbterrasse – Gesteinsgarten – Naturlehrpfad – St.-Thomas-Kirche in Pretzien – Wasserburg Gommern

Wegcharakter
Teils Sand-, teils Asphaltstraßen durch Kiefern- und Birkenwälder, an kleinen Seen

Wegmarkierung
Streckenweise »Seenweg Radtour T 3,2«

heißen sie und sind von Laubenkolonien (in der DDR-Zeit »Datschen« genannt) und Campingplätzen umstellt. Wer ein Stück Bundesstraße in Kauf nimmt, wandert über Plötzky zum »Alten Fährhaus« und dort zum Beginn des Naturlehrpfads. Varianten gibt's viele, zum Beispiel den direkten Weg über Pretzien zur Alten Elbe. Nur Vogelrufe unterbrechen die Stille. Auch Weißstorch und Graureiher schätzen die unzerstörte Flußaue zwischen Elbedeichen und Eichenwäldern, und Biber bauen ihre Burgen. Zum Picknick nicht ein Mückenschutzmittel vergessen!
Für den Rückweg von Pretzien bietet sich die von mehreren Seen gesäumte Landstraße nach Dannikow an. Auf halbem Weg schwenkt man links zurück nach **Gommern** auf die schon 973 bezeugte Wasserburg zu – mit zünftigem Gasthof und eigener Brauerei!

Weißgelb glänzt sie im Sonnenlicht, die letzte der großen **Wanderdünen** östlich der Elbe bei Magdeburg. Nach dem Zweiten Weltkrieg diente der Dünensand dem Wiederaufbau der zu fast neun Zehnteln zerstörten Stadt Magdeburg, doch heute steht der lange, noch 20 m hohe Sandhügel am Steinbruchsee Kulk unter Naturschutz.
Ein Aussichtsturm gibt Überblick, nebenan durchwandert man ein neugeschaffenes **Freilichtmuseum** mit tonnenschweren Gesteinsproben aus ganz Deutschland. Südwärts führt der »Seenweg« durch Kiefern- und Birkenwald zur Elbe, immer wieder an Weihern, Angel- und Badeseen entlang, die bei der Steinbrucharbeit entstanden: Columbussee, Silbersee, Schilfsee

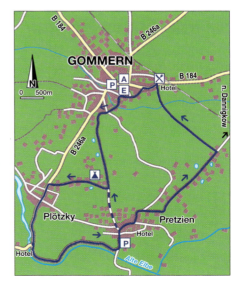

38 Im Jerichower Land bei Magdeburg

Die Wanderdüne bei Gommern

Informationen zur Tour

 Ausgangsort
Gommern, Sanddüne am Kulkteich im Süden der Stadt, östlich der Salzstraße (Parkplatz)

 Anfahrt
Gommern ist über die B 1 und B 184 von Magdeburg zu erreichen (etwa 20 km). Auch Bahn- und Busverbindungen

 Zielpunkt und Rückfahrt
Rundwanderung zur Alten Elbe und zurück

 Einkehrmöglichkeit
Gaststätte Birkenblick in Plötzky (am Waldrand). In Gommern: Gasthof und Brauerei Wasserburg, Tel. 03 92 00/5 12 05

 Unterkunft
Hotel Robinienhof, Salzstraße 49, 39245 Gommern, Tel. 03 92 00/6 40. In Magdeburg: Gasthof und Brauerei Wasserburg, Tel. 03 92 00/5 12 05

 Auskunft
Stadtverwaltung Gommern, Platz des Friedens 10, 39245 Gommern, Tel. 03 92 00/5 13 61

 Karte
Prospekt zu der Tour bei der Stadtverwaltung (Karte etwa 1:50 000). Genaueres Kartenmaterial über ESV Verlagsgesellschaft, Ebendorfer Straße 5, 39179 Barleben, Tel. 03 92 03/7 67 0

 Variante
Sehr lohnend und auch als Standquartier zu empfehlen: die Domstadt Magdeburg mit romanischer Architektur, dem Magdeburger Reiter, den »Magdeburger Halbkugeln« in der »Otto-von-Guericke-Universität«, dem Schiffshebewerk Rothensee, Zoo und historischer Straßenbahn

80

Braunschweig/Magdeburg

39 Großsteingräber bei Haldensleben

Tourenlänge
7 km

Durchschnittliche Gehzeit
2 Std.

Etappen
Westlicher Ortsausgang Haldensleben – Forsthaus Eiche 3 km – Gaststätte Alte Ziegelei 3 km – Haldensleben 1 km

Steigung
Keine

Interessantes am Weg
Großsteingräber, sogenannte Hünengräber der Jungsteinzeit, besonders die Grabstätten »Küchentannen« und »Teufelsküche«

Wegcharakter
Rundwanderung auf Waldwegen

Wegmarkierung
Streckenweise rote Zeichen

Richtiger hieße dieses Waldrevier statt »Historische Quadratmeile«: »Prähistorische Quadratmeile«. Denn es gibt keine schriftlichen Zeugnisse über das Leben der Menschen, von denen hier so viele Großsteingräber wie nirgends sonst in Deutschland oder sogar in Nordeuropa erhalten blieben. Über 80 hat man östlich vom **Flechtinger Höhenzug** gefunden, in der stillen Wald- und Felderlandschaft, die heute im Norden vom Mittellandkanal, im Süden von der Autobahn A 2 Helmstedt-Magdeburg begrenzt wird. Auf dem »Gräberweg« kommt man von Haldensleben rasch zum Forsthaus Eiche (Güterbahnstation). Aber man sollte sich Zeit nehmen für Abstecher zu den ausgeschilderten Grabstätten, die alle aus Geschiebeblöcken der eiszeitlichen Gletscher erbaut wurden. Die meisten gehören zum Typ der »Ganggräber«, das sind langgestreckte Grabkammern oder Totenhäuser, die seit dem 3. Jahrtausend v. Chr. über viele Generationen hin für Bestattungen genutzt wurden.

Ursprünglich waren die heute freiliegenden Findlingsblöcke hügelartig aufgeschüttet und Öffnungen mit Steinplatten zugesetzt und abgedeckt. Grabräuber sind den Archäologen zumeist zuvorgekommen, selten konnten noch wertvolle Grabbeigaben geborgen werden.

Um 1974 wurde das Grab »Küchentannen« beim Forsthaus Eiche rekonstruiert, ein anderes gut erhaltenes Megalithgrab ist die »Teufelsküche«.

Wenn ein heißer Tag ist: bei Süplingen wurde ein ehemaliger Steinbruch zu einem **Badesee** ausgestaltet!

Informationen zur Tour

Ausgangsort
Parkplatz an der Straße nach Süplingen, 100 m westlich vom Ortsendeschild Haldensleben

81

39 Großsteingräber bei Haldensleben

Die Hagenstraße in Haldensleben

 Anfahrt
Haldensleben ist über die B 71 von Magdeburg (26 km) und über die B 244, B 1 und B 245 von Wolfsburg (52 km) zu erreichen. Auch Bahnverbindungen, von und nach Wolfsburg im Zweistundentakt

 Zielpunkt und Rückfahrt
Rundwanderung

 Einkehrmöglichkeit
Waldhotel und Gaststätte Alte Ziegelei, Klausort 1+3, Tel. 0 39 04/4 32 29, mit Biergarten

Unterkunft
Siehe Einkehrmöglichkeit

 Auskunft
Haldensleben-Information, Stendaler Tor, 39340 Haldensleben, Tel. 0 39 04/4 04 11

Karte
Prospekt »Zeitzeugen/Historische Quadratmeile« bei der »Haldensleben-Information«

 Variante
Rundgang durch die Kreisstadt Haldensleben mit ihrer Stadtmauer, Tortürmen und dem europaweit einzigen Roland zu Pferd (Original von 1528 im Museum, Nachbildung bei der Marienkirche), Erinnerungen an die Sprach- und Märchenforscher Jakob und Wilhelm Grimm

40 Wanderland Letzlinger Heide

Tourenlänge
14,5 km

Durchschnittliche Gehzeit
4 Std.

Etappen
Letzlingen – Jävenitzer Moor (NSG) 7 km – Königssee 1,5 km – Rastplatz 0,5 km – Letzlingen 5,5 km

Steigung
Keine

Interessantes am Weg
Jagdschloß Letzlingen und neugotische Schloßkirche, Schloßpark. Eiszeitliches Hochmoor. Variante: Kaiserstein

Wegcharakter
Rundwanderung auf Waldwegen

Wegmarkierung
Streckenweise

schule, nach 1933 Führerschule der SA, dann Lazarett und Krankenhaus, gehört das Schloß heute der »Stiftung Schlösser, Burgen und Gärten des Landes Sachsen-Anhalt« und kann besichtigt werden. Nur zum kleinsten Teil und nur in Randgebieten steht dagegen die rund 730 qkm große Colbitz-Letzlinger Heide den Wanderern offen. Wie von 1934 bis zur deutschen Wiedervereinigung ist sie »Truppenübungsplatz Altmark«.

Der Wanderweg von Letzlingen zum Naturschutzgebiet **Jävenitzer Moor** führt westlich der Bundesstraße und erreicht kurz danach den Rand des eiszeitlichen Hochmoors (Wege nicht verlassen! Von Mitte Februar bis Ende Juni kein Zutritt zum Moor). Im Herbst sind die Wälder voller Heidelbeeren, Preißelbeeren und Pilze.

Über den Roten Weg westlich der Bundesstraße kommt man zum **Königssee**, einem wie verwunschenen kleinen Weiher, und kurz danach

Soviel Wald und so wenige Straßen – kaum irgendwo in Deutschland gibt es das so wie im Viereck Stendal-Gardelegen-Haldensleben-Wolmirsted. Colbitz-Letzlinger Heide heißt diese Landschaft, die schon Jagdrevier der brandenburgischen Kurfürsten, später der Hohenzollern-Kaiser war. Unsere Wanderung beginnt westlich vom Ortskern **Letzlingen** am Jagdschloß, das 1559 – 64 als Wasserschloß erbaut und knapp dreihundert Jahre später von Friedrich August Stüler unter König Friedrich Wilhelm IV. neugotisch »modernisiert« wurde. Dem Torbau gegenüber ragt streng und karg das neugotische Turmpaar der Schloßkirche aus der gleichen Zeit auf. Von 1844 bis 1912 wurden allherbstlich Hof-, später Kaiserjagden mit großer Gästeschar und Gefolge veranstaltet. Seit 1922 Reform-

40 Wanderland Letzlinger Heide

Die Schloßkirche von Letzlingen

auf dem Rückweg nach Letzlingen zu einem Ruheplatz. Monarchisten lassen es sich nicht nehmen, östlich etwa 3 km zum »Kaiserstein« zu wandern, der an den letzten Jagdstand Kaiser Wilhelms I. (1797 – 1888) im Jahre 1886 erinnert.

Informationen zur Tour

 Ausgangsort
Letzlingen, Jagdschloß

 Anfahrt
Bundesstraße 71 von Magdeburg (etwa 45 km) oder von Gardelegen. Busverbindung

 Zielpunkt und Rückfahrt
Rundwanderung zum Jävenitzer Moor

 Einkehrmöglichkeit
Hotel zur Heide, Magdeburger Straße 7, 39638 Letzlingen, Tel. 0 39 08 8/4 06

 Unterkunft
Siehe Einkehrmöglichkeit

 Auskunft
Letzlingen-Information, Jävenitzer Straße 2, Tel. 03 90 88/2 21

 Karte
Wanderfaltblatt der Gemeinde Letzlingen

 Variante
Östlich vom Dorf zum »Kaiserstein«

41 Naturschutzgebiet Riddagshausen

Tourenlänge
6 km

Durchschnittliche Gehzeit
1½ Std.

Etappen
Kreuzteich, Ebertallee – Ostrand des Naturschutzgebiets Riddagshausen 2 km – Gasthaus Grüner Jäger 2 km – Kreuzteich 2 km

Steigung
Keine

Interessantes am Weg
Auf den Teichen und in den Feuchtgebieten eine Vielzahl von Wasservögeln. Zisterzienserkirche des Klosters Riddagshausen

Wegcharakter
Rundwanderung auf Waldwegen, kurze Asphaltstrecken

Wegmarkierung
Streckenweise X-Symbol des Europawanderweges E 6

senen Bahndamm auf die Markierung des Europawanderwegs E 6 trifft! Als Alternative zur hier vorgeschlagenen Wanderung umrundet er in weitem Bogen den östlich anschließenden Braunschweiger Staatsforst Buchhorst.

Unser Weg wendet sich vor den Bahngeleisen südwestlich auf das Gasthaus »Grüner Jäger« zu, ein stattlich renoviertes Fachwerkhaus, das schon Wilhelm Raabe mit seinem Freundesclub der »ehrlichen Kleiderseller« besuchte (Gedächtniszimmer). Von hier aus am Waldrand und über den Nehrkornweg zurück zum Kreuzteich oder westlich der Ebertallee auf dem **Kleidersellerweg** zu Kirche und Dorf Riddagshausen (mit Bauernhäusern aus verschiedenen Gegenden Niedersachsens).

Informationen zur Tour

Ausgangsort
Riddagshausen bei Braunschweig

Schon im 12. Jh. gründeten Dienstmannen Heinrichs des Löwen vor den Toren Braunschweigs das **Kloster Riddagshausen** und kultivierten die Niederungen des Wabe-Flüßchens. Ihre Fischteiche dienen heute als Natur- und Vogelschutzgebiet (Europareservat) und sind beliebtes Ausflugsziel der Sonntagsspaziergänger. In der Woche ist stille Natur zu erleben, sobald man den **Kreuzteich** umrundet und sich auf dem Damm zwischen Kreuz- und Mittelteich vom Verkehrslärm entfernt hat. Reizvoll wechseln Feuchtgebiete, Wald- und Wiesenstücke. Dem Wegverlauf in Ostrichtung folgen, bis man an einem aufgelas-

41 Naturschutzgebiet Riddagshausen

Riddagshausen bei Braunschweig

 Anfahrt
Östlich vom Stadtzentrum Braunschweig über die Ebertallee. Mit Bus Nr. 18 bis zu Haltestelle Nehrkornweg

 Zielpunkt und Rückfahrt
Rundwanderung

 Einkehrmöglichkeit
In den Gaststätten Herrenkrug (Tel. 05 31/37 26 42) und Grüner Jäger (Tel. 05 31/7 16 43), beide an der Ebertallee

Unterkunft
Hotel Aquarius, Ebertallee 44g, 38104 Braunschweig, Tel. 05 31/2 71 90 oder
Landhaus Seela, Messeweg 41, 38104 Braunschweig, Tel. 05 31/37 00 11 75

 Öffnungszeiten
Herzog-Anton-Ulrich-Museum, Museumstraße 1, Di – So 10 – 17 Uhr, Mi bis 20 Uhr

 Auskunft
Städtischer Verkehrsverein, Hauptbahnhof, 38102 Braunschweig, Tel. 05 31/7 92 37

 Karte
Wanderkarte Naturschutzgebiet Riddagshausen 1:20 000, hg. von der Stadt Braunschweig

 Variante
Rundgang durch Braunschweig, die Stadt Heinrichs des Löwen, mit seinem berühmten Löwendenkmal vor dem Dom St. Blasius und der Burg Dankwarderode, den kostbaren Kunstsammlungen des Herzog-Anton-Ulrich-Museums und den wiederhergestellten »Traditionsinseln«, z. B. dem Magniviertel

42 Vorharz: Hornburg und Osterwieck

Tourenlänge
12,5 km

Durchschnittliche Gehzeit
3 Std.

Etappen
Hornburg – ehemalige Grenzbefestigung 3,5 km – Gaststätte Waldhaus 6,5 km – Osterwieck 2,5 km

Steigung
100 Hm

Interessantes am Weg
Reizvolle Fachwerkstädte am Beginn und Ende der Wanderung. Grenzzaun und Wachtturm der DDR

Wegcharakter
Asphaltstraßen und Waldwege

Wegmarkierung
Bei Redaktionsschluß in Vorbereitung

Abseits der großen Verkehrswege ist **Hornburg** als ein Kleinod alter Fachwerkkultur zu entdecken. Reichgeschnitzte Fassaden aus Renaissance und Barock und die Renaissancekanzel der Marienkirche, die als erster protestantischer Kirchenbau der braunschweigischen Landeskirche entstand, sind Höhepunkte eines Stadtrundganges. Wer weiß noch, daß in Hornburg der spätere Papst Clemens II. geboren wurde? 1047 in Montelabbate an der Adria gestorben und in Bamberg begraben, ist Clemens II. in Hornburg mit einer Kopie seiner Bamberger Grabskulptur aus dem 13. Jh. gegenwärtig (in der Clemenskirche).
Wandert man nach Osten aus der 3000-Einwohner-Stadt in die Landschaft über der Ilse-Niederung hinaus, begegnet man bald den Zeugnissen jüngster Vergangenheit. Den Kammweg quert die gerodete und gepflasterte Grenzlinie, die bis 1989 als »Todesstreifen« Deutschland teilte. Teile des Grenzzaunes und ein Wachtturm werden von den benachbarten Gemeinden erhalten. Felderfriede, Wälderstille herrschen heute ringsum, der Wanderweg führt an einem Naturschutzgebiet und südlich an den bescheidenen Höhen (288 m) des Landschaftsschutzgebiets **Großer Fallstein** vorbei. Gemütliche Ausflugsgaststätten locken und schließlich das zweite Fachwerkjuwel, die einst reiche Handelsstadt **Osterwieck** mit über 300 Gebäuden unter Denkmalschutz. Sie wurden nach dem Stadtbrand von 1511 erbaut, besonders sehenswert ist unter anderen das »Eulenspiegelhaus« von 1534.

Informationen zur Tour

Ausgangsort
Hornburg, Halberstädter Tor

Anfahrt
Bahnanschluß Schladen, von dort Busverbindung nach Hornburg. Über die B 82 Anschluß an die Harz-

42 Vorharz: Hornburg und Osterwieck

In Hornburg

Autobahn A 395 Braunschweig-Wolfenbüttel-Bad Harzburg (Ausfahrt Schladen-Nord)

 Zielpunkt und Rückfahrt
Osterwieck, zurück Taxi (ca. 10,– DM)

 Einkehrmöglichkeit
Am Wege die Gaststätten
Willeckes Lust (Tel. 0 53 34/13 84),
Fallsteinklause (Tel. 0 39 421/2 92 00) und
Waldhaus (Tel. 0 39 421/7 22 32)

 Unterkunft
Gasthof zur Halbinsel, Schützenallee 1,
38315 Hornburg, Tel. 0 53 34/13 91. In Wolfenbüttel:
Landhaus Dürkop, Alter Weg 47, 38302 Wolfenbüttel,
Tel. 0 53 31/70 53

 Öffnungszeiten
Heimatmuseum Hornburg Di–So 15–17 Uhr,
Schlangenfarm Schladen tgl. 9–17 Uhr

 Auskunft
Fremdenverkehrsamt Stadt Hornburg im Rathaus,
Tel. 0 53 34/9 49 10 und 9 49 11

 Karte
Rad- und Wanderkarte Hornburg 1:25 000,
hg. vom Fremdenverkehrsamt Hornburg

 Varianten
Rückweg durch das Landschaftsschutzgebiet Großer
Fallstein und über das Dorf Rhoden (etwa 15 km). Besuch
der »größten Schlangenfarm Europas« in Schladen. Stadt-
rundgang Wolfenbüttel mit Schloß und Herzog-August-
Bibliothek (Schauräume, moderne Maler-Bücher)

43 Rundwanderweg vom Watzumer Häuschen

Tourenlänge
12 km

Durchschnittliche Gehzeit
4 Std.

Etappen
Watzumer Häuschen – Tetzelstein 5 km – Ruine Langeleben 2 km – Watzumer Häuschen 5 km

Steigung
120 Hm

Interessantes am Weg
Historischer Tetzelstein in den großen Laubwäldern des Elm

Wegcharakter
Forststraßen und Waldwege, kurz Asphaltstraße

Wegmarkierung
Streckenweise unzureichend, darum gutes Kartenmaterial nötig

von Tetzel gegen Bares den Sündenablaß erteilen und leerte dem Ablaßhändler dann den »reich gefüllten Kasten«. Ob das ein gottgefälliges Kavaliersdelikt oder doch ein Stück Raubrittertum war, kann man beim Schlehenwein diskutieren, der hier ausgeschenkt wird. Nun nordwärts ein Stück Straße Richtung Königslutter, dann rechts abzweigend zur **Ruine Langeleben** und von dort südlich zurück zu dem Weg, mit dem die Wanderung begann!

Informationen zur Tour

Ausgangsort
Gasthof Watzumer Häuschen nördlich von Eitzum

Anfahrt
Von Braunschweig/Wolfenbüttel über Schöppenstedt, vom Norden von Wolfsburg, von Osten über Helmstedt

Das bis zu 322 m hohe Muschelkalkgebirge **Elm** ist reich an Fossilien (Myriaden von Seelilien!) und trägt einen der schönsten Buchenwälder Norddeutschlands, dazu noch Eichen, Linden und Eschen. Ein günstiger Ausgangspunkt ist die freundliche Waldgaststätte Watzumer Häuschen, nur wenige Kilometer entfernt von dem Dorf **Kneitlingen**, wo Niedersachsens so weiser wie witziger Narr Eulenspiegel geboren worden sein soll. Vom Watzumer Häuschen wandert man am Waldrand entlang und dann in nördlicher Richtung elmaufwärts, teils auf einem Grasweg. Nach knapp 3 km links abbiegen – nun sind es noch 2 km immer westwärts zum Tetzelstein. Das Waldgasthaus Tetzelstein besteht seit 1894, bereits von 1845 stammt der neugotische Gedenkstein für den Ritter Hagen. Der ließ sich

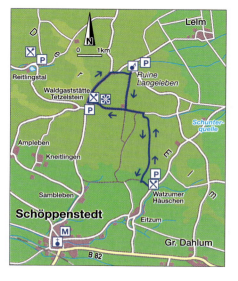

43 Rundwanderweg vom Watzumer Häuschen

Tausendjährige Linde in Evessen

Zielpunkt und Rückfahrt
Rundwanderung zum Tetzelstein

Einkehrmöglichkeit
Waldgaststätten Watzumer Häuschen, 38154 Königslutter, Tel. 0 53 32/24 64, und Tetzelstein, 38154 Königslutter, Tel. 0 53 32/13 69

Unterkunft
Parkhotel, Poststraße 5, 38154 Königslutter, Tel. 0 53 5/84 30; Hotel Ferienhof Beutel, Schlierstedter Straße 2, 38170 Schöppenstedt, Ortsteil Eitzum, Tel. 0 53 32/15 41

Öffnungszeiten
Kaiserdom-Museum Königslutter, am Dom, Mo – Fr 15 – 18, Sa 14 – 18, So 11 – 13 und 14 – 18 Uhr; Otto-Klages-Sammlung (Mineralien und Fossilien), Sack 1, Königslutter Mo – Do 16 – 17, Sa/So 15 – 17 Uhr; Till-Eulenspiegel-Museum Schöppenstedt, Nordstraße, Di – Fr 14 – 17, Sa/So 10 – 12 und 14 – 17 Uhr

Auskunft
Verkehrsbüro Rathaus, 38154 Königslutter, Tel. 0 53 53/50 11 29; Arbeitsgemeinschaft für Fremdenverkehr Schöppenstedt e.V., Rathaus, 38170 Schöppenstedt, Tel. 0 53 32/93 81 30

Karte
Topographische Landeskarten Niedersachsens 1:25 000 (TK 25), Blatt 3730 Königslutter am Elm und 3830 Schöppenstedt

Varianten
Romanische Dorfkirchen u. a. Ampleben, Kneitlingen, Sambleben, in Evessen prachtvolle »tausendjährige Linde«. Vor allem Königslutter mit dem »Kaiserdom« Lothars II. und Schöppenstedt mit dem Eulenspiegel-Museum lohnen den Besuch

44 Auf der alten Harzstraße von Goslar nach Hahnenklee und zurück

 Tourenlänge
17 km

 Durchschnittliche Gehzeit
6 Std.

 Etappen
Goslar/Nonnenberg – Hessenkopf – Margaretenklippen – Granebach – Hahnenklee – Auerhahn – Alte Harzstraße – Goslar

 Steigung
270 Höhenmeter

 Eignung für Kinder
Ab 6 Jahren

 Interessantes am Weg
Goslar; Stabkirche Hahnenklee in der Bauform der Wikingerschiffe, die einzige in Deutschland; das Edelsteinmuseum und der Bocksberg/Hahnenklee

 Wegcharakter
Überwiegend Feld- und Waldwege, Forststraßen mit Schotter

Wegmarkierung
Blaues Kreuz und blaues Dreieck

Über **Goslar**, die tausendjährige, UNESCO-geschützte Weltkultur-Kaiserstadt der Salier und Staufer, können wir auf einer eigenen Stadtwanderung viel Interessantes erfahren; romanische Kirchen, Renaissancepaläste und Fachwerkhäuser sind zu bewundern. Wo der Nonnenweg als B 82 im südlichen Goslar auf die Clausthaler Straße einmündet, beginnen wir nun aber die Wanderung auf dem Nonnenberg gen Süden durch die Hessenkopfwiesen und das Schlüsseltal. Bereits hier finden wir die Zeugen der alten Harzstraße – tiefe, ausgegrabene Wagenspuren in einem noch halb verschütteten Hohlweg.

Auch von dem links liegenden Rasthaus »Sennhütte« und unterhalb der Margaretenklippen sieht man noch etliche Hohlwege abzweigen, die einst als Erztransportwege aus dem **Gosetal** hier hinaufführten. Auf der 1826 erbauten Harzchaussee passieren wir sodann die Ratsschiefergruppe sowie das frühere Schieferbergwerk **Glockenberg**. Dem geteerten Weg folgend, erreicht man nun den Kilometerstein 2,2 – von wo nur 20 Meter abseits eine überdeutliche doppelte Wagenspur einen Hohlweg markiert. Auch starke Trittsiegel von Pferden sind ersichtlich.

Am Parkplatz Glockenberg vorbei geht es weiter auf der Alten Harzchaussee, immer rechts von uns die Spuren der »Alten Harzstraße«. Durch

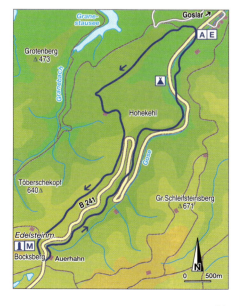

44 Auf der alten Harzstraße von Goslar nach Hahnenklee

Einer der schönsten Marktplätze Deutschlands: in Goslar

das liebliche Granebachtal kommen wir dann zum Bocksberg bzw. nach Hahnenklee. Der 728 m hohe **Bocksberg** hat ein Ausflugslokal, ist mit einer Seilbahn zu erreichen und bietet neben einem Edelsteinmuseum einen sehenswerten Ausblick über den Nordharz. Am Fuße des Bocksberges sollte man sich zwei Stunden für den sympathischen Ort **Hahnenklee** gönnen. Im Ortsteil Bockswiese fasziniert die nordische Stabkirche, einmalig in ihrer Wikinger-Architektur.
Gleich hinter Hahnenklee führt der mit blauem Dreieck markierte Rückweg an der historischen Berghütte »**Auerhahn**« vorbei wiederum zu markanten Hohlwegen mit den schönsten Huf- und Wagenspuren. Rechts vom Campingplatz »Sennhütte« überqueren wir die **Gose** und können auf einer Schautafel entdecken, daß wir exakt oberhalb des Oker-Grane-Stollens einherwandern. Wir durchqueren Wiesen und erblicken bald das historisch einmalig schöne **Goslar**.

Informationen zur Tour

 Ausgangsort
Goslar-Nonnenberg

 Anfahrt
Alle wichtigen Bahn-Kombinationen. Per Pkw von Leipzig-Halle über die B 6, aus Nord und West über die B 82, aus Süden auf der B 241

 Zielort und Rückfahrt
Wie Ausgangsort und Anfahrt

 Einkehrmöglichkeit
In Goslar große Auswahl, in Hahnenklee ebenso. Auf der Strecke recht urig die Gaststätte »Zum Auerhahn« kurz vor Hahnenklee

 Unterkunft
In Goslar und Hahnenklee Pensionen und Hotels jeder Preisklasse. Hotel »Walpurgishof«, Am Bocksberg 1, 38619 Hahnenklee, Tel. 0 53 25/70 90, Fax 30 81

 Öffnungszeiten
Stabkirche: zu erfragen unter Tel. 0 53 25/5 10 40. Edelsteinmuseum: Bocksberg 2, 38619 Hahnenklee, tgl. 10 – 17 Uhr

i **Auskunft**
Kurverwaltung Hahnenklee, Kurhausweg 7, 38644 Hahnenklee, Tel. 0 53 25/5 10 40, Fax 51 04 20

Karte
Wanderkarte »Der ganze Harz«, mit den Wegmarkierungen des Harzclub e.V., RV-Verlag, Maßstab 1:50 000

45 Von Bad Grund nach Lautenthal und über Wildemann zurück

Tourenlänge
Ca. 18 km

Durchschnittliche Gehzeit
Ca. 6 Std.

Etappen
Bad Grund – Hübichenstein – Lautenthal – Wildemann – Schweinebraten – Iberger Tropfsteinhöhle

Steigung
Nicht erwähnenswert

Eignung für Kinder
Ab 8 Jahren

Interessantes am Weg
Erlebnishotel »Waldwinkel«, Bad Grund, wo man sogar einen Hexenbesen-Führerschein machen kann. Bergbaumuseum Knesebeck. Sagen- und Märchental Bad Grund. 350 Millionen Jahre alte Iberger Tropfsteinhöhle

Wegcharakter
Überwiegend Feld- und Waldwege, Forststraßen mit Schotter

Wegmarkierung
Grüner Balken, gelber Balken, blauer Punkt und grünes Dreieck

Bad Grund wirbt als »Kleinod im Harz« oder auch als »Kleines Königreich«. Grund genug dafür hat der hübsche »Fünftäler«-Ort durchaus. Das Glockenspiel am Marktplatz der einstigen Waldarbeitersiedlung ist besonders sehenswert; hier ist der Startplatz für unsere streßfreie Wanderung in durchschnittlich 510 m Höhe über dem Meeresspiegel. In nördlicher Richtung über den Paradiesweg gehen wir zunächst jedoch in den Untergrund von Bad Grund, nämlich in die sagenhaft erleuchtete **Tropfsteinhöhle**. 85 Meter unter der Erde wandeln wir zwischen Stalagmiten und Stalaktiten hindurch – um danach auf grünmarkiertem Balken-Weg am Albert-Turm wieder dem Himmel und einer schönen Aussicht näher zu sein. Bis zum **Hübichenstein** am lustigen Waldquizpfad vorbei und weiter zum Fuße des bewaldeten Hasenbergs, dann mündet der grüne Balken-Weg in den mit dem gelben Balken. Beide Markierungen weisen uns die Richtung zur Schutzhütte am Futterplatz, hernach wieder nur der grüne Balken auf kurvenreichem Wege ins Tal der »Innerste«. Von hier sieht man den kleinen, stillen Fachwerk-Ort **Lautenthal**, der eine hübsche Barockkirche und ein Silberbergwerk-Museum vorzeigen kann.

Nach der Hälfte unseres Wanderweges gehen wir nun entlang des Innerste-Tales weiter abwärts,

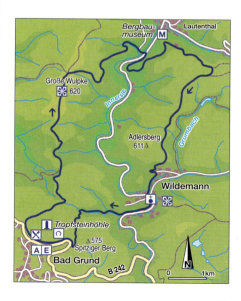

45 Von Bad Grund nach Lautenthal und Wildemann

der blauen Balken-Markierung folgend, bis nach **Wildemann** und in den Ortskern hinein. Durch den hübschen, zwischen Bergwiesen gelegenen Kneipp-Kurort hindurch halten wir uns links und folgen dem grünen Dreieck bis zum **Schweinebraten**. Nicht, daß es hier einen solchen zu essen gäbe, vielmehr ist dies nur eine Superkreuzung von fünf verschiedenen Wanderwegen. Wir nehmen den Unteren Ibergweg und gelangen bald zum Zielort.

Informationen zur Tour

Ausgangsort
Bad Grund

Anfahrt
Per Bahn nach Bahnhöfen Kreiensen, Seesen oder Goslar. Per Pkw aus dem Norden über die A 7 und Abfahrt Seesen weiter auf der B 243. Aus dem Osten über Hasselfelde, Braunlage auf der Harzhochstraße B 242. Aus dem Westen kommend die Autobahn Dortmund Kassel, dann A 7 und Abfahrt Seesen

Zielort und Rückfahrt
Wie Ausgangsort und Anfahrt

Einkehrmöglichkeit
Viele in Bad Grund, Lautenthal und Wildemann. Gemütlich: historisches Cafe »Waldmühle«, Laubhütte 16, 37539 Bad Grund

Unterkunft
Erlebnishotel »Waldwinkel«: Im Waldwinkel 1, 37539 Bad Grund, Tel. 0 53 27/12 80, Fax 28 14

Öffnungszeiten
Iberger Tropfsteinhöhle, Am Rohland 4, 37539 Bad Grund, tgl. 9 – 15.30 Uhr außer Mo. Bergbaumuseum Knesebeck, Knesebecker Weg 1, 37539 Bad Grund, Di – So 10 – 16 Uhr. »Sagen- und Märchental«, gleich hinterm Teufelstal in 37539 Bad Grund, nur von Mai – Okt. Di – So 10 – 17 Uhr.

Auskunft
Kurhaus, Elisabethstr. 1, 37539 Bad Grund, Tel. 0 53 27/7 00 70, Fax 70 07 70; Fremdenverkehrsheim, Bohlweg 5, 38709 Wildemann, Tel. 0 53 23/61 11, Fax 61 12

Karte
Wanderkarte »Der ganze Harz«, RV-Verlag, Maßstab 1:50 000

Das Bergwerk in Lautenthal

46 Zwischen Sagen, Hexen und Märchen: Thale und Bodetal

Tourenlänge
20 km

Durchschnittliche Gehzeit
6 Std.

Etappen
Thale – Hexentanzplatz – Roßtrappe – Bodetal – Treseburg – Birkenkopf – Thale

Steigung
Unerheblich

Eignung für Kinder
Ab 6 Jahren

Interessantes am Weg
Der sagenhafte Hexentanzplatz mit dem Museum »Walpurgishalle«

Wegcharakter
Überwiegend Feld- und Waldwege

Wegmarkierung
Roter Punkt, dann blaues Dreieck

Hoch droben auf dem Felsen südlich von Thale, wo heute eine Kabinenbahn bequem hinaufschwebt, ritten einst die Hexen. Denn hier wohnte vor uralten Zeiten das Zauberweib Watelinde, die wegen ihrer höllischen Künste von allen Harzbewohnern als Hexenoberin gefürchtet war. Eines Tages begab es sich, daß die reine Jungfrau Hilda aus Thale bei Mondschein Kräuter sammelte, weil diese eine besondere Heilkraft hatten. Da erschien die alte, hagere Watelinde und wollte sie zu sich auf den Hexentanzplatz zerren. Doch Hilda rief: »Herr, du mein Erlöser, steh meiner armen Seele bei!« Sofort zuckten Blitze, und ein gewaltiger Donner hob die böse Watelinde in die Lüfte und schleuderte sie gegen einen Felsen. Watelinde wurde selbst zu Stein.

Der Hexentanzplatz, die gegenüberliegende Roßtrappe und die Walpurgishalle sind für den 15 000-Seelen-Ort **Thale** die große Touristenattraktion – nicht nur zur Walpurgisnacht zum 1. Mai jedes Jahres.

Am besten beginnt man die Wanderung im Thaler Friedenspark neben dem Hauptbahnhof, geht per Roter-Punkt-Markierung über die Gebirgssowie die Jägerstraße zur Talstation der Sesselbahn und fährt gemütlich zu den Wahrzeichen des Harzes, den Kultstätten heidnischen Brauchtums, hinauf. Unbedingt sollte man sich in der schon 1901 erbauten Walpurgishalle die Gemälde zu Goethes Faust (Walpurgisnacht) ansehen.

Von den in der Nähe der Walpurgisgaststätte gelegenen Aussichtspunkten hat man einen herrlichen Überblick über die Stadt Thale sowie über das wilde **Bodetal** und zur **Roßtrappe** hinüber. Während wir nun heruntersteigen, entdecken wir eine gewaltige Felslandschaft, durch die der Fluß seine Wassermassen regelrecht durchpeitscht. Gelegentlich führt der Weg in diesem engen Tal nun über Stege. Das wilde Rauschen läßt uns naturnäher als sonstwo den Harz erleben. Beim Aussichtspunkt Weißer Hirsch blicken wir

46 Zwischen Sagen, Hexen und Märchen: Thale und Bodetal

Brückenblick ins Bodetal

auf das Bodetal wie auch auf **Treseburg**, das sich in seiner Fachwerk-Architektur nicht von vielen anderen Harzdörfern unterscheidet. Direkt am Ortsrand kehren wir um und wandern der blauen Dreieck-Markierung entlang flußabwärts durch das anfangs weite Bodetal. Vorbei am Dambachtal, am Kästental und am Großen Taschengrund, erreichen wir nach einem langsamen Aufstieg den 102 m hohen **Kesselrücken**. Von hier fasziniert der Blick nach unten ins wilde Wasser wie auch zum Roßtrappenmassiv hinüber. Etwas steil abwärts führt der Weg über die Teufelsbrücke und dann wieder gemächlich an der Schurre und am Katersteg vorbei bis zur Seilbahn-Talstation und zurück zum Friedenspark von **Thale**

Informationen zur Tour

 Ausgangsort
Thale

Anfahrt
Per Pkw von Norden, Osten oder Westen über die B 6 bzw. B 185; von Süden auf der Harzhochstraße B 242 bei Hasselfelde bzw. Allrode auf der Landstraße gen Norden. Per Bahn über Magdeburg-Quedlinburg bzw. Bad Harzburg-Wernigerode

 Zielort und Rückfahrt
Wie Ausgangsort und Anfahrt

 Einkehrmöglichkeit
»Haus Hirschgrund« im Bodetal, Hirschgrund 1, 06502 Thale. Biergarten »Köhlersiedlung«, Hexentanzplatz (nur Apr. – Okt.)

 Unterkunft
Viele Möglichkeiten in Thale. Berghotel »Hexentanzplatz«, Hexentanzplatz 1, 06502 Thale, Tel/Fax 0 39 47/22 12

 Öffnungszeiten
Museum »Walpurgishalle«, April – Sept. 10 – 17 Uhr

 Auskunft
Thale-Information, Rathausstraße 1, 06502 Thale, Tel. 0 39 47/25 97, Fax 22 77. Kurverwaltung Treseburg, Ortsstr. 24, 38889 Treseburg, Tel. 03 94 56/2 23

Karte
Wanderkarte »Der ganze Harz«, RV-Verlag, Maßstab 1 : 50 000

96

47 Zwischen »Großvater« und »Teufelsmauer«: bei Blankenburg

Tourenlänge
6 km

Durchschnittliche Gehzeit
2 Std., mit Innenstadt Blankenburg und Burgruine Regenstein 3 Std. mehr

Etappen
Helsunger Krug – Hangweg – Blankenburg – »Großvater« – Felsgrat und zurück

Steigung
Minimal auf ca. 100 m

Eignung für Kinder
Ideal ab 8 Jahren

Interessantes am Weg
Kleines Schloß, barocker Schloßgarten von Blankenburg; Burgruine Regenstein mit 32 erhaltenen Felsräumen

Wegcharakter
Überwiegend Feld- und Waldwege, später gut gesicherte Felssteige

Wegmarkierung
Blauer Punkt, Variante grüner Punkt

Die außergewöhnlich schöne Lage des 750 Jahre alten **Blankenburg** lädt zu einer wirklich geruhsamen, unangestrengten Familienwanderung mit vielen Einkehrmöglichkeiten und einem sagenhaften Kletterspaß entlang der Teufelsmauer ein. Das große Schloß oberhalb der fachwerkreichen Altstadt überragt diese liebliche Nordharz-Landschaft, die bereits Goethe, Kleist, Hans Christian Andersen sowie Caspar David Friedrich begeisterte.
Mit dem Stadtbus bzw. Pkw zum Parkplatz **»Helsunger Krug«**, wo man diese Wanderung am besten startet und in Richtung Wald geht. Dann wieder links, über eine Lichtung und leicht aufwärts bis hin zum Grat sowie zum Nordhang-weg. Diese erste Etappe ist extrem einfach, so daß wir am Ostrand **Blankenburgs** bei der Raststätte »Großvater« kurz verweilen und einen nur wenige hundert Meter langen Abstecher über die Hasselfelder Straße in die Altstadt machen. Gleich linker Hand liegt das Kleine Schloß. Es beherbergt ein Heimatmuseum und wird umschlossen von einem herrlichen barocken Terrassengarten. Hoch droben sieht man das »Große Schloß«, das gerade renoviert wird. Nur wenige Schritte vom Schloßpark entfernt kommt man zum Rathaus, das 1584 auf gotischen Resten im Renaissancestil neu erbaut wurde. Eingemauerte Kanonenkugeln erinnern an den Beschuß der Stadt während des Dreißigjährigen Krieges. Durch kleine Gassen unterhalb des Schloßbergs kommen wir wieder zur Raststätte »Großvater«, von wo aus wir nun mit der blauen Punkt-Markierung entlang der **»Teufelsmauer«** eine kleine abenteuerliche Kletterpartie gen Osten beginnen: eine bizarre Felslandschaft, in der unser Weg durch Leitern, Stege, Seilführungen und Haken gesichert ist. Wir steigen über Felsspitzen und klettern durch Felsengen und über Grate, immer wieder eine neue, spannende Aussicht vor uns. Rund zweieinhalb Kilometer geht es so bis zur Spitze der »Teufelsmauer«, wo uns der einmalige Rundblick mit allen vorherigen unbegründeten Ängsten wieder versöhnt.

47 Zwischen »Großvater« und »Teufelsmauer«: bei Blankenburg

Nun wird der Weg wieder sanfter, einfacher und führt uns abwärts am »Sautrog« genannten Felsen zum nördlichen Hangweg. Das letzte Stück des Weges bummeln wir wieder durch Wiesen bis zum »Helsunger Krug«.

Informationen zur Tour

Ausgangsort
Parkplatz »Helsunger Krug«

Anfahrt
Per Pkw über Magdeburg und Quedlinburg bzw. von Braunschweig über Wernigerode auf der B 6, von Süden auf der B 27 oder B 81. Oder per Bahn über Bad Harzburg bzw. Quedlinburg

Zielort und Rückfahrt
Wie Ausgangsort und Anfahrt

Einkehrmöglichkeit
Restaurant »An der Teufelsmauer«, Timmenröder Str. 2, 38889 Blankenburg

Unterkunft
»Kurhotel Fürstenhof«, Mauerstr. 9, 38889 Blankenburg, Tel. 0 39 44/9 04 40, Fax 2 99

Öffnungszeiten
Festung Regenstein, Tel. 0 39 44/6 12 90, Mai–Okt. Tgl. 9–18 Uhr, Nov.–April nur Mi–So 9–16 Uhr; Museum Kleines Schloß, Tel. 0 39 44/26 58, Di–Sa 10–17 und So 14–17 Uhr

Auskunft
Kurverwaltung Blankenburg, Tränkestr. 1, 38889 Blankenburg, Tel. 0 39 44/28 98, Fax 40 11

Karte
Wanderkarte »Der ganze Harz«, RV-Verlag, Maßstab 1:50 000

Blick vom »Großen Schloß« nach Blankenburg

48 Von Clausthal durch den Oberharz nach Osterode

Tourenlänge
14 km

Durchschnittliche Gehzeit
4 Std.

Etappen
Claustaler Marktkirche – Pixhaier Teich – Buntenbockteich – Söse-Stausee – Eulenburg – Osterode

Steigung
266 m Höhenunterschied

Eignung für Kinder
Ab 6 Jahren

Interessantes am Weg
In Clausthal: Technische Universität mit einer der größten Mineraliensammlungen der Welt; das international gerühmte Bergwerkmuseum und die Marktkirche »Zum Heiligen Geist«. Osterode: Altstadt und Ritterhaus

Wegcharakter
Überwiegend Feld- und Waldwege, Forststraßen mit Schotter, teils asphaltiert

Wegmarkierung
Blaues und gelbes Dreieck

Im Zentrum des Oberharzes mit dem größten Bergbaumuseum sowie der kleinsten Technischen Universität Deutschlands und den meisten künstlich angelegten Brauchwasser-Seen (über 50!) rundherum beginnen wir in **Clausthal** unsere Wanderung an Deutschlands größter Fachwerk-Holzkirche. »Zum Heiligen Geist« heißt sie und wurde um 1640 erbaut, mit großem Altar und imponierender Orgel. Dieses Clausthal der Superlative an der Harz-Hochstraße verlassen wir über den »Schlagbaum« und die Schwarzenbacher Straße in Richtung Pixhaier Teich. Bei schönem Wetter kann man den Brocken sehen.
So wie der **Pixhaier** sind auch die folgenden, **Schwarzenbacher**, **Bärenbrucher**, **Ziegenberger** und **Buntenbock-Teich**, im 17. und 18. Jh. angelegte Brauchwasser-Reservoirs. Stille, unbebaute und wildufernde Seen – ideal für Angler, Träumer und uns Wanderer. So gelangen wir durch dichte Wälder und entlang blumenbewachsener Dämme nach etwa zwei Stunden und einem langsamen Abstieg aus knapp 600 Metern Höhe zum großen Harzer Trinkwasser-Reservoir, dem **Söse-Stausee** (333 m).
Etwa eine Stunde lang begleitet uns nun rechter Hand das Stauwasser der Söse, bis wir am Damm und einem Campingplatz vorbei auf einer Asphaltstraße dem Wegweiser Vogel-Station folgen. Ein kleiner Abstecher lohnt sich wegen der großen Volieren und der vielen Freigehege, in denen die ganze Harzer Vogelwelt zu bewundern ist.

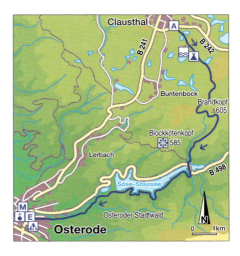

48 Von Clausthal durch den Oberharz nach Osterode

Die Fachwerk-Stadt Osterode

Hernach wandern wir auf dem linken Talrand der Söse vorbei an Eulenburg und Sägemühle in die Fachwerkstadt **Osterode**.
Dieser 800 Jahre alte Ort mit seinem kuscheligen mittelalterlichen Stadtbild, der alles überragenden Marktkirche St. Ägidien, dem schieferverkleideten Rathaus-Giebel und dem Ritterhaus hat auch ein interessantes Heimatmuseum.

Informationen zur Tour

 Ausgangsort
Clausthaler Marktkirche

 **Anfahrt**
Mit dem Pkw aus dem Norden über Goslar bzw. aus dem Süden über Osterode auf der B 241, aus Ost und West über die Harzer Hochstraße 242

Zielort und Rückfahrt
Osteroder Ritterhaus. Rückfahrt mit dem Bus möglich (mehrmals täglich)

 Einkehrmöglichkeit
»Im Bergwerksmuseum«, Restaurant mit Wildspezialitäten, Bornhardtstr. 16, 38678 Clausthal

 Unterkunft
Clausthal: Wolfs Hotel, Goslarsche Straße 60, Tel. 0 53 23/8 10 14, Fax 8 10 15

 Öffnungszeiten
In Clausthal: Oberharzer Bergwerksmuseum, Bornhardstr. 16, tgl. 9–17 Uhr. Die Technische Universität, Mineraliensammlung, Adolph-Römerstr. 2a, Mo 14–17 und Di–Fr 9–12 Uhr. In Osterode: Heimatmuseum im Ritterhaus, Rollberg 32, Di–Fr 10.30–16 Uhr, Sa u. So 10–12 Uhr. Vogel-Station, zwischen Söse-Damm und Ortsrand, nur April–Nov. Mo–Sa 14–18 und So 10–18 Uhr

 Auskunft
Kurverwaltung Clausthal-Zellerfeld, Bahnhofstr. 5a, 38678 Clausthal-Zellerfeld, Tel. 0 53 23/8 10 24, Fax 8 39 62. Tourist-Info Osterode, Eisensteinstr. 1, 37520 Osterode, Tel. 0 55 22/31 83 32, Fax 31 82 01

Karte
Wanderkarte »Der ganze Harz«, RV-Verlag, Maßstab 1:50 000

49 Von Herzberg-Sieber zur Hanskühnenburg

 Tourenlänge
10 km

 Durchschnittliche Gehzeit
3 ½ Std.

 Etappen
Sieber – Andreasweg – Hanskühnenburg – Langfastweg – Goldlenke – Sieber

 Steigung
490 m Höhenunterschied

 Eignung für Kinder
Ab 8 Jahren

 Interessantes am Weg
Ackermannsberg und Hanskühnenburg

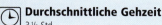 **Wegcharakter**
Überwiegend Feld- und Waldwege, Forststraßen mit Schotter sowie auch Teerstraßen

 Wegmarkierung
Keine, nur Wegweiser zur Hanskühnenburg

Sieber ist ein nördlich gelegener Ortsteil von **Herzberg**, dem »Südtor« zum Harz. Bevor wir per Pkw, Taxi oder Stadtbus zum Startpunkt unserer Wanderung nach Sieber fahren, sollten wir unbedingt das großartige Welfen-Schloß in Herzberg besuchen. Fast eintausend Jahre alt, ist es das größte Fachwerk-Schloß Niedersachsens. Es diente Heinrich dem Löwen sowie vielen anderen Welfen-Fürsten als Jagd- oder Ruhesitz. Neben dem figurengeschmückten Glockenturm befindet sich im restaurierten Stammflügel eine große Zinnfiguren- und kulturhistorische Ausstellung.
Die Besichtigung dieses Schlosses ist tatsächlich ein Muß, wenn man schon mal am Harzer Südrand weilt. Vor oder nach der Wanderung – sei´s drum! Von der kleinen Kirche in Sieber geht

man dann kurz in Richtung Herzberg den Pfad im Laubwald hinauf und folgt oberhalb der Talschlucht einem Forstlehrpfad, an dem mehrere hundert Vogelnistkästen aufgestellt wurden. Auch eine Holzproben-Schau sowie eine guterhaltene Köhlerhütte liegen am Weg, bis man in der **Hans-Susebach-Hütte** sogar zu einem winzigen Heimatmuseum kommt. Weiter geht es durch Mischwald in Serpentinen langsam aufwärts, bis die Langfaststraße in die Kirchstraße und diese dann in die geologisch höchst interessante **Ackermannstraße** einmündet. Sie führt zwischen verwitterten Bäumen und strengen Felsklippen auf dem seltenen Ackerbruchquarzit direkt zum Ackermannsberg, auf dem die **Hanskühnenburg** in luftiger Höhe von 860 Metern steht.

Eigentlich ist sie gar keine Burg. Um 1900 hatte

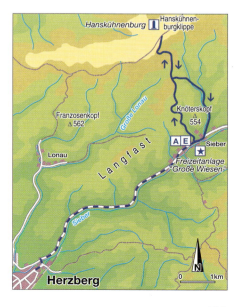

49 Von Herzberg-Sieber zur Hanskühnenburg

man wegen des herrlichen Panoramablicks über die Harz-Hochebene, den Thüringer Wald und das Leine-Tal einen hölzernen Aussichtsturm gebaut, 1913 dann einen aus Stein.
Von diesen Klippen und der Aussicht trennen wir uns und gehen nun auf einer Teerstraße abwärts in die Richtung der Gemarkung »Großer Kastenhai«. Hier biegen wir vom **Langfastweg** links in den Andreaweg und auf einen weichen Waldpfad ein, der uns durch dichten Nadelwald über viele Kurven und Treppchen ins Tal der idyllischen **Goldlenke** führt. Dreimal überqueren wir auf kleinen Brücken den plätschernden Waldbach, bis wir links den 561 m hohen Jakobskopf sehen, hernach zum Jakobstal gelangen und bereits das Kirchtürmchen von **Sieber** erblicken können.

Informationen zur Tour

Ausgangsort
Kirche in Sieber

Anfahrt
Per Pkw von Norden bzw. Süden über die Schnellstraße B 243, aus Göttingen auf der B 27, von Goslar über Clausthal auf der B 241

Zielort und Rückfahrt
Wie Ausgangsort und Anfahrt

Einkehrmöglichkeit
In Herzberg eine Vielzahl gemütlicher Lokale. Am Juessee im Stadtzentrum: »Seeschlößchen«, Juesseestr. 1, 37412 Herzberg

Unterkunft
Hotel »Zum Schloß«, Osteroder Str. 7, 37412 Herzberg, Tel. 0 55 21/8 99 40, Fax 89 94 38

Öffnungszeiten
Zinnfiguren- und Forstausstellung im Welfenschloß, Di – So 10 – 13 und 14 – 17 Uhr

Auskunft
Amt für Touristik, Marktplatz 30, 37412 Herzberg, Tel. 0 55 21/85 21 10, Fax 85 21 20; Verkehrsverein, Tel. 0 55 21/41 16; Kurverwaltung Sieber, An der Sieber 69, 37412 Herzberg, Tel. 0 55 85/3 22

Karte
Wanderkarte »Der ganze Harz«, RV-Verlag, Maßstab 1:50 000

Wanderidylle im südlichen Harz

50 Felsfaszination im Ith

Tourenlänge
12 km

Zeitbedarf
3 bis 4 Stunden

Etappen
Wasserbaum – Dohnsener Klippen – Hammerslust – Bremker Klippen – Bremker Sattel – Wasserbaum

Steigung
Ingesamt etwa 300 Höhenmeter

Eignung für Kinder
Ab 10 Jahren

Interessantes am Weg
Felsen, Wasserbaum

Wegcharakter
Waldwege und Pfade, teils wurzelig und felsig

Wegmarkierung
X auf dem Ith-Kamm

Günstigste Jahreszeit
Bei Schneefreiheit und klarer Sicht

Serpentinenweg auf den **Ith-Kammpfad**, dem wir nun rechts (nordwärts) folgen. Die X-Markierung dieses Kammpfads ist alt, aber an den wenigen Verzweigungen noch vorhanden, und das genügt, während wir dahinschreiten auf dem von artenreicher Vegetation geschmückten Kamm. Einige der bis zu zwei Dutzend Meter lotrecht abstürzenden **Dohnsener Klippen** sind völlig efeuumrankt.

Vom **Hammerslust-Felsen** zieht der Kammpfad hinab in den **Grohnder Sattel** (Blick auf Ockensen), wechselt kurz auf einen Forstweg und zweigt nach der ersten Klippe wieder links ab. Die nun folgende Passage über die **Brem-**

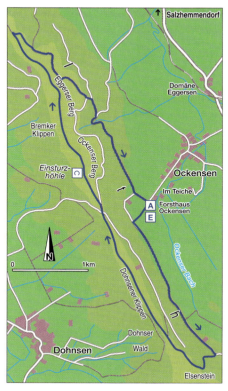

Unser Startpunkt ist der versinterte »Wasserbaum« am Ostfuß des nördlichen **Ith**. Von hier folgen wir dem Weg an **Fischteichen** vorbei aufwärts und stoßen bald auf einen Spazierweg, auf dem wir uns links halten zwischen Wald und Feldern; jenseits des bäuerlich geprägten Saaletals erhebt sich als markanteste Berggestalt der von einem Aussichtsturm (Lönsturm) überhöhte **Thüster Berg**. Wenn der Spazierweg nach etwa einer halben Stunde den Waldrandbereich verlassen und sich zu den Häusern von Hakenrode hinabsenken will, zweigt ein **Grasweg** ab, dem wir in Serpentinen zum Kamm hinauf folgen; die Abzweigung ist nicht markiert, doch nicht zu verfehlen, denn hier verbreitert sich der Spazierweg zu einer Wendeplatte. An einer Stelle mit prächtigem Blick zum Vogler mündet der

103

50 Felsfaszination im Ith

Vom Weg am Fluß des Ith schweift der Blick über das bäuerlich geprägte, friedliche Saaletal.

ker Klippen ist noch phantastischer und wilder als der Gang über die Dohnenser Klippen. In beständigem Auf und Ab zieht der wurzelige, felsige, moosige, laubbedeckte Pfad bzw. Steig dahin, zwischen bemoosten Verwitterungsblockfeldern, in romantischem Laubwald; zuweilen stehen am Pfad alte Hannover/Braunschweig-Grenzsteine.

Schließlich enden die Klippen, der Kamm verbreitert sich zum Rücken, und unvermittelt ist die Pfadkreuzung am **Bremker Paß** mit uralter Sitzbank und altem Wegweiser erreicht. Hier schickt der Wegweiser »Fischteiche« auf den ockensenseitigen Pfad, doch nach wenigen Metern verlassen wir den Pfad und zweigen rechts auf einen grasigen *Hangweg* ab. Er verwandelt sich bald zu einem Forstweg, der geruhsam in sachtem Abstieg durch die Buchenwälder leitet (an Verzweigungen stets auf dem Hangweg bleiben!) und zum Ausgangspunkt zurückführt.

Informationen zur Tour

 Ausgangsort
Wanderparkplatz Wasserbaum in Salzhemmendorf-Ockensen

 Anfahrt
B 1 Hildesheim – Hameln bis Salzhemmendorf, dort nach Ockensen

 Zielort
Wie Ausgangsort

 Einkehrmöglichkeiten
Unterwegs keine

Übernachtung
Anfragen: siehe Auskunft

Auskunft
31787 Hameln, Fremdenverkehrsverband Weserbergland-Mittelweser, Inselstraße 3, Tel. 0 51 51/9 30 00

 Karte
Naturparkkarte 1:50 000 Naturpark Weserbergland Schaumburg-Hameln

51 Zum Hohenstein im Süntel

Tourenlänge
6 km

Zeitbedarf
3 Stunden

Etappen
Kreuzsteinquelle – Blutbachtal – Baxmann-Baude – Hohenstein – Baxmann-Baude – Kreuzsteinquelle

Steigung
Kurzer, steiler Aufstieg zum Hohenstein

Eignung für Kinder
Die Wanderung ist kurz und spannend (aber absturzgefährlich!) und daher – mit Umsicht – gut für kleine Kinder geeignet

Interessantes am Weg
Blutbachtal, Hohenstein

Wegcharakter
Waldwege, teils wurzelig

Wegmarkierung
Grüner und roter Strich

Günstigste Jahreszeit
Bei Schneefreiheit (!) und klarer Sicht

Der aussichtsreiche Hohenstein am Nordwestrand des **Süntel** bildet mit 50 Metern eine der höchsten natürlichen Felswände im Norden Deutschlands. Seine unter Naturschutz stehende Fels- und Laubwaldumgebung zählt zu den beeindruckendsten Wandergebieten des Weserberglandes.
Vom Parkplatz **Kreuzsteinquelle** wandern wir neben dem Blutbach im waldreichen Totental aufwärts. Bald weitet sich das Tal zu einer Wiesenidylle; am Ende der Wiesen steht die Waldschänke »Baxmann-Baude«, in der saisonal Einkehr möglich ist.
Hier bestehen prinzipiell drei Möglichkeiten zum Weiterwandern: Ein Weg führt am Bach entlang durchs Totental zur *Blutbachquelle*; ein anderer führt hinüber zu den Resten der ringumallten *Amelungsburg* und höllenbachaufwärts zum *Langenfelder Wasserfall*. Das herausragende Wanderziel aber ist der **Hohenstein**: Ein getreppter Weg, markiert mit rotem und grünem Strich, führt im Wald aufwärts, und bald folgen wir nur noch dem grünen Strich (»Klippenweg«). Auf einem Absatz wechseln wir auf einen Pfad im Steilhang und ziehen dann unterhalb der mächtigen Klippen, die auf dem Schichtkamm anstehen, dahin. Bald stoßen wir auf den Hauptwanderweg XW (Weserwanderweg) und folgen ihm hinauf zum Hohenstein. Der XW-Pfad erreicht den Hohenstein an der **Grünen** oder **Teufelskanzel**, einer lotrecht abstürzenden, geländergesicherten Felskanzel mit phantastischer Aussicht – ein wundervoller Rastort. Oberhalb der Grünen Kanzel steht eine feste Schutzhütte.
Von der Schutzhütte zieht der Weg weiter über den Hohenstein, einer Art Dachfirst, südseitig in lotrechten Klippen abstürzend, zwischen den Bäumen immer wieder hervorragende Aussicht bietend. Diese kurze Firstwanderung endet an einer *Freifläche* mit Bänken und einer großen, tischähnlichen **Sandsteinplatte**, auf der das

51 Zum Hohenstein im Süntel

Panorama mit den markanten Punkten im Blickfeld eingeritzt ist. Bei der Panorama-Aussichtsstelle findet sich ein **Hügelgrab** aus der älteren Bronzezeit. Beim Hügelgrab wechselt die Markierung roter Strich auf den »Treppenweg« und zieht zurück zur Baxmann-Baude.

Informationen zur Tour

 Ausgangsort
Wanderparkplatz Kreuzsteinquelle bei der Pappmühle nordöstlich von Hessisch Oldendorf

Anfahrt
B 83 Hameln – Minden Abfahrt Krückeberg

 Zielort
Wie Ausgangsort

 Einkehrmöglichkeiten
Saisonal in der Baxmann-Baude

 Übernachtung
Anfragen: siehe Auskunft

 Auskunft
31787 Hameln, Fremdenverkehrsverband Weserbergland-Mittelweser, Inselstraße 3, Tel. 05151/930 00

 Karte
Naturparkkarte 1:50 000 Naturpark Weserbergland Schaumburg-Hameln

Mächtig streben Kalke und Dolomite am Hohenstein himmelwärts – einst Kletterrevier, heute weitgehend sich selbst überlassen.

Weserbergland – Münsterland

52 Mecklenbruch-Hochmoor-wanderung im Solling

 Tourenlänge
12 km

 Zeitbedarf
4 Stunden

 Etappen
Parkplatz – Mecklenbruch – Mittelberghütte – Große Blöße – Mittelberghütte – Mecklenbruch

 Steigung
Nur ein kurzer Anstieg auf die Große Blöße

 Eignung für Kinder
Für kleinere Kinder ist es am interessantesten, nur dem Mecklenbruch-Rundweg zu folgen; gesamte Wanderung ab 12 Jahren

 Interessantes am Weg
Mecklenbruch, der schöne Wald

 Wegcharakter
Bohlenweg im Mecklenbruch, ansonsten Waldwege, teils grasig

 Wegmarkierung
Pfeile im Moor, ansonsten keine Markierung, die Mitnahme einer Karte ist unumgänglich

 Günstigste Jahreszeit
Mittsommer und Herbst

Vom Parkplatz gehen wir auf der für den öffentlichen Verkehr gesperrten Straße zur **Jugendherberge Silberborn** und biegen am Sportplatz rechts ab. Der Weg teilt sich nach wenigen Metern bei einem »Loipe«-Schild: Hier durchschreiten wir ein Gatter und wandern durch ein Waldstück, ehe sich nach wenigen Minuten das unter Naturschutz stehende **Mecklenbruch** öffnet. Ein Bohlensteg führt durch das Hochmoor zu einem hölzernen Aussichtsturm.

Schließlich mündet der **Mecklenbruch-Bohlensteg** auf die Mittelbergstraße, und diesem Forstweg folgen wir links zwischen Mecklenbruch und **Dasseler Mittelberg** sacht aufwärts. Am Ende des Moors durchzieht der Weg hohen Buchenwald, passiert die Mittelberg-Schutzhütte und senkt sich geradeaus abwärts in das **Hellental**. Sobald der Weg den Bach überschritten hat, zweigen wir bachaufwärts auf einen Weg steil in Fichtenforst hinauf ab. Nach wenigen Schritten zweigt ein schneisenartiger Grasweg links hinauf ab und erklimmt in wenigen Minuten die **Große Blöße**, die höchste Erhebung des Solling und des Weserberglands. Wir folgen dem Weg zur Straße, queren sie und halten auf einem Forstweg geradeaus. Der Weg wird zum Grasweg, passiert eine Wiese mit Obstbäumen und zieht weiter durch Hochwald; am *ersten Querweg* wenden wir uns rechts. Wenn wir auf die asphaltierte *Silberborner Straße* stoßen, folgen wir ihr sacht aufwärts, biegen nach knapp 10 Minuten rechts auf einen Wanderparkplatz ein, queren dahinter eine zweite Straße und folgen auf der anderen Seite einem Forstweg talwärts (an der ersten Verzweigung geradeaus), der uns zur **Mittelberg-Hütte** führt, an der wir auf den bekannten Forstweg links einbiegen. Nach etwa einer Viertelstunde (nicht verpassen)

52 Mecklenbruch-Hochmoorwanderung im Solling

Die Randbereiche des Mecklenbruch sind weitgehend verwaldet – eine vom Menschen unberührte Naturlandschaft.

zweigt an der ersten Sitzbank rechts der beschilderte Rundwanderweg Mecklenbruch ab; wir folgen ihm in umgekehrter Richtung (entgegengesetzt den Pfeilen). Der Weg überquert den Ausfluß des Moors zu einem breiten Weg hinauf, der uns zum Ausgangspunkt zurückführt.

Informationen zur Tour

 Ausgangsort
Parkplatz an der Jugendherberge Silberborn in Neuhaus im Solling

 Anfahrt
Neuhaus liegt an der Deutschen Märchenstraße (B 497) Holzminden – Uslar

 Einkehrmöglichkeiten
Unterwegs keine

 Übernachtung
Anfragen: siehe Auskunft

 Auskunft
37603 Holzminden-Neuhaus, Kurverwaltung Neuhaus, Haus des Gastes, Tel. 0 55 36/10 11

Karte
Naturparkkarte 1:50 000 Naturpark Solling-Vogler

Weserbergland – Münsterland

53 Von den Externsteinen auf die Velmerstot

Tourenlänge
13 km

Zeitbedarf
4 bis 6 Stunden

Etappen
Parkplatz – Externsteine – Knickenhagen – Waldschlößchen – Silbermühle – Kattemühle – Velmerstot – Silbermühle – Externsteine – Parkplatz

Steigung
Nur ein kurzer, strammer Anstieg auf die Velmerstot

Eignung für Kinder
Externsteine auch für kleine Kinder, gesamte Wanderung ab 10 Jahren

Interessantes am Weg
Externsteine, Silberbachtal, Velmerstot

Wegcharakter
Waldwege, teils wurzelig

Wegmarkierung
H (= Hermannsweg) und X (= Eggeweg)

Günstigste Jahreszeit
Bei Schneefreiheit und klarer Sicht

Nach Durchschreiten eines alten Laubwaldes blicken wir unvermittelt auf diese Gruppe freistehender Sandsteinfelsen, die auf der Sonnenaufgangsseite des Gebirges neben einem Teich aufragen. Die Aussichtsplattform auf Fels 1 und das Sazellum des Turmfelsens bieten einen exzellenten Blick auf das Lipper Bergland.
Wir durchschreiten den Durchlaß neben dem **Wackelsteinfelsen**, entdecken hier die Markierung H (**Hermannsweg**), steigen mit ihr links hinauf und folgen ihr über den aussichtsreichen **Knickenhagen**-Rücken. Schließlich senkt sich der Hermannsweg zur Straße hinab, wir lassen uns von der H-Markierung unter der neuen B 1 hindurchlotsen, tauchen wieder in den Wald ein und erreichen das Gasthaus Silbermühle. Von hier führt der Hermannsweg sacht aufwärts im abgeschiedenen Waldtal der **Silberbachs**, der

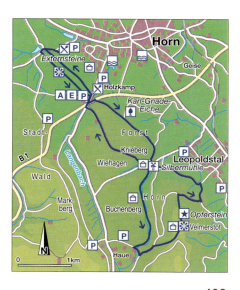

Diese Wald- und Panoramawanderung führt zu drei Glanzpunkten im Herzen Westfalens: Die Externsteine sind eines der bedeutendsten Kultur- und Naturdenkmäler Deutschlands, die Velmerstot ist der höchste und aussichtsreichste Gipfel von Teutoburger Wald und Egge, das Silberbachtal ist eines der romantischsten und naturbelassensten Täler zwischen Rhein und Weser.
Vom Parkplatz wandern wir auf einer gepflegten Promenade in Richtung der **Externsteine**

109

53 Von den Externsteinen auf die Velmerstot

in malerischen Kaskaden über Blockwerk tanzt, ehe das Gasthaus Kattenmühle zur Rast lädt. Nun beginnt der steile Schlußspurt zur Lippischen **Velmerstot**. Die Klippen bieten ein grandioses Panorama. Schade nur, daß der Nachbarberg, die »preußische« Velmerstot, von Militär okkupiert ist.

Auf der Lippischen Velmerstot endet der Hermannsweg, und wir schließen uns kurz dem **Eggeweg** an (X): Auf schmalem Graspfad hält er abwärts. Wenn er in den Wald taucht, sehen wir rechts auf dem Grund eines Steinbruchs eine Steinspirale und den sogenannten »Opferstein«; hier gehen wir geradeaus (ohne X), wenden uns am ersten Weg rechts, am nächsten Weg links abwärts und am ersten Weg wiederum links: Er führt zur **Silbermühle**, und von dort lassen wir uns von X zu den Externsteinen zurückleiten.

Informationen zur Tour

Ausgangsort
Gebührenpflichter Großparkplatz »Externsteine« in Horn-Bad Meinberg, ausgeschildert an der Straße Richtung »Hermannsdenkmal«

Anfahrt
B 1 Paderborn – Hameln Ausfahrt Horn-Bad Meinberg

Einkehrmöglichkeiten
Waldschlößchen, Silbermühle, Kattenmühle

Übernachtung
Anfragen: siehe Auskunft

Auskunft
32805 Horn-Bad Meinberg, Städtisches Verkehrsbüro, Rathausplatz 2, Tel. 0 52 34/20 12 62

Karte
Freizeitkarte 1:50 000 Blatt 11, Eggegebirge

Der Sazellumsfelsen der Externsteine bietet eine vorzügliche Aussicht auf das Lipper Bergland.

Weserbergland – Münsterland

54 Emsaufwärts von Telgte nach Warendorf

Tourenlänge
18 km

Zeitbedarf
5 bis 6 Stunden

Etappen
Telgte – Einen – Ems-Hessel-See – Warendorf

Steigung
Keine

Eignung für Kinder
Ab 10 Jahren

Interessantes am Weg
Wallfahrtskapelle in Telgte, Altstadt von Warendorf

Wegcharakter
Graspfade und Wege

Wegmarkierung
X

Günstigste Jahreszeit
Bei Schneefreiheit sowie in der Zeit der Marienwallfahrten und der großen kirchlichen und Volksfeste

In fast völliger Natureinsamkeit leitet diese bequeme Streckenwanderung vom Wallfahrtsort Telgte emsaufwärts in das alte Warendorf, die Stadt der Hengstparaden und der olympischen Goldreiterinnen. Die Rückkehr erfolgt bequem mit dem Zug. Vom Bahnhof **Telgte** gehen wir halb rechts durch die *Bahnhofstraße* und erreichen nach wenigen Minuten die barocke **Wallfahrtskapelle** (1657) und die katholische Stadtkirche (1522). Wer die Tür der Kapelle öffnet, steht unvermittelt vor einer in gleißendes Licht getauchten Pietà aus Lindenholz, das sich im Lauf der Jahrhunderte fast schwarz verfärbt hat.
Direkt hinter Kapelle und Kirche fließt die Ems, die wir mit der Markierung X auf einer schmalen Brücke überschreiten, und dann durch einen Park und an einem barocken Kreuzweg entlang aus der Stadt hinauswandern. Kaum enden die Häuser, wechselt X auf einen einsamen, naturnahen Pfad hoch über dem **Steilufer der Ems**. Wir unterqueren mit X die B-64-Brücke neben der Ems und folgen dieser nun weiter quellwärts. Zahlreich sind die sonnigen Rastorte am Ufer des jungen, hier noch nicht schiffbaren Flusses.
Schon bald führt der Weg X vom Ufer weg – wer jedoch weiter durch die traumhaft schöne Landschaft neben dem Fluß dahinwandert, erreicht bald eine Stelle, an der Schilder verkünden, das Begehen dieses Weges sei lebensgefährlich; die Gründe sind weder angegeben noch einsich-

111

54 Emsaufwärts von Telgte nach Warendorf

Idyllischer Rastort unterwegs: der Ems-Hessel-See.

tig, aber ein Wanderführer muß wohl darauf aufmerksam machen.
Schließlich erreicht X das über 1000jährige Kirchdorf **Einen**, von dem sich als erstes der wuchtige Westturm der Kirche auf einer Anhöhe hinter Baumwipfeln zeigt, und kurz hinter dem Reiterhof (Einkehrmöglichkeit) gelangen wir an den idyllischen **Ems-Hessel-See**. Aus Naturschutzgründen ist das Baden verboten, was aber viele nicht wissen. Nun erfolgt der sonnige Schlußspurt in das alte **Warendorf**, das eine sehenswerte historische Altstadt hat.

Informationen zur Tour

 Ausgangsort
Bahnhof Telgte

 Anfahrt
Bahnlinie Münster – Telgte – Warendorf – Rheda-Wiedenbrück; B 64 Paderborn – Warendorf – Telgte; B 51 Münster – Osnabrück

 Zielort und Rückkehr
Bahnhof Warendorf; zurück mit der Bahn

 Einkehrmöglichkeiten
Zahlreich in Telgte und in Warendorf, unterwegs nur kurz hinter Einen

 Übernachtung
Anfragen: siehe Auskunft

 Auskunft
48291 Telgte, Verkehrsamt Telgte, Markt 1, Tel. 0 25 04/1 33 27; 48231 Warendorf, Verkehrsverein Warendorf, Markt 1, Tel. 0 25 81/5 42 22

Karte
Freizeitkarte 1:50 000 Blatt 4, Münster/Tecklenburger Land, und Blatt 5, Ravensberger Land

Sauerland/Bergisches Land

57 Im Reich der Hohensyburg

 Tourenlänge
4 km

 Durchschnittliche Gehzeit
1 Std.

 Etappen
Hohensyburg – Hengsteysee 15 Min. – Hengsteyseebrücke 20 Min. – Hohensyburg 25 Min.

 Steigungen
100 m

 Eignung für Kinder
Ab 5 Jahren

 Interessantes am Weg
Sächsische Wallanlagen. Hengsteystausee. Hohensyburg. Peterskirche

 Wegcharakter
Einfache Rundwanderung. Badegelegenheit. Boots- und Schiffahrten möglich

 Wegmarkierung
Weiße Andreaskreuze auf Hohensyburg und am Hengsteystausee

 Günstigste Jahreszeit
Frühjahr bis Herbst

Auf **Hohensyburg** läßt man sich zunächst vom weißen Andreaskreuz leiten, ostwärts absteigend, die deutlich erkennbaren Erdwälle der sächsischen **Volksburg** passierend, zur Teerstraße. Rechts einige Minuten, bei der **Gaststätte Haus Weidkamp** erneut rechts und anschließend links am Drahtzaun des **Campingplatzes** entlang. Danach folgt die **Gaststätte zur Lennemündung**, und schon sind wir am fünf Kilometer langen, sichelförmigen, bis 500 Meter breiten, 1927 gestauten **Hengsteysee**; Fassungsvermögen 2,8 Millionen Kubikmeter.

Rechts entlang des Ufers. Auf Hohensyburg erscheint über den Baumwipfeln die Spitze des Vincke-Turmes. Von der »Kunstwerk«-Informationstafel in ¼ Stunde zum **Wanderparkplatz Hengsteybrücke**; Wege-Übersichtstafel. Hangseitig erfolgt der Anstieg durch den steilen, stellenweise felsbesetzten Laubwald. Erste Aussichtskanzel! Etwas später informiert eine Tafel über den **Schulmeister-Steinbruch**. An den Abzweigungen hält man sich rechts. Lange Serpentinen helfen empor zum Plateau bei einem **Aussichtsbalkon**. Links führt ein Weg zum monströsen **Kaiser-Wilhelm-Denkmal**: Standbilder des Regenten, seines Kanzlers Bismarck und Generalfeldmarschalls Helmut v. Moltke.

Rechts gelangen wir zum 20 Meter hohen, 1857 errichteten **Vincke-Aussichtsturm**, in memoriam des ersten westfälischen Oberpräsidenten Ludwig v. Vincke († 1844). Dahinter stehen die Ruinen der **Hohensyburg**, hervorgegangen aus einer sächsischen Volksburg, erobert 775 durch die Franken unter Karl d. Großen. Ausführliche Angaben enthält die Tafel an der Ostseite.

Abschließend zum nahen **Parkplatz**, von dem sich der kurze Abstecher zur **Peterskirche** lohnt, einem flachgedeckten Saalbau, der ältesten Sakralarchitektur (12. Jh.) im Dortmunder Stadtgebiet, umgeben vom ältesten Friedhof des mittleren Ruhrgebietes.

57 Im Reich der Hohensyburg

Informationen zur Tour

Ausgangsort
Hohensyburg (235 m), Ausflugsstätte, Spielbank und Burgruine südlich von Dortmund, über der Ruhr gelegen. Gebührenpflichtiger Parkplatz

Anfahrt
Pkw: Vielfältiges Straßennetz zwischen Dortmund und Hagen. Autobahnausfahrten Dortmund-Süd. Hagen-Nord.
Bahn: Bahnhöfe Dortmund und Hagen.
Bus: Von Dortmund und Hagen; Haltestelle »Syburg-Spielbank«

Zielort
Wie Ausgangsort

Einkehrmöglichkeiten
Hohensyburg. Haus Weidkamp. Gaststätte zur Lennemündung. Bei der Hengsteysee-Brücke Imbißstand (an schönen Wochenenden)

Unterkunft
Ortschaft Syburg: Hotels, Gasthöfe, Pensionen; ferner in der Umgebung. Camping am Hengsteysee

Öffnungszeiten
Vincke-Turm: Im Sommer und an Wochenenden. Peterskirche: Bei Gottesdiensten

Auskunft
44137 Dortmund, Verkehrspavillon, Am Hauptbahnhof, Tel. 02 31/4 03 41

Karte
Topographische Karte 1:50 000, Blatt L 4510 (Dortmund)

Ruinen der spätmittelalterlichen Hohensyburg. Im Hintergrund der Vincke-Aussichtsturm

Sauerland/Bergisches Land

58 An der Versetalsperre

 Tourenlänge
12,5 km

 Durchschnittliche Gehzeit
3 ¼ Std.

 Etappen
Wanderparkplatz – Seeuferweg 1 ½ Std. – Niederholte ¼ Std. – Wanderparkplatz 1 ½ Std.

 Steigungen
Ca. 130 m

 Eignung für Kinder
Ab 9 Jahren

 Interessantes am Weg
Waldlehrpfad am Seeufer; Informationstafeln

 Wegcharakter
Einfache Rundwanderung. Am Seeufer geteerter Weg

 Wegmarkierung
Wegweiser, weißer Kreis und A 1, weißes H

 Günstigste Jahreszeit
Frühjahr bis Herbst

seits nach **Niederholte**, genauer gesagt zum **Gasthaus Vetter** (ca. 470 m).
Vor der Ausflugsgaststätte links, dann rechts über den Parkplatz und nun dem weißen H-Zeichen folgend über einem lieblichen Tal auf genußvollem Hangweg nordostwärts. Links, oberhalb der Straße, liegt das kleine Naturschutzgebiet »Auf der Gasmert«, rechts wölbt sich der bewaldete Böllenberg, hinter dem sich Herscheid versteckt. Nach 20 Minuten durchmißt die Route auf dem **Stöpplin** ein Wäldchen. Anschließend rechts ein Stück abwärts. Vor der Hochspannungsleitung links den Wiesenweg nehmen. Wieder durch Wald und abwechslungsreich zu der bei Niederholte erwähnten Asphaltstraße.
Auf ihr etliche Schritte links, worauf uns rechts ein Fahrweg übernimmt. Er leitet im Wald abwärts zum **Gasthaus Aechtenscheid**, von dem sich ein schöner Blick nördlich auf das Tal der Verse ergibt. Das Sträßchen senkt sich und mündet in die Herscheider Straße. Links mit dem Fußweg zurück zum **Wanderparkplatz Versetalsperre**

Vor dem Damm der **Versetalsperre**, an der Ostseite, biegen wir links (südlich) in den breiten Teerweg ein. Er ist während der ersten halben Stunde gleichbedeutend mit dem **Waldlehrpfad**. Weiter am Ostufer der 1929 begonnenen, aber erst 1952 fertiggestellten Talsperre, einem Trinkwasserreservoir für Lüdenscheid (32,80 Millionen cbm). Der Spazierweg führt im Halbkreis um den Langen Berg. Am anderen Ufer ist die Hokühlbucht eingelagert.
Wir erreichen das **Rückhaltebecken** der Talsperre. Etwa 10 Minuten danach stößt man auf die Markierung A 1: links, die Schranke passieren, in 10 Minuten zur einer Straße ansteigen. Jen-

58 An der Versetalsperre

Die 1952 vollendete Versetalsperre am nördlichen Stausee

Informationen zur Tour

Ausgangsort
Wanderparkplatz Waldlehrpfad Versetalsperre (ca. 400 m), am nordöstlichsten Seezipfel. Wenn belegt (häufig an schönen Wochenenden), etwas unterhalb der Herscheider Straße

Anfahrt
Von der Autobahnanschlußstelle Lüdenscheid-Süd 2 km, in Richtung Herscheid. Von Herscheid 6 km

Zielort
Wie Ausgangsort

Einkehrmöglichkeiten
Niederholte: Gasthaus Vetter (Dienstag geschlossen). Gasthaus Aechtenscheid (Samstag geschlossen)

Unterkunft
Nächstgelegen: Herscheider Mühle (an der Straße nach Werdohl), Familienbetrieb, auch gutes Speiselokal und Gartenwirtschaft, Tel. 0 23 57/23 25

Auskunft
58507 Lüdenscheid, Stadtverwaltung, Rathausplatz, Tel. 0 23 51/17 16 42. Oder: 58792 Werdohl, Stadtverwaltung, Goethestraße 51, Tel. 0 23 92/5 80

Karte
Topographische Karte 1:50 000, Blatt Naturpark Ebbegebirge

Sehenswürdigkeiten der Umgebung
Waldlehrpfad an der Hokühlbucht der Versetalsperre (Südwestufer). An der Straße im Tal der Verse zwischen Talsperre und Werdohl das technische Kulturdenkmal Schmiedemuseum Bremecker Hammer

Sauerland/Bergisches Land

59 Auf das Ebbegebirge

 Tourenlänge
16,5 km

 Durchschnittliche Gehzeit
4½ – 5 Std.

 Etappen
Attendorn – Auf der Höh 80 Min. – Rehberg 1¼ Std. – Nordhelle knapp 1¼ Std. – Valbert – ¾ Std.

 Steigungen
Ca. 500 m

 Eignung für Kinder
Ab 12 Jahren

 Interessantes am Weg
Aussichtspodest in der Siedlung auf der Höh. Auf der Nordhelle Köhlerhütte mit Meiler sowie Robert-Kolb-Turm. Naturschutzgebiet Wilde Wiese

 Wegcharakter
Einfache Streckenwanderung. Anhaltender Aufstieg von Attendorn bis Windhausen. Rückkehr von Valbert per Bus (Haltestelle »Valbert-Ort«); Abfahrten vorher im Bahnhof Attendorn erfragen

 Wegmarkierung
Weißes Andreaskreuz, weißes P

Günstigste Jahreszeit
Frühjahr bis Herbst

Vom **Kirchplatz** in Attendorn schwenken wir in die **Truchseßgasse** ein. An ihrem Ende rechts, dann links auf der **Ennester Straße**, vorbei am Friedhof und 5 Minuten später links in das Sträßchen **Am Hettmecker Teich**. Jetzt leiten uns weiße Andreaskreuze der **Hauptwanderlinie 6** des Sauerländischen Gebirgsvereins unmißverständlich bergan zum Ortsrand von **Windhausen**. Links, auf dem Wanderschutzweg neben der Straße, zusätzlich mit P markiert, durch die Siedlung **Auf der Höh** und auf der Straße bis zu einem **Flurkreuz**, wo unsere Route bei der Rastbank links abbiegt. Es folgt ein **Sportplatz**, eine ¾ Stunde später die **Buenhardt-Unterstandhütte** (davor wendet sich die P-Markierung rechts ab). Bald sind wir auf dem **Rehberg** (646 m), der zweithöchsten Erhebung des Ebbegebirges.
Mit schmaler Spur hinunter die **Wegespinne Stahlschmidt** (Unterstandhütte). Halbrechts, noch immer getreu den X-Zeichen, auf geteertem Weg im Gegenanstieg vorbei an einer rekonstruierten **Köhlerhütte** und einem **Meiler** auf die **Nordhelle** (663 m): Kulminationspunkt des Ebbegebirges.
Auf der Straße (oder abkürzend) hinunter zum **Wanderparkplatz**. Vor der Landstraße 707, die den Ebbekamm überquert, halten wir uns links, noch immer mit Andreaskreuzen, jetzt denen der **Hauptwanderlinie 12**. Sie streift das **Naturschutzgebiet Wilde Wiese**. Im weiteren Verlauf sind wir etwa 120 Meter auf die Landstraße angewiesen, ehe wir in **Valbert**, an der evangelischen Pfarrkirche vorbei, die Durchgangsstraße erreichen.

Informationen zur Tour

 Ausgangsort
Attendorn (250 m), nordöstlich des Biggesees. Mittelalterliche Befestigungen 1812 geschleift. Beschilderte Parkplätze am Rand der Altstadt

Anfahrt
Pkw: Bundesstraße 236 in Finnentrop verlassen.

59 Auf das Ebbegebirge

An der Hokühlbucht der Versetalsperre

Von den Autobahnanschlußstellen Olpe und Drolshagen jeweils 14 km.
Bahn: Strecke Olpe – Finnentrop. **Bus**: Gute Verbindungen

Zielort
Valbert (400 m), am Südhang des Ebbegebirges

Einkehrmöglichkeiten
Attendorn. Windhausen (10 Min. abseits). Nordhelle. Valbert (an der Durchgangsstraße Gaststätte Zigarrenkiste)

Unterkunft
Attendorn: Hotels, Gasthöfe, Pensionen. Campingplatz

Auskunft
57439 Attendorn, Reise- und Fremdenverkehr GmbH, Kölner Straße 12a, Tel. 0 27 22/6 42 29

Karte
Topographische Karte 1:50 000, Blatt Naturpark Ebbegebirge

Weitere Sehenswürdigkeiten
Attendorn: Gotische Pfarrkirche St. Johannes Baptist (»Sauerländer Dom«). Fußgängerzone. Kreisheimatmuseum (geöffnet Di – Fr 9 – 13, 15 – 17 Uhr, So 11 – 13 Uhr). Attahöhle

Sauerland/Bergisches Land

60 Am Saum des Rothaargebirges

 Tourenlänge
11,5 km

 Durchschnittliche Gehzeit
3 Std.

 Etappen
Hilchenbach – Albaumer Höhe 1 Std. – Vorspanneiche knapp 1 Std. – Hilchenbach 1 Std.

 Steigungen
Ca. 300 m

 Eignung für Kinder
Ab 8 Jahren

 Interessantes am Weg
Malerische Fachwerkhäuser in der Altstadt von Hilchenbach. Am Marktplatz die Wilhelmsburg, einst Wasserburg der Herren von Nassau; Stadtmuseum So 14–17 Uhr, Stadtarchiv werktags wie Dienstzeit

 Wegcharakter
Einfache Rundwanderung. Von Hilchenbach anhaltende Steigung zur Albaumer Höhe

 Wegmarkierung
Weiße Raute, A 2, weißes Andreaskreuz

 Günstigste Jahreszeit
Frühjahr bis Herbst

Zunächst noch gute 5 Minuten die Richtung beibehalten, dann – nach Einmündung der H-Zeichen von rechts – wenden wir uns links, östlich also, mit einem Teilstück des Siegerland-Höhenringes. Geradeaus über die Kreuzung am Schartenberg, der sich links erhebt. Nach etwa 10 Minuten geht es kurz rechts (geradeaus Markierung A 4 direkt zum Wanderparkplatz Sorg-Weg), dann links und abwärts zur Landstraße 728, an welcher der **Wanderparkplatz Vorspanneiche** (540 m) mit dem gleichnamigen Naturdenkmal seine Aufwartung macht.

Weiter geht's am besten entlang der Straße in südliche Richtung; die Linksabzweigung (weißer Balken) nach 250 Metern bleibt unberücksichtigt. Gegenüber dem **Wanderparkplatz Oberforstmeister-Sorg-Weg** verläßt man die Landstraße halbrechts, entsprechend den Zeichen A 2. Sie stoßen nach 20 Minuten auf die weißen Andreaskreuze der **Hauptwanderstrecke 5**, die uns links wieder zur Straße bringt. An ihrer linken Seite mit den X-Zeichen abwärts nach **Hilchenbach**.

Den Auftakt in **Hilchenbach** bildet der **Heinsbacher Weg**, einige Minuten vom empfohlenen **Parkplatz** entfernt, bei der Ampel. Kurz danach links in den **Wilhelm-Münker-Weg**: Gedenken an den Hilchenbacher Mitbegründer des Deutschen Jugendherbergswerkes. Vorbei an der **Jugendherberge** und dem **Hotel Sonnenhang**; links unten das Tal des Langenfelder Baches. Etwa ¼ Stunde nach dem **Wanderparkplatz Sonnenhang** heißt es achtgeben, um die Linksabzweigung (grasiger Waldweg) der Markierung *weiße Raute* nicht zu übersehen. Sie leitet uns zum Kammrücken der **Albaumer Höhe** (560 m).

123

60 Am Saum des Rothaargebirges

Informationen zur Tour

Ausgangsort
Hilchenbach (350 m), an der Nahtstelle Sauerland/Siegerland, nordöstlich von Siegen. Urkundlich erstmals 1292 erwähnt. Günstigster Parkplatz: P 4 an der Brachthausener Straße

Anfahrt
Pkw: Stark frequentierte B 508; von Siegen 21 km. Von der Autobahnanschlußstelle Freudenberg 19 km. Von Olpe 28 km. **Bahn**: Strecke Siegen – Erndtebrück. **Bus**: Gute Verbindungen

Zielort
Wie Ausgangsort

Einkehrmöglichkeiten
Siegen

Unterkunft
Hotels, Gasthöfe, Pensionen. Jugendherberge

Auskunft
52271 Hilchenbach, Verkehrsbüro, Markt 13, Tel. 0 27 33/2 88 77

Karte
Topographische Karte 1:50000, Blatt Naturpark Rothaargebirge (Südteil)

Sehenswürdigkeiten der Umgebung
Müsem (7 km): Schaubergwerk Stahlberger Erbstollen mit Museum, jeden 2. So im Monat 14 – 16 Uhr, während der Ferien in Nordrhein-Westfalen alle So. In der Nähe Ausgrabungsgelände Altenberg (Bergwerkssiedlung des 13. Jh.)

Diese (giftige) Rarität ist hier noch relativ häufig zu finden: der Fliegenpilz.

Sauerland/Bergisches Land

61 Zwischen Schmallenberg und Latroptal

 Tourenlänge
15 km

 Durchschnittliche Gehzeit
4 Std.

 Etappen
Schmallenberg – Latroptal 40 Min. – Latrop knapp 2 Std. – Schmallenberg knapp 1 ½ Std.

 Steigungen
Ca. 400 m

 Eignung für Kinder
Ab 9 Jahren

 Interessantes am Weg
Schmallenberg: Malerische Fachwerkhäuser an der Weststraße. Pfarrkirche St. Alexander, spätromanische Hallenkirche. Puppenmuseum Mönig, Spielzeugmuseum; beide Montag geschlossen. Kirchlein St. Agatha

 Wegcharakter
Einfache Rundwanderung

 Wegmarkierung
Weißes Andreaskreuz, A 2, A 1

Günstigste Jahreszeit
Frühjahr bis Herbst

Latrop. Sofort wieder links, dem Erlenweg folgen. Im weiteren Verlauf orientiert sich die Route stets an der orographisch linken Bachseite. Ein Sägewerk bleibt zurück. Bald geht es im Auf und Ab weiter – bis zur Brücke im Luftkurort **Latrop** (430 m), urkundlich schon 1275 genannt, Mitte des 15. Jahrhundert verwüstet während der Soester Fehde, 1617 neu gegründet durch das Benediktinerkloster Grafschaft.
Jenseits des Baches spazieren wir links zum **Gasthaus Grubental**. Dort beginnt der Anstieg gemäß **Hauptwanderstrecke 23** (weißes X). Zwei langgezogene Kehren bringen uns bei einer **Unterstandhütte** in den Wald. Über einen Rücken hoch und anschließend links halten, durch die Mulde auf den Kamm (Hütte, Kreuz) der **Schmallenberger Höhe** (650 m).
Den Forstfahrweg (Mark. A 1) schräg links kreuzen und jenseits abwärts. Nordöstlich tritt das Kreuz auf dem Wilzenberg ins Blickfeld. Beim Reiterhof passieren wir das **Gasthaus zur Bergeshöh**', etwas später die **Jugendherberge**. Abschließend auf dem Talboden links mit der Grafschafter Straße zum **Friedhof**

Schräg gegenüber dem **Friedhof** vertrauen wir uns den weißen Andreaskreuzen der **Hauptwanderstrecke 10** an. Auf geteertem Fahrweg mäßig bergan und durch den Südosthang Huckelberges (Waldlehrpfad). Bei der Kapelle verschwindet im Rückblick Schmallenberg. Der Panoramaweg endet, zuletzt den Hang des Tittenberges querend, am Ortsrand von **Fleckenberg**. In der Umgebung hatte man 1811 den letzten Wolf in Westfalen erlegt.
Beim **Agathakirchlein** (17. Jh.) rechts ca. 50 Meter, dann links und auf der Brücke über die

61 Zwischen Schmallenberg und Latroptal

In den Fluren des Sauerlandes immer wieder anzutreffen: der Vogelbeerbaum.

Informationen zur Tour

Ausgangsort
Schmallenberg (410 m), Luftkurort auf einem Rücken über dem oberen Lennetal. Startpunkt ist der Parkplatz beim Friedhof (370 m) am südlichen Stadtrand, gegenüber Gasthaus zum Brückenwirt.

Anfahrt
Pkw: Bundesstraße 236 zwischen Lennestadt (18 km) und Winterberg (28 km), oder Bundesstraße 511 von Bremke 29 km. **Bus**: Gute Verbindungen. **Bahn**: Station in Lennestadt-Altenhundem.

Zielpunkt
Wie Ausgangsort

Einkehrmöglichkeiten
Schmallenberg. Fleckenberg (etwas abseits). Latrop. Gasthaus zur Bergeshöh'

Unterkunft
Hotels, Gasthöfe, Pensionen. Jugendherberge (an der Wanderroute)

Auskunft
57391 Schmallenberg, Weststraße 32, Tel. 0 29 72/77 55

Karte
Topographische Karte 1:50 000, Blatt Naturpark Rothaargebirge (Südteil)

Sehenswürdigkeiten der Umgebung
Im Stadtteil Wormbach (4,5 km) romanische, freskenverzierte Kirche St. Peter und Paul. Östlich von Schmallenberg erhebt sich der Wilzenberg, der »Heilige Berg des Sauerlandes«, Wallfahrtsstätte, Barockkapelle; 2500 Jahre alter Ringwall. Aussichtsturm. Parkplatz am Nordrücken

Sauerland/Bergisches Land

62 Oberkirchen und Nordenau

Tourenlänge
12 km

Durchschnittliche Gehzeit
3 ¼ Std.

Etappen
Oberkirchen – Waldemei 1 ½ Std. – Grube Sperlingslust knapp 1 ¼ Std. – Nordenau ½ Std.

Steigungen
Ca. 300 m

Eignung für Kinder
Ab 9 Jahren

Interessantes am Weg
Oberkirchen: Pfarrkirche St. Gertraut, Saalkirche im Stil der spätesten Gotik. Nordenau: Pfarrkirche St. Hubertus, barocker Hochaltar. Ehemaliger Schieferstollen Brandholz beim Landhotel-Restaurant Tommes, positive Erdstrahlen; 9 – 18 Uhr, Eintritt DM 10,– (1997)

Wegcharakter
Einfache Streckenwanderung. Rückkehr von Nordenau per Bus; stündliche Verbindungen

Wegmarkierung
Weißes Andreaskreuz, A 1, Wegweiser

Günstigste Jahreszeit
Frühjahr bis Herbst

hang der Hardt in einen schwach ausgeprägten Sattel. Jenseits links weiter durch die Südostflanke des Schellhorn, über eine Kreuzung und auf dem Forstfahrweg – Markierung A 1 – im Halbkreis links-rechts um die Kuppe des Waldemei herum zur **Waldemei-Unterstandhütte** (ca. 690 m).
Anschließend wieder auf die Andreaskreuze achten, d. h. auf schmalem Weg nordostwärts leicht bergan zu einem Forstfahrweg. Rechts, wenig später die Linkskurve ausgehen und 100 Meter danach mit der Hauptwanderstrecke 27 nochmals rechts. Ungefähr 20 Minuten später münden die X-Zeichen an der Kreuzung **Drehschlade** (677 m) in einen Forstweg, und der Weg senkt sich nun rechts (geradeaus 10 Min. zum Marienbildstock »Kleines Bildchen«) mittels Serpentinen in das **Lengenbecktal**. Dort nicht auf dem Sträßchen (Mark. A 9) weiter, sondern links davon entsprechend der Andreaskreuze. Bald sind links des Weges die Reste eines Stollenmundes ersichtlich. Rechts folgen auf dem Talboden eine Schieferhalde und zwei Gebäude der einstigen **Grube Sperlingslust**
Kurze Gegensteigung und in ½ Stunde hinaus nach **Nordenau**, zum Ende hin auf dem **Sonnenpfad**, vorbei am Verkehrsverein zur Durchgangsstraße bei der **Kirche**

Ab der Kirche in **Oberkirchen** mit der Durchgangsstraße (Alte Poststraße) 50 Meter talein, dann links in den Hardtweg und hinauf zum Waldrand. Erneut links, der **Hauptwanderstrecke 13** folgend und den Südhang der Hardt traversieren, an der Gabelung halbrechts. Vor der Unterstandhütte am Weißen Kreuz geht es scharf rechts, nun auf der **Hauptwanderstrecke 27** indes mit derselben Markierung (X). Im Nord-

62 Oberkirchen und Nordenau

Informationen zur Tour

 Ausgangsort
Oberkirchen (430 m), Luftkurort im Tal der Lenne. Im 16. Jh. Sitz eines Patrimonalgerichtes; Hexenprozesse

Anfahrt
Pkw: Bundesstraße 236; von Lennestadt oder von Winterberg. **Bus**: Gute Verbindungen; günstigste Haltestelle »Kirche«. **Bahn**: Nächste Bahnhöfe in Winterberg, Lennestadt-Altenhundem, Finnentrop

 Zielort
Nordenau (600 m), Luftkurort westlich des Kahlen Asten

Einkehrmöglichkeiten
Oberkirchen. Nordenau

Unterkunft
In Oberkirchen und Nordenau mehrere Hotels, Gasthöfe, Pensionen

Auskunft
57392 Oberkirchen, Verkehrsverein, Alte Poststraße 16, Tel. 0 29 75/8 00 04.
57392 Nordenau, Haus des Gastes, Tel. 0 29 75/3 80

Karte
Topographische Karte 1:50 000, Blatt Naturpark Rothaargebirge (Südteil). – Topographische Freizeitkarte 1:25 000, Blatt Winterberg

Typisches Sauerland-Haus im Luftkurort Oberkirchen

Sauerland/Bergisches Land

63 Höhen um Altastenberg

 Tourenlänge
8 km

 Durchschnittliche Gehzeit
2 Std.

 Etappen
Altastenberg – Kuhlmanns Siepen 1 Std. – Altastenberg 1 Std.

 Steigungen
200 m

 Eignung für Kinder
Ab 7 Jahren

 Interessantes am Weg
Preußische Stellungswälle; Informationstafel

 Wegcharakter
Einfache Rundwanderung

 Wegmarkierung
Weißes Andreaskreuz, A 6, A 9, A 14

 Günstigste Jahreszeit
Frühjahr bis Herbst

An der Durchgangsstraße in **Altastenberg**, der im 16. Jahrhundert kultivierten einstigen Köhler- und Hirtensiedlung, treten wir die Tour gegenüber dem Hotel Möhrchen auf der **Straße Historischer Pfad** an, der einstmaligen »Via Regia«, einer mittelalterlichen Handelsstraße Köln – Kassel – Leipzig, heute **Hauptwanderstrecke 12** des Sauerländischen Gebirgsvereins (auch Nordenau, siehe Tour 63, liegt an dieser Strecke). Oberhalb der Skihänge führt der Weg dahin, wo möglicherweise 1898 jener Altastenberger Pfarrer, der als der erste Skiläufer des Sauerlandes gilt, Erfahrungen gesammelt hatte. Hinter der 1869 geweihten **Kreuzbergkapelle** durchschneidet unser Weg die **Astenberger Schanzen**, über deren Zweck Informationstafeln erzählen. Weiter geht es im Wald des Brandlenberges zur **Unterstandhütte Hubertusblick** an einem Forstfahrweg, dem wir dann nach rechts folgen, absteigend im Nordenauer Wald bis zum Wasserbunker – von hier eröffnet sich eine schöne Sicht auf Nordenau.
Auf dem breiten Querweg gehen wir rechts mit der Markierung A 6. Die Linksabzweigung der Andreaskreuze (nach Nordenau) gilt nicht für uns. Hinunter an den **Nesselbach** (590 m). Kurze Gegensteigung, die **Kreisstraße 18** Nordenau – Altastenberg kreuzen und auf geteertem Fahrweg etwa 200 Meter weiter zum **Wanderparkplatz Kuhlmanns Siepen** (607 m).
Jetzt gelten die Zeichen A 9. Bergan ¼ Stunde, ehe sich die Route bei der *Schutzhütte* in Form einer Haarnadelkurve rechts wendet (u. a. Mark. A 1). Im Linksbogen umrunden wir die Kuppe des bewaldeten Singerberges und orientieren uns nordostwärts. Nach einer weiteren *Schutzhütte* sehen wir auf der anderen Talseite den Brandlenberg. Im Anschluß an den Talhintergrund des Nesselberges halten wir uns rechts, betreten die Straße und gelangen, vorbei am Sporthotel Kirchmeier, durch **Altastenberg** zum Ausgangspunkt.

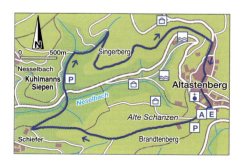

129

63 Höhen um Altastenberg

Rast auf dem Kahlen Asten

Informationen zur Tour

 Ausgangsort
Altastenberg (780 m), höchstgelegener Luftkurort Nordwestdeutschlands, nordwestlich des Kahlen Asten. »Gold« im Wettbewerb »Unser Dorf soll schöner werden«. Altastenberg hieß bis 1785, als es Pfarre wurde, Lichterscheid. Parken: Beim Hotel Möhrchen.

 Anfahrt
Pkw: Landstraße 640. Von Winterberg 5 km.
Bahn: Bahnhof in Winterberg. **Bus**: Gute Verbindungen.

 Zielort
Wie Ausgangsort

 Einkehrmöglichkeiten
Altastenberg

 Unterkunft
Hotels, Gasthöfe, Pensionen

 Auskunft
59955 Altastenberg, Kurverwaltung, Astenstraße 6, Tel. 0 29 81/12 41

 Karte
Topographische Karte 1:50 000, Blatt L 4916 (Bad Berleburg). Topographische Freizeitkarte 1:25 000, Blatt Winterberg

Sauerland/Bergisches Land

64 Bergkönig des Sauerlandes

 Tourenlänge
8 km

 Durchschnittliche Gehzeit
2 ½ Std.

 Etappen
Wanderparkplatz Sahnehang – Knochen-Hütte ¾ Std. – Kahler Asten 1 Std. – Heidelehrpfad ½ Std. – Sahnehang ¼ Std.

 Steigungen
Ca. 250 m

 Eignung für Kinder
Ab 7 Jahren

 Interessantes am Weg
Aussichtsturm Kahler Asten. Heidelehrpfad. Lennequelle.

 Wegcharakter
Unschwierige Rundwanderung. Der Kahle Asten ist das niederschlagsreichste Gebiet in Nordrhein-Westfalen.

 Wegmarkierung
A 8. Weißes Andreaskreuz der jeweiligen Hauptwanderstrecke, Wegweiser. Auf dem Kahlen Asten Lehrpfad-Stationen

 Günstigste Jahreszeit
Frühjahr bis Herbst

Hier stoßen wir auf den **Europäischen Fernwanderweg 1** (Flensburg – Genua), kurz »E 1« genannt. Er ist bis zum Kahlen Asten identisch mit der **Hauptwanderstrecke 2**. Also schwenken wir nach links und wandern knapp ½ Stunde ostwärts über dem obersten Lennetal, wobei die junge **Lenne** überschritten wird. An der **Landwehr-Unterstandhütte** geht es links hoch, an der Gabelung geradeaus auf den **Kahlen Asten** (841 m), den der 28 Meter hohe »**Astenturm**« krönt, alljährlich von rund 150 000 Personen erstiegen. Am Eingang und im Treppenhaus sind naturkundliche Schaukästen angebracht. Der Turm unserer Tage wurde 1937 errichtet, nachdem das Vorgängerbauwerk eingestürzt war.

An der Nordseite des Turmes beginnt der **Heidelehrpfad** um die flache, auf Schiefergestein aufgebaute Kuppe des zweithöchsten Berges in Nordwestdeutschland. Wir laufen, informiert durch Lehrtafeln, entgegen dem Uhrzeigersinn durch das 36 Hektar umfassende Naturschutzgebiet, u. a. am »Klimagarten«, an der 1995 neu gefaßten Lennequelle (830 m) und an einem alten »Schnadstein« (Grenzstein) vorbei und treffen nach etwa ½ Stunde wieder beim »**Astenturm**« ein.

Ab dem **Wanderparkplatz Sahnehang** geht es zunächst Richtung Oberkirchen auf der L 640. An der Rechtskurve verlassen wir sie nach links, entsprechend dem Hinweis »Neuastenberg«. Auf dem breiten Weg steigen wir anfangs mäßig bergan, halten uns etwa 5 Minuten später links, gehen dann im Rechtsbogen eine Mulde aus. Durch die bewaldete Nordwestflanke des Hohen Knochen kommen wir zu seinem Südhang, wo die **Knochen-Schutzhütte** (677 m) an der zweiten Wegekreuzung steht.

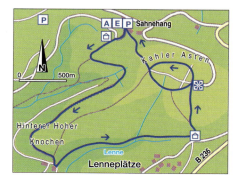

131

64 Bergkönig des Sauerlandes

Vom **Kiosk** aus geht es in Richtung Westen geradewegs über das Kahle-Asten-Plateau, und von der Bergstation des **Sahnehang-Skiliftes** links am Waldrand hinab weiter bis zum Parkplatz.

Informationen zur Tour

Ausgangsort
Wanderparkplatz Sahnehang (771 m), südöstlich von Altastenberg; Abzweigung der Landstraße 640. Wege-Übersichtstafel

Anfahrt
Pkw: Von Altastenberg 1 km, von Winterberg 4 km. **Bus**: Regelmäßige Verbindungen. **Bahn**: Bahnhof in Winterberg

Zielort
Wie Ausgangsort

Einkehrmöglichkeit
Kahler Asten

Unterkunft
Hotels, Gasthöfe, Pensionen in Altastenberg und Winterberg

Auskunft
59955 Altastenberg, Kurverwaltung, Astenstraße 6, Tel. 0 29 81/12 41

Karte
Topographische Karte 1:50 000, Blatt L 4916 (Bad Berleburg). Topographische Freizeitkarte 1:25 000, Blatt Winterberg

Informationstafel des Naturschutzgebietes und Heidelehrpfades auf dem Kahlen Asten

Sauerland/Bergisches Land

65 Bei Winterberg

Tourenlänge
14 km

Durchschnittliche Gehzeit
3 ½–3 ¾

Etappen
Winterberg – Schmantel-Hütte 20 Min. – Hohe Seite 1 ¼ Std. – »Wernsdorfer Kirche« 1 Std. – Ehrenscheider Mühle ¼ Std. – Winterberg knapp 1 Std.

Steigungen
ca. 300 m

Eignung für Kinder
Ab 8 Jahren

Interessantes am Weg
Winterberg: Pfarrkirche St. Jakob, ursprünglich 12. Jh. und damals möglicherweise mit einem Hospiz in »winberg« (= Weideberg), so der Althochdeutsche Name von Winterberg. Im Inneren barocke, lebensgroße Apostelfiguren. »Wernsdorfer Kirche«

Wegmarkierung
Weißer Punkt, weißes Andreaskreuz, weiße Raute

Günstigste Jahreszeit
Frühjahr und Herbst

Vom traditionsbewußten **Hotel Leisse** im Zentrum von Winterberg bzw. von der Kreuzung gehen wir südwärts mit der B 236 (Poststraße) etwa 150 Meter, biegen dann links in die Kapellenstraße und steigen bergan. Auf der aussichtsreichen Höhe – links ein Fernsehumsetzer – in den **Hesborner Weg** einschwenken. Wir sind auf der Route mit dem weißen Punkt. Dem Schützenkreuz folgt die **Unterstandhütte Schmantel**, etwa 20 Minuten später die aussichtsreiche **Hütte Hesborner Weg**. Rechter Hand fallen die Waldhänge ab in das obere Nuhnetal. Nach weiteren 20 Minuten wölbt sich rechts

hoch der *Katerkopf* und – ebenfalls zur Rechten – mündet die Alte Landstraße. 250 Meter weiter sperrte die »Landwehr« im 19. Jahrhundert die damalige Höhenstraße. Von hier sind es noch 20 Minuten zum **Hohe-Seite-Wegestern** (682 m).
An dieser Stelle wird der Hesborner Weg nach links verlassen, und zwar folgen wir den Andreaskreuzen der **Hauptwanderstrecke 15** (gleichzeitig Radwander-Route). Nach knapp ½ Stunde geht man an der Gabelung links und erreicht in 25 Minuten das Tal der **Orke**, und zwar in der Örtlichkeit »**Wernsdorfer Kirche**«. Wernsdorf selbst ist »untergegangen«, d. h. von seinen Bewohnern im 13./14. Jahrhundert verlassen worden – wahrscheinlich durch die Anziehungskraft von Winterberg, das um 1265 zur Stadt erhoben worden war. Orohydrographisch – also in Flußrichtung – links der Orke geht es auf breitem Weg taleinwärts und bei der ehemaligen **Ehrenscheider Mühle** über die Orke hinüber. Vom **Wanderparkplatz** (Informationstafel) führt der Weg über ein Bächlein; an der Gabelung orientieren wir uns halblinks, und gemäß der weißen Raute steigen wir durch den **Stadtwald** hindurch an. Vorbei am Heim des Müttergenesungswerkes, am Judenfriedhof und an der Eissporthalle, kommen wir zur bereits bekannten Straßenkreuzung in **Winterberg**.

133

65 Bei Winterberg

Die St.-Georg-Sprungschanze im hochsauerländischen Winterberg

Informationen zur Tour

Ausgangsort
Winterberg (680 m), bekanntestes sauerländisches Tourismuszentrum, heilklimatischer Kurort, höchstgelegene Stadt Nordrhein-Westfalens. Seit 1990 Olympia-Stützpunkt mit Sprungschanze. Parken u. a. vor der Stadthalle und dem Eisstadion

Anfahrt
Pkw: Knotenpunkt der Bundesstraße 480/236. Von Siegen 69 km, von Paderborn 79 km, von Düsseldorf 186 km.
Bahn: Kopfbahnhof der Strecke von Meschede nach Winterberg.
Bus: Gute Verbindungen

Zielort
Wie Ausgangsort

Einkehrmöglichkeiten
Winterberg

Unterkunft
In und um Winterberg Hotels, Gasthöfe, Pensionen

Auskunft
59955 Winterberg, Kurverwaltung, Hauptstraße 1, Tel. 0 29 81/9 25 00

Karte
Topographische Karte 1:50 000, Blatt L 4916 (Bad Berleburg). Topographische Freizeitkarte 1:25 000, Blatt Winterberg

134

Hessisches Bergland

66 Im Vogelsberg – der Hoherodskopf

Tourenlänge
8 km

Durchschnittliche Gehzeit
2½ Std.

Etappen
Hoherodskopf-Taufstein 1 km – Geiselstein 2,5 km – Niddaquelle 0,5 km – Forellenteiche 1,5 km – Hoherodskopf 2,5 km

Steigung
Gering

Eignung für Kinder
Ab 6 Jahren

Interessantes am Weg
Hoherodskopf mit Sommer-Rodelbahn und Naturschutz-Infozentrum, Taufstein, Geiselstein, Quellen, Hochmoore, Wiesenteiche

Wegcharakter
Feste Waldwege

Wegmarkierung
Durchgehend grünes H

Günstigste Jahreszeit
Ganzjährig, besonders im Frühsommer

allen Seiten 16 Bächen, unter ihnen die Nidda. Hohe Niederschlagsmengen fallen hier, fast die Hälfte des Jahres hüllen sich die Berge in Nebel- und Regenwolken. Der in der Hochfläche des sogenannten **Oberwaldes** in 750 Meter Höhe gipfelnde Gebirgsstock ist Wetter- und Wasserscheide (von Rhein und Weser) gleichermaßen. Die außergewöhnlichen landschaftsgeographischen Bedingungen des Vogelsberges haben ihre Entsprechung in der Flora und Fauna – nur hier finden sich im mittelhessischen Raum beispielsweise noch Moore. Wollgras und Sonnentau wie-

Vor rund sechs Millionen Jahren hat sich der riesige Vulkan in der Mitte Hessens abgekühlt. Auf einer Fläche von 2500 Quadratkilometern erstarrte er zum gewaltigen Basaltbuckel des Vogelsberges. Im Naturschutz-Informationszentrum auf dem **Hoherodskopf** wird anhand eines raumgroßen Modells die geologische und topographische Situation erläutert. Deutlich erkennt man, wie sich der fast runde, kegelartige Vogelsberg-Stumpf von anderen Mittelgebirgen unterscheidet. Radial entwässern ihn nach

135

66 Im Vogelsberg – der Hoherodskopf

Im Naturschutzgebiet Oberwald

gen im Wind, an trockeneren Stellen gedeihen Flechten, Erika und die Moorbirke. Der Gang über den Hohen Vogelsberg ist zu jeder Jahreszeit ein außergewöhnliches Naturerlebnis.
Ein acht Kilometer langer Rundweg bündelt auf kurzer und angenehm eben zu gehender Strecke die schönsten und spektakulärsten Landschaftsformen. Markiert ist er mit dem grünen H und beginnt auf dem **Hoherodskopf**. Man kommt vorbei am Basaltfeld des 774 Meter hohen **Taufsteins**, wo der Legende nach Bonifatius getauft haben soll, erreicht mit einem kurzen Abstecher den mächtigen Felszug **Geiselstein**, Relikt einer der vielen Ausbruchsschlote aus dem sich die Lava über das Land ergossen hatte, passiert zwei **Quellen**, von Landgrafenborn und Nidda, und steht schließlich am Rande von Wiesen und den Hochmooren. Zum Abschluß und Höhepunkt der Wanderrunde eröffnen sich großartige Aussichten über die südliche Flanke des Vogelsberges hinunter nach Schotten und mit etwas Glück an klaren Tagen zu den Hochhaustürmen Frankfurts.

Informationen zur Tour

 Ausgangsort
Hoherodskopf

 Anfahrt
Die Zufahrt liegt an der Landstraße zwischen Schotten und Herbstein

 Einkehrmöglichkeit
Mehrere Restaurants und Imbißstände auf dem Hoherodskopf

 Unterkunft
VHC-Clubhaus auf dem Hoherodskopf

 Öffnungszeiten
Naturschutz-Infozentrum: außer Mo. 13–17 und am Wochenende 10–17 Uhr

 Auskunft
Verkehrsamt Schotten: Tel. 0 60 44/66 51

 Karte
Wanderkarte Naturpark Hoher Vogelsberg 1:50 000 (Fritsch-Verlag)

 Tip
Auf dem Hoherodskopf gibt es auch Skilifte und eine Sommer-Rodelbahn

Hessisches Bergland

67 In und um Marburg

Tourenlänge
17 (10) km

Durchschnittliche Gehzeit
4 ½ (2 ½) Std.

Etappen
Elisabethkirche – Wehrda 3 km – Cölbe 2,5 km – Ginseldorfer Weg 5 km – Spiegelslust 2,5 km – Marburg, Zentrum 4 km

Steigung
200 m, steile Aufgänge in der Stadt

Eignung für Kinder
Ab 10 Jahren

Interessantes am Weg
Altstadt Marburg mit Schloß und Elisabethkirche, Lahntal, Aussichtsturm Spiegelslust

Wegcharakter
Feste Waldwege, ein Saumpfad

Wegmarkierung
X 13, L, ohne Zeichen bis Cölbe, X 1, ohne Zeichen auf Spiegelslust, MX (alle Zeichen weiß)

Günstigste Jahreszeit
Ganzjährig

Marburg darf nicht nur wegen seines geschlossenen **Fachwerkbestandes** mit einigem Recht den Titel eines Ersten unter Gleichen führen. Über dem Grab der 1235 heilig gesprochenen **Elisabeth**, der »Stammutter Hessens«, entstand mit der gleichnamigen Kirche der früheste gotische Bau Deutschlands. In großartigen Alabaster-Grabmälern sind dort zwei Dutzend Mitglieder des Hauses Hessen bestattet. Regiert haben sie eine Etage höher im stadtbeherrschenden **Schloß**, das mit 481 Quadratmetern den größten Profansaal der deutschen Gotik besitzt.

Nach einer Stadtbesichtigung starten wir gegenüber der **Elisabethkirche** an einem unscheinbaren Treppchen mit der Markierung X 13. Die ausgetretenen Stufen führen zum »**Michelchen**«, einer gotischen Pilgerkapelle von 1270. Kurz darauf lassen wir uns über einen angenehm zu laufenden Hangweg mit dem L (für **Lahnhöhenweg**) bis Wehrda begleiten. Dort geht es ohne Markierung durch Hute- und Mengelsweg bis zur Hauptdurchgangsstraße und weiter über zwei Lahnarme. Dahinter heißt es rechts auf den Radweg in Richtung Marburg achten, den wir rasch wieder nach links verlassen, um uns zwischen Einkaufszentrum und Bahngleisen zu einer Straßenbrücke weiterzuhangeln. Für einige hundert Meter läuft man durch **Cölbe**, bis man nach einer Tankstelle mit dem X 1 wieder Zeichenhilfe hat. Rechts hinaus kommen wir zum Wald, der

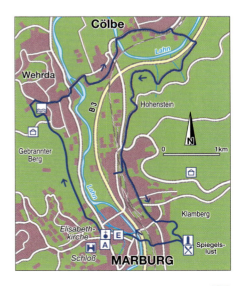

137

67 In und um Marburg

sich für eine längere Partie über unseren Köpfen zeigt. Erst ab dem **Ginseldorfer Weg** ist erhöhte Aufmerksamkeit vonnöten (wer kürzer treten will, kann mit dem X 1 hier ins Zentrum zurückkehren). Zu unserem Hauptziel, dem Aussichtsturm auf dem Berg **Spiegelslust**, kommen wir folgendermaßen: Durch die Straße Fuchspaß und die Geschwister-Scholl-Straße bis zu ihrem Ende am Waldrand, weiter auf einem Pfädchen geradeaus in den Forst, bis die Pferdekoppel rechts gequert werden kann. Drüben folgt man dem Zeichen A 5 leicht aufwärts. In Höhe einiger Fischteiche weisen Hinweisschilder nach rechts den letzten Kilometer auf die Spiegelslust.

Mit dem MX trabt man leichten Schrittes über eine Serpentinenweg zurück nach **Marburg**, die Doppeltürme der Elisabethkirche immer vor Augen.

Informationen zur Tour

Ausgangsort
Marburg

Anfahrt
Von Norden A 44, A 49; von Süden A 45, Ausfahrt Gießen, weiter B 3

Einkehrmöglichkeit
Spiegelslust (Mo. Ruhetag)

Unterkunft
Hotels aller Kategorien in Marburg

Öffnungszeiten
Schloßmuseum: außer Mo. 9–13 und 14–17 Uhr. Der Aussichtsturm ist bei gutem Wetter zugänglich

Auskunft
Verkehrsamt Marburg: Tel. 0 64 21/20 12 62

Karte
Topogr. Karte Marburger Land 1:50 000

Das Marburger Schloß

Hessisches Bergland

68 Auf den Eisenberg im Knüllwald

 Tourenlänge
17 km

 Durchschnittliche Gehzeit
4½ Std.

 Etappen
Oberaula – Eisenberg 6 km – Frielingen 4 km – Ibrakuppe 3 km – Oberaula 4 km

 Steigung
300 und 150 m

 Eignung für Kinder
Ab 10 Jahren

 Interessantes am Weg
Eisenberg mit Aussichtsturm, Naturflächendenkmal, Hochheide

 Wegcharakter
Feste Wald- und Wiesenwege

 Wegmarkierung
Liegendes Dreieck, Kreuz, K 20

 Günstigste Jahreszeit
Ganzjährig, besonders bei klarer Wetterlage

Der Knüllwald liegt im Herzen Hessens. Vom Aussichtsturm auf dem 636 Meter hohen Eisenberg bietet sich ein unvergleichliches Rundumpanorama, das die Bergspitzen von fünf Bundesländern mit einschließt. Kein Wunder, daß bei so guten Aussichten schon seit 1884, dem Gründungsjahr des Knüll-Gebirgsvereins, das Gebiet zwischen Fulda und Schwalm touristisch mit einem dichten Wanderwegenetz, Aussichtstürmen und Übernachtungsmöglichkeiten erschlossen wurde. Doch dank seiner Lage fern von Ballungszentren kann man auch heute noch stundenlang im Knüll wandern, ohne auf eine Menschenseele zu treffen.

Zum Auftakt in **Oberaula** führt die Markierung weißer Winkel durch die Homberger Straße (Richtung Schwarzenborn) zum Ort hinaus und, nach einem kurzen Wiesenstück, leicht ansteigend in den Wald hinauf. Wenn weiter oben **Huteweiden** mit vereinzelten Wetterfichten passiert werden, erhält man einen Vorgeschmack auf das weite Sichtfeld, das sich vom **Borgmannturm** auf dem Eisenberg auftut. Eine bei seiner Grundsteinlegung 1912 eingemauerte Urkunde nennt den Turm »Wahrzeichen hessischer Treue und Liebe zu den schönsten Bergen und Wäldern unseres engeren Heimatlandes.« Hessen ist mit rund 40 Prozent bestockter Fläche immerhin das waldreichste Bundesland. Am Fuße des Turmes lädt eine gemütliche Gaststätte zum Rasten. Unmittelbar davor wählen wir als neue Markierung das weiße Kreuz, Ziffer 35. Es führt zunächst auf schmalem Pfad durch das üppige Grün des »Naturflächendenkmals Eisenberg« mit seltenen Pflanzen wie Orchideen, Aronstab, Wollgras, Bärlapp, Enzian oder Arnika. Später ändert sich mit dem hohen Buchenwald auch der Bodenbewuchs, vereinzelt sind landwirtschaftlich genutzte Wiesen eingestreut. Man kommt im Tal der

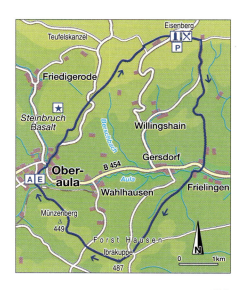

68 Auf den Eisenberg im Knüllwald

Ein herrlicher Anblick: Witzenhausen im Werratal zur Zeit der Kirschblüte

Aula heraus, das nach dem Dörfchen **Frielingen** zur **Ibrakuppe** wieder verlassen wird. Hier überrascht eine heideähnliche Vegetation mit Birken, Kiefern, Blaubeeren und Heidekraut. Wir wechseln auf das weiße K, Ziffer 20. Durch aufgelockerten Mischwald bringt es uns zurück nach **Oberaula**.

Informationen zur Tour

 Ausgangsort
Oberaula

Anfahrt
B 454 Bad Hersfeld – Stadtallendorf und A 7 Kassel – Würzburg, Ausfahrt Bad Hersfeld West

 Einkehrmöglichkeit
Gasthof auf dem Eisenberg (Mo. geschlossen)

 Unterkunft
Im Gasthof auf dem Eisenberg; Pensionen in Oberaula

 Öffnungszeiten
Der Borgmann-Turm ist wie der Gasthof zugänglich

 Auskunft
Verkehrsamt Oberaula: Tel. 0 66 28/92 08 18

 Karte
Rad- und Wanderkarte Knüllgebirge 1:50 000 (Grothus-Verlag)

 Tip
Nicht minder aussichtsreich ist das nicht weit entfernte Knüllköpfchen bei Neukirchen

Hessisches Bergland

69 Der Werra-Burgen-Steig bei Witzenhausen

 Tourenlänge
19 (16) km

 Durchschnittliche Gehzeit
5½ (4½) Std.

 Etappen
Witzenhausen – Unterrieden 2 km – Ruine Hanstein 6 km – Burg Ludwigstein 3 km – Zwei-Burgen-Blick 1,5 km – Witzenhausen 6,5 km

 Steigung
400 m verteilt auf mehrere Anstiege

 Eignung für Kinder
Ab 10 Jahren

 Interessantes am Weg
Altstadt Witzenhausen, Kirschen-Anbaugebiete, Burg Hanstein, Burg Ludwigstein

 Wegcharakter
Gute Feld- und Waldwege

 Wegmarkierung
Ziffer 21, ohne Zeichen bis Unterrieden, E, WE 2, X 5 (alle Zeichen weiß)

 Günstigste Jahreszeit
Von Mitte April bis Mitte Juli

Manche Gebiete »muß« man einfach zu bestimmten Jahreszeiten besuchen. Für **Witzenhausen** an der Werra ist dies die Zeit des Blühens und Reifens der Kirsche. Von der Blüte Mitte/Ende April bis zum Erntemonat Juli ist es ein besonderer Genuß, rund um das nordhessische Städtchen in ein Meer von 150 000 Kirschbäumen einzutauchen. Darüberhinaus locken ein geschlossener Fachwerkbestand, ein subtropisches Gewächshaus samt Völkerkundemuseum und natürlich die beiden »feindlichen« Burgenbrüder **Hanstein** auf Thüringer Werraseite und diesseits die als Wiege der Jugendbewegung bekanntgewordene **Ludwigstein**. Über Jahrhunderte belauerten sich hier das Erzbistum Mainz und die Landgrafschaft Hessen. Noch bis 1990 war die Werra in gewisser Weise Grenzfluß, und für die kaum fünf Kilometer voneinander entfernten Gemeinden Witzenhausen und Bornhagen an der Hanstein gab es keine Verbindung. Fast unbemerkt von der Öffentlichkeit wurden kurz nach der Grenzöffnung die alten Fernwanderwege wiederhergestellt.

Wir laufen zunächst ab **Marktplatz/Steinstraße** von Witzenhausen mit der Ziffer 21 bis zu den Eisenbahngleisen am Stadtrand. Dort geht es ohne Zeichen links über freies Feld und einen Holzsteg über die Werra nach **Unterrieden**. In der Lindenstraße folgen wir dem E auf befestigtem Weg bis zu einem tief eingeschnittenen Tunnelrücken aufwärts. Bald danach können wir wählen, ob wir mit dem E abkürzen oder mit der Markierung WE 2 zur **Ruine Hanstein** laufen. Es lohnt sich: Vom Bergfried kann man wieder hinüberschauen zur Ludwigstein. Das Zeichen X 5 markiert die physische Verbindung, den Werra-Burgen-Steig. Dieser leitet hinab zur Werra und unterhalb an der Ludwigstein vorbei. Eine kurze Stippvisite führt hinauf, die Räume können allerdings nicht besichtigt werden. Auch für den

69 Der Werra-Burgen-Steig bei Witzenhausen

Burg Ludwigstein

Rest des Weges bleibt uns das X 5 treu – zum Schluß gehen Wald und Kirschbäume ineinander über.

Informationen zur Tour

 Ausgangsort
Witzenhausen

 Anfahrt
Der Ort liegt in Nordhessen an der B 80 Hann. Münden – Heiligenstadt nahe A 7 Kassel – Würzburg, Ausfahrt Werratal

 Einkehrmöglichkeit
Imbiß auf Burgruine Hanstein (Mo. geschlossen)

 Unterkunft
Hotels und Pensionen in Witzenhausen

 Öffnungszeiten
Völkerkunde-Museum mit subtropischem Gewächshaus: Mi., Fr., Sa. 14–16 und So. 10–16 Uhr

 Auskunft
Verkehrsamt Witzenhausen: Tel. 0 55 42/5 08 13

 Karte
Topogr. Rad- und Wanderkarte Witzenhausen 1:25 000 oder 1:50 000 (Kaufunger Wald)

 Tip
Die Wanderung kann um 3 km gekürzt werden (s. Text)

Hessisches Bergland

70 Von Naumburg zur Weidelsburg

Tourenlänge
19 (24) km

Durchschnittliche Gehzeit
5½ (6½) Std.

Etappen
Naumburg – Grenzstein-Lehrpfad 3 km – Weidelsburg 11 km – Naumburg 5 km

Steigung
Leichte Steigungen

Eignung für Kinder
Ab 12 Jahren

Interessantes am Weg
Altstadt und Ruine Naumburg, Grenzstein-Lehrpfad, Weidelsburg

Wegcharakter
Gute Waldwege, Saumpfad zur Burg

Wegmarkierung
X 7, D, X 13, X 12 (alle weiß)

Günstigste Jahreszeit
Ganzjährig

Vor allem bis ins 16. Jahrhundert wogte erbitterter Streit um Grenzen und Untertanen zwischen den hessischen Landgrafen und dem Mainzer Erzbistum, ausgetragen mit allen diplomatischen und militärischen Mitteln. Aber nie gelang es dem Kurfürstentum eine Landbrücke zwischen seinen Besitzungen am Rhein und in Thüringen herzustellen. Symbolisiert wird der Kampf heute noch durch die Weidelsburg, die größte nordhessische Burgruine. Mehrmals wechselte sie als »Grenzfeste« die Besitzer.

Auf einer langen, aber mangels Bergen nicht sehr anstrengenden Wanderung wollen wir in den einstigen Grenzbereich von Kurmainz und Hessen vordringen. Im Zentrum von **Naumburg**, einem der hübschen Fachwerkstädtchen in Nordhessen, beginnen wir den Marsch mit der Markierung X 7. Durch die Postgasse führt uns das Zeichen zum historischen Mittelpunkt der Gemeinde, dem von spätgotischer Pfarrkirche, Rathaus und kleinteiliger Fachwerkarchitektur umstandenen **Marktplatz**. Mit einem kleinen Schlenker über den Hügel mit Resten der **Naumburg** aus dem 12. Jahrhundert kommen wir zu einer Landstraße und mit ihr bald in den Wald. Auf einem Pfad folgen wir parallel der Fahrtrichtung bis zu einem Wanderparkplatz. Wen ein paar zusätzliche Kilometer nicht weiter schrecken, kann sich dort einem **Grenzstein-Lehrpfad** anschließen. Ob mit oder ohne diesen Abstecher (etwa 5 km), am Ende des Rundweges wechseln wir auf das weiße D. Es springt über die Straße, dann laufen wir über viele Kilometer durch aufgelockerten Buchenwald. Unterwegs haben wir das X 13 dazugenommen. Solo führt es ab einer Wegekreuzung über einen kurzen »Stich« auf den von der **Weidelsburg** gekrönten 500 Meter hohen Basaltkegel. Von den höchsten Zinnen des mächtigen Gemäuers hat man eine großartige Rundumsicht über das grün wogende

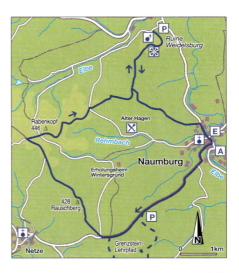

143

70 Von Naumburg zur Weidelsburg

Felder- und Wäldermeer vom Kahlen Asten im Sauerland bis zur vegetationsfreien Kuppe des Dörnberges bei Kassel.
Zurück geht es wie gekommen. Ab der bekannten Wegekreuzung halten wir uns mit der X 12 links und steuern nach dem Waldaustritt auf das reizvoll an einen Hang gelehnte Naumburg zu.

Informationen zur Tour

 Ausgangsort
Naumburg

 Anfahrt
Der Ort liegt südwestlich von Kassel/Wolfhagen (B 251)

 Einkehrmöglichkeiten
Unterwegs keine

 Unterkunft
Gasthöfe in Naumburg

 Öffnungszeiten
Eisenbahn-Museum im Bahnhof: So., wenn der »Hessen-Courier« fährt

 Auskunft
Stadtverwaltung Naumburg: Tel. 0 56 25/7 90 90

 Karte
Topogr. Karte Naturpark Habichtswald 1:50 000

 Tip
Ausflug von und nach Kassel sonntags mit der Dampfeisenbahn »Hessen-Courier«; Auskunft: Tel. 05 61/3 59 25

Das nordhessische Städtchen Naumburg

71 Kassel-Wilhelmshöhe

Tourenlänge
18 km

Durchschnittliche Gehzeit
5 Std.

Etappen
Kassel-Wilhelmshöhe – Herkules 4 km – Hohes Gras 3 km – Blauer See 6,5 km – Wilhelmshöhe 4,5 km

Steigung
350 m steil und weitere 100 m

Eignung für Kinder
Ab 10 Jahren

Interessantes am Weg
Bergpark Wilhelmshöhe mit »Wasserkunst«, Schloß (Gemäldegalerie), Löwenburg (Museum), Herkules; Aussichtsturm Hohes Gras, Blauer See

Wegcharakter
Feste Park- und Waldwege

Wegmarkierung
X 7, Raute, Ziffer 31, umgedrehtes T, Dreieck, F (alle Zeichen weiß)

Günstigste Jahreszeit
Im Sommerhalbjahr

Für manchen ist Europas größter und bedeutendster Bergpark, die **Kasseler Wilhelmshöhe**, eine Art achtes Weltwunder, denkt man an die gelungene Symbiose von Architektur und Natur. Und dies, obgleich weit über ein Jahrhundert an dem Gesamtwerk geschaffen wurde. Besonders erlebnisreich ist der Bergpark, wenn die Hauptattraktion vorgeführt wird, nämlich die **Wasserkünste** vom 530 Meter hoch gelegenen Herkules hinunter zur 300 Meter tiefer gelegenen, ihrerseits wiederum 60 Meter aufsteigenden Fontäne. Unsere Wanderung beginnt am Parkzugang, der Straßenbahn-Endstation, und führt (meist) mit der Markierung X 7 durch das insgesamt 240 Hektar große Gelände. Die von S-förmigen Wegen geschnittene Hauptachse gibt die Richtung vor. Herrlich ist der Blick vom **Herkules-Oktogon** über diese Schneise hinunter auf die breit ausladende Stadt in der Fulda-Senke. Die einrahmende Kulisse von Habichtswald, Meißener und Kaufunger Wald ist noch besser vom Aussichtsturm auf dem 615 Meter hohen Berg **Hohes Gras** zu überblicken, den wir ab Herkules nach einer halben Stunde mit dem X 7 erreichen.
Für den großen Rest des Weges umfängt uns abwechslungsreicher Wald, beginnend am Aussichtsturm mit der Raute, Ziffer 31. Der Weg verläuft zunächst abwärts, folgt kurz einer »Panzerstraße«, ehe man in eine kilometerlange Kastanienallee einbiegt. Später achte man – nach rechts abgehend – auf den kurzzeitigen Wechsel zum umgedrehten T. Es geht durch dichteres Unterholz in eine langgezogene Rechtskurve, an deren Ausgang wir uns scharf links am Dreieck orientieren. Mit ihm kommt man zum versteckt liegenden **Blauen See**. Etwas oberhalb, an einem breiten Forstweg nehmen wir einen letzten Zeichen- und Richtungswechsel vor: Mit dem F wandern wir nach rechts hinab zum Waldaustritt. Vorbei an der **Prinzenquelle** geht es über offenes Gelände bis zu den großen Parkplätzen an der Straßenbahn-Endstation.

71 Kassel-Wilhelmshöhe

Schloß Wilhelmshöhe

Informationen zur Tour

 Ausgangsort
Kassel-Wilhelmshöhe

Anfahrt
A 44 Kassel – Dortmund, Ausfahrt Wilhelmshöhe: naher ICE-Anschluß

 Einkehrmöglichkeit
Mehrere Gasthäuser am Park und Herkules; unterwegs: Hohes Gras und Silbersee (beide Mo. geschlossen)

 Unterkunft
Hotels in Kassel-Wilhelmshöhe

 Öffnungszeiten
Museen Schloß Wilhelmshöhe und Löwenburg: außer Mo. 9–13 und 14–17 Uhr; Vorführung der »Wasserkunst« Mi., So. und feiertags von 14.30–15.30 Uhr im Sommerhalbjahr (besonders stimmungsvoll zum Berg- und Lichterfest Ende August)

 Auskunft
Kassel Service GmbH: Tel. 0561/7077101

 Karte
Topogr. Karte Naturpark Habichtswald 1:50 000

72 Im Reinhardswald bei Hofgeismar

Tourenlänge
16 (plus 2 bzw. 4) km

Durchschnittliche Gehzeit
4 1/2 (plus 1/2 bzw. 1) Std.

Etappen
Sababurg – Wildgatter 2 km – Wendepunkt 8 km – Olbe-Tal 4 km – Sababurg 2 km

Steigung
100 m

Eignung für Kinder
Ab 8 Jahren

Interessantes am Weg
Sababurg, Tiergarten, Urwald-NSG

Wegcharakter
Feste Waldwege

Wegmarkierung
Senkrechter weißer Doppelstrich, weißes X 14, gelbe Ziffern 1 und 4

Günstigste Jahreszeit
Ganzjährig

Dornröschen hat ein Zuhause: Der Überlieferung nach soll die Grimmsche Märchenfigur ihren Prinzen auf der nordhessischen **Sababurg** (benannt nach der Riesin Saba) im tiefsten Reinhardswald erwartet haben. Eine kilometerlange Dornenhecke wurde jedenfalls später von einer Steinmauer ersetzt – sie bildet die Einfriedung des vom hessischen Landgrafen Wilhelm IV. 1571 angelegten Tiergartens. Und ein »verwunschener« Wald wächst hier auch. Schon die knorrigen Eichen in dem 135 Hektar großen **Tier-**

park geben einen Vorgeschmack auf die urwaldartige Parzelle nebenan. Mit der Ausweisung als Naturschutzgebiet zu Beginn des Jahrhunderts rettete man nicht nur einen der ältesten **Laubwaldbestände** Hessens, zugleich wurde ein Stück Kulturgeschichte bewahrt: Die rund 200 Baumveteranen, bis 1000 Jahre alt, stehen für die jahrhundertelang praktizierte, auf Viehhaltung abgestellte Hüte-Waldwirtschaft. Die Baumstände hielt man licht, damit Gras und Kräuter wachsen konnten, die Kronen wurden regelmäßig gestutzt für weites Laub- und Astwerk, was wiederum den Eichel- und Bucheckernertrag für die Schweinemast verbesserte.

Drei zwischen zwei und vier Kilometer lange Rundwege führen vom Parkplatz »Urwald« durch das **Naturschutzgebiet**. Wer weiter ausschreiten möchte, läuft ab der Sababurg entlang dem Sträßchen Richtung Gieselwerder bis zu einer Kreuzung. Am dortigen Wanderparkplatz führt der senkrechte weiße Doppelstrich weiter. Er taucht gleich in den dichten Forst ein und übersteigt einige Wildgatter – rund 9000 Hektar sind im **Wildschutzgebiet Reinhardswald** eingezäunt. Der breite Weg schwingt langsam bergab, bis man auf das weiße X 14 stößt, dem wir uns nach rechts anschließen. Am Schnittpunkt des Rundgangs, hoch über der Weser, lockert der dichte Wald etwas auf für einen kur-

72 Im Reinhardswald bei Hofgeismar

zen Sichtkontakt zum romanischen Kloster Bursfelde am anderen Flußufer. Auch auf dem Rückweg durch das grüne Flußtälchen der Olbe treten die Laubbäume etwas zurück. Für diesen Abschnitt begleiten uns rechts hinauf die gelben Ziffern 1 und 4. Sie führen geradewegs auf das 300 Meter hoch gelegene Plateau und haben Anschluß an das bekannte Anfangsstück.

Informationen zur Tour

 Ausgangsort
Hofgeismar-Sababurg

Anfahrt
B 83 Kassel – Bad Karlshafen, Zufahrt ab Hofgeismar

 Einkehrmöglichkeit
Hotel-Restaurant Sababurg

 Unterkunft
Hotel Sababurg

 Öffnungszeiten
Tiergarten und Sababurg sind täglich durchgehend geöffnet

 Auskunft
Touristikregion Kassel-Land: Tel. 0 56 71/99 52 54; Sababurg: Tel. 0 56 71/80 80

 Karte
Topogr. Karte Reinhardswald 1:50 000

 Tip
Die drei Rundwege durch das NSG Urwald starten beim Wanderparkplatz an der Straße Richtung Hofgeismar

Eiche im Naturschutzgebiet Urwald

73 Von Fladungen in das Schwarze Moor

Tourenlänge
16 (18) km

Durchschnittliche Gehzeit
4½ (5) Std.

Etappen
Fladungen – Schwarzes Moor 7 km – durch das Moor 2 km – Hausen 7 km – Fladungen 2 km

Steigung
350 m

Eignung für Kinder
Ab 10 Jahren

Interessantes am Weg
Rhönmuseum, Freilandmuseum, Schwarzes Moor, Hochrhön

Wegcharakter
Alle Wegeformen; Bohlenweg im Moor

Wegmarkierung
Blauer, schwarzer und roter Winkel

Günstigste Jahreszeit
Im Früh- und Spätsommer

In dem hübschen Landstädtchen **Fladungen** erzählen gleich zwei sehenswerte Museen von den früheren kargen Lebensumständen der Menschen in der Rhön: das »**Rhönmuseum**«, in dem schlichtweg alles von vollständig eingerichteten Werkstätten bis zur beschlagenen Hochzeitstruhe zusammengetragen ist, und – vor den Stadtmauern – das **Fränkische Freilandmuseum** mit den typischen Lebens- und (Fachwerk-)Bauformen des unterfränkischen Raumes vom 16. bis zum 19. Jahrhundert.

Hinauf zu einem Herzstück der Rhön soll unsere Wanderung führen, dem **Schwarzen Moor** An der Kreuzung Hochrhönstraße/B 285 gelangen wir mit den blauen und schwarzen Winkeln in stetem, aber nicht zu steilem Bergan durch offene Fluren hinauf zu dem Moor. Gegenüber der Hochrhönstraße findet man den Zugang zu dem unter strengstem Naturschutz stehenden 60 Hektar großen Areal. Das sind zwar nur noch 13 Prozent der ursprünglichen Ausdehnung, doch auch so zählt das **Schwarze Moor** zu den schönsten – und wichtigsten – Mooren Deutsch-

73 Von Fladungen in das Schwarze Moor

Im Freilandmuseum von Fladungen

lands. Gemeinsam mit dem nahen Roten Moor gilt es als einzigartiges pflanzen- und tiergeographisches Zwischenglied der alpinen und nordischen Moore sowie den im Osten und in den Ardennen gelegenen. Es ist schon ein besonderes Erlebnis, auf einem zwei Kilometer langen Bohlenweg durch diese archaische Landschaft zu laufen – vor allem im Spätsommer, wenn die Tropfen des Sonnentaus im milden Licht glitzern und das Heidekraut zwischen den Birken und schwarzen »Mooraugen« rosarote Farbtupfer setzt. Zurück zur Ausgangskreuzung geht man kurz entlang der Straße in Richtung Bischofsheim und zweigt bald nach links mit dem blauen Winkel in einen dichten Tann. Über Wurzelwerk und Brückchen schlängelt sich der Pfad voran, der nur noch einmal kurz ins Freie tritt. Auch im weiteren Verlauf bleiben wir – ganz ungewöhnlich für die Hochrhön – unter dem schützenden Dach des Waldes. Unterdessen ist der rote Winkel hinzugetreten, dem wir dann durch **Hausen** und über den **Kapellenberg** bis Fladungen folgen.

Informationen zur Tour

 Ausgangsort
Fladungen

 Anfahrt
Der Ort liegt an der B 285 Kaltennordheim – Ostheim

 Einkehrmöglichkeiten
Imbiß am Schwarzen Moor

 Unterkunft
Hotels und Gasthöfe in Fladungen

 Öffnungszeiten
Freilandmuseum im Sommerhalbjahr von 9 – 18 Uhr außer Mo.; Rhönmuseum 9 – 11.30 und 13 – 16.30 Uhr

 Auskunft
Verkehrsamt Fladungen: Tel. 0 97 78/80 24

 Karte
Wanderkarte Naturpark Rhön 1:50 000 (Fritsch-Verlag)

 Tip
Ein besonderer Anziehungspunkt sind die regelmäßigen Fahrten der historischen Museumsbahn »Rhön-Zügle« zwischen Fladungen und Ostheim

74 Auf die Wasserkuppe bei Gersfeld

 Tourenlänge
20 km

 Durchschnittliche Gehzeit
6 Std.

 Etappen
Gersfeld – Wasserkuppe 6,5 km – Poppenhausen 6,5 km – Wachtküppel 2,5 km – Gersfeld 4,5 km

 Steigung
450 und 250 m

 Eignung für Kinder
Ab 12 Jahren

 Interessantes am Weg
Flieger-Denkmal; Wasserkuppe mit Segelflug-Museum und Sportflugplatz; Wachtküppel

 Wegcharakter
Feste Wiesen- und Wirtschaftswege

 Wegmarkierung
Blaues X, roter Winkel, schwarzer Winkel, gelber Tropfen

 Günstigste Jahreszeit
Ganzjährig (nicht bei Schnee)

fenen Fernen« erhalten. Ein dichtes Netz von markierten Wegen erschließt das herrliche Wandergebiet.

Der Anstieg von **Gersfeld** auf den höchsten Berg der Rhön (und auch Hessens), die 950 Meter hohe Wasserkuppe, führt durch die almartige Landschaft, hier aber noch überwiegend bäuerlich genutzt. Mehrere Zeichen, so das blaue X und der rote Winkel, führen uns ab dem nördlichen Ortsrand in Richtung Schachen/Abtsroda. Tüchtig geht es bergan, es wird immer gebirgiger und im Vorblick setzt sich die **Wasserkuppe** mit ihren auffälligen Radarkuppeln in Szene. Wir kommen unterhalb des Gipfels an einem der Wahrzeichen der Rhön heraus: Mit dem Denkmal eines Adlers auf dem Steinhaufen gedenkt man der gefallenen Flieger des Rhönklubs im 1. Weltkrieg. Durch das im Versailler Vertrag ausgesprochene Motorflugverbot nach 1920 wurde die Wasserkuppe zu einem Mekka des Segelfliegens. Ein sehenswertes Museum neben dem Sportflugplatz erzählt die mitunter kuriose Geschichte des lautlosen Gleitens.

Seitdem die **Rhön** 1992 durch die Unesco zum Biosphärenreservat erhoben wurde, hat das Gebirge im Dreiländereck von Hessen, Bayern und Thüringen noch an Attraktivität gewonnen. Ausdrücklich hat man die Gesamtfläche nicht unter rigorosen Naturschutz gestellt und das Betreten verboten. Vielmehr wird hier eine Kulturlandschaft in ihrem Bestand gesichert, die erst nach menschlichen Eingriffen – Rodung und Graswirtschaft – seit dem ausgehenden Mittelalter entstanden ist. Durch gezielte Maßnahmen, etwa durch einmaliges Mähen der Hochwiesen im Frühsommer, bleibt das Rhöntypische der »of-

74 Auf die Wasserkuppe bei Gersfeld

Für den Weiterweg laufen wir über das Denkmal wieder zurück und nehmen nach rechts auf freier Hochebene den Weg mit dem roten Winkel nach **Poppenhausen** hinunter. Mit Blick weit ins Hessische geht es bergab und in der Gemeinde selbst mit dem gelben und schwarzen Winkel wieder bergauf zum aussichtsreichen **Wachtküppel**. Dort kommen wir mit dem gelben Tropfen über ein kaum befahrenes Sträßchen ab Gersfeld-Maiersbach zum Ausgangspunkt.

Informationen zur Tour

Ausgangsort
Gersfeld

Anfahrt
Der Ort liegt an der B 279 Fulda – Bischofsheim

Einkehrmöglichkeiten
Restaurants und Imbiß-Stände auf der Wasserkuppe

Öffnungszeiten
Segelflug-Museum täglich 9 – 17.30 Uhr

Unterkunft
Gasthöfe in Gersfeld, Poppenhausen und auf der Wasserkuppe

Auskunft
Kurverwaltung Gersfeld: Tel. 0 66 54/17 80

Karte
Wanderkarte Naturpark Rhön 1:50 000 (Fritsch-Verlag)

Tip
Bei den Segel- und Motorfliegern auf der Wasserkuppe darf man als zahlender Gast gerne mitaufsteigen

Das Flieger-Denkmal auf der Wasserkuppe

75 Der Kreuzberg bei Bischofsheim

 Tourenlänge
12 km

 Durchschnittliche Gehzeit
3½ Std.

 Etappen
Bischofsheim – Kreuzberg 5 km – zu den Gipfelkreuzen (hin und zurück) 1 km – Neustädter Haus 2 km – Bischofsheim 4 km

 Steigung
500 m

 Eignung für Kinder
Ab 10 Jahren

 Interessantes am Weg
Kloster Kreuzberg mit Wallfahrtskapelle, Golgatha-Kreuze, Neustädter Haus

 Wegcharakter
Überwiegend feste Wald- und Wiesenwege

 Wegmarkierung
Blauer Winkel, ohne Zeichen zum Gipfel, roter Winkel, »NH«

 Günstigste Jahreszeit
Nicht im Winter

Vom alten Holzschnitzerdorf **Bischofsheim** müssen erst einmal 500 Höhenmeter überwunden werden. Ab Marktplatz achten wir auf den offenen und geschlossenen blauen Winkel, ziehen nach Löwen- und Haselbachstraße weiter durch das langgezogene Straßendorf **Haselbach** und kommen auf einen Gebirgspfad. Der Weg wird breiter im Hochwald, wechselt im stetigen Bergan auf eine Trift und führt nach dem Queren der Zufahrtsstraße bis unmittelbar an die **Franziskaner-Abtei**. Ob Wallfahrer oder Wanderer, vereint sitzen sie an den blankgescheuerten Tischen der Klosterschänke und lassen sich Bier und Brotzeit schmecken. Bevor die Beine zu schwer werden, sollten wir das kurze Steilstück zu den drei hohen **Golgotha-Kreuzen** oberhalb des Klosters in Angriff nehmen. Großartig ist dort die Sicht auf die nördlichen, von Vulkanismus geformten Rhönkuppen und nach Westen über das geschwungene Auf und Ab der hessischen Mittelgebirge. Bereits anno 686 soll der iroschottische Mönch Kilian mit seinen Ge-

So typisch wie die Landschaft der »offenen Fernen« sind in der Rhön auch die Bergformen. Milseburg, Wasserkuppe und Kreuzberg sind die drei bekanntesten, jede Erhebung ist unverwechselbar und hat eine andere Geschichte. Der abfallende Rücken der Milseburg war schon zu prähistorischer Zeit besiedelt, der mächtige Buckel der windreichen Wasserkuppe gehört den Fliegern, und der eher kegelförmig zulaufende **Kreuzberg** ist seit der frühen Christianisierung durch den Franken-Apostel Kilian zum »Heiligen Berg« der Pilger geworden – wenn auch die meisten nicht unbedingt in Bußabsicht zu den drei Golgatha-Kreuzen und der barocken Wallfahrtskirche eines Klosters hinaufkommen.

75 Der Kreuzberg bei Bischofsheim

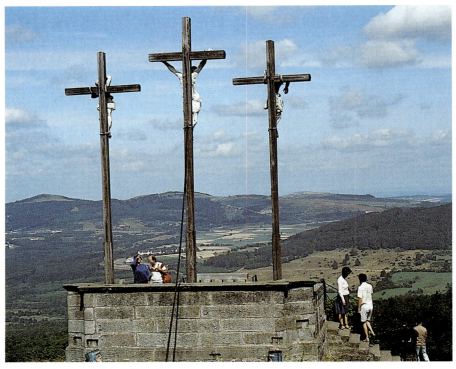

Golgatha-Kreuze auf dem Kreuzberg

fährten Totnan und Kolonat hier oben gepredigt haben. Zurück nach Bischofsheim geht es mit dem roten Winkel, den man zwischen Klostergebäuden und Golgatha-Kreuzen findet. Außerdem ist das Zwischenziel, die **Neustädter Hütte**, angezeigt. Für den Abstieg weisen ab der zünftigen Einkehr die Buchstaben NH gen Tal.

Informationen zur Tour

 Ausgangsort
Bischofsheim a. d. Rhön

 Anfahrt
Der Ort liegt an der B 279 Fulda – Bad Neustadt

 Einkehrmöglichkeiten
Kreuzberg (täglich geöffnet; von 1. Nov. bis Weihnachten geschlossen); Neustädter Haus (Mo. und Nov. geschlossen)

 Unterkunft
Auf dem Kreuzberg und im Neustädter Haus

 Öffnungszeiten
Siehe Kreuzberg

 Auskunft
Verkehrsamt Bischofsheim: Tel. 0 97 72/2 61 und 14 52

 Karte
Wanderkarte Naturpark Rhön 1:50 000 (Fritsch-Verlag)

 Tip
5 km nördlich von Bischofsheim (an der B 279) befindet sich das Rote Moor, durch das ein Lehrpfad führt

76 Von Oberbernhards auf die Milseburg

Tourenlänge
16 km

Durchschnittliche Gehzeit
4 ½ Std

Etappen
Oberbernhards – Milseburg 1 km – über das Fuldaer Haus zur Steinwand 4,5 km – Teufelsstein 3,5 km – Oberbernhards 4 km

Steigung
200 m

Eignung für Kinder
Ab 8 Jahren

Interessantes am Weg
Milseburg, Prähistorischer Lehrpfad, Fuldaer Haus, Steinwand

Wegcharakter
Feste Wald- und Wiesenwege; auf der Milseburg steinig

Wegmarkierung
Lehrpfad mit Texttafeln, grüner Winkel, schwarzer Winkel, 500 m ohne Zeichen geradeaus

Günstigste Jahreszeit
Nicht bei Schnee und Glätte

meszentren, ein sogenanntes Oppidum. Weite Teile der zu breiten Wällen zusammengesackten Mauern können auf einem **Prähistorischen Lehrpfad** erobert werden. Schon bald nach dem Losmarschieren vom Wanderparkplatz bei **Oberbernhards** tauchen die ersten Erläuterungen auf. Fast bis zum Gipfel führt der Weg. Man kann ihn auf ganzer Länge (2 km) abgehen, oder gleich zum Gipfelkreuz, vorbei an einer kleinen Einkehr, vorstoßen. Weit geht der Blick vom zerklüfteten Felsplateau über die offene Mattenlandschaft mit dem Zentralmassiv der Wasserkuppe im Vordergrund bis zur bayerischen und thüringischen Rhön. Der Abstieg ist zunächst mit dem Hinweg identisch. Weiter unten wendet man sich mit dem grünen Winkel – neben anderen Zeichen – nach rechts, und mit ihm tauchen wir bald in ein dichtes Waldstück ein.

Was veranlaßte den großen Gelehrten Wilhelm von Humboldt, die 835 Meter hohe Erhebung Milseburg »den schönsten Berg Deutschlands« zu nennen, während der Volksmund wenig einladend von einer Totenlade spricht? Sicherlich erinnert die um 100 Meter abfallende Südflanke an ein sargähnliches Gebilde. Doch gerade diese Form prägt den einmaligen Charakter der **Milseburg**, und diese Unverwechselbarkeit mag auch Humboldt gemeint haben. Die ersten, die sich von den steil aufragenden Phonolithfelsen angezogen fühlten, waren die Kelten. Sie errichteten auf und mit dem Gestein eines ihrer Stam-

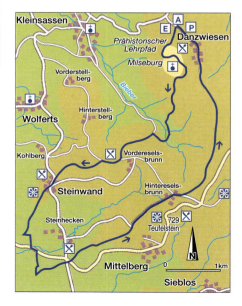

76 Von Oberbernhards auf die Milseburg

Vor und nach dem bewirtschafteten **Fuldaer Haus** wird das Gelände wieder offener, ehe es nach dem Queren einer Straße erneut in den dunklen Tann geht. Unvermittelt wachsen rechter Hand gewaltige Felsen aus dem Boden – Vorboten der bis zu 30 Meter steil aufragenden Steinwand, inzwischen in fester Hand der Freizeitalpinisten. Auf voller Länge von 300 Metern geht es an der Wand entlang und weiter abwärts bis zur B 458. Nach ihrem Queren folgen wir noch kurz dem grünen, bald einem schwarzen Winkel (Richtung: Maulkuppe). Dieser führt zurück zur Bundesstraße und zeigt in freies Feld. Am baldigen Linksabzweig des Winkels laufen wir ohne Zeichen weiter geradeaus, bis nach etwa 500 Metern erneut ein schwarzer Winkel auftaucht, der bis zum Fuß der **Milseburg** leitet.

Informationen zur Tour

Ausgangsort
Oberbernhards

Anfahrt
Zufahrt über B 458 Fulda – Hilders, Abzweig Kleinsassen

Einkehrmöglichkeiten
Auf der Milseburg (im Sommerhalbjahr geöffnet); Fuldaer Haus (Mo. und Nov. geschlossen)

Unterkunft
Fuldaer Haus

Auskunft
Fremdenverkehrsverband Rhön: Tel. 0661/6006305

Karte
Wanderkarte Naturpark Rhön 1:50 000 (Fritsch-Verlag)

Am Gipfelkreuz der Milseburg

77 Von der Wartburg nach Ruhla

 Tourenlänge
14 km

 Durchschnittliche Gehzeit
4 Std.

 Etappen
Wartburg – Wilde Sau 4 km – Hohe Sonne 2,5 km – Ruhla 7,5 km

 Steigung
275 Hm

 Eignung für Kinder
Ab 10 Jahren

 Interessantes am Weg
Wartburg mit Luther-Zimmer und Elisabeth-Kemenate, steile Täler, Grotte, Felsbildungen am Wegrand

 Wegcharakter
Nach Besuch der Wartburg ausgedehnte Waldwanderung auf guten Wegen bei klarer Beschilderung

 Wegmarkierung
Wegnummern und Wegweiser; auf dem Rennsteig weißes »R«

 Günstigste Jahreszeit
Mai bis Oktober

Die **Wartburg** bildet das Wahrzeichen nicht nur Eisenachs und des Thüringer Waldes, sondern ist ein symbolträchtiges Markenzeichen ganz Deutschlands. Vom »Sängerkrieg« auf der Wartburg Anfang des 13. Jh., der später Richard Wagner zu seinem »Tannhäuser« anregte, über die Bibelübersetzung Luthers, der als »Junker Jörg« sich hier dem Zugriff kaiserlicher Truppen entzog, das Wartburgfest der deutschen Burschenschaften 1817 gegen Restauration und Zensur – bis zur romantischen Verklärung in der Mitte des 19. Jh. durch Moritz von Schwind und Franz Liszt und den fragwürdigen Nachbesserungen Kaiser Wilhelms II. spannt sich der historische Bogen.

Entsprechend hoch ist die Besucherzahl im Sommer. Sie sind daher gut beraten, wenn Sie am zeitigen Vormittag vor den Touristenbussen die Wartburg besuchen und das Studium der Stadt Eisenach, wo Johann Sebastian Bach geboren wurde, auf den Vortag verlegen. Tüchtige Wanderer werden den Aufstieg von der 215 m tief gelegenen Stadt auf das 382 m hoch gelegene Burgplateau nicht scheuen. Wer Kinder dabei hat, benutzt besser den »Wartburg-Bus«, der ab 9.00 Uhr vom Bahnhofsplatz fährt.

Oben angekommen, wird man beim Besuch der Vogtei mit dem Luther-Zimmer, des Palas mit dem großen Festsaal und der Elisabeth-Kemenate feststellen, daß man das Alte nicht nur wiederhergestellt hat, sondern darstellte, wie man es sich vorstellte. Nach anfänglicher Distanz läßt man sich verführen, daß es so gewesen sein könnte.

Am frühen Mittag beginnen wir mit der Wanderung nach Ruhla. Wenn man die Wartburg ver-

77 Von der Wartburg nach Ruhla

Stolz grüßt die Wartburg aus der Ferne die Wanderer.

läßt, gehe man gleich hinter der Zugbrücke die Treppe links bergab und an ihrem Ende wieder links unter der Zugbrücke hindurch. Unterhalb der Burg läuft man in Kehren abwärts auf einer Sattel. Dann umwandert man einen Berghang gegen den Uhrzeigersinn und gelangt nach 20 Minuten an das Waldhaus **Sängerwiese**. Nun folgen wir dem Weg 5 (»Wilde Sau«, grün und gelb) und erreichen nach einer halben Stunde am Rastplatz **Wilde Sau** den Rennsteig. Von hier an folgen wir nach links dem Weg 9 mit dem Ww. »Rennsteig, Hohe Sonne«.
An der **Hohen Sonne**, wo wir die B 19 kreuzen, befindet sich ein Parkplatz mit Imbißstand Danach steigt der Rennsteig für zwei Stunden von 434 m über den **Toten Mann** auf 580 m am **Jubelhain** an. Dann kreuzt der Rennsteig die Landstraße Etterwinden – Ruhla, der wir links abwärts folgen. Gleich am Ortsanfang von **Ruhla** schickt uns ein Schild »Gaststätte Waldhaus« auf der hoch gelegenen Knautstraße rechts zum Hotel.

Informationen zur Tour

 Ausgangsort
Eisenach, Wartburg

 Anfahrt
»Wartburg-Bus« ab 9.00 Uhr vom Hbf. Eisenach

 Zielpunkt
Ruhla

 Einkehrmöglichkeit
Sängerwiese

 Unterkunft
Eisenach: JH, Marientaler 24, Tel. 0 36 91/20 36 13; JH, Bornstr. 7, Tel. 73 20 12; außerdem 33 Hotels. Wartburg: Hotel »Auf der Wartburg«, Tel. 0 36 91/51 11. Ruhla: Gaststätte Waldhaus, Tel. 03 69 29/22 93; vier weitere Hotels

 Öffnungszeiten
Wartburg: tägl. 8.30 – 17 Uhr.
Tourismus Eisenach: Mo 10 – 18, Di – Fr 9 – 18, Sa 10 – 14 Uhr

 Auskunft
99817 Eisenach, Tourismus Eisenach GmbH, Markt 2, Tel. 0 36 91/67 02 60.
99842 Ruhla, Fremdenverkehrsamt, Obere Lindenstraße 2, Tel. 03 69 29/8 90 13

 Karte
Topographische Karte 1:50 000 (TK 50 W), Sonderblattschnitt Nr. 50 Rennsteig; »Der Rennsteig zwischen Werra und Saale, 1:50 000, Bergwacht Thüringen, TERRAC Verlag. Beide Karten für die Touren 77 bis 83. Sonst: TK 50, Nr. L 5128 Eisenach

78 Ruhla – Dreiherrnstein – Großer Inselsberg

Tourenlänge
14 km

Durchschnittliche Gehzeit
4 bis 5 Std.

Etappen
Ruhla – Gerberstein 6 km – Brotteroder Hütte 5 km – Großer Inselsberg 3 km

Steigung
536 Hm

Eignung für Kinder
Ab 12 Jahren

Interessantes am Weg
4 Aussichtspunkte, Lutherstein, Felsenriff am Oberen Beerberg

Wegcharakter
Rennsteig-Wanderung durch abwechslungsreichen Wald, mit Ausblicken und Einkehrmöglichkeiten, aber über 500 m Anstieg

Wegmarkierung
Nach Ruhla grün und gelb, auf dem Rennsteig weißes »R«

Günstigste Jahreszeit
Mai bis Oktober

In **Ruhla** fragen wir uns zur Knautstraße durch und gehen sie in SW-Richtung zu Ende. Der Anstieg zum Rennsteig setzt sich als grün und gelb markierter Waldweg bis zu einer Wegkreuzung fort, an der rechts an einem Baum ein gelbes Schild »Rennsteig, Auerhahn« uns nach links schickt. An der folgenden Gabelung wandern wir leicht rechts auf die Höhe hinauf. Am Waldteich **Schaumborn** treffen wir wieder auf den Rennsteig. Vom **Triniusblick** schweift das Auge weit nach Norden. Über die Auerhahnhütte, einem Stützpunkt der Bergwacht Ruhla, wandern wir in einer halben Stunde zum **Glöckner**, wo sich Granitklippen befinden. Kurz danach erreichen wir den Paß am **Gerberstein** (645 m), von wo an der Rennsteig für 2 km auf der Asphaltstraße nach Brotterode verläuft. Kurz bevor diese eine Rechtskurve beschreibt, führt der Weg links in den Wald (Zeichen »R«). An den Ort der »Gefangennahme« Luthers durch seinen Landesfürsten und Schutzherren erinnert 2 km südwestlich der Lutherstein.
Eine halbe Stunde nach dem Verlassen der Straße können wir im Gasthaus Dreiherrnstein etwas »Atzung und Gesöff« zu uns nehmen. Draußen steht ein Denkmal des Badener Dichters Viktor

Eine Viertelstunde hinter dem Gerberstein werden wir mit dem Rennsteig die ehem. Alte Schweinaer Straße kreuzen. Hier überquerte bereits Luther 1521 als »Gefangener« des Kurfürsten von Sachsen den Thüringer Wald, nachdem ihn am Ende des Reichstages zu Worms der Bannstrahl der kaiserlichen Acht getroffen und für »vogelfrei« erklärt hatte. Daß statt der kaiserlichen Truppen Luthers Schutzherr von dieser Vogelfreiheit Gebrauch machte, war ein raffinierter Schachzug.

78 Ruhla – Dreiherrnstein – Großer Inselsberg

Fernblick auf den Inselsberg (916 m)

von Scheffel, der mit »Ränzel und Stab« auch den Thüringer Wald durchwanderte. Gestärkt gehen wir nun in wechselndem Auf und Ab den **Mittleren Beerberg** und die Brotteroder Schutzhütte (750 m) an. Nun beginnt ein deftiger Anstieg über den **Oberen Beerberg** (820 m) auf den **Inselsberg** (916 m), dessen zahlreiche Aufbauten man schon einige Zeit vor Erreichen des Gipfels sieht. Auch der Inselsberg hat seine Geschichte. Schon 1649 entstand hier oben ein Haus für den Forstwart. Noch Goethe soll es benutzt haben, um Wolkenforschung zu betreiben. In der Romantik entstand ein Flachbau. Das spätere »Ski- und Bergwanderhaus Gr. Inselsberg« hat ursprünglich in der Nähe der Wartburg gestanden, wurde 1914 abgetragen und hier wiederaufgebaut.

Informationen zur Tour

 Ausgangsort
Ruhla

Anfahrt
Per Bus

 Zielpunkt
Großer Inselsberg, 916 m

Einkehrmöglichkeit
Auerhahnhütte (nur Getränke); Gasthaus Dreiherrnstein

 Unterkunft
Gasthaus Dreiherrnstein, Tel. 03 68 40/3 10 11; Großer Inselsberg, JH, Tel. 03 62 59/23 29; Grenzwiese (1 1/2 km unterhalb des Gr. Inselberges), Hotel »Kl. Inselberg«, Tel. 03 62 59/3 24 53

 Öffnungszeiten
Ruhla, Fremdenverkehrsamt: Mo – Fr 9 – 12, 13 – 18, Sa 13.30 – 17.30 Uhr

Auskunft
99842 Ruhla (s. Tour 77); 98599 Brotterode, Gästeinformation, Tel. 03 68 40/33 33

 Karte
Siehe Tour 77

160

79 Großer Inselsberg – Trockenberg – Spießberg – Ebertswiese

Tourenlänge
14 km

Durchschnittliche Gehzeit
3½ Std.

Etappen
Gr. Inselsberg – Grenzwiese 1,5 km – Spießberg 6 km – Ebertswiese 6,5 km

Steigung
300 Hm

Eignung für Kinder
Ab Grenzwiese ab 10 Jahren

Interessantes am Weg
Alte Grenzsteine, Felsbildungen am Wegrand

Wegcharakter
Maßvolle Höhenwanderung in wechselndem Auf und Ab auf durchweg guten Wegen

Wegmarkierung
Zeichen »R« und blaues Kreuz

Günstigste Jahreszeit
Mai bis Oktober

auf der wolkenärmeren Seite des Rennsteigs! Der Inselsberg wirkt wie ein Wellenbrecher für Kaltlufteinbrüche aus dem Nordwesten.
Falls wir in der JH übernachtet haben, verlassen wir den **Gr. Inselsberg** am Morgen, nachdem wir die Fernsicht bis Oberhof genossen haben. Am Fuße des Berges treffen wir auf die **Grenzwiese**. Nun müssen wir mehrfache Auf- und Abstiege bewältigen, um den Trockenberg (808 m) und den Großen Jagdberg (807 m) zu überschreiten. Im Abstieg von letzterem müssen wir achtgeben, um das auffallende »R« an der Linksbiegung rechtzeitig zu sehen. Im **Heuberghaus** am Straßenpaß kann man sich nach den ersten 6 km Wanderung stärken oder aufwärmen. Kurz danach besteht 1 km östlich des Rennsteigs im schönen, im Fachwerkstil erbauten **Spießberghaus** nochmals Verzehrmöglichkeit.

In der Jugendherberge auf dem Gr. Inselsberg, vor Jahren noch Ski- und Bergwanderhaus, hängen Bilder, die die Hütten und Häuser auf dem Gipfel in einen dicken Rauhreifpanzer gehüllt zeigen. Wenn auch die Winter nicht mehr so kalt und so schneereich wie noch vor 50 Jahren sind, lang sind sie dennoch auf dem Inselsberg. Noch im Mai und schon im Oktober kann es Nachtfröste geben. Oft herrschen auch Nebel und starker Wind. Lassen Sie sich von diesen Umständen nicht abschrecken! Denn der Rennsteig ist eine Wetterscheide: südwestlich von ihm, im Werratal, kehrt der Frühling 14 Tage früher ein als nördlich von ihm. Und die Sonne steht mittags und nachmittags im Süden und Südwesten, also

79 Gr. Inselsberg – Trockenberg – Spießberg – Ebertswiese

Rast am Oberen Beerberg (820 m)

Dann aber gibt es für den Rest des Tages Wald pur: Herrliche, weitständige Buchenhaine lassen, wenn die Bäume im Mai noch fast kahl sind, den Blick über die Höhen wandern. Manchmal stehen alte Buchen mitten auf dem breiten Weg. Dann wieder schlängelt sich der Weg durch dichtes Tannengehölz. Der Wald als ständiger Wegbegleiter auf dem Rennsteig ist wichtig, um uns vor dem Wind, der oft heftig über die Wetterscheide des Kammes bläst, zu schützen.

Der Weg ist nicht zu verfehlen: Immer wieder tauchen das »R« und das blaue Kreuz an den Bäumen auf. Zweimal gehen wir an alten Grenzsteinen aus dem 18. Jh. vorbei. Nach reichlich drei Stunden unbeschwerten Wanderns erreichen wir die ausgedehnte Rodungsfläche **Ebertswiese**, wo ein Berghaus, eine Pension und ein neu eröffnetes Hotel uns gastfreundlich in Empfang nehmen.

Informationen zur Tour

Ausgangsort
Gr. Inselsberg oder Grenzwiese

Anfahrt
Von Tabarz mit Bus, Taxi oder in der Saison mit einer dieselgetriebenen Kleinbahn

Zielpunkt
Ebertswiese

Einkehrmöglichkeit
Berghaus »Tanzbuche«; Heuberghaus an der Kreuzung mit der Straße Friedrichsroda–Schmalkalden; Spießberghaus.

Unterkunft
Berghaus »Tanzbuche«, Tel. 0 36 23/30 44 38; Spießberghaus, Tel. 0 36 23/30 45 50; Berghaus Ebertswiese; Tel. 0 36 83/60 64 51, Pension und Gaststätte Ebertswiese, Tel. 60 60 73

Öffnungszeiten
Brotterode, Gästeinformation, Mo – Fr 9.30 – 17.30, Sa 10 – 14, Feiertags 9 – 12 Uhr

Auskunft
99817 Brotterode, Gästeinformation, Tel. 03 68 40/33 33

Karte
Rennsteig-Karten (s. Tour 77); sonst: TK 50, L 51 28 Eisenach und L 53 28 Schmalkalden

80 Von der Ebertswiese nach Oberhof

Tourenlänge
22 km

Durchschnittliche Gehzeit
5 bis 6 Std.

Etappen
Ebertswiese – Oberlautenberg 9 km – Grenzadler 9 km – Oberhof 4 km

Steigung
305 Hm

Eignung für Kinder
Angesichts der 22 km Tourenlänge nur für Jugendliche ab 13 Jahren mit Ausdauer geeignet

Interessantes am Weg
Weite Fernblicke, Sporteinrichtungen um Oberhof

Wegcharakter
Anspruchsvolle Höhenwanderung auf durchweg guten Wegen. In Mulden nach ergiebigem Regen oft große Pfützen, aber daneben ein trockener Pfad

Wegmarkierung
Zeichen »R« und blaues Kreuz

Günstigste Jahreszeit
Mai bis Oktober; für Ski-Langläufer auch Dezember bis Februar

22 km im Gebirge zu wandern, dazu etwas über 300 Höhenmeter Anstieg – das ist schon eine ganz passable Leistung. Aber sie wird dadurch gemildert, daß diese Etappe nicht nur die längste, sondern zugleich auch die schönste der Rennsteig-Wanderungen darstellt. Nur am Anfang und Ende kreuzt man Straßen; ansonsten wandert man fernab der Zivilisation. Unterwegs gibt es daher auch keine Gasthäuser, so daß Rucksackverpflegung angesagt ist, die man unterwegs an einem der fünf Rastplätze mit Schutzhütten einnehmen kann. Fünf Stunden lang hat man Wald um sich. Trotzdem bieten Rodungs- oder Windbruchflächen immer wieder Ausblicke nach Süden über die weiten Wälder der Thüringer Berge.

Angesichts der langen Wanderstrecke ist man gut beraten, früh aufzubrechen und am Vormittag kräftig auszuschreiten. Die **Ebertswiese** verlassen wir bergab und setzen die Ostrichtung am Wegweiser parallel zur links verlaufenden Hochspannungsleitung an einem kleinen Bachlauf fort. Nach 300 m treffen wir wieder auf den Rennsteig, der hier als Fahrweg nach einer Linkskurve über eine Brücke führt. Für die restlichen 21 km gibt es keine Wegprobleme mehr; blaues Kreuz und »R« leiten uns stets auf die richtige Führe. Die erste Stunde wandern wir zunächst durch etwas monotonen Nadelwald zur Paßsenke an der Kreuzung mit der Straße Tambach – Dietharz – Schmalkalden. Die Senke heißt »Neue Ausspanne«; der Name stammt noch aus der Zeit, als Pferdekutschen und Fuhrwerke nach dem Ilmer Vertrag Ende des 16. Jh. an der Zollgrenze die Pferde wechseln mußten. Anschließend überschreiten wir in leichtem 50-m-Anstieg den **Krämerod** (765 m). Danach öffnet sich rechts

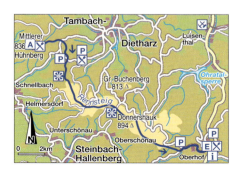

80 Von der Ebertswiese nach Oberhof

der Wald zu einer ausgedehnten Wiese mit Fernsicht. Dann steigen wir in einer halben Stunde steil zur **Schmalkalder Loibe** auf. Der Name verrät, daß es die »Loipe« nicht erst mit dem Aufkommen des Ski-Langlauf-Sports gibt, sondern als Weg mit »weichem B« ein alter Begriff ist. Die Loibe führt 10 km lang in wechselndem Bergauf und Bergab um die 850-m-Höhenlinie, aber auch über längere Etappen nahezu eben, über den **Oberlaufenberg** (860 m) bis kurz vor Oberhof. Im Hotel **Grenzadler** hatten sich bis 1989 Honecker und Genossen zum Urlaub mit Wachmannschaften, Beton und verschlossenen Toren verbarrikadiert. Wir wandern auf dem breiten Fußweg neben der Straße die restlichen 2 km hinunter in das Sportzentrum **Oberhof**

Informationen zur Tour

 Ausgangsort
Ebertswiese

 Anfahrt
Von Tambach-Dietharz mit Bus bis zur »Neuen Ausspanne« möglich

 Zielpunkt
Sportzentrum Oberhof

 Einkehrmöglichkeit
Keine Einkehr möglich; unterwegs Rucksackverpflegung

 Unterkunft
In Oberhof ca. 2400 Betten vom Sporthotel Panorama bis zum einfachen Gästezimmer; Vermittlung durch die Gäste-Information im Kurhaus

 Öffnungszeiten
Oberhof, Information: Mo – Fr 9 – 18, Sa 9 – 16, So 13 – 16 Uhr; Rennsteig-Garten: Mai – Sept. tägl. 9 – 18, Okt. 9 – 16 Uhr.

 Auskunft
98559 Oberhof, Information im Kurhaus, Tel. 03 68 42/2 21 44

Karte
Rennsteig-Karten (s. Tour 77); sonst: TK 50, L 53 28 Schmalkalden und L 53 30 Suhl

Blick von der Schmalkalder Loibe auf die Höhen bei Floh

81 Von Oberhof über den Großen Beerberg nach Stützerbach

Tourenlänge
19 km

Durchschnittliche Gehzeit
4 bis 5 Std.

Etappen
Oberhof – Großer Beerberg 8 km – Stützerbach 11 km

Steigung
280 Hm

Eignung für Kinder
Ab 12 Jahre

Interessantes am Weg
Ernst-Herzog-Säule am Rondell; Rennsteig-Garten, 200 m rechts vom Rondell, mit über 4000 Pflanzenarten; Goethehaus in Stützerbach

Wegcharakter
Problemlose Höhenwanderung, auf der die Straße immer in der Nähe ist (geeignet zum Nachziehen des eigenen Wagens). Mehr bergab als bergauf

Wegmarkierung
Rennsteigsymbol »R«

Günstigste Jahreszeit
Mai bis Oktober

Am **Rondell**, wo die B 247 Gotha – Coburg den Thüringer Wald überquert, erinnert eine Säule daran, daß hier Herzog Ernst zu Sachsen um 1830 die erste Straße über den Thüringer Wald bauen ließ. Zum Rondell gelangen wir über die Tambacher Straße, den Stein 16 und die Zellaer Loibe. 200 m rechts vom Rondell können Pflanzenfreunde über 4000 Pflanzenarten im **Rennsteig-Garten** studieren. Vom Rondell an bleibt der Wanderweg immer in Nähe der Höhenstraße, die von Oberhof nach Neustadt a. R. führt. Mal geht es rechts, mal links von der Straße entlang. Allerdings verläuft der Weg in Abweichung von der Rennsteig-Karte vor dem Großen Beerberg nicht rechts, sondern links der Straße. Daß der **Große Beerberg**, mit 982 m die höchste Erhebung des Thüringer Waldes, nicht vom Rennsteig überquert wird, empfinden wir als touristischen Mangel. An seiner SW-Flanke führt aber im rechten Winkel nach links ein schmaler Waldweg in zehn Minuten auf die höchste Stelle, wo ein trigonometrischer

Schon am Vortag waren wir nach 18 km Waldwanderung auf Betonpisten gestoßen: »Rollerstrecke« nennen sich diese Bahnen, auf denen die Langlauf-Olympioniken im Sommer auf Brettern mit Rollschuhen trainieren. Diese und all die anderen Anlagen in **Oberhof** gehen noch auf DDR-Zeiten zurück, als der Staat das Letzte aus den Leistungssportlern herauspreßte, um mit seinem Medaillensegen den kapitalistischen Westen zu »schlagen«.

81 Von Oberhof über den Großen Beerberg nach Stützerbach

Blick vom Goetheweg auf Manzbach

Punkt steht. Erst auf dem nach rechts abzweigenden, breiten Abstiegsweg gibt es Sicht nach SO. Der Rennsteig führt nun in steter Nachbarschaft der Straße über **Schmücke** (914 m) zum **Mordfleck** (823 m). Der Name braucht keinen Schrecken einzujagen – es ist eine Abwandlung von »Murflack«, was soviel wie »sumpfige Wiese« bedeutet. Hier bleibt man auf einem Pfad knapp links der Straße, schneidet eine große Kurve ab und kommt nach einer weiteren halben Stunde an eine Kreuzung zwischen Wanderwegen und Straße. Hier steigen wir links nach **Stützerbach** ab (Ww.) und besuchen als kulturellen Abschluß der Tour das »Goethehaus«. In diesem von dem Glashüttenbesitzer Gundelach erbauten Haus war Goethe dreizehnmal zu Gast. Im Innern finden wir auch eine Karte der »Gefürsteten Grafschaft Henneberg«, aus der man ersieht, daß die Kleinstaaterei das Dorf von 1661 bis 1920 in die zwei getrennten Hoheitsgebiete der Grafschaft Henneberg und des Fürstentums Sachsen-Zeitz teilte. Selbst in der Inflation 1923 wurde noch getrenntes Notgeld im gleichen Dorf gedruckt. Und bis 1945 gehörten die linksseitigen Häuser der Ilm zu Thüringen, die rechtsseitigen zu Preußen.

Informationen zur Tour

 Ausgangsort
Oberhof

 Anfahrt
Mit dem Bus oder der Bahn von Gotha oder Coburg aus

 Zielpunkt
Stützerbach, Goethehaus

 Einkehrmöglichkeit
Hotel Zur Schmücke (s. u.); sonst Rucksackverpflegung

 Unterkunft
Schmücke: Hotel Zur Schmücke,
Tel. 03 68 45/58 80.
Stützerbach: 2 Hotels, 3 Gasthöfe, 6 Pensionen, z. B. »Waldidyll«, Tel. 03 67 84/5 03 10

 Öffnungszeiten
Oberhof-Information und Rennsteig-Garten: siehe Tour 80.
Stützerbach: Goethehaus, 1. 5.–31.10. tägl. außer Mo 8–12, 13–17 Uhr; Gäste-Information, Mo–Fr 9–12, 13–16.30, Sa/So 9–12 Uhr

 Auskunft
98714 Stützerbach, Gäste-Information, Bahnhofstraße 1, Tel. 03 67 84/5 02 11

 Karte
Rennsteig-Karten (siehe Tour 77); sonst: TK 50, L 53 30 Suhl

82 Stützerbach – Dreiherrnstein – Neustadt a. R. – Masserberg

Tourenlänge
24 km (ohne Knöpfelstaler Teich 21 km)

Durchschnittliche Gehzeit
6 bis 7 Std.

Etappen
Stützerbach – Dreiherrnstein 9 km – Neustadt a. R. 5 km – Triniusbaude 7 km – Masserberg 3 km

Steigung
485 Hm (ohne Knöpfelstaler Teich und ohne Ersteberg 265 Hm)

Eignung für Kinder
Ab 12 Jahren (nur für Kinder mit Ausdauer; evtl. Abkürzungen nutzen!)

Interessantes am Weg
Spuren Goethes (Wegzeichen »G«); Grenzstein von 1663

Wegcharakter
Abgesehen von der Umgebung des Knöpfelstaler Teiches unschwierige, aber lange Waldwanderung mit beachtlichen Höhenunterschieden. Zwei Abkürzungen verringern diese fast um die Hälfte der Anstiege

Wegmarkierung
Wegweiser, »G« für Goetheweg, »R«, blaue Kreuze

Günstigste Jahreszeit
Mai bis Oktober

Zu Ehren des Geheimen Rates legen wir einen größeren Schlenker ein, der uns dazu auch fast 500 m Anstieg auf dieser Tour beschert. Sie müssen diesen Schlenker aber nicht laufen. Wir fragen uns in **Stützerbach** zum **Schloßberg** (681 m) durch. Im Abstieg treffen wir auf eine Forststraße, der wir scharf links zurück Richtung östlichem Ortsausgang folgen. Im Ort halten wir uns rechts und kommen zum Gasthaus **Auer-hahn**. Wer sich schonen will, geht an der Straßengabelung rechts 4 km bis zum Dreiherrnstein Richtung Neustadt a. R. »Goethe-Fans« steigen hingegen auf dem Forstweg zwischen der Gabelung 80 m in das **Schortetal** ab (Ww.). Im Talgrund trifft man auf einen breiten Fahrweg, dem man nach rechts (gelb) folgt. Wenn man die Schorte auf einer Brücke überquert, sieht man schon den Damm aus dem 17. Jh., der den von Nadelwald und Buchen idyllisch umstandenen **Knöpfelstaler Teich** aufstaut. Hier ist Goethe bei seinen Spaziergängen von Stützerbach aus gern gewesen. Wir bleiben auf dem Fahrweg, gehen links am Teich vorbei und überqueren nach etwa sieben Minuten einen Bach. Gleich danach

82 Stützerbach – Dreiherrnstein – Neustadt a. R. – Masserberg

Rastplatz Triniusbaude

schicken uns zwei rote Punkte rechts in das **Finstere Loch**, eine Schlucht, über die ein Bach zur Schorte hinabspringt. Wir überqueren den Bach auf einem Steg und steigen anschließend steil zu einem breiten Waldweg auf, der in sanftem Anstieg nach W zurück zum Gasthaus Auerhahn führt.

Von nun an laufen wir auf der Straße zum **Dreiherrnstein** (813 m), wo wir wieder auf den Rennsteig treffen. Hier lädt die »Waldbaude« zu einer Rast ein. Dem Zeichen »R« und alten Grenzsteinen folgend, überschreiten wir den **Großen Burgberg** und kommen nach **Neustadt a.R.**, das man im W im Unterdorf umgehen kann. Weg und Straße treffen am **Kahlert** zusammen. Immer neben der Straße laufend, kommen wir nach einer guten Stunde zum **Schwalbenhaupt**. Auf dieser Strecke kann man die Variationen des Wortes Rennsteig studieren:

Schon von Kelten und Germanen soll er als Handelsweg benutzt worden sein. Als »Rynnestig« ist er in einem Vertrag 1330 erstmals dokumentiert. Das Wort bedeutet soviel wie »Rainweg«. Bei Einheimischen wird er oft auch »Rennweg« oder »Rennstieg« genannt. Der ursprüngliche Kurier- und Handelsweg hat sich erst in den letzten hundert Jahren zu einem der beliebtesten Fernwanderwege entwickelt.

Wer müde ist, kann vom Schwalbenhaupt in einer halben Stunde hinauf nach **Masserberg** (790 m) gehen; tüchtige Wanderer können aber auch vom Parkplatz rechts die Schotterstraße zur Triniusbaude und hinter ihr durch einen Hohlweg links aufwärts in den Wald steigen. In einer halben Stunde führt dieser über den fast 900 m hohen **Ersteberg** hinunter nach Masserberg.

Informationen zur Tour

 Ausgangsort
Stützerbach

 Anfahrt
Mit der Bahn von Ilmenau

 Zielpunkt
Masserberg

 Einkehrmöglichkeit
Waldbaude am Dreiherrnstein; Neustadt a. R.; »Zum Falken« in Kahlert; Triniusbaude

 Unterkunft
Masserberg: Hotel »Am Rennsteig«, Tel. 03 68 70/5 04 31; Hotel Auerhahn, Tel. 5 60

 Öffnungszeiten
Kurverwaltung Masserberg, Mo – Fr 10 – 18 Uhr. Fremdenverkehrsamt Neustadt a. R., Mo – Fr 8 – 12, 13 – 17 Uhr, Sa/So nach Bedarf

 Auskunft
98666 Masserberg, Kurverwaltung, Tel. 03 68 70/5 33 73.
98701 Neustadt a. R., Fremdenverkehrsamt, Tel. 03 67 81/2 37 78

 Karte
Rennsteig-Karten (siehe Tour 77); sonst: TK 50, L 53 30 Suhl und L 55 30 Hildburghausen

Thüringer Wald

83 Von Masserberg nach Neuhaus am Rennweg

Tourenlänge
20 km

Durchschnittliche Gehzeit
5 bis 6 Std.

Etappen
Masserberg – Friedrichshöhe 8 km – Limbach 4 km – Neuhaus a. R. 8 km

Steigung
325 Hm

Eignung für Kinder
Ab 12 Jahren

Interessantes am Weg
Grenzsteine (Dreiherrnstein); Dreistromstein (oder Dreiquellenstein), Aufeinandertreffen von drei Wasserscheiden; Steinbruch aus rotem Buntsandstein

Wegcharakter
Ausgedehnte Höhenwanderung, größtenteils über 800 m, meist im Wald und nur gegen Ende in Straßennähe

Wegmarkierung
»R«, blaues Kreuz, alte Grenzsteine

Günstigste Jahreszeit
Mai bis Oktober

Die Bezeichnung »Dreiherrnstein« entstand jedesmal, wenn drei Hoheitsgebiete aufeinandertrafen; am Rennsteig gibt es allein dreizehn solcher Steine. Der erste trennte die Fürstentümer Sondershausen, Schwarzburg-Rudolstadt und Sachsen-Meiningen. Später folgt der Dreiquellenstein; er markiert die Wasserscheide zwischen Main, Werra und Saale und damit zwischen Rhein, Weser und Elbe.
Wir verlassen **Masserberg** am Hotel »Am Rennsteig« nach links im rechten Winkel zur Straße und steigen auf breitem Fahrweg zum **Eselsberg** (841 m) auf. Oben befindet sich die Rennsteigwarte, ein Aussichtsturm, daneben eine Gaststätte. Im Weiterweg fallen die schönen Grenzsteine aus dem 16. und 17. Jh. auf, die den Waldweg säumen. Zwanzig Minuten nach der Rennsteigwarte kommen wir zum ersten Dreiherrnstein. Wenn wir an einen Fahrweg gelangen, müssen wir leicht links halten (»R«). Dann geht es hinab zur **Eisfelder Ausspanne**; hier befinden sich ein Wegknoten, Rastplatz, Schutzhütte und jede Menge Wegweiser. Wir folgen weiterhin dem Zeichen »R« und den blauen Kreuzen und kommen so nach einer Stunde zur **Friedrichshöhe**. Der Rennsteig führt am linken Rand der Hausansammlung zur Zubringerstraße. Eine Viertelstunde nach Verlassen der Friedrichshöhe steht wieder ein Dreiherrnstein da (Schutzhütte, Ww.). 200 m weiter folgt der Dreistromstein. Nach 2 km öffnet sich rechts der Wald, und man kann Steinheid (850 m) auf der Höhe, später im Abstieg nach **Limbach** (735 m) links durch die Stämme das Dorf Scheibe-Alsbach (630 m) liegen sehen. In Limbach kreuzen wir die Straße und gehen unter einer Stromleitung entlang, an deren Masten sich gelegentlich das blaue Kreuz befindet. Über den Petersberg (819 m) und den Sandberg (833 m) und nach Querung einer Lichtung gelangen wir zum Wegknoten **Sandwieschen** (Rast- und Parkplatz, Karte, Ww., gelegentlich Imbißstand). Die Straße wird hier nur tangiert und ihre Kehre abgeschnit-

169

83 Von Masserberg nach Neuhaus am Rennweg

Auf dem Waldwanderweg nach Neuhaus am Rennweg

ten, indem man steil zum Rollkopf (849 m) aufsteigt. Von hier bis Neuhaus führt der Rennsteig etwa 100 m links neben der Straße. Vor einem großen Parkplatz biegt der Weg leicht nach links. Aus dem Wald heraustretend, laufen wir zuletzt auf einer Nebenstraße nach **Neuhaus am Rennweg**.

Informationen zur Tour

 Ausgangsort
Masserberg

 Anfahrt
Mit dem Bus von Bad Blankenburg oder von Schleusingen

 Zielpunkt und Rückfahrt
Von Neuhaus a. R. Bahnverbindung nach Bamberg oder Saalfeld – Leipzig

Einkehrmöglichkeit
Gasthaus an der Rennsteigwarte; Friedrichshöhe (s. Unterkunft); gelegentlich Imbißstände am Sandwieschen oder am Parkplatz nach dem Rollkopf

Unterkunft
Friedrichshöhe: Pension Arnika, Tel. 03 67 04/8 06 21; Pension Hirschblick, Tel. 8 04 98. Neuhaus a. R.: 8 Hotels und Gasthöfe, z. B. Gasthof »Bayr. Krug«, Tel. 0 36 79/72 23 79; Hotel-Rest. »Oberland«, Tel. 72 22 28; JH, Apelsbergstraße 54, Tel. 72 28 62

Öffnungszeiten
Neuhaus am Rennweg, Fremdenverkehrsamt, Mo – Fr 9 – 12, 13 – 18, Sa 10 – 12 Uhr

Auskunft
98724 Neuhaus a. R., Fremdenverkehrsamt, Passage am Markt, Tel. 0 36 79/1 94 33

Karte
Rennsteig-Karten (siehe Tour 77); sonst TK 50, L 55 30 Hildburghausen und L 55 32 Neuhaus a. R.

Region um Leipzig

84 Stadtwanderung durch Leipzig

Tourenlänge
9 km

Durchschnittliche Gehzeit
2 Std. (mit Besichtigungen 7 bis 8 Std.)

Etappen
In der Altstadt 7 km – Rosental – Gohliser Schlößchen 2 km

Steigung
Keine

Eignung für Kinder
Nur bei vorhandenem Interesse für Geschichte und Architektur

Interessantes am Weg
Siehe Text. Zusätzlich geführte Stadtwanderung empfehlenswert

Wegcharakter
Asphaltierte Straßen und Gassen, Fußgängerzone, Parkwege

Wegmarkierung
Straßenschilder

Günstigste Jahreszeit
Immer

Leipzig wurde 1015 erstmals als »urbs Libzi« erwähnt. Seit dem 13. Jh. war sie Messestadt, 1409 wurde ihre Universität gegründet, im 18. und 19. Jh. entwickelte sie sich zu einem bedeutenden Zentrum der Musik und des Buchhandels. Im 2. Weltkrieg teilweise zerstört, wurde sie zunächst von der DDR etwas nüchtern-monoton, seit 1990 dann nicht nur mit denkmalpflegerischer Liebe wiederaufgebaut.
Wir beginnen die Stadtwanderung an der Osthalle des **Hauptbahnhofes**, des größten Europas. Nach Überquerung des Willy-Brandt-Platzes gehen wir durch die Anlagen in die Richard-Wagner-Straße 1. Hier befindet sich der **Tourist-**

Service. Wir umrunden den **Sachsenplatz** im W und S und gehen in die Passage von **Specks Hof**, die mit modernem Pfiff gestaltet ist. Gegenüber dem Ausgang steht die **Nikolaischule**, von der 1989 die sanfte Revolution ausging. Die Renaissance-Architektur im Innern ist großartig. Neben der Kirche steht die **Alte Nikolaischule**, die schon Leibniz, Seume und Richard Wagner besucht haben. Durch die Theaterpassage gelangen wir auf den **Augustusplatz**, einer der größten und bis zum 2. Weltkrieg auch einer der schönsten Plätze Europas. Einzig das **Neue Gewandhaus** zeigt gelungene Architektur der Moderne. Das weltberühmte Orchester leiteten u. a. 12 Jahre lang Felix Mendelssohn Bartholdy und von 1970 bis

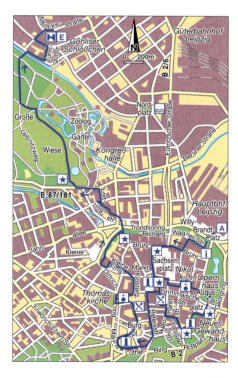

171

84 Stadtwanderung durch Leipzig

In der Mädlerpassage (mit Eingang zu Auerbachs Keller) in Leipzig

1996 Kurt Masur. Hinter dem Uniturm steht das Leibniz-Denkmal. Das sollte uns an die vielen berühmten Studenten und Gelehrten hier erinnern: Schongauer, Tycho Brahe, Telemann, Fichte, Novalis, Robert Schumann, Karl Liebknecht, Erich Kästner – eine illustre Schar! Über die Kupfergasse, vorbei am **Städtischen Kaufhaus**, kommen wir zum Eingang der **Mädler Passage** vom Neumarkt her. Dieses Prachtstück an Passagen-Architektur enthält den berühmten **Auerbachs Keller**, in welchem Goethe, der sein »Klein Paris« als Student lobte, eine seiner Faust-Szenen spielen läßt. Am Ausgang der Passage erfreut das Goethe-Denkmal vor der prächtigen **Börse**. Über den **Markt** mit dem elegant-asymmetrischen **Rathaus** und seinen Arkaden aus der Renaissance und die Petersstraße gelangen wir zum **Neuen Rathaus**. Wir laufen über den Burgplatz und durch die Burgstraße zur **Thomaskirche**, deren Kantor von 1723 bis 1750 Johann Sebastian Bach war; im Innern befindet sich sein Grab. Über die Kloster- und Kleine Fleischergasse gelangen wir zur »Runden Ecke« (einst Stasisitz). Wir gehen zum Tröndlingring, überqueren Ring und Straßenbahn und gehen durch die Lortzingstraße zum **Rosental**. Diesen weiten Park ließ August der Starke anlegen. Vorbei am Zoologischen Garten kommen wir zum **Gohliser Schlößchen**: einziger Feudalsitz in der Handelsmetropole und schönstes Rokoko.

Informationen zur Tour

 Ausgangsort
Leipzig, Hauptbahnhof-Osthalle

 Zielpunkt und Rückfahrt
Gohliser Schlößchen. Rückfahrt mit Linie 6 der Straßenbahn

 Einkehrmöglichkeit
Histor. Gaststätten: Alte Nikolaischule (Kultur Café); Auerbachs Keller (Mädler Passage); Thüringer Hof (Burgstraße)

 Unterkunft
Vermittlung durch den Tourist Service (s. u.)

 Öffnungszeiten
Leipzig Tourist Service, Mo – Fr 9 – 19, Sa/So 9.30 – 14 Uhr. Hier Auskunft über die zahlreichen Museen. Alte Börse und/oder Gewandhaus, Kl. Saal, öffentl. Jugendkonzerte: Mo – Fr 9 und 10.30 Uhr

 Auskunft
04109 Leipzig, Tourist Service, Richard-Wagner-Straße 1, gegenüber Hbf., Tel. 03 41/7 10 42 60

 Karte
Stadtplan 1:10 000, beim Tourist-Service oder in allen Buchhandlungen.

85 Das Muldental zwischen Grimma und Trebsen

 Tourenlänge
19 km

Durchschnittliche Gehzeit
5 Std.

Etappen
Grimma – Kloster Nimbschen 4 km – Rabenstein 5 km – Seumepark 4 km – Trebsen 6 km

Steigung
136 Hm

Eignung für Kinder
Ab 12 Jahren

Interessantes am Weg
Grimma: Markt mit Rathaus, Schloß, Augustinerkloster, Frauenkirche (13. Jh.); Kloster Nimbschen; Mühlenmuseum in Höfgen; Kaditzsch: Denkmalsschmiede, Galerie, Café, Haustierzoo; Rabenstein; Hohnstädt: Seumepark, Göschenhaus.

Wegcharakter
Wechsel zwischen Stadtstraßen, Waldwegen, Nebenstraßen, Dorfstraßen und Parkwegen

Wegmarkierung
Wegweiser, rot/grün/blau

Günstigste Jahreszeit
März bis Oktober (bei Rauhreif und Eis auch im Winter sehr schön)

Tour durch die Stadt! Alte Bürgerhäuser mit Erkern, Wendeltreppen, Gewölben, Portalen mit Sitznischen finden Sie dabei am Markt, in der Lorenzstraße und Klosterstraße. Und was Grimma für die Literatur geleistet hat? Hier hatte im 19. Jh. der berühmte Verlag Göschen seinen Sitz, der Klassiker wie Klopstock und Goethe verlegte. In ihm arbeitete Seume, der bis Syrakus (sein Buch!) und Schweden wanderte.
Wir verlassen Grimma über die Frauenkirche und vorbei an der Großmühle. Über den Floßplatz kommen wir zur Hängebrücke, bleiben aber am

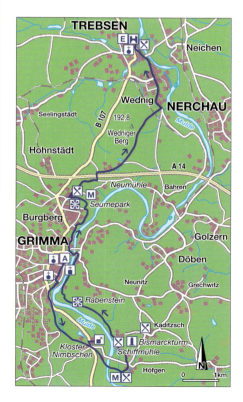

Sie kennen **Grimma** noch nicht? Die Visitenkarte der 18 000-Einwohner-Stadt kann sich sehen lassen: Gründung um 1170 als Oberstadt mit einem Vorgängerbau der heutigen Frauenkirche – Erweiterung um die Unterstadt im Schutz einer um 1200 gegründeten Burg, die um 1400 zur Zweiflügelanlage eines Schlosses erweitert wurde – 1290 Gründung eines Augustinerklosters, dessen Kirche im 15. Jh. erneuert, im 17. Jh. barock ausgestaltet wurde. Bummeln Sie am Nachmittag Ihrer Ankunft oder vor Ihrer

85 Das Muldental zwischen Grimma und Trebsen

Westufer der Mulde. Unterhalb der Gattersburg-Ruine mit dem Bärenzwinger steigen wir zur Straße auf, die wir aber schon nach 300 m aus einer Linkskurve nach rechts zum Rad-/Fußweg (Tafel mit Karte) verlassen. Am Fuß des Steilhanges gelangen wir in einer halben Stunde zu den Ruinen des **Klosters Nimbschen**. Von hier führt ein markierter Weg durch Wald und auf dem Damm der ehem. Muldentalbahn zur Fähre. Die Fährfrau bringt uns sicher über die Mulde nach **Höfgen**, wo die alte Wehrkirche und das Mühlenmuseum sehenswert sind. Von Höfgen laufen wir zum Hotel-Rest. Schiffsmühle. Dann zwängt sich der markierte Wanderweg zwischen Fluß und Fels hindurch und führt am östlichen Steilhang entlang in 6 km zum **Rabenstein** (rot/grün/blau). Wir wandern hinunter zum Rastplatz und gehen rechts auf dem Panoramaweg mit immer wieder zwischen den Bäumen sich auftuendem Blick auf die Flußfront von Grimma. Zum Schluß überqueren wir auf der alten Steinernen Brücke die Mulde, gehen vor dem Sportplatz rechts, queren die neue Schnellstraße und wandern auf einem Rad-/Fußweg an der Mulde entlang zur Grundmühle. Von da aus steigen wir rechts durch den **Seumepark** und vorbei am Göschenhaus nach **Hohnstädt**. Am Straßenknoten gehen wir in die Wedniger Straße, überqueren nach 1 km links die Autobahn und biegen nach der Brücke rechts ab. An einer Gabelung laufen wir links am Waldrand entlang und über den Osthang des Wedniger Berges (193 m) nach **Wednig** und von hier nach **Trebsen**.

Blick auf Grimma über die Mulde

Informationen zur Tour

 Ausgangsort
Grimma

 Anfahrt
Mit Bahn oder Bus von Leipzig

 Zielpunkt
Trebsen. Ausgangsort für Tour 86

 Einkehrmöglichkeit
Höfgen: Zur Schiffsmühle (s. u.); Hohnstädt: Seume-Gaststätte »Athen«

 Unterkunft
Grimma: 4 Hotels, z. B. Goldenes Schiff,
Tel. 0 34 37/98 80-0 oder Stadt Grimma, Tel. 91 13 62.
Höfgen: Rest., Tel. 91 03 12; Zur Schiffsmühle, Tel. 91 02 86.
Trebsen: Hotel Schloßblick, Tel. 03 43 83/4 22 36, 60 80

 Öffnungszeiten
Grimma: Fremdenverkehrsamt Mo, Mi – Fr 9 – 16,
Di 9 – 18 Uhr; Personenfähre Ostern bis Okt.
Höfgen: Mühlenmuseum, Mai – Sept. Mi – So 10 – 14,
15 – 16.30 Uhr, sonst nach Vereinbarung.
Seumepark: Göschenhaus Di, Do, Sa, So 10 – 17 Uhr

 Auskunft
04668 Grimma: Fremdenverkehrsamt,
Tel. 0 34 37/91 98 53

 Karte
TK 50 (N), Blatt L 47 42 Wurzen oder TK 25 (N),
Blatt 47 42 Grimma

Region um Leipzig

86 Von Trebsen nach Wurzen

 Tourenlänge
14 km

 Durchschnittliche Gehzeit
4 Std.

 Etappen
Trebsen – Sonnenmühle 6 km – Wurzen 6 km

 Steigung
25 Hm

 Eignung für Kinder
Ab 12 Jahren

 Interessantes am Weg
Trebsen: spätgotische Pfarrkirche, Schloß (1582); »Loreley«-Felsen; Wurzen: Mariendom (1114), spätgotisches Schloß mit Zellengewölbe, Wenceslaikirche (16. Jh.), alte Bürgerhäuser besonders am Markt

 Wegcharakter
Befestigte Nebenstraßen (70 %), Deichkrone und Feldwege

 Wegmarkierung
Wegweiser

 Günstigste Jahreszeit
März bis Oktober

Trebsen, wo unsere heutige Wanderung beginnt, ging aus einer kaiserlichen Reichsburg hervor; 1518 wurde die Siedlung zum »Städtlein« ernannt. Die heutige Wanderung ist nicht lang, so daß wir den Vormittag zu einem eingehenden Besuch von Trebsen nutzen können. Die Pfarrkirche, im Kern romanisch, im Chor spätgotisch, der Westturm von 1552 und seine barocke Haube von 1731, enthält eine 700jährige Baugeschichte. Am Ufer über der Mulde stoßen wir auch beim spätgotischen Schloß von 1582 auf eine vielschichtige Architektur. Nach dem Besuch des Schlosses gehen wir links der Kirche zur neuen Muldenbrücke. Nachdem wir auf das Hochufer gelangt sind, führt 300 m weiter an einer Kreuzung links eine nur mäßig befahrene Straße Richtung Wurzen. Eine halbe Stunde Wanderung müssen wir auf ihr in Kauf nehmen; dann folgt die Entschädigung: In **Nitzschka** zweigen wir links in die »Straße des Friedens« ab. Windungsreich führt sie durch das Dorf, wechselt zu Recht den Namen (»Am Berg«) und bringt uns am Ortsende auf den Deich. Sorglos und mit stets schönem Blick auf die breite Aue laufen wir 2 km auf ihm zur **Sonnenmühle**. Auf einem Fußweg (rot) kommen wir auf die »Loreley«; nach dem Wald geht es halbrechts auf das Hochufer. Oben gehen wir scharf links und laufen nun in einer 3/4 Stunde mit wechselndem Blick auf die Muldenaue nach **Dehnitz**. Nach Überqueren des Mühlbaches kann man noch rechts auf den Wachtelberg (145 m) steigen, von dessen

175

86 Von Trebsen nach Wurzen

Turm man **Wurzen** übersieht: Dom, Markt und Stadtkirche sind in den letzten Jahren hervorragend restauriert worden.
Zum Mariendom und Schloß zeigt uns jeder den Weg. Die 1114 gestiftete Pfeilerbasilika des Doms wurde im 14. Jh. als Halle gewölbt. Eine Spannung bis in die Gegenwart bewirkt die um 1930 entstandene expressionistische Kreuzigungsgruppe im Chor. Neben dem Dom stehen das Stiftsgebäude und das ehem. Bischofsschloß, das deutlich den Übergang von der Spätgotik zur Renaissance zeigt.

Informationen zur Tour

Ausgangsort
Trebsen an der Mulde, von hier Anschluß an Tour 85. Sonst Anfahrt mit Pkw

Zielpunkt und Rückfahrt
Wurzen. Rückfahrt mit der S-Bahn nach Leipzig oder nach Machern zum Ausgangspunkt der Tour 87

Einkehrmöglichkeit
Gasthof in Nitzschka. Sonst Rucksackverpflegung

Unterkunft
Wurzen und Umgebung: 2 Hotels, z. B. Ringhotel Wurzen-Nischwitz, Eilenburger Straße, Tel. 0 34 25/9 89-0. Machern: Gästehaus am Schloßpark, Tel. 03 42 92/7 00-0; Hotel-Rest. Eiscafé am Park, Tel. 6 80 91

Öffnungszeiten
Wurzen: Information, Markt 5, Mo – Fr 10 – 12.30, 13 – 18 Uhr

Auskunft
04808 Wurzen-Information, Markt 5, Tel. 0 34 25/92 60 00

Karte
TK 50 (N), Blatt L 47 42 Wurzen oder TK 25 (N) Blatt 46 42 Wurzen

Trebsen: Blick auf das Schloß am Ufer der Mulde

87 Machern – Püchau – Thallwitz – Eilenburg

Tourenlänge
22 km (bis Thallwitz 15 km)

Durchschnittliche Gehzeit
6 Std. (4 Std.)

Etappen
Machern – Püchau 7 km – Thallwitz 8 km – Eilenburg 7 km

Steigung
38 Hm

Eignung für Kinder
Ab 10 Jahren (bei Wanderung bis Thallwitz, s. Zielpunkt)

Interessantes am Weg
Machern: Schloß (16. Jh.) mit englischem Landschaftspark. Lübschützer Teiche: Badeplatz. Püchau: Schloß (16./19. Jh.) mit Park, Dorfkirche mit Bildern aus der Werkstatt Lucas Cranach d. J. Thallwitz: Renaissanceschloß mit frz. Park. Eilenburg: siehe Tour 88

Wegcharakter
Waldwege und befestigte Nebenstraßen

Wegmarkierung
Wegweiser; Machern – Lübschützer Teiche: grün; Wasewitz – Thallwitz: rot, blau

Günstigste Jahreszeit
März bis Oktober

Die heutige Wanderung gehört zu den großartigsten im Muldental: Drei Schlösser, eingebettet in weite Parks, begleiten unseren Wanderweg. Eine Übernachtung in **Machern** ist zwar nicht ganz billig, aber der Preis ist dem Ambiente eines Renaissanceschlosses angemessen. Von der Pyramide im Park gehen wir hoch zur Straße, folgen ihr links und schwenken dann rechts auf den »Schwarzen Weg« (Ww.). In der Siedlung müssen wir halblinks laufen und dann auf schönem Waldweg immer geradeaus (Ww. »Gaststätte«, grün) zum ersten der sechs **Lübschützer Teiche** gehen. Im Sommer herrscht am Bade- und Campingplatz Hochbetrieb. Danach laufen wir durch Landschaftsschutzgebiet, erst unter Birken, später unter knorrigen Eichen. Nach Überschreitung der Autostraße schwenken wir hinter dem letzten Teich in das Dorf **Lübschütz**. Am Straßenkreuz gehen wir halblinks Richtung NNW (Ww. »Schulweg«) in einer Viertelstunde nach **Püchau**. Im Ort wenden wir uns rechts zur Kirche und dann über eine 1564 erbaute Stein-

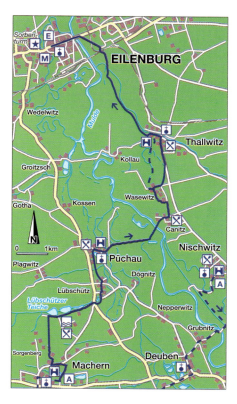

87 Machern – Püchau – Thallwitz – Eilenburg

Schloß Püchau

brücke zum Schloß. Zum Landschaftspark kann man links vom Schloß durch eine stets offene Tür hinabgehen. Zurück zum Schloß steigen wir links der Steinbogenbrücke ab zum breiten Fahrweg nach Canitz-Wasewitz (Rad-Symbol). Bei der folgenden Gabelung gehen wir rechts, vorbei an einer ehemaligen LPG, zu einem massiven Brückentorso, der vor 80 Jahren für eine Wasserleitung angelegt wurde. Auf ihm überqueren wir die Mulde und kommen nach **Canitz**, wo wir links auf einem Fußweg zur Kirche des benachbarten **Wasewitz** gelangen. Vor dem Ort schicken uns Wegweiser (rot, dann blau, dann Rad) Richtung Thallwitz. Man kommt kurz auf die Dorfstraße und zweigt dann links auf einen Fuß-/Radweg ab. Erst durch Auwald, zuletzt neben der Straße kommen wir nach **Thallwitz**. Vor der Kirche zweigt links der Zugang zu Schloß und Park ab. Welch eine Augenweide! Hier bilden echte und Neo-Renaissance eine Einheit. Das spürt man besonders, wenn man durch den im 18. Jh. geschaffenen französischen Park schlendert: Kaskaden, Teiche, Naturtheater und Alleen. Beim Verlassen des Schlosses auf der Nordseite biegen wir vor einem Fachwerkhaus links in die Kollauer Straße und am letzten Haus (Nr. 24) rechts auf einen breiten Fahrweg. Durch die weite Auenlandschaft bringt er uns nach **Eilenburg**-Ost und dann über die Mulde in die Altstadt.

Informationen zur Tour

 Ausgangsort
Schloß Machern

Anfahrt
Mit S-Bahn von Leipzig oder Wurzen

 Zielpunkt und Rückfahrt
Eilenburg. Mit der Bahn zurück nach Leipzig (Stundentakt). Ab Thallwitz (dann 15 km Gesamtlänge) mit Bus nach Eilenburg.

Einkehrmöglichkeit
Lübschützer Teiche; Püchau, Canitz und Thallwitz: Dorfgasthöfe

 Unterkunft
Machern: Siehe Tour 86.
Eilenburg: 6 Hotels und Pensionen, z. B. Hotel Schwarzer Adler, Leipziger Straße, Tel. 0 34 23/75 23 98; IL BURG, Puschkinstraße 33, Tel. 75 95 28, 75 94 04

Öffnungszeiten
Schloß Machern: Führung nach Voranmeldung, Tel. 03 42 92/7 20 79, Park tägl. offen. Püchau und Thallwitz: Parks tägl. offen. Bürgerinfo Eilenburg: Mo, Mi 10–11.45, 13–15, Di–Do 10–16, Fr 10–12 Uhr

Auskunft
04838 Eilenburg, Bürgerinfo und Fremdenverkehr, Tel. 0 34 23/65-178

 Karte
TK 50 (WR), Blätter L 45 40 Eilenburg und L 47 40 Leipzig; TK 50 (N), Blatt L 45 42 Torgau West. Für die Variante zusätzlich TK 50 (N), Blatt L 47 42 Wurzen

Region um Leipzig

88 Von Eilenburg nach Bad Düben

 Tourenlänge
21 km (bis Hohenprießnitz 13 km)

 Durchschnittliche Gehzeit
5 Std. (bis Hohenprießnitz 3 Std.)

 Etappen
Eilenburg – Hohenprießnitz 13 km –
Bad Düben 8 km

 Steigung
35 Hm

 Eignung für Kinder
Ab 12 Jahren

 Interessantes am Weg
Eilenburg: Rathaus und Stadtkirche am Nikolaiplatz; Burg (10. Jh.) mit Sorbenturm, Amtshaus und Bergkirche; Sternwarte. Zschepplin: Renaissanceschloß. Hohenprießnitz: Barockschloß. Bad Düben: Burg (jetzt Heimatmuseum), Schiffsmühle; Rathaus; Nikolaikirche, Friedhofsportal (1577)

 Wegcharakter
Nahezu ebenes Laufen auf Feldwegen, Nebenstraßen und Deichkronen

 Wegmarkierung
Wegweiser, grün, ab Niederglaucha auch schwarzer Punkt

Günstigste Jahreszeit
März bis Oktober

einer weiteren Brücke rechts auf den Deich (Ww. »Hainichen 3 km«). Nach einer halben Stunde führt der offizielle Wanderweg links in den Auwald. Lohnender ist es, auf dem Damm weiterzulaufen. Einen nach Osten ausholenden Deichbogen kann man auf einem Fahrweg und über einen Wasserspeicher abkürzen. In Höhe von **Hainichen** treffen wir wieder auf den ausgeschilderten Wanderweg und folgen ihm bis **Zschepplin** (Ww.; 2,6 km). Von einem Rastplatz erblickt man Dorf und Schloß. Ehe wir am Park-

Am Morgen besichtigen wir **Eilenburg**. Wir beginnen am Markt, wo das wiederaufgebaute Renaissancerathaus mit seinen Volutengiebeln und die dreischiffige Stadtkirche von 1444 stehen. Aus der Stadt laufen wir Richtung Burg und vor der Straßenbrücke rechts auf der Mühlplatz-Straße (Ww. »Bad Düben 20,9 km«, grün) über den Mühlgraben. Nach 500 m geht es hinter

179

88 Von Eilenburg nach Bad Düben

Dorf und Schloß von Zschepplin

eingang weiter dem Wanderweg folgen (rechts), gehen wir erst geradeaus in den Park und hinauf zum Schloß. Der Park bezieht geschickt alte Flußarme der Aue ein und ist immer zugänglich. Zurück zum Ww. folgen wir diesem durch die abwechslungsreiche Aue. Nach einer reichlichen Stunde erreichen wir **Hohenprießnitz**. Park und Schloß liegen links von dem an der Mulde führenden Weg. Der Herrensitz, eine im 18. Jh. errichtete Dreiflügelanlage, zeigt ganz dezenten Barock. Der zweigeschossige Zentralbau, der sich parkseitig über einen Teich erhebt, wird dorfseitig von zwei ebenerdigen Flügeln mit Eckpavillons flankiert.

Oben im Dorf gehen wir an der Bushaltestelle (von hier Fahrt nach Düben möglich) zweimal rechts und dann an der Wegkreuzung links. Über **Glaucha** und viel Deichwanderung gelangen wir in zwei Stunden nach **Bad Düben**. Die Burg, 981 erstmals erwähnt, gewährte der Siedlung Schutz. Von ihr ist noch der Torturm mit Fachwerkobergeschoß erhalten, wo sich jetzt das Heimatmuseum befindet. Zu Füßen des Burgberges liegt die letzte Schiffsmühle als technisches Denkmal. Vor der Völkerschlacht 1813 drückten sich Blücher und Napoleon in Düben beinahe die Klinke in die Hand.

Informationen zur Tour

Ausgangsort
Eilenburg

Anfahrt
Mit der Bahn von Leipzig (Stundentakt)

Zielpunkt und Rückfahrt
Bad Düben. Rückfahrt mit dem Bus ab Paradeplatz, Steig 4 nach Leipzig Hbf. (Mo–Fr Stundentakt, Sa/So Zweistundentakt). Bei Busfahrt Hohenprießnitz – Düben Einsparung von 8 km (2 Std.)

Einkehrmöglichkeit
Dorfgasthöfe in Zschepplin, Hohenprießnitz und Niederglaucha

Unterkunft
Gruna: Gasthof (Fähre verkehrt ganzjährig). Bad Düben: 5 Hotels und Pensionen, z. B. Ringhotel, Tel. 03 42 43/2 50 71 (-5)

Öffnungszeiten
Eilenburg: Info siehe Tour 87. Zschepplin: Park immer zugänglich. Hohenprießnitz: Schloß nach Voranmeldung, Tel. 03 42 42/53 20. Bad Düben: Stadtinformation, Mo – Fr 9 – 13, 14 – 18 Uhr; Heimatmuseum Di – Do 9 – 16, Fr 9 – 12, Sa/So 13 – 16 Uhr

Auskunft
04849 Bad Düben, Stadt-Information, Markt, Tel. 03 42 43/7 22-30

Karte
TK 50 (WR), Blatt L 45 40 Eilenburg

Erzgebirge/Elbsandsteingebirge

89 Talsperre Bleiloch bei Lobenstein

Tourenlänge
14 km

Durchschnittliche Gehzeit
4 Std.

Etappen
Lobenstein – Harra 1 Std. – Saaldorf 1½ Std. – Lobenstein 1½ Std.

Steigung
400 m

Eignung für Kinder
Ab 8 Jahren

Interessantes am Weg
Burg Lobenstein, romanische Kapelle in Harra, Talsperre Bleiloch, Geiersberg

Wegcharakter
Weitgehend befestigte Wege, aber beachtliche Höhenunterschiede

Wegmarkierung
Einzelne Wegweiser; Lobenstein – Harra roter Balken

Günstigste Jahreszeit
Frühling bis Herbst

Lobenstein hat als Kern eine Burg aus dem 13. Jh. Sie diente einst der Sicherung des Handelsweges zwischen Bamberg und Leipzig. Erhalten geblieben ist von der Burg noch der knapp 30 m hohe Bergfried. Unterhalb der alten Burg lohnt sich ein Besuch des Heimatmuseums. Ausgangspunkt ist der *Teich* beim Busbahnhof, von dem aus wir den Langen Weg nach Osten nehmen. Nach der Querung der Bahnlinie weist die Markierung roter Balken den Weg zur Brauerei Lemnitzhammer. An der Mündung der Lemnitz in die **Talsperre Bleiloch** gehen wir über die Brücke, queren die Eisenbahn und wandern dann weiter südwärts bis **Harra**. Hier lohnt ein Blick in die Anfang des 14. Jh. errichtete, romanische Kapelle. In ihr verbirgt sich ein spätgotischer Flügelaltar aus dem 15. Jh.

Nördlich von Harra queren wir die Saale, steigen nordwärts in den nahen Wald hinauf und wandern dann über die weiten Westhänge unterhalb des Ochsenstollens. Bei Mühlberg kommen wir wieder hinunter an die Talsperre und gehen erneut in einer großen Schleife bergauf zu den Felsen von **Agnesruh**. Sie bieten eine gute Aussicht über die Gegend, die wir gerade erkunden. Westlich der Felsen von Agnesruh vermeiden wir die Straße, indem wir nach links über die Wiesen bis zur Straßenbrücke über die Talsperre wandern.

Auf dieser Brücke über die Talsperre westlich von **Saaldorf** sei an die Entstehung der Sperrstufe erinnert. Geschaffen wurde sie in sechsjähriger Bauzeit bis 1932. Dabei entstand eine 205 m lange und 65 m hohe Staumauer. Hinter ihr sammelt sich seither die Saale auf 28 km Länge und einem Einzugsgebiet von über 1200 qkm. Nach der Brücke über die Talsperre müssen wir für etwa 1 km der Landstraße folgen, bevor wir am Westende des Stausees den Friesaubach überqueren können. Dem Bach folgen wir auf seiner rechten Seite bis zum Waldrand. Dort queren wir nach links hinüber zum **Oberreußischen Haus**, einst ein Jagdhaus der Fürsten von Reuß-Loben-

89 Talsperre Bleiloch bei Lobenstein

Blick vom Bergfried der Burg Lobenstein über die Dächer der Stadt

stein. Letztes Ziel ist der im Nordwesten bereits sichtbare Aussichtsturm auf dem **Geiersberg**. Vom Geiersberg ist es nur noch ein Katzensprung zurück nach Lobenstein.

Informationen zur Tour

 Ausgangsort
Moorbad Lobenstein

 Anfahrt
Über die A 9 und die B 90

 Zielort
Wie Ausgangsort

 Einkehrmöglichkeit
In Harra

 Unterkunft
In Moorbad Lobenstein

 Auskunft
07356 Lobenstein, Fremdenverkehrsamt, Am Graben 18, Tel. 03 66 51/25 43

Karte
Topographische Karte 1:50 000, 60 C Moorbad Lobenstein

Erzgebirge/Elbsandsteingebirge

90 Rund um Johanngeorgenstadt

Tourenlänge
14 km

Durchschnittliche Gehzeit
4 Std.

Etappen
Erlabrunn – Steinbach 1½ Std. – Kranichsee 1 Std. – Johanngeorgenstadt 1½ Std.

Steigung
400 m

Eignung für Kinder
Ab 8 Jahren

Interessantes am Weg
Steinbachtal, Teufelsteine, Kranichsee, Schaubergwerk Glöckl in Johanngeorgenstadt

Wegcharakter
Etwa zwei Drittel der Strecke verlaufen auf befestigten Wegen, der Rest unbefestigt

Wegmarkierung
Graupener Weg durch das Steinbachtal blauer Strich; Naturlehrpfad Teufelsteine grüner Schrägstrich; Kammweg grüner Strich

Günstigste Jahreszeit
Frühling bis Herbst

Südrand von Erlabrunn folgen wir der blauen Markierung, die über den *Graupenweg* ins **Steinbachtal** hineinführt. An der Wegekreuzung bei der *Kellerschleiferei* queren wir den Bach und folgen der grünen Schrägstrich-Markierung des Naturlehrpfades zu den **Teufelssteinen**. Hier ragen die Granitwände und einzelne Granittürme bis zu 30 m senkrecht in die Höhe. Südlich der Teufelssteine erreicht der Pfad den westlichen Ortsrand der *Neustadt* von Johanngeorgenstadt.

Auf der Eibenstocker Straße wenden wir uns nach rechts, bis wir links in die Eisenstraße einmünden und nun knapp 3 km schnurgerade durch den Wald bis zum Wegekreuz »An der Dreckpfütze« weiterwandern können. Hier sind

Die Gegend um Johanngeorgenstadt ist altes Bergbaugebiet. Gefunden und gefördert wurden in der Region zunächst Silber, Eisen und Zinn, später dann Wismut, Kobalt, Arsen und Schwefelkies. Wie es einst im Bergbau zuging, ist besonders schön im Schaubergwerk »Glöckl« zu sehen. Es ist Teil der von 1671 bis 1958 arbeitenden Schachtanlage »Unverhofft Glück«.

Ausgangspunkt der Wanderung rund um Johanngeorgenstadt ist **Erlabrunn** an der Mündung des Steinbaches in das Schwarzwasser. Ab dem

90 Rund um Johanngeorgenstadt

Die Postmeilensäule in Johanngeorgenstadt

wir bereits 937 m hoch und haben damit praktisch den ganzen Anstieg geschafft.
Am Wegekreuz beginnt die grüne Strich-Markierung, der wir nun den Kammweg entlang bis **Johanngeorgenstadt** folgen.
Nach einem weiteren Kilometer erreichen wir das Hochmoor **Kleiner Kranichsee**, das allerdings weder mit Kranichen noch mit einem See etwas zu tun hat. Kranich steht hier vielmehr für das slawische Wort »granica«, das ganz prosaisch Grenze bedeutet. See schließlich steht schlicht für sumpfiges Gelände.
Ab dem Kranichsee folgen wir dem Kammweg südostwärts weiter zum Aussichtspunkt **Jugel** oberhalb des Pechöfenbaches. Von hier aus sieht man weit hinein in die Tschechische Republik. Hinter dem Aussichtspunkt geht es zügig hinunter nach Johanngeorgenstadt.

Informationen zur Tour

 Ausgangsort
Erlabrunn

 Anfahrt
Über die A 72 bis Ausfahrt Zwickau und die B 93 und 101 bis Schwarzenberg und über die Landstraße bis Erlabrunn

 Zielort
Johanngeorgenstadt; Rückkehr nach Erlabrunn mit Bahn oder Bus

 Einkehrmöglichkeit
Gaststätte Henneberg beim Kranichsee

 Unterkunft
In Erlabrunn und Johanngeorgenstadt

 Auskunft
08349 Johanngeorgenstadt, Fremdenverkehrsamt, Eibenstocker Straße 52, Tel. 0 37 73/30 30

 Karte
Wanderkarte 1:50 000, Westerzgebirge (Kümmerly & Frey Verlag)

91 Naturtheater bei Ehrenfriedersdorf

Tourenlänge
10 km

Durchschnittliche Gehzeit
2½ Std.

Etappen
Ehrenfriedersdorf – Greifenbachstauweiher 1¼ Std. – Greifenbachmühle – Ehrenfriedersdorf 1¼ Std.

Steigung
120 m

Eignung für Kinder
Ab 7 Jahren

Interessantes am Weg
Stülpnerhöhle, Greifensteine, Röhrgraben

Wegcharakter
Bequeme Wanderung auf festen Wegen

Wegmarkierung
Ehrenfriedersdorf – Greifenbachstauweiher roter Strich; Stauweiher – Ehrenfriedersdorf gelber Strich

Günstigste Jahreszeit
Ganzjährig

Ehrenfriedersdorf gehört zu den ganz alten Bergbaustädten des Erzgebirges. Seit 1293 wurde hier Zinn abgebaut. Dies brachte dem Ort den nötigen Reichtum für den Kauf des prächtigen, sechsflügligen Schnitzaltares von Hans Witten, zu finden in der Stadtkirche St. Nikolai.
Ausgangspunkt ist der Neumarkt von **Ehrenfriedersdorf**. Durch die Greifensteinstraße und den Albin-Langer-Weg wandern wir westwärts gegen den Freiwald. Von der »Schönen Aussicht« bietet sich ein interessanter Blick zurück auf Ehrenfriedersdorf und die ehemaligen Förderanlagen der Grube Zinnerz auf dem Sauberg. Erstes Ziel auf der Strecke ist die **Stülpnerhöhle**, ein altes Stollenmundloch. Hier soll der erzgebirgische Volksheld Karl Heinrich Stülpner sein Winterquartier gehabt haben. Kurz hinter der Höhle kommen wir bereits mitten hinein in die **Greifensteine**. Die bizarr geformten Granitklippen sind die Reste eines verwitterten Granitstockes; die von der Erosion phantasievoll geformten Felsen sind berühmte Kletterziele. Auf gerade mal sechs Kletterfelsen führen nicht weniger als 65 verschiedene Kletterrouten. Für Nichtkletterer ist einer der Felsen mit einer Treppenanlage erschlossen. An ihrem Fuße steht das alte Berghaus mit dem Greifensteinmuseum.
Von den Greifensteinen wandern wir noch westwärts zum **Greifenbachstauweiher**. Er war bereits im späten Mittelalter als Wasserreservoir für die Erzwäsche angelegt worden. Am Stauweiher beginnt der Rückweg, der nun Anton-Günther-Weg heißt und der Markierung gelber Strich entlang abwärts durch den Pochwald in das Greifental führt. Hinter dem ehemaligen Eingang zum **Goldenen-Adler-Stollen** erreichen wir schließlich die Abzweigung des Röhrgrabens vom Greifenbach. Dieser Kanal wurde schon im 14. Jh. angelegt, um das Wasser aus dem Greifenbachstauweiher zu den Zinngruben am Sauberg zu bringen.

91 Naturtheater bei Ehrenfriedersdorf

Berühmte Kletterziele: die Greifensteine

Bald schwenkt nun der Weg nach Süden und erreicht nach einem weiteren guten Kilometer die Raststation Greifenbachmühle. Von ihr aus wandern wir unter den Hängen des 623 m hohen Hahnenrücks zurück nach Ehrenfriedersdorf.

Informationen zur Tour

 Ausgangsort
Ehrenfriedersdorf

Anfahrt
Über die A 72 bis zur Ausfahrt Stollberg und von dort über die Landstraße

 Zielort
Wie Ausgangsort

 Einkehrmöglichkeit
Bei den Greifensteinen und in der Greifenbachmühle

 Unterkunft
In Ehrenfriedersdorf

 Auskunft
09427 Ehrenfriedersdorf, Tourist-Information, Rathausstr. 2, Tel. 03 73 41/30 60

 Karte
Topographische Karte 1:50 000, 50 B Schwarzenberg

92 An der Oberen Flöha

Tourenlänge
14 km

Durchschnittliche Gehzeit
3½ Std.

Etappen
Neuhausen – Rauschenbachtalsperre 1 Std.; Umrundung der Rauschenbachtalsperre 1½ Std.; Rauschenbachtalsperre – Neuhausen 1 Std.

Steigung
90 m

Eignung für Kinder
Ab 7 Jahren

Interessantes am Weg
Schloß Purschenstein, Dorfkirche von Cämmerswalde

Wegcharakter
Etwa die Hälfte der Strecke ist befestigter Weg, der Rest ist unbefestigt

Wegmarkierung
Neuhausen – Brücke über die Talsperre Rauschenbach roter Strich; Cämmerswalde – Neuhausen grüner Strich

Günstigste Jahreszeit
Ganzjährig

Im Osten des Erzgebirges werden die Berge flacher, der Waldanteil geht zurück und die Landschaft wird offener. In solch freundlicher Umgebung liegt **Neuhausen** am Oberlauf der Flöha.
Ausgangspunkt ist der *Bahnhof* von Neuhausen, von wo wir durch die Bahnhofstraße nordwärts wandern und über den Neuwernsdorfer Weg nach **Rauschenbach** kommen. Nordöstlich der kleinen Ortschaft sind wir bereits unterhalb der Talsperre. Ihre Staumauer können wir über einen kurzen, aber steilen Steig erklimmen. Dem Süd-

ufer der **Talsperre** entlang geht es nun nordostwärts hinüber nach **Neuwernsdorf**, hinter dessen letzten Häusern bereits die Grenze zur Tschechischen Republik verläuft.
Der **Stausee** selbst speichert das Wasser der Flöha, des Wernsbaches und des Rauschenbaches. Außer dem Hochwasserschutz dient die Talsperre vor allem der Trinkwasserversorgung von Freiberg und Chemnitz. Vor dem Ausbau der heutigen Talsperre diente ein kleinerer Vorgängerbau dem Freiberger Bergbau. Über einen teilweise unterirdisch verlaufenden Kunstgraben, der **Rösche** hieß, wurden die Gruben mit Brauchwasser versorgt. Das Gesamtsystem war ursprünglich 78 km lang, 24 km davon waren unterirdisch.
Nach der Querung der 252 m langen Brücke über die Talsperre zweigen wir links ab und bummeln über das schmale Fahrsträßchen nach **Cämmerswalde** hinauf. Wer sich für die 1422 fertiggestellte spätgotische *Dorfkirche* interessiert, muß natürlich ins Dorf hineinwandern. Alle anderen schwenken beim ersten Haus links ab und queren die Wiesen am Südrand des Dorfes. Nächstes Ziel ist ein historisches Flugzeug, eine russische Iljuschin IL 14, die hier ihren Austragplatz gefunden hat.

92 An der Oberen Flöha

Vom Flugzeug folgen wir weiter der Markierung mit dem grünen Strich, die zunächst wieder hinunter zur Talsperre Rauschenbach führt, kurz vor der Talsperre aber rechts abschwenkt und unter den Südhängen des Alten Gehaues zurück nach Neuhausen führt. Hier sollte man es nicht versäumen, dem **Schloß Purschenstein** noch einen Besuch abzustatten. Es geht auf eine im 13. Jh. errichtete Burg zurück, wurde danach aber mehrfach umgebaut.

Informationen zur Tour

 Ausgangsort
Neuhausen

 Anfahrt
Über die B 171 bis Sayda, dann über die Landstraße

 Zielort
Wie Ausgangsort

 Einkehrmöglichkeit
In Cämmerswalde

 Unterkunft
In Neuhausen

 Auskunft
09544 Neuhausen, Fremdenverkehrsamt, Bahnhofstr. 8, Tel. 03 73 61/41 87

 Karte
Wanderkarte 1:50 000, Osterzgebirge (Kümmerly & Frey Verlag)

Die Talsperre Rauschenbach an der Oberen Flöha

93 Von Altenberg zum Großen Lugstein

Tourenlänge
12 km

Durchschnittliche Gehzeit
3½ Std.

Etappen
Altenberg – Georgenfelder Hochmoor – Großer Lugstein 1½ Std. – Kahleberg 1 Std. – Altenberg 1 Std.

Steigung
320 m

Eignung für Kinder
Ab 8 Jahren

Interessantes am Weg
In Altenberg Binge und Schaubergwerk; Georgenfelder Hochmoor, Großer Lugstein, Kahleberg

Wegcharakter
Weitgehend befestigte Wege über die weiten Höhen des Osterzgebirges

Wegmarkierung
Altenberg – westlich Großer Lugstein roter Strich; Kahleberg – Altenberg blauer Strich

Günstigste Jahreszeit
Frühling bis Herbst

Ausgangspunkt ist der Parkplatz beim Sessellift am südlichen Stadtrand von Altenberg. Hier beginnt auch der mit rotem Strich markierte Lange Gassenweg, der als angenehmer Waldspaziergang nach **Zinnwald-Georgenfeld** hinaufführt. Sowohl das deutsche Zinnwald wie das tschechische Cinovec wurden im 15. Jh. von Bergleuten gegründet.
Nach der Querung der B 170 folgen wir dem weiterhin mit rotem Strich markierten Kreuzweg, der parallel zur tschechischen Grenze zum **Georgenfelder Hochmoor** hinaufführt. Dieses Moor ist etwa 18 000 Jahre alt und steht seit 1926 unter Naturschutz. Ein etwa 1,5 km langer Rundweg führt als Knüppeldamm in das Moor hinein.
Nördlich des Moores geht es hinauf zum 892 m hohen **Großen Lugstein**, der eine prächtige Aussicht über das halbe Osterzgebirge bietet. Zwischen Hochmoor und Großem Lugstein wandern wir noch ein Stückchen nach Westen, bis

Die alten Bergbaustädte **Altenberg** und **Zinnwald-Georgenfeld** sind auch die schneereichsten Orte des Osterzgebirges. Sie gehören deshalb zu den bedeutendsten sächsischen Wintersportplätzen. Mit seinen 905 m Höhe ist der **Kahleberg** der höchste Gipfel im östlichen Erzgebirge. Altenberg selbst entstand durch den bereits im Mittelalter betriebenen Zinnbergbau. Bester Beweis dafür ist die Binge, ein Krater mit etwa 600 m Umfang, im Osten der Stadt. Er entstand 1624 durch einen Stolleneinbruch. Wie der 1991 endgültig eingestellte Zinnbergbau funktioniert hat, ist im Altenberger Bergbaumuseum zu sehen.

189

93 Von Altenberg zum Großen Lugstein

Knüppeldamm durch das Georgenfelder Hochmoor

wir auf die Schneise 28 treffen. Ihr folgen wir ohne Markierung 2 km nach Nordwesten, bis wir auf einen mit blauem Strich markierten Querweg gelangen. Ihm folgen wir nach rechts auf den 905 m hohen **Kahleberg**. Sein Gipfelplateau bietet vor allem nach Nordwesten eine gute Aussicht. Auf dieser Seite gibt es auch ein interessantes Blockmeer aus Quarzporphyr. Vom Kahleberg folgen wir weiter der Markierung blauer Strich, die uns sicher zurück zum Parkplatz am Sessellift in Altenberg führt.

Informationen zur Tour

 Ausgangsort
Altenberg

 Anfahrt
Über die B 170

 Zielort
Wie Ausgangsort

 Einkehrmöglichkeit
In Zinnwald-Georgenfeld und in der Bergbaude auf dem Kahleberg

 Unterkunft
In Altenberg

 Auskunft
01773 Altenberg, Fremdenverkehrsamt, Tel. 03 50 56/3 42 97

 Karte
Wanderkarte 1:50 000, Osterzgebirge (Kümmerly & Frey Verlag)

Erzgebirge/Elbsandsteingebirge

94 Kletterfelsen im Süden der Sächsischen Schweiz

Tourenlänge
16 km

Durchschnittliche Gehzeit
4 Std.

Etappen
Schweizermühle – Katzenstein 1½ Std. – Rotstein 1 Std. – Schweizermühle 1½ Std.

Steigung
120 m

Eignung für Kinder
Ab 8 Jahren

Interessantes am Weg
Phantastisch geformte Kletterfelsen

Wegcharakter
Zum großen Teil unbefestigte Wanderwege

Wegmarkierung
Rosenthal – Wegespinne Pechborn grüner Punkt – Spitzer Stein gelber Strich – Bielagrund grüner Punkt – Schweizermühle grüner Strich

Günstigste Jahreszeit
Frühling bis Herbst

Königstein und das Bielatal waren früh Einfallstor für die touristische Eroberung der südwestlichen Sächsischen Schweiz. Bereits im vorigen Jahrhundert wurden die Felsen südlich vom Königstein und im oberen Bielatal von den Kletterern entdeckt und nach und nach auf immer schwierigeren Routen erobert. **Schweizermühle** war ihr wichtigster Ausgangspunkt. Hier gab es außerdem bis zum Zweiten Weltkrieg einen umfangreichen Kurbetrieb.
Als Ausgangspunkt für eine Bekanntschaft mit den schönsten Kletterfelsen bietet sich eine Rundtour über Rosenthal und entlang der grünen Strich-Markierung nordwestwärts in die Wälder an. Die Markierung beginnt in Rosenthal, 1½ km östlich von Schweizermühle. Über die Felder führt sie rasch in die Wälder hinauf bis zu einer Wegespinne beim **Pechborn**. Hier folgen wir im spitzen Winkel der Markierung gelber Strich dem Bach entlang nach Süden bis unter den 444 m hohen **Katzenstein**.
Nun wendet sich der Steig nach Norden, um den Westfuß des 423 m hohen Müllersteins zu queren. Nördlich geht es um den Müllerstein herum zum 410 m hohen Spitzen Stein. An seinem Südfuß treffen wir auf den mit grünem Punkt markierten Steig, dem wir weiter südwärts unter den 474 m hohen Katzfelsen folgen.
Auch nach dem Katzfelsen wandern wir weiter südwärts und erreichen bald darauf den 458 m hohen **Rotstein**. Er bietet eine prächtige Aussicht über den südwestlichsten Zipfel der Sächsischen Schweiz.

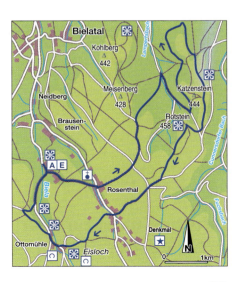

191

94 Kletterfelsen im Süden der Sächsischen Schweiz

Ideales Übungsgelände für Kletterer – hier Felsen von Ottomühle

Vom Rotstein steigen wir südwärts ab, bis wir auf die Winterleitenstraße treffen. Ihr folgen wir bis in die Südhälfte von **Rosenthal**, queren die Dorfstraße und bummeln hinüber nach **Ottomühle**. Talauswärts stehen nun bis **Schweizermühle** all die prächtigen Felsen Parade, die ganze Klettergenerationen begeistert haben und noch begeistern. Vor allem an Wochenenden hängen die Kletterer hier wie beim Familienausflug der Spinnen in den Wänden.

Informationen zur Tour

 Ausgangsort
Schweizermühle im obersten Bielatal

 Anfahrt
Über die B 172 bis Königstein, von dort über die Landstraße durch das Bielatal

 Zielort
Wie Ausgangsort

 Einkehrmöglichkeit
In Ottomühle

 Unterkunft
In Hermsdorf und Rosenthal

 Auskunft
01824 Bielatal, Gemeindeverwaltung, Schulstr. 1, Tel. 03 50 33/2 06

Karte
Wanderkarte 1:50 000, Sächsisch-Böhmische Schweiz (Kümmerly & Frey Verlag)

Erzgebirge/Elbsandsteingebirge

95 Von Rathen auf die Bastei

Tourenlänge
6 km

Durchschnittliche Gehzeit
2¼ Std.

Etappen
Rathen – Bastei 1 Std. – Amselsee 1 Std. – Rathen ¼ Std.

Steigung
200 m

Eignung für Kinder
Ab 6 Jahren

Interessantes am Weg
Felsenburg Neurathen, Bastei, Schwedenlöcher, Amselsee

Wegcharakter
Gut ausgebauter, aber relativ steiler Weg. Bei den Schwedenlöchern geht es 700 Stufen hinunter

Wegmarkierung
Rathen – Bastei – Schwedenlöcher – Amselgrund blauer Querstrich; Amselsee – Rathen grüner Strich

Günstigste Jahreszeit
Ganzjährig, sofern kein Schnee liegt

Die mit Abstand schönsten Felsformen des Elbsandsteingebirges in der Sächsischen Schweiz finden sich in der weltberühmten **Bastei** oberhalb vom Kurort Rathen. Hier steigen die Sandsteinwände an einem Prallhang der Elbe 200 Höhenmeter in den Himmel und gipfeln in den phantasievollsten Einzelformen.
Ausgangspunkt ist der **Kurort Rathen** am linken Elbufer. Nach der Querung der Elbe mit der Fähre bleiben wir noch knapp 200 m auf der Hauptstraße und biegen dann der blauen Markierung folgend links ab. Nur 15 Min. später öffnet sich vom Tiedgestein bereits der erste schöne Blick auf das **Elbtal**. Rechts erhebt sich der **Mönch**, ein beliebter Kletterfelsen. Kurz darauf ist die untere Basteiaussicht erreicht, wenig später sind wir mitten in der **Felsenburg Neurathen**. Sie war im 13. Jh. auf dem vordersten Basteiriff errichtet und 1469 zerstört worden. Ein separater Rundgang erschließt die gesamte alte Burganlage und zeigt, wie geschickt die Felsen in die Burgmauern integriert und als zusätzliche Sicherungen genutzt worden waren.
Hinter dem **Neurathener Felsentor** öffnet sich die berühmte Basteibrücke, kurz danach sind wir auf der oberen **Basteiaussicht**. Dieser 190 m über der Elbe gelegene, weltberühmte Aussichtspunkt taucht schon 1592 in den Urkunden als »Pastey« auf. Von der nahegelegenen **Ferdinandsaussicht** genießen wir dann noch den schönsten Blick in den Wehlgrund.
Im Norden der Bastei folgen wir weiter der blauen Markierung. Bald geht es hinter einer kleinen Schutzhütte steil über mehr als 700 Stufen hinunter in die romantische Felsschlucht der Schwedenlöcher. Hierher hatten sich die Bewohner der Umgebung im Dreißigjährigen Krieg geflüchtet, für die Wanderer wurde die Schlucht 1886 erschlossen.
Durch den Amselgrund wandern wir nach Süden hinaus zum Amselsee und an ihm entlang zurück nach Rathen.

95 Von Rathen auf die Bastei

Informationen zur Tour

Ausgangsort
Kurort Rathen mit Parkplatz am linken Elbufer

Anfahrt
Über die B 172 bis Siedlung Struppen, dann Landstraße

Zielort
Wie Ausgangsort

Einkehrmöglichkeit
Auf der Bastei

Unterkunft
Im Kurort Rathen

Auskunft
01824 Kurort Rathen, Gästeamt, Tel. 03 50 24/4 22. Informationsstelle der Nationalparkverwaltung

Karte
Wanderkarte 1:50 000, Sächsisch-Böhmische Schweiz (Kümmerly & Frey Verlag).

Von der Bastei-Brücke bieten sich schwindelerregende Tiefblicke.

96 Von Burg Hohnstein in den Tiefen Grund

Tourenlänge
11 km

Durchschnittliche Gehzeit
3 Std.

Steigung
180 m

Etappen
Hohnstein – Gasthaus Brand ¾ Std. – Tiefer Grund – Waltersdorfer Mühle 1¼ Std. – Hohnstein 1 Std.

Eignung für Kinder
Ab 7 Jahren

Interessantes am Weg
Burg Hohnstein, Stadtkirche und historische Apotheke; Felsen im Tiefen Grund

Wegcharakter
Steiler Abstieg in den Tiefen Grund und steiler Aufstieg aus dem Polenztal zurück nach Hohnstein

Wegmarkierung
Hohnstein – Tiefer Grund blauer Querstrich; im Polenztal roter Punkt; Polenztal – Hohnstein blauer Querstrich

Günstigste Jahreszeit
Frühling bis Herbst

Gut 140 m hoch ist der Sandsteinfelsen über dem Polenztal, auf dem **Burg Hohnstein** thront. Die Burg entstand als böhmische Grenzburg gegen Sachsen im 12. Jh., kam dann aber bereits 1443 an Kursachsen. Bis 1924 diente sie als Strafanstalt, danach wurde sie als »Jugendburg« Deutschlands größte Jugendherberge. Aus ihr machten die Nationalsozialisten 1933 eines der ersten Konzentrationslager. Heute ist Burg Hohnstein wieder Jugendherberge.
Das Städtchen **Hohnstein** ist geprägt von zweigeschossigen Fachwerkhäusern aus dem 18. und 19. Jh. Die schönsten sind das Rathaus von 1688 und die historische Apotheke von 1721. Die Stadtkirche wurde 1728 von George Bähr, dem Erbauer der Dresdener Frauenkirche, fertiggestellt. Das denkmalgeschützte Puppenspielhaus erinnert an das einst wohlbekannte Hohnsteiner Puppenspiel.
Ausgangspunkt ist der Hohnsteiner *Marktplatz*. Von ihm aus folgen wir der blauen Querstrich-Markierung nach Süden über die Brandstraße zum Gasthaus *Brand* mit seiner prächtigen Aussicht auf das Polenztal und bis hinüber in das Rathener Gebiet. Auch nach Osten bricht hier das Hochplateau steil ab und bietet eine schöne Aussicht in den Tiefen Grund.
Über gut 700 Stufen steigen wir nun steil hinunter bis zum Bach im **Tiefen Grund**. Danach umrunden wir im Tal den **Frinzberg** und treffen am Fuß seiner Südkante auf den Polenzbach und auf

96 Von Burg Hohnstein in den Tiefen Grund

Hohnstein hat mit seiner gleichnamigen Burg eine lange, wechselvolle Geschichte hinter sich.

die Markierung roter Punkt. Beiden folgen wir nach rechts bachaufwärts und erreichen nach einer guten halben Stunde die **Waltersdorfer Mühle**. Auch hinter der Mühle bleiben wir dem Tal treu und wandern weiter nordwärts bis unter den Südabbruch des **Hocksteins**. Hier folgen wir der blau markierten Abzweigung nach rechts und steigen durch den Schindergraben und den Bärengarten wieder hinauf nach Hohnstein.

Informationen zur Tour

Ausgangsort
Hohnstein

Anfahrt
Über die B 172 bis Pirna und über die Landstraße bis Hohnstein

Zielort
Wie Ausgangsort

Einkehrmöglichkeit
Gasthaus Brand und Waltersdorfer Mühle

Unterkunft
In Hohnstein

Auskunft
01848 Hohnstein, Fremdenverkehrsamt, Rathausstraße 10, Tel. 03 59 75/2 50

Karte
Wanderkarte 1:50 000, Sächsisch-Böhmische Schweiz (Kümmerly & Frey Verlag)

Erzgebirge/Elbsandsteingebirge

97 Die Felsen Kuhstall und Heringstein

 Tourenlänge
16 km

 Durchschnittliche Gehzeit
4½ Std.

 Etappen
Lichtenhainer Wasserfall – Kuhstall 1 Std. – Winterberg 1 Std. – Winterstein 1 Std. – Lichtenhainer Wasserfall 1½ Std.

 Steigung
230 m

Eignung für Kinder
Bis Kuhstall ab 6 Jahren; ganze Tour ab 8 Jahren

 Interessantes am Weg
Lichtenhainer Wasserfall, Höhle am Kuhstall, viele interessante Felsen, Flößersteig

 Wegcharakter
Weitgehend unbefestigte Wanderwege mit kurzen Steilstücken

Wegmarkierung
Lichtenhainer Wasserfall – Winterberg roter Punkt; Winterberg – Großer Zschand roter Strich; Großer Zschand – Neumannmühle gelber Punkt; Neumannmühle – Flößersteig – Lichtenhainer Wasserfall grüner Schrägstrich

 Günstigste Jahreszeit
Frühling bis Herbst

Ausgangspunkt ist der Parkplatz beim **Lichtenhainer Wasserfall** im mittleren Kirnitzschtal. Vom Wasserfall aus folgen wir der Markierung roter Punkt hinauf zum **Kuhstall**, der auch auf den Namen **Neuer Wildenstein** hört. Beide Bezeichnungen haben eine tiefere Bedeutung. Im Mittelalter gab es in dem Felsmassiv ein Raubritternest, von dem aus die Berken von der Duba den Bauern ihr Vieh raubten und in der Kuhstallhöhle einstellten. Im Dreißigjährigen Krieg haben dann die Bauern selbst denselben Platz als Versteck für ihr Vieh genutzt. Das »Dach« des Kuhstalls erklimmen wir über einen schmalen Pfad, der in einem engen Kamin zu enden scheint. Tatsächlich kann immer nur eine Person über eine Leiter hinaufsteigen. Auf der Südseite des Kuhstalls folgen wir dem Fremdenweg hinüber zum 500 m hohen **Kleinen Winterberg**. Auf seiner Nordseite kommen wir zu einer Wegekreuzung, an der der eigentliche Weg links mit Markierung roter Strich weitergeht. Wer auch den Kleinen Winterberg nicht auslassen möchte, muß geradeaus gehen, aber nach dem Gipfel wieder zur Wegekreuzung zurückkommen. Östlich des Kleinen Winterberges schlängelt sich der Steig weiter südwärts hinüber zum **Heringstein**, bei dem sich der Fremdenweg mit dem Quenenweg trifft. Hier gehen wir wieder geradeaus und kommen damit unter die **Bärenfangwände**. Nächstes Ziel ist der **Winterstein**, auf dem es ursprünglich ebenfalls ein Raubritternest gege-

197

97 Die Felsen Kuhstall und Heringstein

ben hatte. Geschleift wurde es 1442 vom Lausitzer Sechs-Städte-Bund. Auf der Ostseite des Wintersteines wandern wir hinunter zum **Großen Zschand**, einem Seitental des Kirnitzschtales. Das Tal wandern wir nordwärts hinaus bis zur Neumühle, wo wir auf den Flößersteig treffen. Er begleitete die Kirnitzsch einst auf voller Länge. Heute wurde daraus der **Naturlehrpfad Flößersteig** mit insgesamt 120 erklärenden Tafeln. Diesem Steig folgen wir bis zum Ausgangspunkt zurück.

Informationen zur Tour

Ausgangsort
Lichtenhainer Wasserfall im Kirnitzschtal

Anfahrt
B 172 bis Bad Schandau, von dort mit der Straßenbahn bis zum Lichtenhainer Wasserfall

Zielort
Wie Ausgangsort

Einkehrmöglichkeit
Bei der Kuhstallhöhle, dem Zeughaus und der Felsenmühle

Unterkunft
In Bad Schandau

Auskunft
01814 Bad Schandau, Kurverwaltung, Tel. 03 50 22/24 12

Karte
Wanderkarte 1:50 000, Sächsisch-Böhmische Schweiz (Kümmerly & Frey Verlag)

Beim Wildenstein

Erzgebirge/Elbsandsteingebirge

98 Im Quellgebiet der Kirnitzsch

 Tourenlänge
16 km

 Durchschnittliche Gehzeit
4¼ Std.

 Etappen
Hinterhermsdorf – Königsplatz 1 Std. – Kahnfahrt 1 Std. – Marienquell 1¼ Std. – Hinterhermsdorf 1 Std.

 Steigung
250 m

 Eignung für Kinder
Ab 8 Jahren

 Interessantes am Weg
Königsplatz, Kahnfahrt in der Kirnitzschklamm, Marienquell

 Wegcharakter
Etwa je zur Hälfte befestigter und unbefestigter Weg, kurzer, aber steiler Anstieg zum Hermannseck

 Wegmarkierung
Hinterhermsdorf – Königsplatz – Hohweg roter Strich; Hohweg – Dachsenhöhle grüner Strich; Dachsenhöhle – Obere Schleuse blauer Strich; Obere Schleuse – Hermannseck – Hohweg roter Strich; Hohweg – Kirnitschtal grüner Strich; Kirnitschtal – Lindigtweg blauer Strich; Lindigtweg – Hinterhermsdorf roter Strich

 Günstigste Jahreszeit
Frühling bis Herbst

länge der Kirnitzsch bis zur Mündung in die Elbe dauerte drei bis sechs Tage.
Ausgangsort ist der Parkplatz beim Busbahnhof in **Hinterhermsdorf**. Von dort folgen wir dem Wegweiser und der Markierung roter Strich zunächst hinauf zum 437 m hohen **Königsplatz**. Von diesem Aussichtspunkt geht es südwärts hinunter, vorbei an den **Schweinelöchern** bis zum Hollweg. Hier wenden wir uns nach links (grüner Strich), kurz darauf geht es dann wieder nach rechts mit blauem Strich. Vorbei an der Dachsenhöhle erreichen wir die Markierung roter Strich und kurz darauf den Abstieg hinunter zur *Bootstation* an der **Oberen Schleuse**. Hier sollte man sich unbedingt dem Kahn anvertrauen, denn nur so ist der oberste Stausee an der Kirnitzsch ein volles Erlebnis. Wenn kein Kahn fährt, muß der See auf dem Steig oberhalb umgangen werden.
Am Südende des Sees nehmen wir den rechten Weg, steigen auf das **Schleusenhorn** und genießen die Aussicht vom **Hermannseck**. Dem nächsten Querweg mit dem grünen Strich folgen wir nach links, steigen nach und nach hinunter ins Tal der Kirnitzsch und folgen ihr, bis nach rechts die mit rotem Strich markierte Lindigtstraße abzweigt. Sie führt uns direkt zurück nach Hinterhermsdorf.

Hinterhermsdorf entstand im 13. Jh. als Waldhufendorf. Im Neudorf sind noch besonders schöne Umgebindehäuser erhalten. Eine besondere Attraktion ist die Obere Schleuse, ein in der Kirnitzschklamm errichteter Stausee für das Holzflößen. Bereits 1567 hatte man hier eine erste hölzerne Sperre errichtet – die heutige Staumauer stammt von 1931. Die Stämme wurden im Stausee gesammelt und dann in einem Schwall mitsamt dem Wasser abgelassen. Die Flößer sorgten vom Ufer aus dafür, daß die Stämme sich nicht verhakten. Eine Holztrift über die Gesamt-

98 Im Quellgebiet der Kirnitzsch

Informationen zur Tour

 Ausgangsort
Hinterhermsdorf im Osten der Sächsischen Schweiz

 Anfahrt
B 172 bis Bad Schandau, dann über die Landstraße durch das Kirnitzschtal

 Zielort
Wie Ausgangsort

 Einkehrmöglichkeit
Kleinere Erfrischungen gibt es bei der Oberen Schleuse

 Unterkunft
In Bad Schandau

Auskunft
01855 Hinterhermsdorf, Fremdenverkehrsamt, Schandauerstr. 2, Tel. 03 59 74/5 02 25

 Karte
Wanderkarte 1:50 000, Sächsisch-Böhmische Schweiz (Kümmerly & Frey Verlag)

Von Hinterhermsdorf zur Oberen Schleuse

Westerwald

99 Dillenburg und Wilhelmsturm

Tourenlänge
13 km

Durchschnittliche Gehzeit
3½ Std.

Etappen
Dillenburg, Auweg – Sechshelden 3,5 km – Wacholderheide – Haiger 3 km – Dillenburger Schloß 6,5 km

Steigung
Hügelig, ein Kurzanstieg

Eignung für Kinder
Ab 10 Jahren

Interessantes am Weg
Wilhelmsturm und Kasematten von Schloß Dillenburg, Wacholderheide, Dilltal

Wegcharakter
Befestigte Ufer-, Wiesen- und Waldwege, teilweise sandig

Wegmarkierung
Weißes D, schwarzes D

Günstigste Jahreszeit
Ganzjährig

Niederländern gilt der Ort **Dillenburg** als eine der Geburtsstätten ihrer Nation. Von hier nahm 1568 der am Ende 80 Jahre währende Unabhängigkeitskampf seinen Ausgang, nachdem der in Dillenburg geborene Graf Wilhelm von Nassau das Fürstentum Orange und damit die Statthalterschaft über die spanisch besetzten Niederlande geerbt hatte. Zäh und verlustreich war der Kampf gegen das Terrorregiment Herzog Albas. Er kostete neben Wilhelm (1584) zahlreichen Mitgliedern aus dem Hause Nassau-Dillenburg das Leben, die Grafschaft verarmte. Immerhin konnte man aber noch das gewaltige Schloß im 18. Jahrhundert festungsmäßig ausbauen. Nach späteren Verfüllungen sind daraus **Kasematten** geworden, deren Besichtigung zu den Attraktionen in Dillenburg gehören. Der markante »**Wilhelmsturm**« obenauf ist freilich ein reines Phantasieprodukt des 19. Jahrhunderts, 1872 mit Spenden aus den Niederlanden errichtet. Im Inneren birgt er auf mehreren Etagen eine deutsch-holländische Gedenkstätte.

Den Turm im Rücken starten wir in der Konrad-Adenauer-Allee links der Dill. Wir biegen in den Auweg und nehmen an der Ecke zur Nixböthestraße das Zeichen weißes D auf. Zu beiden

201

99 Dillenburg und Wilhelmsturm

Die Kasematten unter dem Schloß Dillenburg

Seiten ist der Fluß durchgehend damit markiert – links weiß, rechts schwarz. Zunächst bleiben wir unmittelbar neben der Dill, entfernen uns dann etwas nach rechts, um auf einem Hangweg durch Niedereichenwald einer Fabrik auszuweichen. Damit haben wir **Sechshelden** schon umgangen; leicht ansteigend passieren wir eine Wacholderheide.

Zum Wendepunkt der Wanderung unterqueren wir die Autobahn vor den Toren **Haigers**. Durch Hüttenstraße und Hohleichenrain, vorbei am Bahnhof und links hinauf über Eisenbahngleise (am Parkplatz eines Möbelhauses) verlassen wir durch die Rotebergstraße den Ort, jetzt vom schwarzen D für den gesamten Rückweg geleitet. Ein schönes Stück Weg durch abwechslungsreichen Mischwald liegt vor uns. Zum Schluß haben wir unverwandt den **Wilhelmsturm** vor Augen. Zu ihm gelangen wir nach Unterqueren der Autobahn durch den halbrechts aufwärtsführenden Kutschweg, und weiter mit dem Fußweg Auf der Schütt zum **Schloß**.

Informationen zur Tour

 Ausgangsort
Dillenburg

 Anfahrt
Etwa auf halbem Wege zwischen Wetzlar und Siegen an der A 45 Dortmund – Gießen

 Einkehrmöglichkeit
Gaststätten in Haiger

 Unterkunft
Hotels aller Kategorien in Dillenburg

 Öffnungszeiten
Schloß Dillenburg: außer Mo. 10–13 und 14–17 Uhr (Nov. bis Ostern geschlossen). Kasemattenführung ab etwa 15 Personen. Sehenswert auch das benachbarte industriegeschichtliche Museum (Villa Grün), geöffnet wie das Schloß

 Auskunft
Verkehrsamt Dillenburg: Tel. 0 27 71/89 61 17

 Karte
Topogr. Karte Lahn-/Dillbergland 1:50 000

 Tip
Alle zwei Jahre mit ungeraden Endzahlen finden an den So. Ende Sept./Anfang Okt. mehrstündige Hengstparaden des Hessischen Landgestüts statt

Westerwald

100 Von Montabaur zum Köppel

Tourenlänge
16 km

Durchschnittliche Gehzeit
4½ Std.

Etappen
Montabaur – Berg Köppel 7,5 km – Montabaur 8,5 km

Steigung
300 m

Eignung für Kinder
Ab 10 Jahren

Interessantes am Weg
Altstadt und Schloß Montabaur; Berg Köppel mit Aussichtsturm

Wegcharakter
Fuß- und gute Waldwege

Wegmarkierung
Weißes X, H 3

Günstigste Jahreszeit
Ganzjährig

Wem ist es bei einer Fahrt auf der Autobahn Frankfurt-Köln nicht schon ins Auge gestochen, das leuchtend gelbe Schloß von **Montabaur**?

Wie eine Krone thront es mit seinen vier Ecktürmen auf einem 320 Meter hohen Basaltkegel und verlockt geradezu, dem Westerwald-Städtchen seine Aufwartung zu machen. Allerdings: Zu besichtigen ist das Schloß nicht. Hof und Parkanlagen darf man betreten, schön ist der Blick von der Terrasse auf die schiefergedeckten Fachwerkhäuser. Oder, wie es der berühmte Kunsthistoriker Georg Dehio umschrieben hat, bemerkenswert seien die »vielfältigen Giebellösungen« der abwechslungsreich geschweiften und geschnitzten, flachen und hohen Dachfirste auf den größtenteils aus dem 16. und 17. Jahrhundert stammenden Bauten. Noch älter ist die doppeltürmige Pfarrkirche St. Petrus. Der gotische Bruchsteinbau birgt zwei kostbare Madonnen, Chorgestühl und Ausmalungen aus dem Spätmittelalter. Nein, die sprichwörtliche Kargheit und Armut des Westerwaldes ist in Montabaur gewiß nicht zu finden.

Wir laufen quer durch den schmucken Ort entlang der verkehrsberuhigten Bahnhofstraße, wo sich bereits unser Wanderzeichen, das weiße X auf schwarzem Grund, bemerkbar macht. Es führt entlang eines anmutigen Wiesengrundes zur Stadt hinaus und umläuft mit großzügigem Bogen den Ortsteil **Horressen** Dahinter

203

100 Von Montabaur zum Köppel

Schloß Montabaur

schwenkt das X (mit anderen Markierungen) ir den Wald ein. Kaum merklich gewinnen wir durch abwechslungsreichen Mischwald an Höhe, fast wähnt man sich dank der luftigen Bestockung in einer Parklandschaft. Das Ziel heißt **Köppel**. Auf dem 540 Meter hohen Berg erwartet den Wanderer eine rustikale Schenke – Spezialität »Folienbraten« – und tolle Aussichten vom **Köppelturm**, in dem ein Fahrstuhl (!) auf die oberste Plattform bringt. Vom silbernen Band des Rheins bis zum Großen Feldberg im Taunus öffnet sich ein großartiges 360-Grad-Panorama.

Der Rückweg erfordert etwas mehr Konzentration. Wir laufen ein Stück zurück wie gekommen und halten uns dann links mit H 3. Bis auf einen Links-rechts-Knick geht es zunächst nur geradeaus abwärts. Erst wenn das Zeichen scharf rechts abbiegt, laufen wir ohne Markierung weiter geradeaus zum Waldrand und darüberhinaus durch ein Schulzentrum in freies Feld. Wenn die Elgendorfer Straße erreicht ist, kommen wir problemlos nach rechts ins Zentrum von Montabaur.

Informationen zur Tour

Ausgangsort
Montabaur

Anfahrt
A 3 Frankfurt-Köln, Ausfahrt Montabaur

Einkehrmöglichkeiten
Köppelhütte täglich ab 11 Uhr

Unterkunft
Hotels und Pensionen in Montabaur

Öffnungszeiten
Köppelturm wie Gaststätte

Auskunft
Westerwald Gäste-Service: Tel. 0 26 02/3 00 10

Karte
Topogr. Karte Naturpark Nassau 1:25 000, Blatt 2 (Nord)

Westerwald

101 Kloster Liebfrauenthal bei Neustadt/Wied

Tourenlänge
12 km

Durchschnittliche Gehzeit
3½ Std.

Etappen
Burglahr – Ruine Ehrenstein – Kloster Liebfrauenthal 5 km – Peterslahr 4,5 km – Burglahr 2,5 km

Steigung
100 m

Eignung für Kinder
Ab 8 Jahren

Interessantes am Weg
Burgruinen Burglahr und Ehrenstein, Kloster Liebfrauenthal, Wiedtal

Wegcharakter
Feste und vergraste Wege

Wegmarkierung
Ziffer 02, II, K, Ziffern 03 und 05

Günstigste Jahreszeit
Ganzjährig, nicht nach längeren Nässeperioden

Auch der Westerwald besitzt einige kunsthistorische Kleinodien, die freilich erst einmal lokalisiert sein wollen. **Kloster Liebfrauenthal** nahe Neustadt an der Wied gehört nicht zu den bekannten im Lande, lohnt aber den Besuch ob seiner spätgotischen Abteikirche mit reicher Ausstattung vom 14. bis 18. Jahrhundert. An erster Stelle stehen dabei großartige Glasmalereien aus der Zeit um 1480. Bei direkter Sonneneinstrahlung entsteht im Kircheninneren eine ganz eigene, fast entrückte Atmosphäre. 1953 kamen die Kreuzbrüderpatres in die 1812 aufgehobene Abtei zurück und mußten erst einmal Aufbauarbeit leisten. In jahrelanger Restaurierung wiederentstand die kleine Anlage. Wie vor Jahrhunderten liegt sie in völliger Waldeseinsamkeit in einem Seitental der Wied.

Viele Wanderwege führen darauf zu. Als Ausgangsort wurde **Burglahr** gewählt, zumal hier eine Burgruine zu erobern ist. In der Dorfmitte nehmen wir die Ziffern 02 auf. Über die Wiedtalstraße, vorbei an blütenweißen Fachwerkhäusern unterhalb der Burgruine, läuft man bis zum Ortsende, biegt links ab in ein Seitentälchen der Wied und steigt in ausholendem Bogen aus dem Wiesengrund aufwärts. Weiter oben, wenn das Zeichen bereits ein Stück Wald hinter sich hat und in einem Halbbogen links zwischen Wald und Wiesen abschwenkt, laufen wir ohne Markierung weiter geradeaus hinauf, bis wir auf die römische II stoßen. Mit ihr geht es links weiter durch den Forst. Im Anschluß an einen weitausholenden Bogen tritt noch das K hinzu – wichtig für den Rückweg. Nach Graspfad und Hohlweg künden Felswände von der **Ruine Ehrenstein**. Man umrundet den Mauerkoloß und bemerkt erst auf den zweiten Blick die erhöht stehende weiß-rote Klosterkirche an der Burg. Wen wundert's, daß bei dieser räumlichen Nähe Burg und Kloster eine gemeinsame Geschichte haben! Ein

205

101 Kloster Liebfrauenthal bei Neustadt/Wied

Burgbesitzer, Bertram von Nesselrode, stiftete 1486 das Kreuzherrenkloster an der Vorburg. Der Rückweg ist bis zu der Stelle identisch, wo sich das K von 02 und II absetzt und durch den Wald über die Wied problemlos nach **Peterslahr** leitet. Auf der Kirchstraße werden wir durch das schmucke Fachwerkdorf wieder hinausgeführt. Im Ortsteil Heckerfeld setzt sich das K zum Wald ab. Wir verbleiben bei den hinzugekommenen Ziffern 03 und 05 bis zum Ausgangspunkt.

Informationen zur Tour

 Ausgangsort
Burglahr/Wied

 Anfahrt
Burglahr liegt ca. 10 km nördlich der A 3 Frankfurt – Köln, Ausfahrt Neuwied, weiter B 256 Richtung Flammersfeld

 Einkehrmöglichkeit
Keine

 Unterkunft
Hotels und Pensionen im Wiedtal

 Öffnungszeiten
Die Kirche von Kloster Liebfrauenthal ist außerhalb der Gottesdienstzeiten jederzeit zugänglich

 Auskunft
Touristikverband Wiedtal: Tel. 0 26 38/1 94 33

 Karte
Topogr. Karte Naturpark Rhein-Westerwald (Nord), Blatt 2, 1:25 000

Im Wiedtal bei Burglahr

102 Westerwälder Seenplatte

 Tourenlänge
11 km

 Durchschnittliche Gehzeit
3½ Std.

 Etappen
Freilingen, Parkplatz Postweiher – NSG Brinkenweiher 1,5 km – Westufer Dreifelder See 2,5 km – »Urwaldpfad« – Dreifelden 2 km – Freilingen 5 km

Steigung
Eben

 Eignung für Kinder
Ab 6 Jahren

 Interessantes am Weg
Westerwälder Seenplatte mit Badestränden und Naturschutzgebieten, romanische Kirche in Dreifelden

Wegcharakter
Feste Wald- und Uferwege, ein verwachsener Pfad

 Wegmarkierung
Römische II, weißes X, D 1, D 3

Günstigste Jahreszeit
Im Hochsommer

Wassermarsch um die Seenplatte am Postweiher bei **Freilingen** zunächst mit dem Zeichen römische II auf. Man quert die B 8, läuft auf einem

Bei Freilingen sind es gleich sieben Seen auf einen Streich, die entdeckt werden wollen. Griffig gab man ihnen den Namen »Westerwälder Seenplatte«. Auf 212 Hektar Gesamtwasserfläche füllen sie die Mulden eines Hochplateaus aus, als wären sie von einem Landschaftsgärtner geplant und angelegt worden. Tatsächlich entstanden sie zur Mitte des 17. Jahrhunderts durch einen Wieder Grafen zur Ergötzung des Auges – und für die Fischzucht. Teilweise werden die Seen heute noch für die Fischwirtschaft genutzt. Sonst gehören sie den Vögeln in ausgewiesenen Reservaten und den Menschen für Wassersportaktivitäten. Wer trotzdem wandern will, nimmt den

207

102 Westerwälder Seenplatte

Im Naturschutzgebiet der Westerwälder Seenplatte lassen sich seltene Pflanzen und Tiere entdecken.

Pfad an ihr entlang und wird nach rechts auf einen Damm, der **Post-** und **Brinkenweiher** trennt, drüben im dichten Laubwald entlassen. Wir befinden uns im zentralen Naturschutzgebiet mit seltener Fauna und Flora. In den Schilfgürteln und Sumpfwiesen brüten Graureiher, Schnepfen, Haubentaucher und viele andere Vogelarten. Von Aussichtsständen lassen sie sich gut beobachten. Wenn die II rechts weggeht, halten wir uns links mit dem weißen X. Durch ausgedehnte Passagen bringt es uns zum größten, dem **Dreifelder-** oder **Seeweiher**. Mit Abstand zum Westufer kommen wir zum zentralen Bade- und Liegebereich, der **Seeburg**. An der obersten Spitze lassen wir das X ziehen, um unmittelbar am Ufer nach rechts mit D 1 weiterzugehen. Was unscheinbar beginnt, entpuppt sich als zauberhafter **Urwaldpfad** durch dichtes Gehölz. Zweige, Buschwerk und lianenartige Gewächse lassen kaum eine Gasse hinüber nach **Dreifelden**. Wir berühren es nur am Rande, ein kleiner Abstecher zur Besichtigung der vermutlich ältesten Kirche im Westerwald (11. Jahrhundert) sollte aber eingeplant werden. Ist nach einer Rechtswendung am Ende des Dreifelder Sees ein Sträßchen erreicht, läuft man kurz nach links mit D 3, bis wieder die bekannte römische II auftaucht. Sie bringt uns mit Links-rechts-Knick und dann geradeaus ein Stück weiter durch Wald. Bei erneutem Rechtsabzweig verbleiben wir in Laufrichtung bis zur B 8. Kurz rechts und wir stehen wieder am **Postweiher**

Informationen zur Tour

 Ausgangsort
Freilingen

 Anfahrt
A 3 Frankfurt – Köln, Ausfahrt Montabaur, B 255 Richtung Rennerod, B 8 Richtung Altenkirchen

 Einkehrmöglichkeit
Mehrere Restaurants rund um die Seenplatte

 Unterkunft
Hotels, Pensionen und Campingplätze an den Seen, in Dreifelden und Freilingen

 Öffnungszeiten
Die Strandbäder sind frei zugänglich

 Auskunft
Touristinformation Hachenburg: Tel. 0 26 62/8 01 17

 Karte
Topogr. Karte Ferienland Westerwald 1 : 25 000

 Tip
Es sind auch kürzere Rundwege um die einzelnen Seen möglich

103 Der Rotweinwanderweg

Tourenlänge
18 km

Durchschnittliche Gehzeit
4½–5 Std.

Etappen
Altenahr – Näkel-Hütte 2 Std. – Marienthal 1 Std. – Ahrweiler 1½ Std.

Steigungen
Ca. 400 m

Eignung für Kinder
Ab 12 Jahren

Interessantes am Weg
Altenahr: Romanische Pfarrkirche (12. Jh.); im linken Seitenschiff romanischer Basalt-Taufstein. Burg Are. Lehrtafeln am Weinweg. Ahrweiler: Ahrgau-Museum, Di–Fr 10–12, 14–17 Uhr, So 10–12 Uhr. Pfarrkirche St. Laurentius, früheste linksrheinische gotische Hallenkirche. Zu Füßen des Silberberges die Reste eines römischen Gutshofes; Mo–Fr 8–16 Uhr

Wegcharakter
Leichte Streckenwanderung; Rückkehr von Ahrweiler mit Bahn oder Bus

Wegmarkierung
Rote Traube, Wegweiser

Günstigste Jahreszeit
Frühjahr bis Herbst

Bei der Bushaltestelle **Altenahr-Mitte** vertrauen wir uns der Holztafel an, die den **Rotweinwanderweg** erklärt, genauer gesagt: die reizvollste Etappe des insgesamt 34 km langen Höhenweges orographisch links der Ahr.
Nach 5 Minuten vorbei am Torturm der **Burg Are**. Links, am Terrassen-Café vorbei, zum legendenumwobenen **Weißen Kreuz**. Bald wird Reimerzhoven sichtbar, etwas später Mayschoß. Von der **Heinz-Korbach-Rast** aus sieht man im Tal die 250 Jahre alte Ahrbrücke von Rech.

An der **Dr.-Näkel-Hütte** ist etwa die Hälfte der Strecke geschafft. Bei **Dernau** erkennen wir erstmals Anlagen des Bonner Regierungsbunkers (Heiz- und Dieselöl-Kavernen). Oberhalb Dernau weiter nach **Marienthal**, Weinort seit 860 Jahren und seit 1970 Zentrum des mit immensem Aufwand von schätzungsweise 60 bis 80 Milliarden Mark erbauten Regierungsbunkers: ein 30 Kilometer ausgedehntes, atombombensicheres, autarkes unterirdisches System für die Bonner Machthaber im Ernstfall.
Hinter Marienthal empfängt die Wanderer die **Schutzhütte am Trostberg**, ½ Stunde später der **Aussichtspunkt Fischley** (243 m), nach einer weiteren Viertelstunde das (empfehlenswerte) gutbürgerliche **Wirtshaus Altwegshof**. Der Aussichtspunkt Bunte Kuh bleibt rechts liegen (hin und zurück ¼ Std.). Nach dem Restaurant Hohenzollern begleiten uns die Tafeln des **Weinbau-Lehrpfades** sowie Hinweise bezüglich der »Strategischen Bahn«. Schließlich verlassen wir den Rotweinwanderweg rechts hinunter und gelangen durch das **Adenbachtor** in den romantischen Altstadtkern von **Ahrweiler**

Informationen zur Tour

Ausgangsort
Altenahr (170 m), meistbesuchter Ort im Ahrtal; 1000jährige Weintradition. Parkplätze beim Bahnhof und am östlichen Ortsrand

103 Der Rotweinwanderweg

Auf felsiger Höhe über Altenahr, am Rotweinwanderweg, wurde im 12. Jahrhundert die Burg Are vom gleichnamigen Grafengeschlecht erbaut.

Anfahrt
Pkw: Vom Autobahnkreuz Meckenheim 10 km, von Bonn 30 km. **Bahn**: Nebenstrecke von Remagen. **Bus**: Gute Verbindungen

Zielort
Ahrweiler (104 m), Wein- und Tourismusort, Stadt seit 1969 mit Bad Neuenahr

Einkehrmöglichkeiten
Altenahr. Altwegshof. Restaurant Hohenzollern. Ahrweiler (empfehlenswert: altdeutsche »Eifelstube«)

Unterkunft
Altenahr: Hotels, Gasthöfe, Pensionen. Jugendherberge im Langfigtal. Campingplatz. Ahrweiler

Auskunft
53505 Altenahr, Haus des Gastes, Tel. 0 26 43/84 48.
53474 Ahrweiler, Marktplatz, Tel. 0 26 43/22 78

Karte
Kompaß Wanderkarte 1:50 000, Blatt 820 (Bonn – Ahrtal)

104 Mittelalterlicher Horst Nideggen

Tourenlänge
10 km

Durchschnittliche Gehzeit
2½ Std.

Etappen
Nideggen – Rurtal 35 Min. – Brück ½ Std. – Felsenrundgang ¾ Std. – Nideggen ¾ Std.

Steigungen
250 m

Eignung für Kinder
Ab 8 Jahren

Interessantes am Weg
Felsenrundgang. Burg Nideggen mit Museum

Wegcharakter
Unschwierige Rundwanderung. Bei Nässe streckenweise rutschig (Abstieg ins Rurtal). Badegelegenheit

Wegmarkierung
Schwarzer Keil, schwarzes K, Wegnummer 6

Günstigste Jahreszeit
Frühjahr bis Herbst

bietet das Rur-Kajakcenter Ausflüge auf der Rur an.
Wir bleiben diesseits, vorbei an Badeplätzchen, die man je nach Bedarf und Wetter nutzen kann. Beim **Gut Laach**, das auf Viehmast spezialisiert ist, hält man sich rechts, bergan in den Laubwald. Wenig später biegen wir scharf rechts ab in den Weg 6. An der Wegedreiteilung geht es neben der Rastbank geradeaus. Rechts am schmalen Geländerücken folgen die ersten Kletterfelsen. Und beim **Pavillon** sind wir schon mittendrin im reizvollen **Felsenrundgang**, an dem logenähnliche Aussichtsplätze für optische Überraschungen sorgen.
Bald stößt man wieder auf die Hauptwanderlinie 4 und ihren schwarzen Keil. Die Landstraße 11 wird gekreuzt. Anschließend geht es durch die Bahnhofstraße zum Markt von **Nideggen**. Rechts bringt uns die Kirchgasse in das Areal der **Burg Nideggen**, die um 1400 ihre höchste Blüte erlebte: u. a. Deutschlands drittgrößter Palassaal (61 x 16 m); Grundrißplan und informative Anschläge. In dem einstmals fünfgeschossigen Bergfried ist das Museum für Eifelburgenkultur untergebracht.

Vom **Zülpicher Tor** am Südrand des alten **Nideggen** ziehen wir zur Kreuzung und weiter auf der Abender Straße. Die Markierungen der Eifelverein-Hauptwanderlinie 4 bringen uns zunächst auf dem Sträßchen Im Kühlenbusch bergan; hinter dem Wasserbehälter geht es abwärts, zu Felsgruppen, bei denen genau auf die Zeichen zu achten ist. Unten, auf dem Talboden der **Rur**, hält man sich rechts (links ginge es nach Abenden). An der Gabelung mäßig bergan, durch die Talflanken und zu Füßen der Burg Nideggen nach **Brück**. Dort

104 Mittelalterlicher Horst Nideggen

Blick aus dem Rurtal zu der einst strategisch und politisch wichtigen Herzogsburg von Nideggen

Informationen zur Tour

Ausgangsort
Nideggen (325 m), Fremdenverkehrsort im Erholungsgebiet Dürener Rur-Eifel, über dem Rurtal, nördliches Tor zur Nordeifel

Anfahrt
Pkw: Von Düren 14 km, von Heimbach 13 km, von Düsseldorf 91 km. **Bahn**: Rurtalbahn Düren – Heimbach; Bahnhof in Brück. **Bus**: Gute Verbindungen

Zielort
Wie Ausgangsort

Einkehrmöglichkeiten
Nideggen. Brück

Unterkunft
In Nideggen Hotels, Gasthöfe, Pensionen. Jugendherberge. Campingplatz im Rurtal

Öffnungszeiten
Museum in der Burg Nideggen: Di – So 10 – 17 Uhr

Auskunft
52385 Nideggen, Verkehrsamt, Rathaus, Tel. 0 24 27/80 90

Karte
Topographische Karte 1:50 000, Blatt Deutsch-Belgischer Naturpark, Nordteil

105 Das Natur-Amphitheater Gerolstein

Tourenlänge
8,5 km

Durchschnittliche Gehzeit
2 1/4 Std.

Etappen
Gerolstein – Kasselburg 50 Min. – Papenkaule 40 Min. – Munterley 20 Min. – Gerolstein 20 Min.

Steigungen
200 m

Eignung für Kinder
Ab 7 Jahren

Interessantes am Weg
Kasselburg. Adler- und Wolfspark. »Juddekirchhof«. Papenkaule. Buchenloch. Munterley. Populärwissenschaftliche Informationstafeln

Wegcharakter
Unschwierige Rundwanderung in erd- und allgemeingeschichtlich interessantem Terrain

Wegmarkierung
V (= Vulkanweg), Wegweiser

Günstigste Jahreszeit
Frühjahr bis Herbst

Beim **Bahnhof** über die **Kyll** und links der Bundesstraße 410 folgen, vorbei an der **Gerolsteiner Brunnen GmbH** (jährlich 640 Mill. Flaschen Mineralwasser). Etwa 10 Minuten später links auf der eisernen **Hustleybrücke** abermals über die **Kyll**. Rechts mit dem Kasselburger Weg in 20 Minuten zur Kyllbrücke im staatlich anerkannten Ferienort **Pelm**. Nun übernimmt uns der **Vulkanweg**, bergan, auf der Kreisstraße 33 zur **Kasselburg**. Die Anlage wird geprägt von ihrem imposanten 37 Meter hohen Doppelturm aus der 2. Hälfte des 14. Jh. Angeschlossen ist der attraktive **Adler- und Wolfspark**.

Nach 200 Metern auf der Kreisstraße wendet sich der Vulkanweg links, durch die Südflanke des Kreuzkraul (Lava-Abbau). Rechts steht der sogenannte **»Juddekirchhof«**, ein keltisch-römisches Heiligtum, gestiftet von Marcus Victorius Pollentius mit 100 000 Sesterzen 124 n. Chr. der keltischen Fruchtbarkeitsgöttin Caiva.

Mit dem V-Zeichen gelangen wir, vorbei an einer Schutzhütte, an den Rand der ovalen Mulde **Papenkaule**: Trockenkrater eines Vulkans, dessen Magma das Dolomitgestein durchschlagen hatte; letztmals ausgebrochen vor rund 10 000 Jahren. Nächster urgeschichtlicher Schauplatz ist das **Buchenloch**. In der Höhle stieß man 1883 auf Werkzeuge des »Gerolsteiner Neandertalers«. Er lebte vor rund 60 000 Jahren während der mittleren Altsteinzeit; Funde im Naturkundlichen Museum. Nach 1/4 Stunde erfreut uns in Form des Kalkriffes **Munterley** (491 m) – Schutzhütte – das herrlichste Aussichtspodest über Gerolstein.

Die Markierungen senken sich zunächst westlich.

105 Das Natur-Amphitheater Gerolstein

Auf einer Basaltkuppe über dem Kylltal thront die eindrucksvolle Kasselburg.

An der zweiten Abzweigung links halten, bei den Felsen an der Wegedreiteilung rechts und hinab nach **Gerolstein**

Informationen zur Tour

 Ausgangsort
Gerolstein (360 m), Luftkurort, berühmt wegen seiner Mineralbrunnen und der geologisch faszinierenden Umgebung

 Anfahrt
Pkw: Bundesstraße 410; von Mayen 49 km, von Prüm 20 km, von Bonn 90 km. Von der Autobahnausfahrt Daun-Mehren 30 km.
Bahn: Strecke Köln – Euskirchen – Trier.
Bus: Gute Verbindungen

 Zielort
Wie Ausgangsort

 Einkehrmöglichkeiten
Gerolstein. Kasselburg

 Unterkunft
Hotels, Gasthöfe, Pensionen. Jugendherberge. Campingplatz

 Öffnungszeiten
Adler- und Wolfspark Kasselburg von April bis September 9 – 18 Uhr, sonst ab 10 Uhr bis Einbruch der Dämmerung.
In Gerolstein Naturkundliches Museum, Di – So 10 – 12, 14 – 17 Uhr.
Römisch-Germanisches Altertumsmuseum »Villa Sarabodis«, Mi 9 – 11 Uhr, Sa 14 – 16 Uhr.
Kreisheimatmuseum, Führungen Mo, Do, Fr

 Auskunft
54568 Gerolstein, Rathaus. Tel. 0 65 91/13 82

 Karte
Wanderkarte des Eifelvereins 1 : 25 000, Blatt 19

106 Im Herzen der Vulkaneifel

 Tourenlänge
5 km

 Durchschnittliche Gehzeit
1 1/2 Std.

 Etappen
Gemünden – Weinfelder Maar 40 Min. – Mäuseberg 20 Min. – Gemünden 35 Min.

 Steigungen
200 m

 Eignung für Kinder
Ab 6 Jahren

 Interessantes am Weg
Gemündener Maar. Weinfelder Kirche. Weinfelder Maar

 Wegcharakter
Einfache Rundwanderung

 Wegmarkierung
V (= Vulkanweg), Schwarzer Keil, Wegweiser

 Günstigste Jahreszeit
Frühjahr bis Herbst

In **Gemünden** beim Wald-Café klärt eine interessante Informationstafel über den geologischen Unterschied zwischen Krater und Maar auf. Ab dem **Krieger-Ehrenmal** geht's hinunter zu dem annähernd kreisrunden, bis 38 Meter tiefen **Gemündener Maar**; Fläche 7,2 Hektar. Vom Strandbad mit dem Sträßchen zur Gegensteigung in einen Sattel. Rechts auf einem Asphaltsträßchen bzw. geradeaus zum Schlepplift. Durch den Wald auf eine Kuppe, dort oberhalb einer Lava-Abbaugrube weiter. Kurz danach scharf rechts, dem Feldweg ansteigend folgen. Schließlich erreichen wir das gotische **Weinfelder Kirchlein**, die Pfarrkirche des im 16. Jh. von seinen Bewohnern verlassenen Dorfes Weinfeld.

Etwa 150 Meter nach der Kirche wenden wir uns rechts. Mit dem »Maar-Rundweg« kommen wir an das von Sagen und Legenden umwobene **Weinfelder Maar** (484 m), wegen seines dunklen Grundes auch Totenmaar genannt, entstanden vor rund 9000 Jahren, Durchmesser 525 Meter. Sein Spiegel liegt genau 77 Meter über dem des Gemündener Maares.
Ein kurzer Anstieg bringt uns zum **Parkplatz** an der Landstraße 64, jenseits der das Schalkenmehrener Maar eingebettet ist, das Dritte im einmaligen Maare-Triumvirat, dessen Trichter jeweils 500 Meter voneinander entfernt sind.
Nun entsprechend dem **Vulkanweg** in westliche Richtung auf den **Mäuseberg** (561 m). Der 10 Meter hohe Turm erinnert an Dr. Adolf Dromke († 1898), den »Eifelvater« und Gründer des Eifelvereins (1888). Südostwärts erspähen wir die Kuppeln der 1966 von der Universität Bonn errichteten, zweitgrößten Sternwarte Deutschlands auf dem Hohen List.
Der Vulkanweg führt weiter durch schattigen Mischwald, kreuzt einen breiten Querweg und liefert uns beim Wald-Café in **Gemünden** ab.

Informationen zur Tour

 Ausgangsort
Gemünden (410 m), am gleichnamigen Maar,

106 Im Herzen der Vulkaneifel

Aus dem Grün des Maarsaumes leuchten die weißen Mauern den Weinfelder Kirchleins.

Ausflugsort, Stadtteil von Daun. Parkplätze beim Wald-Café

 Anfahrt
Pkw: Von Daun 2,5 km, von der Autobahnausfahrt Daun-Mehren 12 km, von Gerolstein 22 km.
Bahn: Bahnhof in Daun.
Bus: Regelmäßige Verbindungen mit Daun

 Zielort
Wie Ausgangsort

Einkehrmöglichkeiten
Gemünden

 Unterkunft
In Gemünden Hotel Berghof, Hotel Müller. In Daun Hotels, Gasthöfe, Pensionen. Jugendherberge. In der Umgebung Campingplätze, u. a. in Schalkenmehren

 Auskunft
54550 Daun, Kurverwaltung, Leopoldstraße 14, Tel. 0 65 92/7 14 77

 Karte
Topographische Karte 1:50 000, Blatt L 5906

 Weitere Sehenswürdigkeiten
Daun: Heimatmuseum, März – Oktober Di und Do 15 – 17 Uhr, So 10.30 – 12.30 Uhr.
Im Stadtteil Pützborn: Hirsch- und Saupark, Juni – August 9 – 19 Uhr, sonst 9 – 18 Uhr.
Bei Schalkenmehren auf dem Hohen List: Sternwarte Eifel-Observatorium; Anmeldung bei der Kurverwaltung Daun

216

107 Zauberhaftes Sauertal

Tourenlänge
11,5 km

Durchschnittliche Gehzeit
2 ¾ Std.

Etappen
Echternacherbrück – Liboriuskapelle 20 Min. – Falkenley 1 ¾ Std. – Diana-Denkmal ½ Std. – Weilerbach ¼ Std.

Steigungen
Ca. 300 m

Eignung für Kinder
Ab 8 Jahren

Interessantes am Weg
Liboriuskapelle. Eremitenklause. Felsgestalten. »Schweineställe«. Schloß Weilerbach. Diana-Denkmal

Wegcharakter
Problemlose Streckenwanderung; Rückkehr per Bus. Oder in Weilerbach-Parkdorf auf der Fußgängerbrücke über die Sauer und an ihr entlang in ¾ Std. über Echternach zurück; in diesem Falle Reisepaß oder Personalausweis mitnehmen

Wegmarkierung
Weißes A in blauem Kreis

Günstigste Jahreszeit
Frühjahr bis Herbst

Bei Weilerbach-Parkdorf verbirgt sich das Diana-Denkmal mit lateinischer Weihe-Inschrift.

In **Echternacherbrück** beim Hotel Liborius auf der Bergstraße steigen wir zum Südwestfunk-Fernsehumsetzer auf der **Gracht** (256 m) an. Links halten! Vorbei am **Peter-Fassbender-Platz** und anderen Aussichtskanzeln zur **Liboriuskapelle** (320 m).
Weiter mit den vorbildlichen A-Zeichen (links Abstecher über Steinstufen zu einer ehemaligen Eremitenhöhle möglich) und etwas später rechts einschwenken ins **Fölkenbachtal**. Im Talhintergrund über den **Freckenbach**. Ungefähr 100

Meter nach einem Waldweiher rechts (Steinstufen), jetzt zusätzlich mit schwarzer Keilmarkierung, aber nur für ¼ Stunde. An der Linkskurve am Markierungsstein erneut rechts in einen

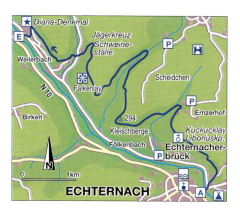

107 Zauberhaftes Sauertal

Felsbastionen begleiten den Wanderweg in den Hängen des Sauertales, der »Eifel-Riviera«.

unscheinbaren laubbedeckten Hohlweg. Bald geht es durch pittoreske, von der Erosion abstrakt geformte Felsformationen weiter ins **Gutenbachtal**. In seinem Hintergrund links über den Bach und etwa 10 Minuten talaus, an der Gabelung rechts. Die mittlerweile vertrauten A-Markierungen bringen uns zur imposanten, freistehenden **Falkenlay**. Etwa 10 Minuten später lohnt der Abstecher in die sogenannten **»Schweineställe«**. Dort findet sich nach 100 Metern rechts im Fels eine keltische Votivinschrift ARTIONI BIBER – eines Mannes namens Biber für die keltische Waldgöttin Artio.

Die Hauptroute führt hinab zum **Rastplatz Kaiserbaum** an der Kreisstraße 19, der wir 50 Meter folgen, anschließend halbrechts. Etwa 100 Meter vor dem zwischen 1776 und 1790 durch die Abtei Echternach erbauten, 1991 renovierten Schloß Weilerbach wiederum halbrechts. An der Wegedreiteilung geht es links, rückseitig der Häuser von Weilerbach-Parkdorf, in knapp 10 Minuten zum **Diana-Denkmal**, herausgeschlagen aus dem Fels, gewidmet im 2. Jh. von dem Römer Quintus Postumius der Jagdgöttin Diana.

Zurück nach **Weilerbach-Parkdorf** bzw. zur Bushaltestelle.

Informationen zur Tour

 Ausgangsort
Echternacherbrück (170 m), Erholungsort an der Sauer im Deutsch-Luxemburgischen Naturpark

Anfahrt
Pkw: Bundesstraße 418; von der Autobahnausfahrt Trier 20 km, von Koblenz 160 km. Von Bitburg (B 257) 21 km.
Bus: gute Verbindungen

 Zielort
Weilerbach (171 m), Parksiedlung im Sauertal

Einkehrmöglichkeiten
Echternacherbrück. Haus Hubertus (Fölkenbachtal, 30 m abseits). Weilerbach

Unterkunft
Hotels, Gasthöfe, Pensionen. Campingplatz. Jugendherbergen in Echternach und Bollendorf

 Auskunft
54668 Echternacherbrück, Gemeindeverwaltung, Tel. 0 65 25/3 98

 Karte
Topographische Karte 1:50 000, Blatt Deutsch-Luxemburgischer Naturpark

108 Auf dem Moselhöhenweg

Tourenlänge
24,5 km

Durchschnittliche Gehzeit
6 Std.

Etappen
Cochem – Burg 20 Min. – Ellerbachtal 2 Std. – »Vierseenblick« 1 Std. – Sollig 2¼ Std. – Alf ¾ Std.

Steigungen
Ca. 400 m

Eignung für Kinder
Für ausdauernde, wandererfahrene Kinder ab 12

Interessantes am Weg
Cochem: Malerischer Marktplatz mit hochgiebeligen Fachwerkhäusern. Pfarrkirche St. Martin, erbaut um 1500; Reliquienbüste des hl. Martin. Burg Cochem. Brochemer Tal. »Vierseenblick«. Calmont. Sollig-Turm. Umgebung von Alf

Wegcharakter
Einfache Streckenwanderung; unterwegs keine Einkehrmöglichkeit. Etappe des 140 km langen Moselhöhenweges. Rückkehr mit Bahn (von Alf-Bullay), Bus oder Schiff

Wegmarkierung
Weißes M (= Moselhöhenweg) auf schwarzem Grund

Günstigste Jahreszeit
Frühjahr bis Herbst

Vom historischen Hotel-Restaurant **Alte Thorschenke** durch das **Enderttor** von 1332. Etwa 20 Meter danach links über Steinstufen, vor dem Friedhof rechts und den Beschilderungen folgend vorbei an der Luciakapelle in 20 Minuten hoch zur **Burg Cochem**. Oder gleich nach dem Café am Schloßberg geradeaus weiter nach **Dreikreuzen** (Gnadenkapelle), in das Vogelschutzgebiet »Auf Schaak« und empor zum flachen Rücken des **Schaakberges**. Später senkt sich die Route ins **Brochemer Tal**. Rechts oben auf der Kuppe steht der Luftschacht des 4,2 Kilometer langen, 120 Jahre alten Kaiser-Wilhelm-Tunnels durch den Cochemer Krampen, einer Moselschleife.

Im **Ellerbachtal** wandert man talein, etwa ¼ Stunde, dann links über den **Ellerbach**. Nach etwa einer ¾ Stunde Aufstieg darf die Rechtsabzweigung zum prachtvollen »**Vierseenblick**« nicht verpaßt werden. Sie bringt uns zum »Vierseenblick« – 300 Meter über der hier seenartig erscheinenden Mosel.

Absteigend queren wir den Nordhang des **Calmont** mit der steilsten Rieslinglage – »Bremmer

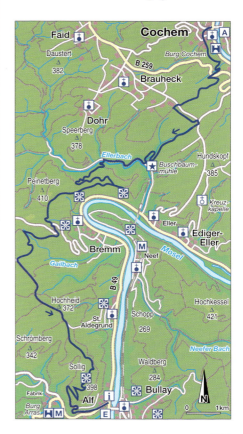

108 Auf dem Moselhöhenweg

Die Burg Cochem beherrscht das gleichnamige Städtchen an der Mosel.

Calmont« – Europas. Rastplätze und Unterstandhütten begleiten die Route in regelmäßigen Abständen. Über den **Waldpark Bremm** und die **St.-Aldegund-Schutzhütte** zum hölzernen **Sollig-Turm** (398 m).
Links der Hütte absteigen. An der Kreuzung (Kruzifix) scharf rechts. Jenseits des Alfbachtales sehen wir die Burg Arras aus dem späten 9. Jh. Durch Weingärten – im Vorblick das lockende Freibad – vollends hinunter nach **Alf**.

Informationen zur Tour

 Ausgangsort
Cochem (86 m), Kreisstadt, meistbesuchter Mosel-Weinort. Parkplätze am nördlichen Stadtrand, ca. 600 m vom Zentrum

 Anfahrt
Pkw: Bundesstraße 49; von Koblenz 51 km, von Trier 92 km.

Bahn: Station der Strecke Koblenz – Trier.
Bus: Gute Verbindungen

 Zielort
Alf (98 m) an der Mosel, zu Füßen der Marienburg

 Einkehrmöglichkeiten
Cochem, z. B. »Zom Stüffje«. Burgschänke Cochem (9 – 18 Uhr). Alf

 Unterkunft
Hotels, Gasthöfe, Pensionen. Jugendherberge. Campingplätze

 Öffnungszeiten
Führungen in der Burg Cochem vom 15. 3. – 1. 11. jede volle Stunde zwischen 9 und 17 Uhr; Dauer 40 Min.

 Auskunft
56812 Cochem, Verkehrsamt, Endertplatz, Tel. 0 26 71/39 71

 Karte
Topographische Karte 1:50 000, Blatt »Die Mosel«

109 Märchenburg Eltz

 Tourenlänge
4,5 km

 Durchschnittliche Gehzeit
1 Std.

 Etappen
Ringelsteiner Mühle – Burg Eltz 35 Min. – Ringelsteiner Mühle ½ Std.

 Steigungen
100 m

 Eignung für Kinder
Ab 5 Jahren

 Interessantes am Weg
Moselkern: Im Hof der St.-Valerius-Kirche das eindrucksvolle »Merowingerkreuz« aus dem 7. Jh., früheste bekannte Monumental-Darstellung des Gekreuzigten im deutschen Sprachraum. An der Dorfstraße gotisches, zweistöckiges Fachwerk-Rathaus

 Wegcharakter
Einfache Wanderung; nach Regenfällen streckenweise rutschiger Weg

 Wegmarkierung
Schwarzer Keil, Wegweiser

Günstigste Jahreszeit
Frühjahr bis Herbst

Der **Jakobsweg**, Hauptwanderweg Nr. 1 des Eifelvereins, beginnt in Moselkern und endet nach 105 km auf dem Venusberg in Bonn. Ihm folgen wir ab dem **Gasthaus Ringelsteiner Mühle** durch das waldreiche, tief im Hang eingegrabene, schon im Jahre 371 als »Alisontia« vom römischen Dichter Ausonius besungene **Elzbachtal**, zunächst über einen Wiese, dann im hochstämmigen Tannenforst, stets am orohydrographisch rechten Ufer. Leicht bergan, vorbei an einzelnen Felsen. Nach etwa ½ Stunde erscheinen hoch am Hang die Mauern der Ruine Trutz Eltz, gegründet 1335 durch den Trierer Erzbischof,

Graf Balduin von Luxemburg, zwecks Eroberung von Eltz, was letztendlich durch Aushungern erfolgte.
Über den Bach, mittels Steinstufen empor zum Portal (1563, Wappen der Eltzer) und in den Vorhof der **Burg Eltz**. Der Komplex ist Musterbeispiel einer sogenannten »Ganerbenburg«, d. h. mehrere verwandte Sippen haben ab dem 14. Jh. bis ins 17. Jh. daran gebaut, insgesamt sieben sechs- und siebengeschossige Burghäuser. Außerdem stellt Eltz eine Schatztruhe ritterlicher Wohnkultur dar und ist – Motiv des 500-Mark-Scheines. Als Urahn des Geschlechtes gilt Rudolf v. Elce, erstmals 1157 erwähnt. Aus seinen Nachkommen hatten sich 1273 drei Linien – »Ganerben« – entwickelt. Heutige Burgherren sind die Grafen Elz-Kempenich der Hauptlinie »vom Silbernen Löwen«, Alleinbesitzer seit 1815. Sie wohnen in Eltville am Rhein.
Nach dem Erlebnis dieser fantastischen Burgenromantik schlendern wir wieder am Elzbach entlang hinaus zur **Ringelsteiner Mühle**.

Informationen zur Tour

Ausgangsort
Moselkern (83 m), Weinort am linken Moselufer, gegenüber dem Druidenstein an der Mündung des Elzbachtales. Startpunkt ist die Ringelsteiner Mühle (ca. 90 m), Gasthof im Elzbachtal; Parkplätze. Von Moselkern 2 km. Keine Busse

221

109 Märchenburg Eltz

Aus der »Vogelperspektive« scheint Burg Eltz aus einem Waldmeer herauszuwachsen.

 Anfahrt
Pkw: Bundesstraße 416; von Koblenz 32 km, von Cochem 19,5 km.
Bahn: Strecke Koblenz – Trier.
Bus: Gute Verbindungen

 Zielort
Wie Ausgangsort

Einkehrmöglichkeiten
Gasthof Ringelsteiner Mühle.
Burg Eltz: Kiosk und Restaurant.
In Moselkern preiswerter Imbiß »Druidenstein«

 Unterkunft
In Moselkern Hotels, Gasthöfe, Pensionen; u. a. Hotel Anker-Pitz, Tel. 0 26 72/13 03

 Öffnungszeiten
Burg Eltz: April bis Oktober, Führungen viertelstündlich von 9 – 17.30 Uhr, Sonn- und Feiertage 10 – 17.30 Uhr

 Auskunft
56253 Treis-Karden, Verkehrsamt, Marktplatz, Tel. 0 26 72/61 37

 Karte
Topographische Karte 1:50 000, Blatt »Die Mosel«

Hunsrück

110 Bad Münster am Stein

 Tourenlänge
13 (16) km

 Durchschnittliche Gehzeit
3½ (5) Std.

 Etappen
Bad Münster – Rotenfels 3 km – Norheim/ Nahe 3 km – Rehkopf 3 km – Birkenhof 1 km – Ebernburg 2 km – Bad Münster 1 km

 Steigung
200 und 150 m

 Eignung für Kinder
Ab 10 Jahren

 Interessantes am Weg
Rotenfels, Naheufer, Ebernburg, Rheingrafenstein

 Wegcharakter
Gute Wald- und Uferwege

 Wegmarkierung
Ziffer 10, 29, blauer Strich

Günstigste Jahreszeit
Ganzjährig; nicht bei Hochwasser und Glätte

mit der Ziffer 10 in langgezogenen Serpentinen geführt wird. Bei atemberaubenden Blicken in die Tiefe wird auf über einen Kilometer unmittelbar an der senkrecht abfallenden Felswand entlanggeführt. Ab der Aussichtsplattform »Bastei« geht es am gleichnamigen Ausflugslokal vorbei an den Ortsrand von Traisen. Neben der genannten »10« zeigt die Ausschilderung »Norheim/Mühltal« den Weg hinab ins **Nahetal**; der Fluß wird auf einer Fußgängerbrücke gequert. Drüben nimmt uns die Ziffer 29 in Empfang, mit der wir unmittelbar an der Nahe entlanglaufen, um nach knapp zwei Kilometern links dem **Rehkopf** zuzustreben. Nach einer längeren Partie durch Niederwald

Die höchsten außeralpinen Felswände sind an der Nahe bei **Bad Münster am Stein** zu finden: das Massiv der **Gans** (220 m) und der auf fast zwei Kilometer Länge steil abfallende **Rotenfels** (227 m). Dazwischen erhebt sich der etwas niedrigere, dafür spektakulär mit einer Burg gekrönte **Rheingrafenstein**
Die Besteigung des Rheingrafensteins können wir wahlweise als Extraschleife an den Beginn oder Schluß der Hauptwanderung hängen. Von Bad Münster aus ist er nur mit einem Fährboot über die Nahe erreichbar. Für die Wanderung auf den **Rotenfels** starten wir an der Fußgängerbrücke über die B 48 (nahe dem Bahnhof) und laufen durch die Franz-Schubert-Straße hinan. Als Richtung ist »Rotenfels/Bastei« angegeben, auf die

haben wir ab der beliebten Einkehr **Birkenhof** wieder freie Sicht auf die Felskulisse um Bad Münster. Voraus thront die **Ebernburg**, die mit der Markierung blauer Strich – den man oberhalb der Einkehr am Waldrand findet – bald erreicht ist. Zu einer Tagungsstätte mit gehobenem Restaurant ausgebaut, erinnert nur noch wenig an die »Herberge der Gerechtigkeit«, wie Ulrich von Hutten einst die Stammburg seines Mitstreiters Franz von Sickingen genannt hatte. Als Denkmal begegnen uns die beiden Humanisten beim Abstieg über ein Serpentinenpfädchen unterhalb der Festung.

223

110 Bad Münster am Stein

Die Ebernburg bei Bad Münster

Informationen zur Tour

 Ausgangsort
Bad Münster am Stein

 Anfahrt
Der Ort liegt südlich von Bad Kreuznach (B 48)

 Einkehrmöglichkeiten
Bastei (Do. Ruhetag); Birkenhof und Ebernburg (jeweils Mo. geschlossen)

 Öffnungszeiten
Kurmuseum Mi. und Sa. 15–17, So. 10–12 Uhr geöffnet

 Unterkunft
Hotels und Pensionen in Bad Münster

 Auskunft
Kurverwaltung Bad Münster: Tel. 0 67 08/10 46

 Karte
Topogr. Karte Der Soonwald 1:50 000

 Tip
Je nach Kondition kann der Aufstieg auf den Rheingrafenstein steil rechts herum erfolgen oder etwas gemütlicher nach links in etwa einer Stunde. Beide Wege sind gut ausgeschildert. Die Nahefähre verkehrt – auf Zuruf – ganzjährig

111 Bad Sobernheim

Tourenlänge
12 km

Durchschnittliche Gehzeit
3½ Std.

Etappen
Bad Sobernheim – Disibodenberg 5 km – Freilichtmusem 5 km – Bad Sobernheim 2 km

Steigung
Hügelig

Eignung für Kinder
Ab 8 Jahren

Interessantes am Weg
Barfußweg am Naheufer; Klosterruine und Disibodenbergerhof mit kleinem Museum; Freilichtmuseum

Wegcharakter
Bis auf einen Pfad feste Wege

Wegmarkierung
Einzelne Wegweiser

Günstigste Jahreszeit
Im Sommerhalbjahr

Wer ganz Rheinland-Pfalz in einem Tag durchwandern will, braucht dafür nur ein, zwei Stunden. Seit einigen Jahren wird bei Bad Sobernheim ein **Freilichtmuseum** aufgebaut, das an beispielhaften Gebäudetypen die bäuerlichen Lebens- und Kulturformen vergangener Tage demonstriert: Höfe und handwerkliche Betriebe aus Eifel, Westerwald, Hunsrück und Pfalz/Rheinhessen. In den authentisch eingerichteten Fachwerkhäusern werden Kühe, Schafe und Hühner gehalten sowie im Freigelände Obst und traditionelle Getreidesorten angebaut.
Das ist gewiß ganz im Sinne des berühmten »Lehmpastors« Emanuel Felke, der in **Bad Sobernheim** Ende des 19. Jahrhunderts seine bahnbrechenden Erkenntnisse in der naturheilkundlichen Kurmittelanwendung entwickelte. Felke im Geiste und die blauen Hinweisschilder in Richtung Campingplatz vor Augen, gehen wir ab Bahnhof zunächst bis zur Nahe. Vor dem Zeltdorf biegt man links ab und läßt sich vom Fluß den Weg vorgeben. Parallel dazu verläuft der erste **Barfußpfad** Deutschlands. Mit Steinen, Sand, Kies, Mulch oder Gras sollen die Reflexzonen und damit die Gesamtdurchblutung des Körpers angeregt werden. Auf regulärem Wege kommen wir zur Nahebrücke vor Staudernheim und folgen nach ihrem Überschreiten nach links der Ausschilderung zur Klosterruine **Disibodenberg**, die etwas versteckt zwischen den Bäumen liegt. Berühmt wurde das Benediktinerkloster als Wirkungsstätte der namhaftesten Frauengestalt des deutschen Mittelalters, der hl. Hildegard von Bingen (1098–1179). Im Disibodenbergerhof unterhalb der Ruine ist ein kleines Museum mit Funden aus dem Kloster und Zeugnissen zu Hildegards Leben und Wirken zu finden.
Für den Weiterweg schlüpfen wir an der Abtei links vom Hospizgebäude (kenntlich an seinen hohen Giebeln) in einen unscheinbaren Pfad abwärts. Mit schönem Blick ins Glantal erreicht man **Odernheim**, das wir nach einem kurzen Stück entlang der Hauptstraße nach links durch Mainzer und Schulstraße verlassen. An der Wegegabelung kurz vor Ortsausgang hält man sich

111 Bad Sobernheim

Der Barfußpfad bei Bad Sobernheim

links und kommt über freies Feld zu einem Wanderparkplatz am Waldrand. Ab dort zeigen Holzwegweiser die Richtung durch den Wald bis zum **Freilichtmuseum** und den Rest des Rückweges an.

Informationen zur Tour

 Ausgangsort
Bad Sobernheim

 Anfahrt
B 41 Bad Kreuznach – Kirn

 Einkehrmöglichkeiten
Disibodenbergerhof und Freilichtmuseum

 Unterkunft
Hotels und Pensionen in Bad Sobernheim

 Öffnungszeiten
Freilichtmuseum: im Sommerhalbjahr Mo. 9–18 Uhr; Disibodenbergerhof täglich 9–12 Uhr und 13.30–18 Uhr

 Auskunft
Kurverwaltung Bad Sobernheim: Tel. 0 67 51/8 12 41

 Karte
Topogr. Karte Der Soonwald 1:50 000

226

Hunsrück

112 Die Schmidtburg bei Rhaunen

 Tourenlänge
16 km

 Durchschnittliche Gehzeit
5 Std.

 Etappen
Rhaunen – Hausen 3 km – Schmidtburg 6 km – Schiefer-Bergwerk 0,5 km – Keltensiedlung 0,5 km – Bundenbach 1,5 km – Rhaunen 3,5 km

 Steigung
Zwei Kurzanstiege

 Eignung für Kinder
Ab 10 Jahren

 Interessantes am Weg
Schmidtburg, Besucherbergwerk Herrenberg; Keltensiedlung

 Wegcharakter
Feste und vergraste, nasse Wege

 Wegmarkierung
S 2, weißes H, R 1

 Günstigste Jahreszeit
Im Sommerhalbjahr; nicht bei Nässe

An kaum einem zweiten Ort können Zeugnisse der Erd- und Menschheitsgeschichte in solcher Dichte besichtigt werden wie in dem abgelegenen **Hahnenbachtal**. In Sichtweite sind eine Keltensiedlung, eine der größten Burganlagen Deutschlands, die Schmidtburg, sowie der frühere Schieferstollen Herrenberg zugänglich gemacht worden, ergänzt durch ein kleines Fossilienmuseum.

Ab Ortsmitte **Rhaunen** läuft man die Poststraße hinunter und biegt in das zweite (namenlose) links abzweigende Sträßchen ein. Es mündet in einen Wiesengrund und umkurvt nach rechts ein freistehendes Gehöft. Auf einem Pfad geht es am Waldrand entlang, ab einer Wegegabelung nehmen wir nach links das S 2 als Wegbegleiter bis

Hausen. An den ersten Häusern heißt es sich nach rechts wenden bis zur Landstraße in Richtung Gemünden. Mit dem unterdessen aufgetretenen weißen H vollzieht man eine langgezogene Rechtskurve und läuft ausgangs geradeaus in ein Wiesental. Über abenteuerliche Wege – vergrast, morastig – passieren wir die auf einer steilen Bergkuppe liegende **Burgruine Hellkirch** und kommen zum langgezogenen »Steinschiff« der **Schmidtburg**. Genau besehen sind es zwei Burgen, eine untere und eine obere, die zusammen rund 200 Meter lang sind. Alleine der Lageplan verzeichnet 55 noch feststellbare Gebäude.

Um zur Keltensiedlung und zur Schiefergrube zu gelangen, müssen wir an der Pforte »Torweg« ins **Hahnenbachtal** hinabsteigen, nach rechts den Burgsockel umrunden, bis der Bach auf einem Holzsteg überschritten werden kann. Gut ausgeschildert, wird man über Serpentinen zum **Besucherbergwerk** heraufgeführt. Zur **Keltensiedlung** unternimmt man von dort einen kurzen Abstecher. Dank 3000 erhaltener Pfostenlöcher im Felsboden konnnte man die auf Stelzen gestellten Häuser und Fruchtspeicher aus dem zweiten vorchristlichen Jahrhundert

227

112 Die Schmidtburg bei Rhaunen

Die Schmidtburg über dem Hahnenbachtal

rekonstruieren. Vom Schieferstollen laufen wir hinauf nach **Bundenbach**. In der Ortsmitte folgen wir der Richtung Rhaunen. Etwa 500 Meter außerhalb zweigt man links ins Feld, bald an einem Sträßchen nach rechts mit dem Zeichen R 1. Ohne größere Richtungsänderungen wird erst über Wiesen, dann durch Wald zurückgeführt.

Informationen zur Tour

 **Ausgangsort**
Rhaunen

 Anfahrt
B 41 Bad Kreuznach – Kirn, Abzeig Rhaunen

 Einkehrmöglichkeiten
Imbiß am Besucherbergwerk (geöffnet wie dort)

 Unterkunft
Pensionen in Rhaunen

 Öffnungszeiten
Schmidtburg: frei zugänglich; Bergwerk und Keltensiedlung (Schlüssel an der Kasse zum Stollen): im Sommerhalbjahr täglich 10–13 und 14–17 Uhr

 Auskunft
Gemeinde Rhaunen: Tel. 0 65 44/4 80

 Karte
Topogr. Karte Der Soonwald 1:50 000

113 St. Goar und Burg Rheinfels

Tourenlänge
13 km

Durchschnittliche Gehzeit
3½ Std.

Etappen
St. Goar/Burg Rheinfels – Biebernheim 1,5 km – Gründelbachtal 7 km – St. Goar 4,5 km

Steigung
300 m

Eignung für Kinder
Ab 8 Jahren

Interessantes am Weg
Burg Rheinfels, Stiftskirche, Puppen- und Bärenmuseum, Gründelbachtal

Wegcharakter
Befestigte Wege und Pfad

Wegmarkierung
RV, R

Günstigste Jahreszeit
Ganzjährig

Daß es am Rhein »schön« ist, darüber hegt seit der Entdeckung der Rheinromantik zu Beginn des 19. Jahrhunderts niemand Zweifel. Man muß zwar nicht alles lieben, was in einem Ort wie St. Goar an Souvenirläden und Gastronomie, schon zur Erfüllung der bekannten Klischees, angeboten wird. Aber man darf hier Sehenswürdigkeiten erwarten, die für die schönen Seiten des Mittelrheins stehen. St. Goar besitzt mit Burg Rheinfels eine der gewaltigsten Festungen Deutschlands überhaupt, mit der spätgotischen, farbenfroh ausgemalten Stiftskirche eines der besten Beispiele für die rheinische Sakralkunst und mit dem Deutschen Puppen- und Bärenmuseum ein ungewöhnliches Haus, bei dem nicht der Sammelehrgeiz dominiert, sondern die Liebe zum Ausstellungsgegenstand. Zu fast allen 2000 Puppen und 700 Bären kann die Museumsleiterin eine eigene Geschichte erzählen, und jedes der Stücke hat einen Namen.

Aus den engen Gassen St. Goars suchen wir uns vorbei an Stiftskirche und Museum den Weg über die Fahrstraße hinauf zur **Burg Rheinfels**. Gut eine Stunde ist rasch in dem riesigen Gemäuer verbracht. Von den höchsten Zinnen bis in die stockdunklen Minengänge (Taschenlampe mitbringen!) darf jeder Winkel erkundet werden.

An der Straße haben wir das Zeichen RV gesichtet, das uns zum Rheinhöhenweg leitet: durch Biebernheim hindurch, ausgangs – erst links, dann rechts – in die Felder. Kommt das RV zur Straße, folgen wir der Fahrbahn weiter – kurz ohne Zeichen – bis wir auf das R stoßen. Mit diesem noch etwas entlang der Straße, dann schwenken wir rechts in den Wald. In verschwenderischen Bogen führt ein Holzabfuhrweg hinab ins Gründelbachtal. An dem namengebenden Bach trifft man erneut auf ein RV.

Der Rückweg läuft abwechslungsreich durch das Tälchen: ein häufig in den »wildromantischen« Seitentälern des Rheins anzutreffendes Landschaftsbild – steile Hänge, von Niederwald und Felsgruppen geprägt.

113 St. Goar und Burg Rheinfels

Informationen zur Tour

 Ausgangsort
St. Goar

 Anfahrt
Das linksrheinische St. Goar liegt auf halber Strecke zwischen Bingen und Koblenz (B 9)

Einkehrmöglichkeiten
Unterwegs keine; Schloßhotel und »Vielharmonie« (Kleinkunstbühne; Restaurant) an der Rheinfels

 Unterkunft
In St. Goar, Schloßhotel, DJH auf der Burg

 Öffnungszeiten
Puppen-Museum und Rheinfels: täglich durchgehend geöffnet, die Burg im Winter nur bei trockener Witterung

 Auskunft
Verkehrsamt St. Goar: Tel. 0 67 41/3 83

 Karte
Topogr. Karte Der Rhein von Bingen bis Koblenz 1:50 000

 Tip
Hinweis: Mitgebrachtes defektes Spielzeug können sich Kinder in der »Puppen-Klinik« des Museums reparieren lassen und Zubehör im Eingangsladen erstehen

Burg Rheinfels bei St. Goar

114 Auf den Großen Feldberg

Tourenlänge
8 (12) km

Durchschnittliche Gehzeit
3 (4) Std.

Etappen
Rotes Kreuz – Oberreifenberg 2 km (– Reifenberger Burgruine hin und zurück 4 km) – Limes 2,5 km – Großer Feldberg 1,5 km – Kastell Feldberg 1,5 km – Rotes Kreuz 0,5 km

Steigung
Insgesamt 400 m

Eignung für Kinder
Ab 8 Jahren

Interessantes am Weg
NSG Reifenberger Wiesen, Burgruine Reifenberg, Limes, Großer Feldberg mit Brunhildisfelsen und Aussichtsturm, Kleinkastell Feldberg

Wegcharakter
Wechsel von befestigten Waldwegen und Jägerpfaden

Wegmarkierung
Grüne Tanne, schwarzer Limes-Wachturm, blaues X, schwarzes X, braunes Eichhörnchen (Burgruine: schwarzes X)

Günstigste Jahreszeit
Nicht bei Glätte

Rotes Kreuz an der Straße nach Oberreifenberg (dort auch Bushaltestelle). Aus den vielen Zeichen wählen wir die grüne Tanne, die auf befestigtem Weg abwärts zeigt zum NSG »Reifenberger Wiesen«. Von dort und im weiteren Verlauf haben wir guten Blickkontakt zur freistehenden **Kapelle Gertrudis** und im Hintergrund zu den Doppeltürmen der **Oberreifenberger Burgruine**. Mit einem halbstündigen Abstecher können wir die Burg »erobern«.
So oder so, vor den ersten Häusern drehen wir ab und kraxeln mit einem Jägerpfad bis zu einem Sechs-Wege-Stern. Hier stehen wir unmittelbar auf dem römischen Limes, dessen Verlauf gut sichtbar ist, zur Sicherheit aber mit einem stilisierten Wachturm (schwarz) gekennzeichnet wurde. Diesem Zeichen schließt man sich nach links an. Wir folgen eine Weile den Resten des Pfahlgrabens bis zur Feldberg-Zufahrtsstraße. Dort wählen wir ein neues Zeichen, das blaue X, und setzen scharf rechts zum »Gipfelsturm« an. Ein kurzer, aber steiler Anstieg, und wir stehen auf dem baumfreien Plateau. Die beste Sicht nach Westen hat man vom **Brunhildisfelsen**, einem Quarzblock rechter Hand,

Wenn eine Stadt von Gebirgen umrahmt ist, dann hat sie auch einen Hausberg. Für Frankfurt ist es der **Große Feldberg**. Die meisten Frankfurter werden bereits in jungen Jahren im Rahmen eines Schulausfluges auf den 880 Meter hohen Gipfel geführt. Haften bleibt vor allem die großartige Rundumsicht über den Mittelgebirgskranz, der das in die Rhein-Main-Ebene gegossene Häusermeer schützend umsteht.
Wir machen zunächst eine großen Bogen um den Feldberg; gestartet wird unterhalb am Paß

114 Auf den Großen Feldberg

Brunhildisfelsen auf dem Großen Feldberg

und ringsum natürlich vom Aussichtsturm. Den »Abstieg« – links vom Parkplatz – weist das schwarze X bis zu einer Straße. Drüben geht es mit dem braunen Eichhörnchen bis zum Rechtsabzweig kurz vor dem Kleinen Feldberg und weiter über einen abenteuerlichen Pfad abwärts bis zur neuerlichen Straßenquerung. Nach der **Weilquelle** ist rasch das **Kleinkastell Feldberg** erreicht, eines von hunderten, die den Limes sicherten. Dort links, und das Rote Kreuz kommt nach leichtem Bergab bald n Sicht.

Informationen zur Tour

 Ausgangsort
Parkplatz Rotes Kreuz

 Anfahrt
Über B 8 Königstein – Glashütten, Abzweig Oberreifenberg

 Einkehrmöglichkeiten
Gaststätte und Kiosk auf dem Großen Feldberg

 Öffnungszeiten
Aussichtsturm Feldberg bei gutem Wetter geöffnet

 Unterkunft
DJH und Pensionen in Oberreifenberg

 Auskunft
Fremdenverkehrsverband Main+Taunus: Tel. 0 61 72/ 17 83 52

 Karte
Topogr. Freizeitkarte Hochtaunus 1:25 000 oder 1:50 000

 Tip
Die Greifenwarte auf dem Großen Feldberg

115 In und um Weilburg herum

Tourenlänge
12 km

Durchschnittliche Gehzeit
3½ Std.

Etappen
Weilburg, Landtor – Kubacher Kristallhöhle
4 km – Tiergarten 4 km – Weilburg 4 km

Steigung
120 m, steil

Eignung für Kinder
Ab 8 Jahren

Interessantes am Weg
Schloß und Altstadt Weilburg, Kubacher Kristallhöhle, Tiergarten, Lahntal

Wegcharakter
Feste Wald- und Wirtschaftswege, einige Passagen Straße

Wegmarkierung
Schwarzes Wisent, schwarzes L

Günstigste Jahreszeit
Ganzjährig

Tief unten von der Lahn umschlungen thront die Residenz der Nassau-Weilburger Grafen, während auf der Hochebene ein weitläufiger Tierpark sowie eine Kristallhöhle besucht sein wollen. Außerdem kann man in den Keller eines Schaubergwerks hinabsteigen und in den Schlund des einzigen Schiffstunnels Europas schauen, der 1847 unter dem Schloß durchgeführt wurde. Der Barockbau des Schlosses um den Kern eines regelmäßigen Renaissance-Vierecks ist ein architektonisches Wunder der Anpassung an die beengten Verhältnisse im Lahntal. Im Inneren sind 38 vollständig eingerichtete Räumlichkeiten zu besichtigen.

Nach dem Bummel durch die kleine Residenzstadt starten wir am mächtigen **Landtor** und laufen die Frankfurter Straße (B 456) hinauf bis zur Abzweigung in Richtung **Kubach**. Auf einem Fußweg neben der Landstraße erreichen wir den Ort und mit der Ausschilderung »**Kristallhöhle**« die etwas außerhalb liegende Kaverne. Zu dieser geologischen Einzigartigkeit in Deutschlands höchster Höhlenhalle (30 Meter) führen nicht weniger als 455 Stufen. Die Wände der Höhle bedecken glitzernde Kalkspatkristalle und weißer

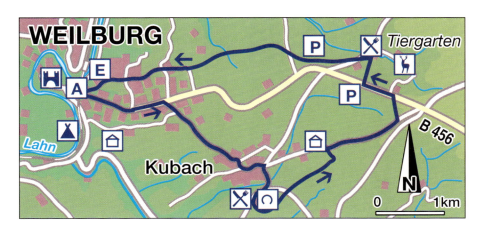

115 In und um Weilburg herum

Perlsinter – wie zu schockgefrorenen Wasserfällen erstarrt. Wenn auch noch der oberirdische **Gesteinslehrgarten** besichtigt ist, kann es nach links weitergehen in freies Feld mit dem Zeichen schwarzes Wisent – bis zum Waldrand. Am dortigen Grillplatz halten wir uns rechts und durch hohen Laub- und Nadelwald ohne Richtungsänderung auf die Bundesstraße zu. Um die Strecke an ihren Bänketten abzukürzen, nimmt man den an der Weinbacher Straße links abzweigenden Weg und wechselt erst mit seinem Auftreffen zur Straße. Das Pflastertreten ist rasch beendet, wenn die drüben verlaufende Steinmauer um den **Tiergarten** rechts abknickt und entlang einem erdigen Weg zum Haupteingang führt. Der Park ist 92 Hektar groß, wird von sechs Kilometern Wegen durchzogen und beherbergt in weitläufigen Gehegen Mufflons, Luchse, Wisente, Fischotter, Schwarz-, Rot- und Damwild.

Der Rückweg führt mit der Markierung schwarzes L (für Lahnhöhenweg) immer bergab bis vor die Durchfahrt am Landtor.

Die Kubacher Kristallhöhle

Informationen zur Tour

 Ausgangsort
Weilburg

 Anfahrt
Der Ort liegt etwa 20 km westlich von Wetzlar, B 49 und B 456

 Einkehrmöglichkeit
Gaststätten an der Kristallhöhle und am Tierpark

 Unterkunft
Hotels aller Kategorien in Weilburg

 Öffnungszeiten
Kristallhöhle: werktags 14–16 Uhr, Sa./So. 10–17 Uhr (Nov. bis März geschlossen); Tierpark täglich ganzjährig; Schloß: im Rahmen von Führungen außer Mo. 9–16 Uhr; Bergbaumuseum außer Mo. von 10–12 und 14–17 Uhr

 Auskunft
Tourist-Information Weilburg: Tel. 0 64 71/76 71

 Karte
Topogr. Karte Hochtaunus Nord 1:50 000

 Tip
Die Lahn eignet sich sehr gut zum Kajakwandern. Das Touristbüro verleiht Boote

116 Im Rheingau bei Geisenheim

Tourenlänge
15 km

Durchschnittliche Gehzeit
4½ Std.

Etappen
Schloß Johannisberg – Schloß Vollrads 2 km – Stephanshausen 6 km – Kloster Marienthal 3 km – Schloß Johannisberg 4 km

Steigung
250 m

Eignung für Kinder
Ab 8 Jahren

Interessantes am Weg
Schlösser Johannisberg und Vollrads, Weinberge, Kloster Marienthal

Wegcharakter
Feste Weinberg- und Waldwege

Wegmarkierung
Gelber Römerpokal, schwarzer Punkt, weißes R

Günstigste Jahreszeit
Im Frühjahr und Herbst

Wenn es um die treffendste Wortwahl zur Beschreibung der Schönheiten des Rheingaus geht, gibt es natürlich keinen unbestechlicheren Kronzeugen als Johann Wolfgang von Goethe. Gerne bereiste er während seiner Wiesbadener Kuraufenthalte die Umgebung, wo man in »alle Herrlichkeit der Welt« blicke und das »Auge ergötzt« werde. Vor allem der wärmespeichernde Boden des Rheinischen Schiefergebirges ist am vorzüglichen Gedeihen der Rheingauer Weine beteiligt. Nicht zufällig wurden hier auch Riesling und Spätlese im 18. Jahrhundert »entdeckt«. Beide Edelsorten stehen in Zusammenhang mit **Schloß Johannisberg**, damals eine Besitzung des Fuldaer Klosters. Im Hof wird mit einem Denkmal an die erste Erzeugung der Spätlese 1774 erinnert. Steigen wir mitten hinein ins Ursprungsland der Rheingauer Qualitätsweine und laufen ab der Schloßterrasse mit dem Zeichen gelber Römer- oder Rieslingpokal auf grünem Grund durch die »weingeschmückten Landesbreiten« (Goethe). Das Zeichen, assistiert von H 7, führt in die Weinberge und zunächst aufwärts zur Straße am Erntebringer. Hundert Meter nach dem Ortsausgang von Johannisberg geht es links erneut in die Weinberge – voraus macht sich bald der geschieferte Turmhelm von **Schloß Vollrads** bemerkbar. Dort, in einem fünfstöckigen Wohnturm, lebten die Herren von Greiffenclau bis zum Bau des Herrenhauses 1684. Die Gesamtanlage dient heute als Weingut mit angeschlossenem Restaurant. Die Zeichen führen an der Toreinfahrt vorbei durch Rebenhänge bis zum schwarzen Punkt, dem wir für viele Kilometer durch die typischen Rheingauer Laubwaldbestände hinauf nach **Stephanshausen** treu bleiben. Im Ort wartet das weiße R des **Rheinhöhenweges**, das uns den Weg durch die Brühlstraße ins Elsterbachtal weist. Nach langer Waldpassage, wobei die Talseite gewechselt wird, treffen wir am Franziskanerkloster und Wallfahrtsort **Marienthal** ein. Noch heute finden dort zu einem Gnadenbild regelmäßige Pilgerfahrten statt. Ohne das R laufen wir das Zufahrtssträßchen entlang, unversehens taucht

235

auch wieder das anfängliche Zeichen Römerpokal auf. Wie es sicht gehört, weist es bald nach links in die Weinberge, und damit ist auch fast wieder **Johannisberg** erreicht.

Informationen zur Tour

Ausgangsort
Geisenheim-Johannisberg

Anfahrt
Abzweig von der B 42 Wiesbaden – Rüdesheim

Einkehrmöglichkeit
Schloß Johannisberg und Schloß Vollrads (beide Mo. und im Winter geschlossen)

Unterkunft
Hotels und Gasthöfe in Johannisberg sowie in Oestrich-Winkel und Geisenheim

Öffnungszeiten
Beide Schlösser können nur von außen besichtigt werden

Auskunft
Tourist-AG Oestrich-Winkel/Geisenheim:
Tel. 0 67 23/99 21 50 oder Tel. 0 67 22/70 11 39

Karte
Topogr. Karte Rhein-Taunus 1:50 000

Tip
Am Rheinufer vor Oestrich steht ein denkmalgeschützter Weinverladekran von 1745

Weinverladekran von 1745

117 Zur Saalburg bei Bad Homburg

Tourenlänge
7,5 km

Durchschnittliche Gehzeit
2½ Std.

Etappen
Saalburg – Hessenpark 4 km – Obernhain 1 km – Saalburg 2,5 km

Steigung
Mäßig

Eignung für Kinder
Ab 6 Jahren

Interessantes am Weg
Limeskastell Saalburg mit Thermen und Jupitersäule im Außenbereich; Freilichtmuseum Hessenpark

Wegcharakter
Feste Wald- und Wirtschaftswege

Wegmarkierung
Braunes Ahornblatt (Taunus-Lehrpfad), schwarzes Hufeisen, roter Strich

Günstigste Jahreszeit
Ganzjährig

Die Museumslandschaften von **Saalburg** und **Hessenpark** im Taunus liegen fast benachbart, und doch trennen sie Welten. Hier das bis 1907 rekonstruierte römische **Limeskastell** des früheren Imperium Romanum, dort das Freilichtmuseum Hessenpark, das die ländlich-handwerkliche Welt Hessens der vorindustriellen Zeit dokumentiert. In der Saalburg sind leicht ein, zwei Stunden, im Hessenpark ein halber Tag verbracht.

Schon die Therme vor dem Haupteingang (»porta praetoria«) des früher mit einer 500-Mann-Kohorte besetzten Kastells verrät, daß die Römer auch fern der Heimat nicht auf den gewohnten Lebensstandard verzichten mochten. Im Inneren ging es nicht ganz so großzügig zu, wie man angesichts der parkartigen Bepflanzung annehmen könnte. Dicht standen die Mannschaftsunterkünfte um das Stabsgebäude, welches ebenso wiederhergestellt ist wie Schreibstuben, Waffenkammern, Versorgungseinrichtungen und das Fahnenheiligtum. In allen Räumen werden zahlreiche Funde – Gefäße, Münzen, Weihesteine, Rüstungen – aus der Zeit bis zum Untergang der Saalburg 260 n. Chr. gezeigt.

Vom Kastell lassen wir uns beim »Limes-Grenzgang« mit der Markierung braunes Ahornblatt

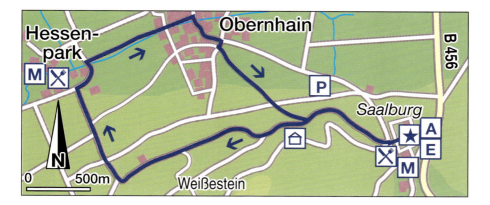

237

117 Zur Saalburg bei Bad Homburg

Limeskastell Saalburg

hinüber zum **Hessenpark** begleiten. Der Weg geht zunächst links an der Anlage vorbei, gewinnt im Wald leicht an Höhe, um bald wieder, nach einem Rechtsabzweig, abwärts bis unmittelbar vor das **Freilichtmuseum** zu führen. Täglich finden in einem der aus sechs hessischen Regionen gebildeten »Dörfer« Sonderveranstaltungen zu verschiedenen Themen statt, wie Schmieden, Weben, Backen, Flechten oder, je nach Jahreszeit, Ostereiermalen, Gartentips und Ausstellungen. Wie bei vergleichbaren Einrichtungen ist auch der Hessenpark ein Museum, das – seit 1974 – wächst und wächst; zuletzt wurde eine Storchenkolonie angesiedelt.

Zurück geht es ab Tor I nach rechts mit dem Zeichen schwarzes Hufeisen über einen befestigten Weg nach **Obernhain**. Im Ort wechselt man ab Saalburgstraße auf den roten Strich, der leicht bergan auf den kastellbesetzten Taunuspaß führt. Deutlich erkennt man im Gelände eine wallartige Erhöhung, Reste jener »Mauer«, die vor 1800 Jahren Süddeutschland als germanischer und raetischer Limes auf über 500 Kilometern durchzog.

Informationen zur Tour

 Ausgangsort
Saalburg

 Anfahrt
B 456 Bad Homburg – Usingen

 Einkehrmöglichkeiten
An der Saalburg, im Hessenpark

 Unterkunft
In den umliegenden Ortschaften

 Öffnungszeiten
Saalburg täglich von 8–17 Uhr;
Hessenpark 1. 3.–31. 10. außer Mo. 9–18 Uhr

 Auskunft
Saalburg: Tel. 0 6175/31 48;
Hessenpark: Tel. 0 60 81/5 88 54

 Karte
Topogr. Freizeitkarte Hochtaunus 1:25 000, Blatt 3

 Tip
2 km entfernt liegt der bei Kindern beliebte Freizeitpark Lochmühle; per PKW oder dem Zeichen roter Fuchs erreichbar

118 Von Oberursel nach Kronberg

Tourenlänge
13 km

Durchschnittliche Gehzeit
4 Std.

Etappen
Oberursel, Hohemark – Altkönig 5,5 km – Fuchstanz 1,5 km – Falkenstein 3 km (Abstecher zur Burgruine 0,5 km) – Opel-Zoo – Kronberg 3 km

Steigung
500 m (teilweise steil)

Eignung für Kinder
Ab 8 Jahren

Interessantes am Weg
Keltenringwälle Altkönig, Fuchstanz, Burgruine Falkenstein, Opel-Zoo, Burg und Altstadt Kronberg

Wegcharakter
Feste Waldwege

Wegmarkierung
Gelber Strich, weißes X, schwarzes X, schwarzer Punkt

Günstigste Jahreszeit
Ganzjährig; nicht bei Nässe oder Schneeglätte auf den Altkönig

Die Straßenbahn-Endstation **Hohemark** vor den Toren Oberursels ist der beliebteste Ausgangsort für Wanderungen im Taunus. Wir wollen von hier den **Altkönig** erklimmen, schließlich saßen da oben in 800 Meter Höhe schon die Kelten. Aus dem Zeichenangebot wählen wir am Parkplatz neben der Haltestelle den gelben Strich, der uns in einem langgezogenen Bergauf durch dichte Wälder zum Fuß des Altkönigs begleitet. Die letzten, kräftig steigenden Meter übernimmt das bereits zuvor aufgetauchte weiße Andreaskreuz. Deutlich zeichnen sich im Gelände die Hügelketten eines doppelten Ringwallsystems aus dem 5. vorchristlichen Jahrhundert ab. Die zu sogenannten Pfostenschlitzmauern gehäuften Steine sind über weite Strecken erhalten. Von ihnen hat man vor allem im Südosten einen wunderbaren Blick über Frankfurt. Mit dem X steigen wir über einen anfangs steilen Pfad hinunter zur bekannten Wanderereinkehr **»Fuchstanz«**, wo sich zwei europäische Fernwanderwege kreuzen. Mit dem einen – Markierung schwarzes X – setzen wir unsere Tour in Richtung Kronberg fort.
Bis hinunter nach Falkenstein geht es tüchtig bergab.
Ab Ortsmitte können wir einen Schlenker hinauf zur **Burgruine Falkenstein** einlegen – zum einen wegen der guten Sichtverhältnisse über die Dächer Kronbergs; zum andern gibt es die Rarität einer Turmburg aus dem 11. Jahrhundert zu sehen, in Grundzügen freigelegt neben der Anlage aus der Zeit um 1300. Der Rest des Weges ab Falkenstein, Ortsmitte, führt erst durch ein Villenviertel, dann über eine Wiese direkt zum **Opel-Zoo** hinunter. Ein Großteil der Anlage mit seinen über 1000 Tieren aus allen Kontinenten kann auf einem öffentlichen Weg begangen werden. Diesem schließen wir uns nach links an. Vorbei an Flußpferden, Affen und Bergziegen kommen wir

118 Von Oberursel nach Kronberg

Blick vom Opel-Zoo zur Ruine Falkenstein

nach einem Stück durch Kleingärten im alten **Kronberg** heraus. Mit Blick zur Burg steuert man auf den weitläufigen **Schloßpark** zu. An seinem Ende wartet die S-Bahn für die Rückfahrt.

Informationen zur Tour

 Ausgangsort
Frankfurt (U3) bzw. Oberursel-Hohemark

 Anfahrt
Oberursel liegt nordwestlich von Frankfurt (A 661), gut erreichbar mit der U-Bahn-Linie 3

 Zielort und Rückkehr
Kronberg; zurück nach Frankfurt mit der S-Bahn-Linie 4

 Einkehrmöglichkeit
Gasthäuser am Fuchstanz (beide Mo. geschlossen)

 Unterkunft
Hotels und Pensionen in Oberursel und Kronberg

 Öffnungszeiten
Opel-Zoo: täglich; Besichtigung der Kronberger Burg: Sa. und So. 11–17 Uhr

 Auskunft
Verkehrsamt Kronberg: Tel. 06173/703220, sowie Fremdenverkehrsverband Main+Taunus: Tel. 06172/178392

 Karte
Topogr. Karte Hochtaunus Süd 1:50000; auch im Maßstab 1:25000 erhältlich

 Tip
Wer nicht auf den Altkönig klettern möchte, kann mit dem gelben Strich bis Fuchstanz unterhalb entlanggehen

240

119 Grube Messel – Fenster zur Erdgeschichte

Tourenlänge
16 km

Durchschnittliche Gehzeit
4½ Std.

Etappen
Bahnhof Grube Messel – Naturfreundehaus Mainzer Berg 8,5 km – Messel 5km – Bahnhof Grube Messel 2,5 km

Steigung
Gering

Eignung für Kinder
Ab 8 Jahren

Interessantes am Weg
Fossilienfundstätte Grube Messel; Badesee Grube Prinz von Hessen; Naturfreundehaus; Heimatmuseum Messel

Wegcharakter
Feste Waldwege

Wegmarkierung
Weißes X, roter Doppelstrich, Ziffer 9, nach den Gleisen Ziffer 14 bis Messel

Günstigste Jahreszeit
Zur Vegetationsphase

Seit 1997 ist die **Grube Messel**, von der UNESCO als einziges Weltnaturerbe Deutschlands anerkannt, um eine Attraktion reicher: Am Rande des 60 Meter tiefen Geländeeinschnitts wurde eine überdachte Besucherplattform eingerichtet – ein einmaliges, weit geöffnetes Fenster zur Erdgeschichte. Viele der **Fossilien** aus der Zeit vor 50 Millionen Jahren, dem Eozän, werden im Messeler Heimatmuseum und im Darmstädter Landesmuseum gezeigt. Vom Bahnhof **Grube Messel** ist man rasch zu dieser neuen Besucherkanzel hinübergelaufen.
Am Bahnhof startet auch unsere Wanderung zum Naturfreundehaus mit der Markierung rotes Quadrat. Hinter den Gleisen geht es rechts in eine Wohnstraße, die in einen Waldweg mündet. Mit einigem Abstand folgt dieser am Rande eines Wiesengrundes dem Sulzbach bis zu einer Straße. Wir orientieren uns rechts am Gasthaus »Einsiedel« und laufen zwischen Wald und Pferdekoppeln zur **Theodor-Fuchs-Eiche**. Dort wechseln wir zum roten Strich. Im Sommer lohnt der kurze Abstecher nach rechts zur Grube **Prinz von Hessen**, einem kleinen Badesee. Für den Weiterweg folgt man dem Doppelstrich durch die »Lange Schneise« und nach einem

119 Grube Messel – Fenster zur Erdgeschichte

Messeler Fossil – 50 Millionen Jahre alt

Linksabzweig durch die »Moret-Schneise« auf den **Mainzer Berg**.
Am Rastplatz des bewirtschafteten **Naturfreundehauses** wechseln wir auf die Markierung 9. Mit ihr laufen wir hinunter bis zur Straße, auf der anderen Seite noch kurz geradeaus, ehe wir, erst links, dann rechts, eine *Eisenbahntrasse* erreichen. Dort geht es mit der Ziffer 14 weiter durch eine Schneise nach links gen Messel. An den ersten Häusern halten wir uns rechts und in der Langgasse links. An ihrem Ende findet man das **Heimatmuseum** mit den bedeutenden Fossilien aus der Grube Messel. Durch die Bahnhofstraße und weiter den parallel zur Landstraße verlaufenden Fußweg kommen wir zum Bahnhof Grube Messel.

Informationen zur Tour

 Ausgangsort
Bahnhof Grube Messel

 Anfahrt
Messel liegt etwa in der Mitte des Dreiecks Darmstadt, Langen und Rödermark, B 3 und B 486

 Einkehrmöglichkeiten
Restaurants Einsiedel und Schnecken-Schröder (beide Mo. Ruhetag); Naturfreundehaus Mainzer Berg (Mi. und am Wochenende geöffnet)

 Unterkunft
Keine vor Ort

 Öffnungszeiten
Heimatmuseum Messel Mo. 14–17 Uhr, So. 10–17 Uhr

 Auskunft
Gemeindeverwaltung Messel, Tel. 0 61 59/2 56

 Karte
Topogr. Karte Naturpark Bergstraße-Odenwald 1:50 000, Blatt Nordwest

Tip
Sehenswert sind auch Messeler Fossilien im Hessischen Landesmusem zu Darmstadt, Friedensplatz; geöffnet Mo. 9–17, Mi. 9–20 Uhr

Odenwald

120 Von Zwingenberg zum Auerbacher Schloß

Tourenlänge
15 km

Durchschnittliche Gehzeit
4 Std.

Etappen
Zwingenberg – Auerbacher Schloß 6 km – Melibocus 4,5 km – Zwingenberg 4,5 km

Steigung
Knapp 400 Meter, verteilt auf längeres Bergauf und steilen Kurzanstieg

Eignung für Kinder
Ab 10 Jahren

Interessantes am Weg
Wallfahrtskapelle Noth Gottes, Auerbacher Schloß, Aussichtsturm auf dem Melibocus

Wegcharakter
Weinberg- und Waldwege, Pfade beim Abstieg

Wegmarkierung
Roter Rhombus, gelbes B, blaues Dreieck, gelbes Quadrat, weißer Rhombus

Günstigste Jahreszeit
Im Frühjahr (Blüte) und Herbst (Weinlese)

Unsere Wanderung startet in **Zwingenberg** am Bahnhofsvorplatz mit der Markierung roter Rhombus. Nach der B 3, am Löwenplatz, beginnt der Aufstieg durch die verwinkelten Gassen Zwingenbergs. Man kommt zum aussichtsreichen Vorplatz der Aul nahe der **Bergkirche**, wo man den Rhombus gegen das gelbe B eintauscht. Der Buchstabe steht für Blütenweg. Besonders im Frühjahr ist es ein Genuß, durch die Weinberge zu laufen. Wie hineingetupft stehen die blühenden Obstbäume – Pfirsich, Kirschen und selbst Mandeln – in den Rebenzeilen.

Über den zauberhaften Anblick sollten wir nach dem Waldeintritt nicht den Wechsel zum blauen Dreieck versäumen. Es hat uns bereits zuvor ein Stück begleitet, ab dem spitzwinklig abzweigenden steilen Pfad wird es alleine maßgeblich. Gegenüber der kleinen **Wallfahrtskapelle Noth Gottes** schlüpft der Wanderlotse in einen verstruppten Jägerpfad, der weiter oben an einer Straße endet. Von hier machen wir uns auf den Weg zum Auerbacher Schloß: zunächst weiter mit dem blauen Dreieck, dann, nach dessen Abzweig, mit dem gelben Quadrat geradeaus wenige hundert Meter bis zum Ziel. Unter den rund 40 Burgen, Schlössern und Ruinen an der Bergstraße gehört die **Auerbacher Feste** zu den herausragenden. Bei keinem anderen Bau vereinen sich derart eindrucksvoll wehrhafter Behauptungswillen und Sinn für Repräsentationsbedürfnis. Und nicht zuletzt ist eine zwar 300jährige, aber auf der Schildmauer des Schlosses »nur« 7 Meter hohe »Bonsai«-Kiefer zu bewundern (vergleichbare Bäume bringen es auf 45 Meter).

Wir laufen zurück wie gekommen und steigen ab der Straße mit dem gelben Quadrat aufwärts bis unter den Gipfel des **Melibocus**. Ein kurzer Abstecher, und vom Aussichtsturm auf der 517 Meter hohen Erhebung tut sich ein großartiges Breitwand-Panorama der Rheinebene von

243

120 Von Zwingenberg zum Auerbacher Schloß

den Wormser Domtürmen bis nach Darmstadt auf. Unterhalb der Bergspitze haben wir bereits zuvor den roten Rhombus gesichtet. Er führt, teilweise recht steil, durch Buchenwald abwärts bis in die Altstadtgassen von **Zwingenberg**

Informationen zur Tour

Ausgangsort
Zwingenberg

Anfahrt
B 3 Heidelberg-Darmstadt

Einkehrmöglichkeiten
Restaurant auf dem Auerbacher Schloß (kein Ruhetag) und beim Aussichtsturm Melibocus (am Wochenende geöffnet)

Unterkunft
Pensionen und Hotels in Zwingenberg

Öffnungszeiten
Auerbacher Schloß immer, Melibocus-Turm am Wochenende geöffnet

Auskunft
Gemeinde Zwingenberg: Tel. 0 62 51/7 00 30

Karte
Topogr. Karte Naturpark Bergstraße-Odenwald 1:50 000, Blatt Nordwest

Tip
Ein kleines Heimatmuseum in Zwingenberg, Scheuergasse, hat Sa. 14–17 und So. 10–12 Uhr geöffnet

Das Auerbacher Schloß mit »Bonsai«-Kiefer

Odenwald

121 Zur Ruine Rodenstein

 Tourenlänge
11 km

 Durchschnittliche Gehzeit
3½ Std.

 Etappen
Modautal-Neunkirchen – Burgruine Rodenstein 4 km – Kaiserturm (über Laudenau) 5 km – Modautal-Neunkirchen 2 km

 Steigung
280 m

 Eignung für Kinder
Ab 8 Jahren

 Interessantes am Weg
Felsblöcke, Burgruine, Aussichtsturm

 Wegcharakter
Gute Waldwege

 Wegmarkierung
Weißer Strich, gelber Strich, roter Strich

 Günstigste Jahreszeit
Ganzjährig; nicht bei Glätte

Der Odenwald, früher ein unwirtliches, kaum zugängliches Waldgebirge, kennt – kein Wunder – einen reichen Fundus an Sagen und Legenden. So plagte etwa Raubritter Hans von Rodenstein, der im 15. Jahrhundert hier sein Unwesen trieb, auf seine alten Tage das Gewissen und er pilgerte zum Ablaß nach Rom. Doch noch vor Erreichen des Zieles starb Hans unerlöst. Seitdem muß er mit einem Totenheer durch die Lüfte geistern und von Krieg und Frieden künden – meistens begleitet von Gewittergrollen.
Wo der Raubritter und seine Vorfahren gelebt haben, wollen wir auf der in **Modautal-Neunkirchen** beginnenden Wanderschleife erkunden. Das dem Gründer des Odenwald-Wanderklubs (1882), Albrecht Ohly, gesetzte Denkmal auf der einzigen Kreuzung des Dörfchens nehmen wir zum Ausgangspunkt. Der weiße Strich führt rasch zum Wald, und in munterem Auf und Ab, ständig große Felsblöcke umkurvend, steuern wir dem Etappenziel entgegen. **Burg Rodenstein** liegt nicht auf einem Berg, sie versteckt sich am Ende eines Taleinschnitts und taucht wie eine Dschungelfestung urplötzlich zwischen den Bäumen auf. Wir betreten sie quasi durch den Hintereingang. So imposant die Anlage mit ihren Mauern, Türmen, Palasresten und dem gut erhaltenen Zwinger erscheint, ihre einstige Größe verrät erst der Plan am Haupttor. Danach muß sie mit Fachwerkaufbauten und Erkern, Giebeln und Gauben fast schloßartig gewirkt haben. Die Wohngebäude waren vielleicht so, wie jetzt das gemütliche Terrassen-Gasthaus im Fachwerkgewand unterhalb der Rodenstein wirkt.
Wie gekommen, verlassen wir die Ruine und halten uns mit dem gelben Strich links. Mit ihm folgt eine lange, nur kurz unterbrochene Waldpartie. Wenn wir auf den roten Strich treffen, haben wir

245

121 Zur Ruine Rodenstein

Eingang zur Burgruine Rodenstein

Gelegenheit zu einem Abstecher auf die **Neunkircher Höhe**. Die 600 Meter hohe Erhebung wird vom (bewirtschafteten) **Kaiserturm** gekrönt. Ein Name, der nicht zuviel verspricht: Großartig sind die Sichtverhältnisse von seiner Spitze über das gesamte Rhein-Main-Gebiet bis zur Frankfurter Skyline.

Informationen zur Tour

 Ausgangsort
Modautal-Neunkirchen

 Anfahrt
Von Westen B 47 Bensheim – Lindenfels, Abzweig in Gadernheim

Einkehrmöglichkeiten
Landgasthaus Rodenstein (Mi. u. Do. Ruhetag); im Kaiserturm (wie Öffnungszeiten)

 Unterkunft
Keine

 Öffnungszeiten
Kaiserturm Mai – Okt., Mo. u. Fr. Ruhetag

 Auskunft
Fremdenverkehrsverband Odenwald:
Tel. 0 60 62/9 43 30

 Karte
Topogr. Karte Naturpark Bergstraße-Odenwald, Blätter Nordwest u. Nordost 1:50 000

 Tip
In der Pfarrkirche des nahen Fränkisch-Crumbach sind einige Rodensteiner, darunter Hans, auf sehr gut gearbeiteten Grabmälern verewigt

Odenwald

122 Um Amorbach herum

Tourenlänge
15 km

Durchschnittliche Gehzeit
4 Std.

Etappen
Amorbach – Pulvermühle 2,5 km – Schafhof 5 km – Amorsbrunn 1,5 km – Gotthardsberg 4 km – Amorbach 2 km

Steigung
Drei kräftige Kurzanstiege

Eignung für Kinder
Ab 10 Jahren

Interessantes am Weg
Stadtbild, Abteikirche mit Museum; Kapelle Amorsbrunn; Kirchenruine Gotthardsberg

Wegcharakter
Feste Wege, ein Saumpfad

Wegmarkierung
Roter Rhombus, ab Pulvermühle Ausschilderung »Rundweg« blauer Rhombus

Günstigste Jahreszeit
Im Sommerhalbjahr

ab Schloßplatz vor der Klosteranlage mit dem Zeichen roter Rhombus durch den Seegartenpark in Richtung Kirchzell. Bald nach dem Hinweis für die bewirtschaftete »Pulvermühle« stoßen wir auf den Rundweg. Hinter dem Gasthaus geht es kurz links die Straße entlang und gegenüber aufwärts zum Wald. Eine große Rechtskurve, dann halten wir am Waldsaum entlang auf Amorbach zu, schwenken aber noch zuvor links und bald scharf rechts ab zur nächsten Station, dem spätgotischen

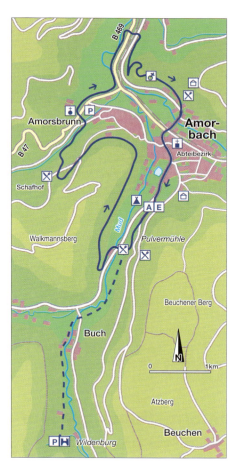

Mag auch der Name Amorbachs an den ersten Abt des im 8. Jahrhundert gegründeten Benediktinerklosters, den hl. Amor, erinnern – »liebe«nswert ist dieses barocke Kleinod schon für sich alleine. Im Zentrum des altfränkischen Ortes steht die frühere Abteikirche mit harmonischer Doppelturm-Fassade. Im Inneren sind Decken und Wände flächendeckend mit Passionsgeschichten von Heiligen und Märtyrern ausgemalt, und von Ostern bis zum Herbst ertönen bei vielen Konzerten die 5000 Pfeifen der nach Expertenauffassung »größten und klangprächtigsten Barockorgel Europas«.
Um Amorbach von allen Seiten zu würdigen, hat die Gemeinde einen Rundweg um die Stadt angelegt. An Kreuzungen und Abzweigungen weisen Holzschilder den Weg. Zum Einfädeln läuft man

122 Um Amorbach herum

Blick auf Amorbach

Wallfahrtskirchlein Amorsbrunn mit einem Quellheiligtum im Inneren. Und noch ein heiliger Ort – der Gotthardsberg. Zur dortigen Kapelle, Rest eines Benediktinerinnen-Klosters, kommen wir von Amorsbrunn wie folgt: Geradeaus bis zur B 469, oberhalb von ihr links bis zu einer Brücke, rechts hinauf auf einem Sträßchen bis zum Wald, wo man links in den Gotthardsweg eingewiesen wird. Fast abrupt führt das letzte Steilstück auf einem Serpentinenpfad hinauf, aber der Blick von oben auf das vieltürmige Amorbach und die sieben Täler ringsum lohnt sich. Kurz ist der Abstieg ins Tal, wenn man sich nach wenigen Metern vom Rundweg absetzt und rechts dem blauen Rhombus anschließt.

Informationen zur Tour

 Ausgangsort
Amorbach

 Anfahrt
Zwischen Miltenberg und Walldürn, B 469

 Einkehrmöglichkeiten
Pulvermühle (Do. Ruhetag)

 Unterkunft
Zahlreiche Übernachtungsmöglichkeiten aller Kategorien in Amorbach

 Öffnungszeiten
Führungen durch Abteikirche und Museum werktags außer Mo. ab 9.20 Uhr und So. ab 11.20 Uhr.

 Auskunft
Verkehrsamt Amorbach: Tel. 0 9373/2 09 40

 Karte
Topogr. Karte Naturpark Neckartal-Odenwald 1:50 000, Blatt Südost (Rundweg nicht eingezeichnet)

Tip
Stimmungsvoll sind die Orgelkonzerte der Abteikirche an Ostern und Pfingsten. Lohnend auch der Abstecher zur Wildenburg südlich von Amorbach

123 Ab Rimbach über die Tromm

 Tourenlänge
14 km

 Durchschnittliche Gehzeit
4 Std.

 Etappen
Rimbach – Tromm 6 km – Irene-Turm – Zotzenbach – Rimbach 8 km

 Steigung
400 Meter

 Eignung für Kinder
Ab 10 Jahren

 Interessantes am Weg
Granitblöcke; Fernsicht vom Irene-Turm

 Wegcharakter
Waldwege und steile Pfade

 Wegmarkierung
Weißes Dreieck, gelber Doppelstrich, blauer Strich

 Günstigste Jahreszeit
Nicht im Winter

Zu den schönsten Wandergebieten des Odenwaldes gehört die **Tromm**, ein knapp 600 Meter hoher Bergzug, der sich von Fürth bis Wald-Michelbach erstreckt. Es ist eine gefällige Landschaft im Herzen des Gebirges am Übergang vom Vorderen zum Hinteren Odenwald oder, geologisch ausgedrückt, von der Grenze zwischen westlichem kristallinem und östlichem Buntsandstein-Odenwald. Vom Aussichtsturm »Irene« am südwestlichen Steilabfall der Tromm hat man eine großartige Rundumsicht.

Vor die guten Aussichten haben die Wandergötter erst einmal den Schweiß gesetzt. In **Rimbach**, unserem Startort, gehen wir von der Hauptdurchgangsstraße (B 38) in die Bismarckstraße und weiter bis zum Rathausplatz. Dort erwartet uns schräg gegenüber die Markierung weißes Dreieck. Nach den letzten Häusern laufen wir zunächst über freies Feld, nicht ohne öfters in die weite, offene Senke der Weschnitz zurückzuschauen. Das stete Bergauf setzt sich auch im Wald fort und verlangt einiges an Puste, je höher wir durch den hohen Laubwald steigen. Mehrmals umgehen wir große Granitblöcke, bevor wir recht unvermittelt auf dem Höhenrücken der Tromm stehen. Gleich zwei Hotel-Restaurants in unmittelbarer Nachbarschaft laden zur Rast.

Um in den Genuß der Fernsicht zu kommen, nimmt man am vorderen Gasthof, dem »Trommer Hof«, das neue Zeichen gelber Doppelstrich auf. In wenigen Minuten ist auf ebenem Weg der **Irene-Turm** erreicht – noch weitere 108 Stufen, und von der Spitze der 1909 erbauten Holzkonstruktion liegt dem Wanderer buchstäblich der Odenwald zu Füßen. Wie ein in seiner Bewegung erstarrtes Meer schiebt sich ringsum Bergkette hinter Bergkette.

Mit dem Doppelstrich nehmen wir links vom Turm auch den – steilen – Abstieg in Angriff. Knapp 400 Meter Höhenunterschied sind zwischen Tromm und Zotzenbach auf schwierig zu gehendem Pfad abzusteigen. In Zotzenbach wechseln wir in der Hauptdurchgangsstraße auf den blauen Strich. Ihm und dem Hinweis

249

123 Ab Rimbach über die Tromm

Münschbach folgen wir rechts, vorbei am Sportplatz, und nach dem Durchschreiten einer Talsohle zielen wir direkt auf **Rimbach**

Informationen zur Tour

Ausgangsort
Rimbach

Anfahrt
B 38 Weinheim – Fürth

Einkehrmöglichkeiten
Auf der Tromm: »Zur schönen Aussicht« (Mo. Ruhetag), »Trommer Hof« (Di. Ruhetag)

Unterkunft
In beiden Häusern auf der Tromm

Öffnungszeiten
Der Irene-Turm hat von Ostern bis 1. Nov. am Wochenende geöffnet, sonst Schlüssel laut Anschlag

Auskunft
Kurverwaltung Grasellenbach: Tel. 06207/2554

Karte
Topogr. Karte Naturpark Bergstraße-Odenwald 1:50 000, Blatt Nordost

Tip
In Grasellenbach nordöstlich der Tromm soll die Quelle entspringen, wo laut Nibelungenlied »siegfried erslagen wart«

Auf der Tromm: der Irene-Turm

Spessart

124 Über Bergrothenfels durchs Hafenlohrtal

Tourenlänge
17 km

Durchschnittliche Gehzeit
4½ Std.

Etappen
Bergrothenfels – Lindenfurterhof im Hafenlohrtal 7 km – Karlshöhe 4 km – Bergrothenfels 6 km

Steigung
250 m

Eignung für Kinder
Ab 10 Jahren

Interessantes am Weg
Burg Rothenfels, Hafenlohrtal, Karlshöhe

Wegcharakter
Feste Waldwege

Wegmarkierung
Roter Ring, roter Schrägstrich, roter Strich

Günstigste Jahreszeit
Zu jeder Jahreszeit

Eine der beeindruckendsten Burgen Unterfrankens steht hoch über dem Main in **Bergrothenfels**. Dank ihres sehr guten Erhaltungszustandes ist die eng ineinandergestaffelte Anlage so recht dazu angetan, ritterromantische Phantasien zu beflügeln. Im mächtigen Bergfried mit seinen 2,50 Meter starken Wänden kann man sich über eine enge Holztreppe nach oben tasten, die Hand am nackten Stein der noch aus der Erbauungszeit, dem 12. Jahrhundert, stammenden Buckelquader.
Unser Wanderziel, das **Hafenlohrtal**, hält sich noch versteckt. Wegweisend in das wildromantische Tal ist der rote Ring, den wir am oberen Burgeingang aufnehmen. Nach Bergrothenfels, auf einer Felderhochebene, wendet sich das Zeichen nach rechts und senkt sich ab Waldeintritt langsam gen Tal, ohne der Hafenlohr zu nahe zu kommen. Erst wenn Fischteiche den **Lindenfurterhof** ankündigen, ist das munter sprudelnde Flüßchen nach einem kurzen Linksschwenk erreicht. Unbegradigt und frei von Einleitungen, gilt die von einem Baumspalier gesäumte Hafenlohr als das ökologisch intakteste Gewässer im Spessart. Das unberührte Idyll hat schon Kurt Tucholsky auf seiner Wanderung durch das Tal 1927 besungen: »Wenn Landschaft Musik macht: Dies ist ein deutsches Streichquartett. Wie die hohen Bäume rauschen, ein tiefer Klang; so ernst sehen die Wege aus ...«.
Leider ist das insgesamt 15 Kilometer lange Hafenlohrtal seit Jahren von einem Staudamm-Projekt bedroht.
Versinken würden dann auch jene prachtvollen Laub- wie Nadelhölzer, die uns auf der zweiten Wanderhälfte beim Anstieg zur **Karlshöhe** begleiten. Auf die beliebte Einkehr droben auf der Höh' führt ab Lindenfurterhof das Zeichen roter Schrägstrich. Unter Kastanien und Eichen schmeckt die deftige Jause nach dem längeren Anstieg noch einmal so gut. Frisch gestärkt, treten wir den Rückweg mit dem Zeichen roter

251

124 Über Bergrothenfels durchs Hafenlohrtal

Burg Rothenfels

Strich an. In fast schnurgeradem Weg, flankiert von mächtigen Buchen, streben wir in die Talsohle, um gleich wieder Schwung zu nehmen für den kurzen »Stich« zur Felderhochfläche von Bergrothenfels.

Informationen zur Tour

 Ausgangsort
Bergrothenfels

 Anfahrt
Auf halbem Wege zwischen Lohr und Wertheim

 Einkehrmöglichkeiten
In Bergrothenfels und auf der Karlshöhe (Mo. Ruhetag)

 Unterkunft
DJH auf der Burg und zwei Gasthöfe in Bergrothenfels

 Öffnungszeiten
Den Schlüssel zum Bergfried der Burg Rothenfels gibt es bei der DJH-Anmeldung

 Auskunft
Gemeindeverwaltung Rothenfels: Tel. 0 93 93/4 09; Burg: Tel. 0 93 93/10 15

 Karte
Topogr. Karte Naturpark Spessart 1:50 000, Blatt Süd

 Tip
Sehenswert ist auch Rothenfels mit schönen Barockbauten; 337 Stufen führen von hier zur Burg hinauf

Spessart

125 Von Alzenau auf den Hahnenkamm

 Tourenlänge
13 km

 Durchschnittliche Gehzeit
4 Std.

 Etappen
Alzenau – Michelbach 5 km – Hahnenkamm 4,5 km – Alzenau 3,5 km

 Steigung
300 Meter auf den Hahnenkamm

 Eignung für Kinder
Ab 8 Jahren

 Interessantes am Weg
Burg Alzenau, Weinberge, Ludwigsturm

 Wegcharakter
Breite Forstwege und Pfade im Wechsel

 Wegmarkierung
Roter Strich, rotes Andreaskreuz, rotes Kreuz

 Günstigste Jahreszeit
Im Herbst zur Weinlese und Laubfärbung

Das Rhein-Main-Gebiet ist von einem Kranz gehenswerter Mittelgebirge eingerahmt. Für viele Nahausflügler ist der Große Feldberg im Taunus schon wegen seiner großartigen Aussicht die erste Anlaufstation. Dabei steht die Fernsicht vom **Hahnenkamm** am Spessartrand dem Frankfurter Hausberg kaum nach, und dazu herrscht auf dem Gipfel mit Aussichtsturm und einer rustikalen Schänke selbst an den Wochenenden kein Gedränge.
An Bayern fiel diese Region erst 1816. Ihr großer Förderer, König Ludwig I., bestieg höchstselbst den Hahnenkamm 1840 im Rahmen einer Visite. Nach Ludwig ist auch der Aussichtsturm benannt. Wandeln wir also ab »Basislager« **Alzenau** auf königlichen Spuren. Mit Blick auf die ehemals Mainzische Amtsburg aus dem 14. Jahrhundert, die beherrschend auf einem Glimmerschieferfelsen mitten im Ort thront, verlassen wir Alzenau durch die *Burgstraße*. Dort erwartet uns auch das Zeichen roter Strich. Außerhalb, nach dem Queren einer Straße, geht es geradeaus leicht bergan in den Wald.
Wenn die Laubbäume den Kiefern weichen, orientiert man sich nach rechts mit dem roten Andreaskreuz, das bald zum Wald hinaus- und nach **Michelbach** hineinführt. Am anderen Ortsende quert man Straße und Gleise und beginnt den langgezogenen Anstieg auf den **Hahnenkamm** durch abwechslungsreichen Mischwald. Eine zünftige Brotzeit haben wir uns in der Schenke auf dem 437 Meter hohen Berg redlich verdient. Vorher oder nachher sollte der nur 30 Meter entfernt liegende **Ludwigsturm** keinesfalls ausgelassen werden, liegt dem Betrachter doch das gesamte Rhein-Main-Gebiet zu Füßen. Bei Gegenlicht scheint sich

253

125 Von Alzenau auf den Hahnenkamm

die Frankfurter Hochhaus-Silhouette wie ein dunkler Schattenriß vor dem Taunus abzuzeichnen.
Für den Rückweg gibt es nur ein Motto: Von nun an geht's bergab. Wenige Meter sind es vom Gipfel zum unterhalb verlaufenden Hauptweg, dem man nach rechts mit einer neuen Markierung, dem roten Kreuz, folgt. Noch ein Linksabzweig, und wir werden fast in gerader Linie durch luftigen Eichenwald bis nach **Alzenau** zurückgeführt.

Informationen zur Tour

Ausgangsort
Alzenau

Anfahrt
A 45 Aschaffenburg-Gießen, Ausfahrt Alzenau

Einkehrmöglichkeiten
In Michelbach und Gaststätte Hahnenkamm (Mo. Ruhetag)

Unterkunft
Hotels in Alzenau

Öffnungszeiten
Ludwigsturm geöffnet wie Gaststätte Hahnenkamm; Burg in Alzenau nach Voranmeldung über das Verkehrsamt

Auskunft
Verkehrsamt Alzenau: Tel. 0 60 23/50 21 12

Karte
Topogr. Karte Naturpark Spessart 1:50 000, Blatt Nordwest

Tip
Am Spessartabhang wachsen die westlichsten Weine des Anbaugebietes »Franken«. An Straßenständen, in Weinschänken oder Straußwirtschaften kann man die Bocksbeutel erwerben.

Burg Alzenau

Spessart

126 Mespelbrunn – »das Wirtshaus im Spessart«

Tourenlänge
10 km

Durchschnittliche Gehzeit
3 Std.

Etappen
Mespelbrunn – Schloß – Echterspfahl 5 km – Mespelbrunn 5km

Steigung
200 m

Eignung für Kinder
Ab 8 Jahren

Interessantes am Weg
Schloß Mespelbrunn, Echterspfahl

Wegcharakter
Feste Waldwege

Wegmarkierung
Roter Schrägstrich, rotes Dreieck, roter Punkt

Günstigste Jahreszeit
Im Sommerhalbjahr

Spätestens seit der Verfilmung von Wilhelm Hauffs Märchen »Das Wirtshaus im Spessart« 1957 ist das Schlößchen Mespelbrunn im Spessart bekannt geworden. Die Entstehung des Renaissancebaues steht in engem Zusammenhang mit der Geschichte des Spessarts. Hier residierte eines der Geschlechter, die im riesigen Jagdrevier der Mainzer Erzbischöfe Aufseher- und Verwaltungsaufgaben wahrnehmen. Die Nachfahren jener Echter von Mespelbrunn leben noch heute im Schloß. Während gut halbstündiger Führungen kann es besichtigt werden. Naheliegend, daß dabei das Waidwerk im Mittelpunkt steht: Waffen, Geweihe und Gemälde mit Jagdmotiven.
Im langgezogenen Straßendorf **Mespelbrunn** nehmen wir an der Zufahrt zum **Schloß** die

Markierung roter Schrägstrich auf und laufen links an dem sandsteinfarbenen Kleinod vorbei. Wir kommen in den **Ingelheimer Grund**, der langsam von einem engen Taleinschnitt in hohen, schattigen Laubwald aufsteigt. Abschnittsweise ist noch das Pflaster des alten Fuhr- und Kutschweges der Echter erhalten. Dieser Weg stellt die Verbindung zum früheren Forst- und heutigen Gasthaus **Echterspfahl** her. Namensgeber waren die Steinsäulen mit Eisenringen zum Festzurren der Pferde gegenüber der Einkehr. Schon lange bevor Mainz dem Forstmeister Hermann Echter die Hofstätte Mespelbrunn 1412 übereignet hatte, soll sich am Echterspfahl ein von Kaiser Friedrich Barbarossa wegen Raubritterunwesens geächteter Vorfahr des Geschlechts angesiedelt haben. Wie auch immer – Überlieferung und Wirklichkeit mischen sich im Land der Hauffschen Spessarträuber zu einem gerne geglaubten Mythos.
Die gemütliche Schenke Echterspfahl ist Wendepunkt der Wanderung. An den Säulen halten wir uns jetzt links mit dem roten Dreieck, Ziffer 49. Durch schönen Buchenwald geht es noch ein Stück auf breitem Forstweg, ehe man zu einem unscheinbareren Weg geradeaus wechselt. An einer bald auftauchenden Schutzhütte tauschen wir das Dreieck nach rechts hinunterführend gegen

255

126 Mespelbrunn – »das Wirtshaus im Spessart«

den roten Punkt ein. Erst noch gefällig abfallend, heißt es bald Trittsicherheit zeigen beim steilen Schlußabstieg in den **Ingelheimer Grund** Den Rest kennen wir schon vom Hinweg.

Informationen zur Tour

Ausgangsort
Mespelbrunn

Anfahrt
A 3 Frankfurt-Würzburg, Ausfahrt Weibersbrunn

Einkehrmöglichkeiten
In Mespelbrunn und am Schloß; Gaststätte Echterspfahl (Mo. Ruhetag)

Unterkunft
Pensionen und Hotels in Mespelbrunn

Öffnungszeiten
Schloß Mespelbrunn von Ostern bis 1.11. täglich 9–12 und 13–17 Uhr

Auskunft
Verkehrsamt Mespelbrunn: Tel. 0 60 92/3 19

Karte
Topogr. Karte Naturpark Spessart 1:50 000, Blatt Süd

Tip
Sehenswert ist auch die gotische Wallfahrtskirche im benachbarten Hessenthal

Schloß Mespelbrunn

127 Baumveteranen bei Rohrbrunn

 Tourenlänge
24 (7,5) km

 Durchschnittliche Gehzeit
6 (2) Std.

 Etappen
BAB-Raststätte Rohrbrunn – NSG Rohrberg
2,5 km (abgekürzt zur Raststätte zurück 4,5 km) –
Zwieselmühle 8 km – Schollbrunn 1 km – Wildpark –
Rohrbrunn 13 km

 Steigung
Hügelig

 Eignung für Kinder
Ab 12 Jahren

 Interessantes am Weg
NSG Rohrberg, Spessarteichen, Zwieselmühle,
Wildpark, Jagdschlößchen an der Raststätte

 Wegcharakter
Feste Waldwege

 Wegmarkierung
Rotes Kreuz, Ziffer 51, roter Schrägstrich, roter Punkt

 Günstigste Jahreszeit
Zu jeder Jahreszeit, besonders schön zur Laubfärbung

Auf den ersten Blick erscheint es wenig einladend, eine Autobahn-Raststätte zum Ausgangspunkt einer Wanderung zu nehmen. Doch wer den Spessart kennt, weiß, daß wir uns mit der Raststation **Rohrbrunn** im Zentrum der endlosen Laubwaldungen des einstigen kurmainzischen Jagdreviers befinden. Von hier sind es auch nur wenige Gehminuten zum Naturschutzgebiet (NSG) **Rohrberg**, wo die beeindruckendsten Baumveteranen in einem zehn Hektar großen Areal bis zu ihrem natürlichen Ende auswachsen. Die ältesten bringen es auf 500 bis 800 Jahre, der größte mißt gut dreißig Meter. Durch das NSG führt ein 3,5 Kilometer langer Lehrpfad. Wem die Wanderschleife zu lang ist, kann auch nur diesen ablaufen und dann zur Raststätte zurückkehren.

An der Fahrbahnseite in Richtung Frankfurt orientieren wir uns nahe der Auffahrt am Hinweis »BAB-Brücke 2 km« und der Markierung rotes Kreuz mit der Ziffer 51. Hinter einem kleinen Parkplatz wird man zum NSG Rohrberg hinabgeführt. Auch der Spessart ist das Ergebnis gezielter Waldbewirtschaftung – seit dem Mittelalter. Die Mainzer Erzbischöfe hielten ihren Forst nicht nur von Besiedlung frei, sie pflanzten auch bevorzugt die Eiche, um qualitätvolles Holz und viel Platz zum Jagen unter den hochstämmigen Bäumen zu haben.

Die abwechslungsreichen Waldabschnitte der langen Wanderung in Stichpunkten: Mit dem Kreuz laufen wir nach dem NSG und dem Unterqueren der Haseltal-Autobahnbrücke über viele Kilometer durch das anmutige Tal des Haslochbaches bis zum roten Schrägstrich, Ziffer 71. Hier können wir einen kurzen Abstecher nach links zur bewirtschafteten Zwieselmühle unternehmen. Der

127 Baumveteranen bei Rohrbrunn

Jagdschlößchen bei Rohrbrunn

Schrägstrich geleitet rechts hinauf nach **Schollbrunn**, weiter durch den Ort, vorbei an einem kleinen Wildpark und wieder in den Wald. Später nimmt man nach rechts den roten Punkt auf, der in gefälligem Auf und Ab durch völlige Waldeinsamkeit zurück zur Raststätte führt. Das oberhalb liegende Fachwerkhaus war früher ein Jagdschlößchen, und nicht, wie vielfach geglaubt wird, das »Wirthaus im Spessart«. Das Original mußte dem Autobahnbau weichen.

Informationen zur Tour

 Ausgangsort
BAB-Raststätte Rohrbrunn

 Anfahrt
A 3 Frankfurt-Würzburg

 Einkehrmöglichkeiten
Rohrbrunn, Zwieselmühle (Mo. Ruhetag), Schollbrunn

 Unterkunft
Rohrbrunn, Privatunterkünfte und Gasthäuser in Schollbrunn

 Auskunft
Tourist-Information Spessart: Tel. 0 60 21/39 42 71

 Karte
Topogr. Karte Naturpark Spessart 1:50 000, Blatt Süd

 Tip
3,5 km langer Lehrpfad durch das NSG Rohrberg

Pfälzerwald

128 Burg Trifels bei Annweiler

Tourenlänge
10 (15) km

Durchschnittliche Gehzeit
2½ (4½) Std

Etappen
Leinsweiler/Slevogthof – Parkplatz Ahlmühle 2,5 km – Trifels 2,5 km – evtl. Annweiler hin und zurück 5 km – Leinsweiler 5km

Steigung
Kurzanstiege auf die Burgen; bei Rückkehr von Annweiler 350 m

Eignung für Kinder
Ab 8 Jahren

Interessantes am Weg
Slevogthof; Ruinen Anebos, Scharfenstein; Trifels mit Reichskleinodien

Wegcharakter
Gute Waldwege

Wegmarkierung
Ziffer 14, schwarzer Punkt oder weißes Dreieck

Günstigste Jahreszeit
Ganzjährig

Viele Wege führen auf die Burg **Trifels**, die, frei auf einem 500 Meter hohen Berg stehend, als »steinerner Tresor« im 12. und 13. Jahrhundert die sogenannten Reichskleinodien barg. Hervorragend gearbeitete Kopien dieser Machtsymbole – Krone, Kreuz, Schwert, Reichsapfel, Zepter – können auf dem Trifels besichtigt werden.
Wir lassen uns vom reizvollen Gegensatz lichte Weite – dunkle Wälder leiten. Hoch über den Rebenhängen von **Leinsweiler** beginnt der Marsch auf den Trifels – nicht ohne einen Blick in den **Slevogthof** geworfen zu haben. Nachfahren des bedeutenden Impressionisten Max Slevogt zeigen dort Musikzimmer und Bibliothek mit großen Wand- und Deckengemälden. Vom Hof (mit Restaurant) hatte es Slevogt fast bequem zu einem seiner geliebten pfälzischen Motive, dem Trifels. Mit der Ziffer 14 können wir es dem Maler gleichtun und fast ebenen Waldweges in einer Stunde herüberspazieren. Ab dem Wanderparkplatz **Ahlmühle** haben wir die Wahl, mit schwarzen Punkt oder weißem Dreieck links oder rechts um die beiden Kuppen mit den Ruinen Scharfenstein und Anebos herumzulaufen (zu beiden führen ausgeschilderte Kurzanstiege). Keine ist freilich derart monumental auferstanden aus den Ruinen wie der **Trifels**. Zwei Meter stark ist das Buckelquaderwerk, doppelstöckig der Palas, machtvoll der Bergfried, durch den man die Anlage betritt. Manches entspricht da allerdings mehr dem Geist der dreißiger Jahre unseres Jahrhunderts, als die Restauratoren überhöht den staufischen Baugedanken ins Werk setzten. Etwas davon atmen auch die Hohenstaufen-Fresken Adolf Kesslers, die an mehreren Orten – Kath. Pfarrkirche, Rathaus- und Hohenstaufensaal – unten in Annweiler zu finden sind. Mit dem weißen Dreieck kann man vom Trifels dorthin absteigen.
Ansonsten geht es zurück wie gekommen, variierend die Passage um Anebos und Scharfenstein. Geändert werden kann auch das Schlußstück ab dem Wanderparkplatz Ahlmühle. Den Wegweisern folgend, kommt man durch ein offenes Tal direkt in den kleinen Weinort Leinsweiler.

128 Burg Trifels bei Annweiler

Burgen Trifels, Anebos und Scharfenstein

Informationen zur Tour

 Ausgangsort
Leinsweiler

 Anfahrt
Leinsweiler liegt in Höhe von Landau an der Deutschen Weinstraße nahe der B 10

 Einkehrmöglichkeiten
Slevogthof (Do. u. Fr. Ruhetag); am Trifels

 Unterkunft
Hotels und Pensionen in Leinsweiler

 Öffnungszeiten
Trifels außer Mo. 9–12 und 13–18 Uhr; im Dez. geschlossen

 Auskunft
Touristbüro Annweiler: Tel. 0 63 46/22 00; Gemeinde Leinsweiler: Tel. 0 63 45/91 90 84

 Karte
Wander- und Erlebniskarte Naturpark Pfälzerwald 1:50 000 (Top-Stern Karten)

Pfälzerwald

129 Im Dahner Felsenland

 Tourenlänge
16 km

 Durchschnittliche Gehzeit
4½ Std.

 Etappen
Dahn – Erfweiler 3 km – Wanderheim Dicke Eiche 4 km – Schindhard 6 km – Felsenburgen 1,5 km – Dahn 1,5 km

 Steigung
250 m

 Eignung für Kinder
Ab 8 Jahre

 Interessantes am Weg
Sandsteinfelsen (»Jungfernsprung«); Wanderheim Dicke Eiche; Felsenburgen

 Wegcharakter
Feste Waldwege und Pfade

 Wegmarkierung
Gelber Punkt, blaugelber Strich, rotgelber Strich

Günstigste Jahreszeit
Ganzjährig

Wo der Pfälzerwald am schönsten ist, darüber ließe sich trefflich streiten. Charakteristisch für das gesamte Land ist der vielerorts frei zutage tretende Sandstein, vom immerwährenden Erosionsprozeß zu phantastischen Gebilden geformt. Im **Dahner Felsenland** gaben sie einer ganzen Region den Namen. Die drei unmittelbar nebeneinander stehenden **Burgen Altdahn, Grafendahn und Tanstein** wurden in das Gestein gebaut, die Gemächer aus dem weichen Buntsandstein gehöhlt.
Mit Blick auf den 70 Meter hohen »**Jungfernsprung**« über Dahn starten wir mit dem Zeichen gelber Punkt in der Ortsmitte, Abzweigung Erfweiler. Durch Schul- und Schloßstraße kommen wir rasch ins Freie. Ein Wiesengrund geleitet nach **Erfweiler**, das man durch Winterberg- und Bärenbrunnerstraße verläßt. Noch etwas entlang eines Wiesentales, bis wir in tiefe Waldungen eintauchen. Langsam, aber sicher geht es über einen Hangweg zum Wanderheim »**Dicke Eiche**«. Ab der zünftigen Hütte mit Übernachtungsmöglichkeit vertrauen wir uns dem Wegweiser gelbblauer Strich an. Gegenüber vom Eingang heißt es zunächst kurz, aber kräftig steigen, ehe uns ein häufig anzutreffendes Landschaftsmerkmal der Pfalz umfängt. Mal Kiefern, mal Laubbäume bedachen eine abwechslungsreiche Flora – Moose, Sträucher, Gräser, Heidekraut –, aus der immer wieder rote Felsen ragen. Auf einer Fläche von 1800 Quadratkilometern steht dieses Stück Natur seit 1992 unter dem besonderen Schutz eines Biosphären-Reservates.
An einer Wegekreuzung mit dem Hinweis »Schindhard« wechseln wir Richtung und Zeichen, jetzt rechts auf den gelbroten Strich. Er führt abwärts in den angezeigten Ort und weiter bis zur eingangs beschriebenen Burgentrias. Leicht kann man in dem gewaltigen Gemäuer ein, zwei Stunden herumklettern und ergänzend ein kleines **Burgmuseum** besichtigen. Eine Einkehrmöglichkeit – Spezialität: Pfälzer Saumagen – gibt es natürlich auch. Für den Rest des Weges laufen wir die Zufahrtsstraße bergab und schließen mit dem bereits bekannten Anfang.

129 Im Dahner Felsenland

Fels »Jungfernsprung« in Dahn

Informationen zur Tour

 Ausgangsort
Dahn

 Anfahrt
B 10 Landau – Pirmasens, Abzweig B 427 bei Hinterweidenthal

 **Einkehrmöglichkeiten**
Wanderheim Dicke Eiche (täglich geöffnet; im Winter am Wochenende); Gaststätte an den Burgen (gleiche Öffnungszeiten)

 Öffnungszeiten
Burgmuseum täglich, von 1. 11. bis 1. 3. geschlossen

 Unterkunft
Wanderheim Dicke Eiche; Pensionen und Hotels in Dahn

 Auskunft
Verkehrsamt Dahn: Tel. 0 63 91/58 11

 Karte
Wander- und Erlebniskarte Naturpark Pfälzerwald 1:50 000 (Top-Stern Karten)

 Tip
Zur Erkundung weiterer Felsen hält das Dahner Verkehrsamt eine Übersichtskarte bereit

130 Bad Dürkheim

Tourenlänge
13 km

Durchschnittliche Gehzeit
3½ Std.

Etappen
Bad Dürkheim – Kloster Limburg 2,5 km – Hardenburg 3 km – Peterskopf 3 km – Ringwall 2 km – Bad Dürkheim 2,5 km

Steigung
120 und 330 m

Eignung für Kinder
Ab 10 Jahren

Interessantes am Weg
Riesenfaß, Altstadt in Bad Dürkheim, Klosterruine Limburg, Ruine Hardenburg, Peterskopf mit Aussichtsturm, Keltenring, Felsen, Weinberge

Wegcharakter
Feste Waldwege und Saumpfade

Wegmarkierung
Blauer und blauweißer Strich

Günstigste Jahreszeit
Im Sommerhalbjahr, besonders im Herbst zur Laubfärbung und Weinlese

Wer Bad Dürkheim sagt, denkt natürlich an Wein, Wurstmarkt und Riesenfaß. Aber es gibt auch eine andere, entrückte Seite – die erhabene Stille gewaltiger Ruinen. Zwei der schönsten und größten, Kloster Limburg und die Hardenburg, sollen unser Ziel sein.

Vom Zentrum in **Bad Dürkheim** geht es mit der Mannheimer und Römerstraße durch die Altstadt bis zur Friedhofstraße. Von den Markierungen wählen wir den blauen Strich und sichten beim Bergan durch ein Neubaugebiet bereits den markanten Turm von **Kloster Limburg**. Aber erst beim Nähertreten erkennt man die gewaltigen Ausmaße der romanisch-gotischen Anlage, die ursprünglich den Saliern im 11. Jahrhundert als Grablege dienen sollte. Zerstört wurde das Kloster 1504 von den Leininger Grafen, die nicht weit entfernt auf der Hardenburg saßen. Wir kommen zum idyllischen Schlangenweiher, gehen nach einer längeren Waldpartie geradeaus und gelangen per Zickzackpfad direkt in die Burg **Hardenberg**. Durch die gewaltigen Bollwerke und Geschütztürme aus dem 16. Jahrhundert gilt die Anlage als die größte Burgruine Südwestdeutschlands. Leicht kann man eine Stunde in ihr herumklettern.

Mit einem neuen Zeichen, dem weißblauen Strich, geht es ab Burgtor hinunter zur Straße (B 37) und auf der anderen Fahrbahnseite mit Schwung bergauf. Ohne Unterbrechung steigen wir der besseren Aussicht wegen auf den 487 Meter hohen **Peterskopf**, gekrönt vom Bismarckturm, und werden hier von Deutschlands größtem Weinbaugebiet beeindruckt. Für den Heimweg haben wir bereits zuvor beim Anstieg den blauen Strich gesichtet. Mit ihm heißt es ab **Geiersbrunnen** alleine weiterlaufen. So eindrucksvoll wie der Anstieg ist auch der Abstieg mit seinen Felsen, dem keltischen Ringwall **Heidenmauer** und weiteren Aussichtspunkten entlang den Serpentinen und Treppenabgängen.

130 Bad Dürkheim

Burgruine Hardenburg

Informationen zur Tour

 Ausgangsort
Bad Dürkheim

 Anfahrt
Die Stadt liegt an der Deutschen Weinstraße (B 271) nahe A 61 Koblenz – Speyer, Ausfahrt Autobahnkreuz Ludwigshafen

 Öffnungszeiten
Die Ruine Limburg ist jederzeit zugänglich, die Hardenburg außer Mo. 9–13 und 14–17 Uhr

 Einkehrmöglichkeit
Gasthaus an der Klosterruine (Mo. geschlossen)

 Unterkunft
Hotels aller Kategorien in Bad Dürkheim

 Auskunft
Kurverwaltung Bad Dürkheim: Tel. 0 63 22/93 51 56

 Karte
Topogr. Karte Bad Dürkheim und Umgebung 1:25 000 (Blatt 1:50 000 veraltet)

 Tip
Im Sommer dient die Ruine als stimmungsvolle Kulisse für dramatische und konzertante Freilichtaufführungen (Programm über die Kurverwaltung)

264

131 Schloß Ludwigshöhe bei Edenkoben

Tourenlänge
19 km (o. Sesselbahn); abgekürzt 12 km

Durchschnittliche Gehzeit
5½ (3) Std.

Etappen
Rhodt – Schloß Ludwigshöhe 2 km – Rietburg 2 km – Kohlplatz 3 km – Forsthaus Heldenstein 4 km – Schänzelturm – Hüttenbrunnen 4 km – Rhodt 4 km

Steigung
250 m zur Rietburg, sonst hügelig

Eignung für Kinder
Ab 12 Jahren

Interessantes am Weg
Winzerdorf Rhodt, Schloß Ludwigshöhe, Rietburg, Schänzelturm, Forsthaus Heldenstein

Wegcharakter
Feste Waldwege

Wegmarkierung
Blaugelber Strich, rotes Kreuz

Günstigste Jahreszeit
Ganzjährig, besonders im Frühjahr zur Blüte

Weithin sichtbar überstrahlt das Schloß **Ludwigshöhe** die Rheinebene. Ab der Theresienstraße in Rhodt mit ihren rebenüberspannten Winzerhöfen führt der blaugelbe Strich hinauf. Oben haben wir die Wahl, das Bergauf über Serpentinen fortzusetzen, oder mit der Sesselbahn komfortabel abzukürzen. So oder so, Treffpunkt ist die **Ruine Rietburg** (Terrassen-Café). Frisch gestärkt, geht's weiter – wer will, kürzt ab Kohlplatz ab. Verpassen würde er dann aber die Aussicht vom **Schänzelturm** und die Einkehr im rustikalen Forsthaus Heldenstein, das man über einen Abstecher erreicht. Historisch interessant ist diese Gegend durch eine der blutigen Schlachten während der Koalitionskriege am 13. Juli 1794, als 4000 preußische Soldaten den Durchbruch von 7000 Franzosen nicht verhindern konnten. Vielfach sieht man noch die aufgeworfenen Schanzen und das von Soldaten immer wieder ins Gestein geritzte preußische Kreuz.

»Eine Villa italienischer Art, nur für die schöne Jahreszeit bestimmt und in des Königreichs mildestem Teil«, das hatte sich der bayerische Regent Ludwig I. vom Standort eines Sommersitzes gewünscht. Fündig wurde er nach langem Suchen in der Vorderpfalz am Abhang zwischen Ruine Rietburg und dem verträumten Winzerort Rhodt. Beseelt von pompejischen Vorbildern, ließ Ludwig einen streng-harmonischen Bau im antikisierenden Klassizismus bis 1852 errichten.

Zurück geht es ab dem Wanderparkplatz Lolosruhe mit dem Zeichen rotes Kreuz. Es führt uns vorbei an der bewirtschafteten Einkehr **Hüttenbrunnen** und dem idyllischen **Hilschweiher** bis fast vor die Tore von Rhodt. Nur nach dem Waldaustritt laufen wir die letzten Meter ohne die Markierung nach rechts durch die Weinberge.

131 Schloß Ludwigshöhe bei Edenkoben

Informationen zur Tour

 Ausgangsort
Rhodt und Rietburg

 Anfahrt
Rhodt liegt an der Deutschen Weinstraße nahe der A 65 Ludwigshafen – Landau, Autobahnausfahrt Edenkoben

 **Einkehrmöglichkeiten**
Auf der Rietburg (im Sommerhalbjahr tägl. geöffnet), Forsthaus Heldenstein (Mo. Ruhetag), Hüttenbrunnen (Di. geschlossen)

 Unterkunft
Hüttenbrunnen; Hotels u. Gasthöfe in Rhodt

 Öffnungszeiten
Schloß Ludwigshöhe außer Mo. 9–13 u. 14–18 Uhr (im Dez. geschlossen); die Sesselbahn verkehrt täglich im Sommerhalbjahr

 Auskunft
Verbandsgemeinde Edenkoben: Tel. 0 63 23/95 92 22

 Karte
Wander- und Erlebniskarte Naturpark Pfälzerwald 1:50 000 (Top-Stern Karten)

 Tip
Sehenswert auch das Weinbau-Museum in Edenkoben (So. von 14–17 Uhr geöffnet)

Blick auf Edenkoben

Pfälzerwald

132 Von Dannenfels zum Donnersberg

 Tourenlänge
10 km

 Durchschnittliche Gehzeit
3½ Std.

 Etappen
Dannenfels-Gerhardshütte 3,5 km – Königsstuhl 2,5 km – Ludwigsturm 1,5 km – Dannenfels 2,5 km

 Steigung
300 m

 Eignung für Kinder
Ab 8 Jahren

 Interessantes am Weg
Königsstuhl, Keltenwall und Pfostenschlitzmauer, Ludwigsturm

 Wegcharakter
Feste Waldwege und Jägerpfade

 Wegmarkierung
Blauroter Strich, roter Strich, Keltenring-Zeichen (stilisierter Achsnagel), gelbes Viereck

 Günstigste Jahreszeit
Im Sommerhalbjahr

Nur wenige Erhebungen in den deutschen Mittelgebirgen haben ein so unverwechselbares Profil wie der **Donnersberg** am Nordrand der Pfalz. Unübersehbar erhebt sich das freistehende Massiv aus vulkanischen – sehr mineralreichen – Porphyrfelsen aus der Umgebung. Die ersten auf diesem breitgelagerten, 687 Meter hohen Bergrücken waren die Kelten. Gesichert wurde dieser herausragende Platz mit einem **Oppidum**, einem der größten nachweisbaren in unserem Raum. Rund 240 Hektar Grundfläche wurden mit einer sogenannten Pfostenschlitzmauer umgeben. Ein Stück dieser mit Wall und Brustwehr sieben Meter Höhe und acht Meter Tiefe erreichende Befestigung wurde rekonstruiert; ein »Keltenwanderweg« führt über den gesamten Wall.

Wir wollen etwas weiter ausholen und starten am Fuß des Gebirgsstock in **Dannenfels**. Die Markierung blauroter Strich weist ab Oberstraße 1 (nahe Kirche) über einen Treppenaufgang bald in den Wald. Auf einem angenehm zu wandernden Hangweg laufen wir fast ohne Richtungsänderung immer der Nase nach bis zu einem Sträßchen. Dort, am Gehöft Gerhardshütte, wendet man sich zum Gipfelsturm scharf links mit dem neuen Zeichen roter Strich. Über lauschige Jägerpfade geht es munter bergan. Auf dem Gipfel macht der Lotse einen Schwenk um das Waldhaus, die höchstgelegene Gaststätte der Pfalz, und hält auf die exponierte Felsgruppe **Königsstuhl** zu. Fränkische Könige sollen auf diesem phantastischen Aussichtspunkt Gericht gehalten haben. Die gesamte Nordpfalz öffnet sich hier vor dem Wanderer. Ab dem Königsstuhl reihen wir uns auf den **Keltenweg** ein. Die Richtung gibt die Wallkrone bis zur

132 Von Dannenfels zum Donnersberg

Pfostenschlitzmauer am Parkplatz vor. Für den Rückweg wird dieser gequert, und etwas unterhalb des Waldhauses an der Zufahrtsstraße nimmt man das gelbe Quadrat auf. Durch hohen Laubmischwald lassen wir uns über großzügige Wegeschleifen hinunter nach Dannenfels treiben.

Informationen zur Tour

Ausgangsort
Dannenfels

Anfahrt
A 63 Mainz – Kaiserslautern, Ausfahrt Kirchheimbolanden

Einkehrmöglichkeiten
Waldhaus (Mo. Ruhetag); Kastanienhof in Dannenfels

Unterkunft
Pensionen in Dannenfels

Öffnungszeiten
Wenn Ludwigsturm geschlossen, Schlüssel im Waldhaus

Auskunft
Donnersberg-Touristik-Verband: Tel. 0 63 52/17 12

Karte
Topogr. Karte Donnersberg 1:25 000. Empfehlenswert auch die Karte »Keltenweg« (1:5 000) mit vielen Erläuterungen; erhältlich im Waldhaus

Tip
Sehenswert das Besucherbergwerk in Imsbach am südlichen Donnersbergrand (im Sommerhalbjahr geöffnet am Wochenende). Vom »Kastanienhof« werden geführte Wanderungen und eine »Wanderschule« angeboten

Blick zum Donnersberg

Kraichgau/Hohenlohe

133 Heidelberg – einmal anders

Tourenlänge
12 (15) km

Durchschnittliche Gehzeit
2½ (3½) Std.

Etappen
Heidelberg, Adenauer-Platz – Speyererhof 3 km – Wegkreuz Drei Eichen 2,5 km – Posselslust 1 km – Leopoldstein 1 km – Königstuhl 2,5 km – Bergbahn oder 3 km Schloß/Altstadt – durch die City 2 km

Steigung
350 m

Eignung für Kinder
Ab 8 Jahren

Interessantes am Weg
Heidelberg Altstadt und Schloß, Aussichtspunkt Posselslust, Eichenwälder, Königstuhl mit Märchenpark und Aussichtsturm, Bergbahn

Wegcharakter
Treppen und feste Wege, bei Abstieg vom Königstuhl Pfade

Wegmarkierung
Weißes R, roter Punkt

Günstigste Jahreszeit
Ganzjährig, nicht bei Glätte

Wer denkt nicht beim Namen »Heidelberg« an Neckar, Alte Brücke und Schloß, an die oft besungene Mischung aus altdeutscher Behaglichkeit, akademischem (Kneipen-)Milieu und weltoffener Gastlichkeit? Einerseits. **Heidelberg** ist aber auch ein Ort stiller Beschaulichkeit in den versteckten Parks oder auf den verschlungenen Wegen hoch über dem Neckartal. Was viele nur als grüne Kulisse für das fotogene Schloß wahrnehmen, ist ein herrliches Wandergebiet: der 568 Meter hohe Bergrücken **Königstuhl**. Beginnen wollen wir im Zentrum nahe des Busbahnhofs am Adenauer-Platz. Wir folgen einigen Schritten der Friedrich-Ebert-Anlage und zweigen dann vor dem Straßentunnel mit dem weißen R rechts in die Bergwelt ab. Im Wechsel von Stufen und windungsreichem Pfad heißt es steil zu einem Sträßchen hinanschreiten. Durch prachtvolle Eichenwaldungen bewegen wir uns auf der Zufahrt zum Krankenhaus Speyererhof, wo wir nach links auf ein Pfädchen ausweichen können. Darauf verbleibt man bis zu den Gebäuden des Kernphysikalischen Instituts. Dort, am Ende einer Serpentine, zweigen wir spitzwinklig ohne Zeichen in den geschotterten Weg in Richtung »Drei Eichen«. Etwa zwanzig Minuten laufen wir geradeaus, passieren die einzige Kreuzung diagonal, um an der nächsten scharf links abzuzweigen. Das vielarmige Wegkreuz Drei Eichen ist rasch erreicht; weiter geht's zum Aussichtsturm **Posselslust**. Schnurgerade läuft man von dort erst zum Rastplatz **Leopoldstein**, dann ist der **Königstuhl** angezeigt. Die Aussicht von hier ist nur noch von der 80 Meter hohen Kanzel auf dem Fernsehturm zu übertreffen. Zum Finale

269

133 Heidelberg – einmal anders

Blick über Heidelberg zum Königstuhl

haben wir die Wahl, mit dem roten Punkt die Serpentinen hinabzulaufen oder – angenehmer und romantischer – die Bergbahn zu benutzen. Praktischerweise hält sie auch am **Schloß**. Nach der Besichtigung des großartigen Renaissancebaus ist es fast eine Ehrenpflicht, vom Schloß die 312 Stufen zurück ins Zentrum zu laufen. Treppen gehören zu dieser Stadt wie die legendären Studentenkneipen »Roter Ochse« und »Sepp'l«. Am Neckar entlang oder quer durch das barocke Quartier kommt man zurück zum Ausgangsort.

Anfahrt
Über die A 5 Frankfurt – Basel oder die A 656 Mannheim – Heidelberg

Einkehrmöglichkeit
Auf dem Königstuhl mehrere Gasthäuser und Imbißstände

Unterkunft
Hotels aller Kategorien in Heidelberg

Öffnungszeiten
Das Schloß hat täglich geöffnet, das dortige Apotheken-Museum im Winter nur am Wochenende

Auskunft
Verkehrsbüro Heidelberg: Tel. 0 62 21/2 13 41

Karte
Topogr. Karte Odenwald, Blatt Südwest, 1:50 000

Tip
Beim Gang zu Fuß vom Königstuhl sind 3 km mehr zu rechnen

Informationen zur Tour

 Ausgangsort
Heidelberg

Kraichgau/Hohenlohe

134 Wertheim und das Taubertal

Tourenlänge
16 km

Durchschnittliche Gehzeit
4½ Std.

Etappen
Wertheim – Burg – Kloster Bronnbach 7 km – Waldenhausen 5,5 km – Taubertal – Wertheim 3,5 km

Steigung
120 m, steil

Eignung für Kinder
Ab 10 Jahre

Interessantes am Weg
Wertheim, Burg, Kloster Bronnbach, Taubertal

Wegcharakter
Feste Feld- und Uferwege

Wegmarkierung
Blaues Dreieck, stilisierter Baum

Günstigste Jahreszeit
Im Sommerhalbjahr (nicht bei Hochwasser)

Vergleicht man alte Stiche mit dem heutigen **Wertheim**, wird man in der Altstadt kaum Veränderungen feststellen. Wie seit Jahrhunderten umschließen Main und Tauber das verschachtelte Quartier aus Türmen, Mauern und Fachwerkhäusern, liegt die mächtige **Burg** auf dem Schloßberg. Ihr Erbauer, die Grafen von Wertheim und Löwenstein, wußten schon, warum sie an diesem exponierten Punkt ihren Stammsitz errichteten. Von Macht- wie Standesbewußtsein des Geschlechtes künden auch die großartigen Grabmäler in der **Stiftskirche**. So, als ob sie auch im Tod vereint sein wollten, umstehen zahlreiche Epitaphien der Löwensteiner aus vier Jahrhunderten den Chor der gotischen Kirche.
In der **Altstadt** machen wir auch schon die ersten Schritte für unsere Wanderung zum früheren

Zisterzienserkloster Bronnbach. Wir steigen den **Schloßberg** hinauf und genießen von den höchsten Burgzinnen erst einmal den atemberaubenden Blick auf das Zweistromland von Main und Tauber. Spätestens am Zugang der sandsteinroten Festung haben wir den Wanderlotsen, das blaue Dreieck, gesichtet. Er hat, parallel laufend mit dem MD für Main-Donau-Weg, für die erste Wanderhälfte bis zum Kloster Gültigkeit. Durch frühere steil abfallende Weinberge kommen wir auf eine Hochebene. Im Wechsel von

134 Wertheim und das Taubertal

Am Kittsteintor in der Wertheimer Altstadt

Wald- und Feldpartien laufen wir lange fern jeder Betriebsamkeit. Man ahnt dabei etwas vom Ordensideal der Zisterzienser, die ihre Niederlassungen in großer Einsamkeit errichteten. Nicht anders bei **Bronnbach**. Noch stark vom französischen Vorbild geprägt, wurde es bald nach Maulbronn weitab im Taubertal im Übergangsstil von der Romanik zur Gotik um 1200 gebaut. Während 45minütigen Führungen werden die – barock ausgestattete – Klosterkirche, Kreuzgang und Kapitelsaal gezeigt.

Für den Rückweg passieren wir die 600 Jahre alte **Tauberbrücke** und nehmen hinter den Bahngleisen den grünen stilisierten Baum als Orientierungsmarke. Dieser 500 Kilometer lange Fernweg führt durch ganz Baden-Württemberg, wir wollen uns mit dem schönen Schlußstück bis Wertheim durch das anmutige **Taubertal** begnügen. Unmittelbar an der Mündung gegenüber vom Wertheimer Wahrzeichen, dem Spitzen Turm, enden Tour und Markierung.

Informationen zur Tour

 Ausgangsort
Wertheim

 Anfahrt
A 3 Frankfurt-Würzburg, Ausfahrt Wertheim

 Einkehrmöglichkeiten
Am Kloster Bronnbach

 Unterkunft
Hotels und Pensionen in Wertheim

 Öffnungszeiten
Kloster: im Sommerhalbjahr außer Mo. 9.15–11.15 und 14–16.30 Uhr

 Auskunft
Tourist-Information Wertheim: Tel. 0 93 42/10 66

 Karte
Topogr. Karte Naturpark Spessart 1:50 000, Blatt Süd

 Tip
Sehenswert in Wertheim auch das Glasmuseum nahe der Stiftskirche, geöffnet außer Mo. 14–17 Uhr

Kraichgau/Hohenlohe

135 Von Schloß Weikersheim durch die Weinberge

Tourenlänge
15 km

Durchschnittliche Gehzeit
4 Std.

Etappen
Weikersheim – Markelsheim 10 km – Elpersheim 3 km – Weikersheim 3 km

Steigung
150 m

Eignung für Kinder
Ab 8 Jahren

Interessantes am Weg
Stadt und Schloß Weikersheim; Weinberge; Winzerort Markelsheim

Wegcharakter
Alle Wegearten, streckenweise befestigt

Wegmarkierung
Roter Strich und grüner Baum; Ausschilderung »Liebliches Taubertal«

Günstigste Jahreszeit
Im Sommer und Herbst (Weinlese)

Wie Perlen einer kostbaren Kette reiht sich im **Taubertal** Sehenswürdigkeit an Sehenswürdigkeit: Schlösser, Burgen, Kirchen, Klöster, eingebettet in eine gefällige, vielfach von Wein geprägte Landschaft. Nicht von ungefähr folgt eine der bekanntesten Ferienrouten Deutschlands, die Romantische Straße, zwischen Tauberbischofsheim und Rothenburg ob der Tauber dem Flußlauf. Was den Autofahrern schon lange recht ist, hat nun auch für Radler und Wanderer Gültigkeit. Unter dem Signet »Liebliches Taubertal« ist der gesamte Flußlauf für die Ausflügler zu Fuß oder auf zwei Rädern erschlossen. Einer der architektonischen Höhepunkte ist der Stammsitz des bedeutenden Regionalgeschlechtes der Hohenloher in Weikersheim.
Während einer großen Schaffensperiode im 17. Jahrhundert wuchsen Adelssitz und Gemeinde **Weikersheim** fast zu einer Einheit zusammen. Park und Schloß können besichtigt werden. Geführt wird durch fürstliche Gemächer, stuckierte Räumlichkeiten, Gemäldegalerie, Spiegelkabinett und den berühmten Rittersaal mit lebensgroßen Tierskulpturen unter einer freitragenden Kassettendecke.
Bald schon nach dem Wanderstart an der historischen **Tauberbrücke** mit den Zeichen stilisierter Baum und roter Strich sieht man, nachdem wir mit den Markierungen den gegenüberliegenden Hang hinaufgeklettert sind, das eng zusammengewachsene Ensemble von Stadt und Schloß in seiner ganzen Pracht. Wir wenden uns von dem schönen Bild ab und hinter dem (nicht besteigbaren) Wartturm nach einem Linksabzweig dem Wald zu. Später kreuzen wir eine Felderhochebene. Dort verlassen uns die Zeichen, aber auch ohne Wanderlotsen läuft man problemlos nach links und bald geradeaus in den Wald. Oberhalb von Weinbergen verlassen wir den Forst und

273

135 Von Schloß Weikersheim durch die Weinberge

Im Park von Schloß Weikersheim

kommen über die Serpentinen befestigter Weinbergwege und weiter über die Tauber nach **Markelsheim**. Kaum erreicht, verlassen wir gleich wieder nach links durch den **Kitzlesweg** den Weinbauort. Mit etwas Abstand zur Tauber geht es schnurgerade durch die Felder bis **Elpersheim**. Jetzt brauchen wir nur noch den Hinweisschildern »Liebliches Taubertal« auf breitem Weg bis **Weikersheim** zu folgen.

Informationen zur Tour

Ausgangsort
Weikersheim

Anfahrt
Weikersheim liegt östlich von Bad Mergentheim
B 19/B 290

Einkehrmöglichkeiten
In Markelsheim und Elpersheim

Unterkunft
Gasthöfe unf Hotels in Weikersheim

Öffnungszeiten
Schloß Weikersheim hat täglich von 9 – 18 Uhr geöffnet

Auskunft
Tourist-Information »Liebliches Taubertal«:
Tel. 0 93 41/8 22 11

Karte
Rad- und Wanderkarte Main-Tauber-Kreis 1 : 50 000

Tip
Auf dem Weikersheimer Schloßplatz finden häufig Freiluftkonzerte statt. Unbedingt sehenswert ist auch das benachbarte Bad Mergentheim mit Deutschordensschloß

Kraichgau/Hohenlohe

136 Römerlager bei Osterburken

 Tourenlänge
12 km

 Durchschnittliche Gehzeit
3½ Std.

 Etappen
Osterburken – Kirnauer Tal 3 km – Dörrhof 2 km – Straßenstück 2 km – am Limes entlang – Osterburken 5 km

 Steigung
Hügelig

 Eignung für Kinder
Ab 8 Jahren

 Interessantes am Weg
Römisches Museum und Kastell Osterburken, NSG Kirnauer Tal, Limes-Wanderweg

 Wegcharakter
Vergrast, befestigt, erdig, Straße

 Wegmarkierung
Schwarzer Limesturm, roter Strich

Günstigste Jahreszeit
Ganzjährig, nicht nach Nässeperioden

Wenn sich ein Ort stolz »Römerstadt« nennt, dann muß es schon eine besondere Bewandtnis mit ihm haben. Tatsächlich wartet Osterburken am südöstlichen Odenwaldrand mit einigen sensationellen Funden auf – unter freiem Himmel und unter dem Dach eines Museums über einem an dieser Stelle freigelegten **Militärbad**. Das lichtdurchflutete Haus ist so gestaltet, daß man die Anlage mit ihrer typischen Abfolge von Kalt- und Warmwasserbecken von allen Seiten einsehen kann. Im Nachbarraum sind die **Altarsteine** eines Benefiziar-Weihebezirkes aufgestellt. Dieser Fund gilt als der bedeutenste seiner Art nördlich der Alpen. Die halbkreisförmige Anordnung der Weihesteine hat man unverändert in das Museum übertragen. Sehenswert schließlich noch die auf-

gemauerten Reste eines sogenannten **Zweit-** oder **Annex-Kastells** oberhalb des Museums. Wenn wir am Bahnhof von **Osterburken** starten, ist man rasch durch die Friedrichstraße in den **Römerbezirk** vorgestoßen. Ansonsten folgen wir den Gleisen zunächst auf befestigtem Weg, später auf weichem Grasuntergrund ins **Kirnauer Tal**. Links der Bahndamm, rechts die schilf- und erlengesäumte Kirnau, erübrigt sich eine Markierung. Das Flüßchen bleibt wegweisend bis zu einem großen Gehöft im Wiesengrund. Dort heißt es zum Unterqueren der Bahngleise links abschwenken, gleich dahinter noch einmal links, und nach der nächsten Rechskurve laufen wir auf befestigten Wirtschaftswegen geradeaus über eine Felderfläche bis zum Weiler **Dörrhof**. Ab hier müssen wir für eine Weile mit einer – wenig befahrenen – Straße vorliebnehmen. Kurz vor einer Rechtskehre mit Blick auf **Bofsheim** tauchen der rote Strich und der schwarze Limesturm

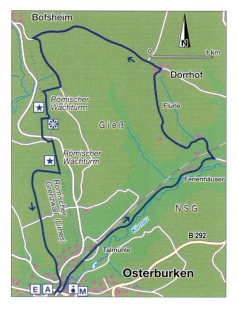

136 Römerlager bei Osterburken

auf. Diesen gemeinsam bis Osterburken verlaufenden Zeichen schließt man sich nach links an. Zunächst folgen wir noch einem breiten Weg, dann schlagen sich die beiden Markierung in die Büsche und führen hinauf zum **Limes**. Bis auf wenige hügelartige Erhebungen ist freilich nicht mehr viel von dem einstigen Grenzwall im Osterburkener Raum zu sehen. Immerhin: Die Fundamentreste eines der in Sichtweite voneinander aufgestellten **Wachtürme** sind in einem Waldstück gesichert. Zum Ende unseres »Wachganges« laufen wir geradeaus über freies Feld und direkt auf das »römische« **Osterburken** zu.

Informationen zur Tour

 Ausgangsort
Osterburken

 Anfahrt
Von Tauberbischofsheim nahe der A 81 Würzburg – Heilbronn 20 km südlich

 Einkehrmöglichkeit
Unterwegs keine

 Unterkunft
Hotels in Osterburken

 Öffnungszeiten
Römermuseum: Mi., Sa. und So. 14.30 – 16.30 Uhr. Das Kastell ist frei zugänglich

 Auskunft
Stadtverwaltung Osterburken: Tel. 0 62 91/40 10

 Karte
Topogr. Karte Odenwald Südost 1:50 000

Tip
Zu beachten ist in Hemsbach ein romanisches Wehrkirchlein mit gotischen Fresken

Kastell-Reste am Limes in Osterburken

137 Burg Guttenberg am Neckar

Tourenlänge
10 (16) km

Durchschnittliche Gehzeit
2½ (4½) Std.

Etappen
Gundelsheim – Burg Guttenberg 3 km – Schnepfenhardter Mühle 1,5 km – Fünfmühlental – Zimmerhof 3,5 km – Burg Guttenberg 5 km – Gundelsheim 3 km

Steigung
Gering

Eignung für Kinder
Ab 7 Jahren

Interessantes am Weg
Schloß Horneck, Burg Guttenberg mit Adlerwarte und Museum, Schnepfhardter Mühle im Fünfmühlental

Wegcharakter
Gute Wald- und Feldwege, zum Schluß Straße

Wegmarkierung
Rotes Kreuz

Günstigste Jahreszeit
Nicht im Winter

Der Neckar stand (und steht) immer etwas im Schatten seines großen Bruders, des Rheins. Touristisch geht es an den grünen Neckargestaden ungleich ruhiger zu. Dabei fehlt es dem Fluß nicht an unwiderstehlichen Zugaben: Berge, Wein, altdeutsche Städtchen und natürlich Burgen, Schlösser und noch einmal Burgen. Wir wählen zwei davon, die durch besondere Nutzung zusätzliche Anziehungskraft besitzen: Im früheren Deutschordenssitz **Schloß Horneck** in Gundelsheim ist unter anderem eine Erinnerungsstätte der Siebenbürger Sachsen untergebracht, während man gegenüber auf Burg Guttenberg den Flugvorführungen einer großen Adlerwarte beiwohnen darf.

Wir können in **Gundelsheim** starten, über die Neckar-Staustufe und weiter mit dem mit rotem X markiertem Weg herüberkommen – oder gleich an der **Burg Guttenberg**. Zweimal täglich läßt der Burgwart die Adler und Falken über dem Gemäuer kreisen. Die Jagdfertigkeiten der Greifvögel sind bei allen unterhaltsamen Elementen Ausdruck eines Trainingsprogramms zur Aufzucht der Tiere, bis sie ausgewildert werden. Außerdem können ständig rund 150 Adler, Falken, Bussarde und auch Geier im Burggraben hautnah beobachtet werden. Burg Guttenberg selbst birgt ein sehenswertes Museum mit Waffen, kostbaren Frühdrucken und der Kuriosität einer sogenannten Holzbibliothek von 1770.

Wandern wollen wir auch ein Stück, und zwar durch das gehenswerte **Fünfmühlental**. Weiterhin bleibt das rote X, unterstützt von der blauen Ziffer 5, wegweisend. An vier der fünf namengebenden, stillgelegten Mühlen kommen

137 Burg Guttenberg am Neckar

Von stolzen Burgen blickt man hinab ins Tal des Neckar...

wir vorbei. Lediglich in der **Schnepfenhardter Mühle** – idyllisch im Wiesental eingebettet – klappert statt des Mühlrades nun das Geschirr eines Restaurants. An der letzten Mahlstation, der **Kugelmühle**, haben wir bereits den Walc verlassen. Die Markierung umgeht sie nach rechts, um kurz darauf am **Zimmerhof** links in freies Feld einzuschwenken. Wenn das X an der ersten Wegekreuzung rechts abbiegt, halten wir uns links und gelangen damit immer geradeaus zurück zur Burg Guttenberg. Dem Sträßchen zum Schluß kann man mit einem Rechtsschlenker ausweichen (Markierung gelbes R).

Informationen zur Tour

 Ausgangsort
Neckarmühlbach/Burg Guttenberg

 Anfahrt
Neckarmühlbach und Gundelsheim liegen zwischen Mosbach und Bad Friedrichshall (B 27)

 Einkehrmöglichkeit
Gaststätte auf Burg Guttenberg, Schnepfenhardter Mühle (Do. geschlossen)

 Unterkunft
Gasthöfe in Gundelsheim

 Öffnungszeiten
Schloß Horneck: außer Mo. 11–17 Uhr, Burg Guttenberg täglich 9–18 Uhr; Flugvorführungen jeweils um 11 und 15 Uhr (von Nov. bis März geschlossen)

 Auskunft
Burg Guttenberg: Tel. 0 62 66/3 88

 Karte
Topogr. Karte Naturpark Neckartal-Odenwald 1 : 50 000, Blatt Südost

 Tip
Jeweils 3 km Hin- und Rückweg sind einzurechnen bei Variante ab Gundelsheim

138 Weinberge bei Bullenheim

Tourenlänge
16 (19) km

Durchschnittliche Gehzeit
4½ (5½) Std.

Etappen
Bullenheim – Parkplatz Weinberge 1,5 km – Kapellberg 1 km – Nenzenheim 4,5 km – Iffigheimer Berg 4 km – Scheinberg 6,5 (8) km – Parkplatz oder Bullenheim

Steigung
150 m steil ab Bullenheim, sonst hügelig

Eignung für Kinder
Ab 10 Jahren

Interessantes am Weg
Winzerdorf Bullenheim, Weinberge, Kapellberg mit Aussichtsturm und Kapellenruine, Iffigheimer Berg mit Aussichtsturm, Eichenwälder

Wegcharakter
Holprige Wege im Wechsel mit guten Waldwegen, ein Stück Straße

Wegmarkierung
Blauer Tropfen, blaues Doppelkreuz

Günstigste Jahreszeit
Ganzjährig, besonders im Herbst

Frankenwein wird nicht nur an den sonnigen Hängen am Main gewonnen. Auch der westliche Steilabfall des Steigerwaldes ist ein hervorragender Standort für Silvaner, Müller-Thurgau, Traminer und Co. Hier verbinden sich die Gunst der wärmsten und trockensten Gebiete Deutschlands (550 Milliliter Niederschlag pro Jahr) mit dem nähstoffreichen Keuperboden, der dem Frankenwein seinen typischen kraftvollen Geschmack gibt. Eines der unverfälschten Winzerdörfer ist **Bullenheim**. Bis vor die Höfe reichen die Reben. Man kann sie in weitem Bogen durchlaufen oder weiter oben an einem Wanderparkplatz starten, um mit dem Zeichen blauer Tropfen auf den Kapellberg geleitet zu werden. Nach kurzem Bergan zeigen oben Hinweisschilder zur namengebenden **Wallfahrtskapelle** (Ruine) und zu einem Aussichtsturm. Von beiden hat man herrliche Sicht in die Mainebene, den sogenannten **Gollachgau.** Zurück beim blauen Tropfen, beginnt ein recht urwüchsiges Stück durch Niederwald und über holprige Wege hinab bis zu einer Straße (sollte es mit dem Zeichen etwas hapern, hilft auch die stilisierte Fibel für den »Kelten-Erlebnisweg« weiter). Bis **Nenzenheim** bleiben wir neben der – wenig befahrenen – Straße. Am Ortsausgang in Richtung Dornheim halten wir uns rechts und kommen mit einem langgezogenen befestigten Weg hinauf in den Mischwald. Wieder an einer Straße, verabschiedet sich der blaue Tropfen. Unübersehbar werden wir von Schildern »**Iffigheimer Berg**« zu dieser Anhöhe gewiesen, von der sich ein weites Sichtfeld eröffnet, besonders auf die beiden höchsten Erhebungen im Steigerwald, **Scheinberg** und **Hoher Landsberg**. Am Fuße des (bewaldeten) Scheinberges kommen wir später vorbei, wenn wir ohne Zeichen vom Iffigheimer Berg abgestiegen sind und weiter unten das blaue Doppelkreuz aufgenommen haben. Durch immer neue Laubwald-Aufzüge in allen Arten und Wachstumsstufen werden wir in gefälligem Auf und Ab zurück zum Kapellberg geführt.

138 Weinberge bei Bullenheim

Weinbergblick auf Bullenheim im Steigerwald

Informationen zur Tour

 Ausgangsort
Bullenheim

 Anfahrt
Bullenheim liegt 20 südöstlich von Kitzingen nahe der A 7 Würzburg – Ulm, Ausfahrt Gollhofen

 Einkehrmöglichkeit
In Nenzenheim

 Unterkunft
Pensionen und Gästehäuser in Bullenheim

 Öffnungszeiten
Die Aussichtstürme auf Kapellberg und Iffigheimer Berg sind an den Wochenenden bei schönem Wetter geöffnet

 Auskunft
Gemeindeverwaltung Bullenheim: Tel. 0 93 39/7 89

 Karte
Topogr. Karte Naturpark Steigerwald 1 : 50 000

 Tip
Bei Anmarsch ab Bullenheim verlängert sich die Wanderung um 3 km. Die Zeichen führen nicht – wie auf den Karten verzeichnet – in direkter Linie durch die Weinberge

139 Von Volkach zur Vogelsburg

Tourenlänge
14 km

Durchschnittliche Gehzeit
3½ Std.

Etappen
Volkach – Wallfahrtskapelle 1 km – Fahr/Mainfähre 4,5 km – Vogelsburg 5 km – Volkach 3,5 km

Steigung
Zwei Kurzanstiege

Eignung für Kinder
Ab 8 Jahren

Interessantes am Weg
Stadtbild Volkach, Wallfahrtskapelle »Maria im Weingarten«, Vogelsburg mit Kapelle, Weinberge

Wegcharakter
Befestigte Weinbergswege

Wegmarkierung
Ziffer 7, Ziffer 4

Günstigste Jahreszeit
Im Herbst (die Weinberge dürfen inzwischen auch zur Lese betreten werden)

Tip
Die Spargelsaison im Mai/Juni

Der verschwenderische Lauf des Mains scheint im Raum westlich des Steigerwaldes einige Schleifen mehr einzulegen. Als wollte er besonders lange in diesen gesegneten Breiten verweilen, zieht sich der Main bei Volkach so eng zusammen, daß sich die Ende der Kehren fast zu berühren scheinen. Durchwegs sind die eleganten Kurven mit Wein bepflanzt.

Unter den hineingetupften Weindörfern in diesem Landstrich bildet **Volkach** allen voran ein sehenswertes Gesamtkunstwerk, das mehr ist als die Wallfahrtskapelle »**Maria im Weingarten**« mit der vielleicht bekanntesten Arbeit Tilman Riemenschneiders »Maria im Rosenkranz«. Zu erleben gibt es ein altfränkisches, noch von Teilen der Befestigungsmauer umgürtetes Städtchen, in dessen Mittelpunkt die spätgotische Stadtpfarrkiche und das Rathaus mit seiner doppelläufigen Freitreppe stehen – ein gelungenes Beispiel für den Übergang von der Gotik zur Renaissance. Am Untertor verlassen wir das Städtchen und machen nach der Kirchbergstraße einen kurzen Abstecher, begleitet von Kreuzwegstationen, zur Kapelle hinauf.

139 Von Volkach zur Vogelsburg

Das Rathaus in Volkach

bis zum Main. »Fährmann hol' über«, heißt es hier. Drüben nehmen wir eine kleine Brauerei ins Visier. Unmittelbar dahinter geht es links hinauf mit der Ziffer 4 zu einer Straße. Ein Stück folgt man ihr, bis man – nach einer Gabelung – rechts der Fahrbahn ohne Zeichen auf Weinbergswegen bis zur **Vogelsburg** laufen kann. Diese entpuppt sich als ein **Augustinerinnen-Kloster** mit gastronomischer Bewirtschaftung. Großartig ist die Sicht von der kastanienbeschatteten Terrasse hinunter ins Maintal. Vom Freisitz führt ein mauergesäumter Pfad ein Stück in die **Weinberge**. Dort wendet man sich nach links, und der Rest geht leichten Schrittes durch die Rebenzeilen hinunter nach **Astheim** fast wie von alleine. Über die Mainbrücke kommt man zurück nach Volkach.

Zurückgekehrt, leitet uns die Ziffer 7 noch 500 m parallel zur Straße und dann weiter rechts über den Buckel der berühmten Lage »Ratsherr«. An einem Weinbau-Denkmal kommt man nach links wieder zu dem Fußweg an dem Sträßchen. Wir halten auf das Dorf **Fahr** zu und durchqueren es

Informationen zur Tour

 Ausgangsort
Volkach

 Anfahrt
Der Ort liegt ca. 15 km östlich von Würzburg; A 3 Nürnberg – Würzburg, Ausfahrt Kitzingen

 Einkehrmöglichkeit
Terrassen-Schenke auf der Vogelsburg (Mo. Ruhetag)

 Unterkunft
Hotels und Pensionen in Volkach

 Öffnungszeiten
Stadtkirche und Wallfahrtskapelle (nicht von 13 – 14 Uhr) können tagsüber besichtigt werden. Kapelle auf der Vogelsburg Mo. geschlossen.

 Auskunft
Verkehrsamt Volkach: Tel. 0 93 81/4 01 12

 Karte
Kompass-Wanderkarte: Würzburg/Maindreieck 1:35 000

 Tip
Die Fähre verkehrt Mo.– Fr. erst ab 12.30 Uhr

Steigerwald

140 Durch die Buchenwälder um Ebrach

 Tourenlänge
16 (9) km

 Durchschnittliche Gehzeit
4½ (2½) Std.

 Etappen
Ebrach – Handthal 5,5 km – Gasthaus und Ruine Stollberg 1,5 km – Steinernes Kreuz 4,5 km – Ebrach 4,5 km

 Steigung
150 m

 Eignung für Kinder
Ab 8 Jahren

 Interessantes am Weg
Kloster Ebrach, Naturschutzgebiete, Ruine Stollberg, Buchenhochwälder

 Wegcharakter
Feste Waldwege

 Wegmarkierung
Blauer Winkel, blauer und roter Schlüssel

Günstigste Jahreszeit
Ganzjährig, besonders im Herbst zur Weinlese und Laubfärbung

Fast die gesamte Wanderung bewegt sich fern jeder Zivilisation. Wir verlassen **Ebrach** am Ortsausgang in westlicher Richtung (B 22) und biegen mit dem blauen Winkel rechts in ein Wiesental. Auch die begleitenden Forellenteiche rechter Hand erinnern an die monastische Zeit Ebrachs: Fleischverbot und Fastengebot hieß die Mönche Fischteiche anlegen. Lange folgen wir auf breitem Forstweg den Gewässern in den Wald und erfreuen uns dabei an der streckenweise naturgeschützten Flora, die uns fast bis **Handthal** begleitet. Der kleine Ort ist rasch durchmessen. Mit Sicht auf die Ruine Stollberg gewinnen wir auf befestigtem Wirtschaftsweg an Höhe. Unbedingt lohnenswert ist ein kurzer Abstecher hinauf zum »**Weinausschank Stollberg**« – großartig sind von dessen Terrasse die Sichtverhältnisse über den Steilabfall des Steigerwaldes ins Mainfränkische. Wir können zurück zum Winkel laufen oder über die oberhalb aufragende **Burgruine Stollberg** Anschluß finden. Mitten im Wald nehmen wir einen Zeichenwechsel auf den blauen Schlüssel vor. Er geleitet nun erst richtig in die endlosen Buchenwälder um Ebrach – auch sie ein Werk der Zister-

Ebrach, einziger staatlich anerkannter Erholungsort im Steigerwald, liegt nicht nur inmitten ausgedehnter Waldungen. Völlig unvermutet taucht zwischen engen Talhängen die Silhouette einer prunkvollen **Klosteranlage** mit mächtiger Abteikirche auf. Praktisch aus dem Nichts schufen hier Zisterzienser in tiefster Waldeseinsamkeit seit 1200 eines der bedeutendsten Werke der deutschen Frühgotik (Weihe 1285). Erst sehr viel später wurde das Mittelalter abgeräumt und eine großartige Barockanlage erstellt. Immerhin ließ man die Abteikirche mit ihren wunderschönen Radfenstern stehen.

140 Durch die Buchenwälder um Ebrach

In der Abteikirche

zienser. Vor gut 200 Jahren wurden die Bäume vom Kloster im Rahmen gezielter Waldbewirtschaftung ausgesät. Von der Höhe schließlich führt auf schnurgeradem Weg der rote Schlüssel zurück nach Ebrach. Natürlich ausschließlich durch Wald.

Informationen zur Tour

 Ausgangsort
Ebrach

 Anfahrt
Ebrach liegt ca. 30 km westlich von Bamberg (B 22)

 Einkehrmöglichkeit
Gasthöfe in Handthal sowie Terrassen-Restaurant Weinausschank Stollberg (Fr. Ruhetag)

 Unterkunft
Hotels und Gästehäuser in Ebrach und Handthal

 Öffnungszeiten
Die Ebracher Klosterkirche ist tagsüber geöffnet (von Nov.–März geschlossen), die Abteigebäude mit Kaisersaal und Museum können im Rahmen von Führungen um 10.30 und 15 Uhr besichtigt werden (im Sommerhalbjahr)

 Auskunft
Verkehrsamt Ebrach: 0 95 53/9 22 00

 Karte
Topogr. Karte Naturpark Steigerwald 1:50 000

 Tip
Halb so lang ist die Wanderung bei Start in Handthal und Rückkehr mit dem Zeichen »Blatt an Beeren« über das Magdalenenkreuz (ausgeschildert). Weiter unten Anschluß an den blauen Winkel

141 Rundgang in und um Scheinfeld

Tourenlänge
12 km

Durchschnittliche Gehzeit
3½ Std.

Etappen
Scheinfeld – Schloß Schwarzenberg 0,5 km (Abstecher zum Kloster 0,5) – Erlabronn 6 km – Schnodsenbach – Scheinfeld 5,5 km

Steigung
100 m

Eignung für Kinder
Ab 8 Jahren

Interessantes am Weg
Scheinfeld, Stadtbild, Schloß und Kloster Schwarzenberg

Wegcharakter
Erdige und vergraste Wege, ein Stück Straße

Wegmarkierung
Blaues und rotes Doppelkreuz, Ahornblatt

Günstigste Jahreszeit
Ganzjährig, nicht nach Nässeperioden

»Das Tor zum Steigerwald« nennt sich Scheinfeld – das hört sich griffig an, ist aber nur bedingt zutreffend. Die Stadt liegt mitten im Steigerwald, und gewiß nicht zufällig sitzt hier die zentrale touristische Verwaltung des Mittelgebirges zwischen Haßbergen und Naturpark Frankenhöhe. Nach Würzburg, Bamberg oder Nürnberg sind es jeweils eine Stunde Fahrt. In und um Scheinfeld findet man alles, was für den Steigerwald typisch ist und ihn so einladend macht – etwa die landschaftliche Abfolge von Wäldern und Feldern, der Wechsel von offenen Talgründen und bestockten Hängen. Oder das Städtchen **Scheinfeld** selbst mit seinem altfränkischen Charme, den Stadttoren und Bürgerhäusern, einer prachtvoll ausgestatteten Pfarrkirche und als Krönung einem großartigen Schloß. Eher »untypisch« ist dessen Farbgebung. Rot, gelb und weiß sticht der Stammsitz der Schwarzenberger Grafen aus den Bäumen hervor. Nach Durchschreiten des Oberen Stadttores mit der Markierung blaues Doppelkreuz werden die Schritte entlang eines Sträßchens fast magnetisch zum Renaissanceschloß gelenkt. (Allerdings darf nur der Hof betreten werden.) Abweichend vom Wanderweg sollten wir noch die wenigen Meter hinauf zur Kirche von **Kloster Schwarzenberg** gehen. An dem Barockbau nach Plänen Balthasar Neumanns ist eine **Gnadenkapelle** angefügt, deren Zugang hinter dem Hochaltar der Kirche liegt.

Wenn wir am Schloß das blaue gegen das rote Doppelkreuz eintauschen, bewegen wir uns zugleich mit den Buchstaben KU. Sie stehen für

141 Rundgang in und um Scheinfeld

Kunigunde, Kaiserin und Königin, Kloster- und Kirchenstifterin, die zu Beginn des 11. Jahrhunderts diesen jetzt nach ihr benannten Weg zwischen Bamberg und Aub im Gollachgau über 110 Kilometer zu einer ihrer Gründungen gegangen sein soll. Seitdem, so heißt es in der Überlieferung, wachse darauf ein Grasteppich. Das stimmt fast. Die ersten Kilometer durch Niederwald sind von einem dichten Bewuchs auf dem Weg geprägt, der das Fortkommen nicht leicht macht. Nach einem kurzen Straßenstück wird es nach Wiedereintritt in den Wald besser. Gemütlich geht es bergab nach **Erlabronn** – im Wald wechseln wir auf das Zeichen Ahornblatt. Es bleibt uns erhalten über offene Wiesen, berührt nur am Rande **Schnodsenbach** und läuft durch Felder auf Wald zu. Hier können wir das Zeichen ziehen lassen. Wir gehen auf dem befestigten Weg geradeaus nach Scheinfeld.

Informationen zur Tour

Ausgangsort
Scheinfeld

Anfahrt
Scheinfeld liegt nahe der B 8, zwischen Würzburg und Neustadt/Aisch

Einkehrmöglichkeit
In den Ortschaften unterwegs

Unterkunft
Hotels und Gasthäuser in Scheinfeld

Öffnungszeiten
Teile des Schlosses können nach Voranmeldung besichtigt werden (Tel. s. u.)

Auskunft
Touristinformation Steigerwald: Tel. 0 91 62/1 24 24

Karte
Topogr. Karte Naturpark Steigerwald 1:50 000

Schloß Schwarzenberg

142 Die Windsheimer Bucht

 Tourenlänge
18 km

 Durchschnittliche Gehzeit
5 Std.

 Etappen
Bad Windsheim/Freilandmuseum – Ickelheim 3 km – Straßenstück 2 km – durch Wald bis Weitmershausen 6,5 – Lenkersheim 6,5 km

 Steigung
Gering

 Eignung für Kinder
Ab 10 Jahren

 Interessantes am Weg
Ortsbild von Bad Windsheim, Fränkisches Freilandmuseum, altfränkische Dörfer

 Wegcharakter
Feste Feld- und Waldwege, ein Stück Straße

 Wegmarkierung
Roter Strich, rotes Doppelkreuz (und gelber Strich), blauer Strich

Günstigste Jahreszeit
Im Sommerhalbjahr

Auf den ersten Blick war es ein Haus, wie es in jedem fränkischen Dorf zu Dutzenden steht. Erst als das Gebäude 1980 der Spitzhacke zum Opfer fallen sollte, ergab die Jahresring-Untersuchung des tragenden Gebälks eine Datierung von 1367 – eines der ältesten Bauernhäuser Mitteleuropas war entdeckt. Weitgehend in seinem Ursprungszustand rekonstruiert, steht das Unikat im **Fränkischen Freilandmuseum** von Bad Windsheim. Ein drei Kilometer langer Rundweg erschließt hier authentisch nachgestelltes Leben – so, wie es bis etwa 1960 noch auf dem Lande üblich war. Bewußt wurde das Freilandmuseum in der **Windsheimer Bucht** zwischen den Naturparks Steigerwald und Frankenhöhe angesiedelt, und diesem sanften Übergang folgt unsere – lange – Wanderschleife.

Am Parkplatz vom Museum finden wir am rechten Rand einen Durchschlupf, kommen zur Westheimer Straße und damit zum Zeichen roter Strich. Es führt an einem kleinen Badesee vorbei geradeaus in Richtung **Ickelheim**. Über freies Feld halten wir bei einem Links- und baldigen Rechtshaken auf den Ort zu. Mit Birkleinweg und der Hauptstraße – nach rechts – ist er durch ein originelles **Fachwerk-Torhaus** rasch wieder verlassen. Für rund zwei Kilometer folgt eine Durststrecke entlang dem Sträßchen in Richtung Obernzenn, bis wir uns nach einem Wäldchen in einer scharfen Rechtskehre nach links wenden. Der breite Feldweg läuft auf den Wald zu, wo wir auf die Markierungen rotes Doppelkreuz und gelber Strich treffen, die uns durch den abwechslungsreichen und einsamen **Laubwald** leiten. Erst wenn eine Straße erreicht ist, orientieren wir uns mit dem neuen Zeichen blauer Strich auch landschaftlich neu. Vor uns liegt die weite Ebene der **Windsheimer Bucht**. Die Türme der alten Reichsstadt immer vor Augen, sind es aber noch einige Kilometer über freies Feld. Hinter **Lenkersheim** halten wir uns rechts, queren einen Flutgraben und erreichen **Bad Windsheim**. Es geht links in den Neumühlenweg und gleich rechts entlang eines Grabens bis unmittelbar

142 Die Windsheimer Bucht

Fränkisches Freilandmuseum bei Bad Windsheim

vor das Eingangsgebäude zum **Freiland-museum**

Informationen zur Tour

 Ausgangsort
Bad Windsheim

 Anfahrt
Bad Windsheim liegt etwa 40 Kilometer südlich von Würzburg nahe der A 7 Würzburg – Ulm

 Einkehrmöglichkeit
In den Ortschaften am Wege. Restaurant Freiland-museum (Mo. geschlossen)

 Unterkunft
Hotels und Pensionen in Bad Windsheim

 Öffnungszeiten
Freilandmuseum 9–18 Uhr (im Sommerhalbjahr, Mo. geschlossen). Weitere Museen in in Windsheim: Für Vorgeschichte, Dr.-Martin-Luther-Platz (Mi., Fr., Sa. und So. von 15–17 Uhr); Reichsstadt-Museum, Seegasse 27 (Di., Do. Sa. und So. von 14–17 Uhr)

 Auskunft
Touristik-GmbH Bad Windsheim: 0 98 41/40 20; Freilandmuseum: 0 98 41/66 80 40

 Karte
Frankens gemütliche Ecke, Landkreis Neustadt a.d. Aisch – Bad Windsheim, 1:50 000 (Fritsch-Verlag)

 Tip
Besichtigung Bad Windsheim: Fachwerk- und barocke Steinhäuser sowie das nach italienischem Vorbild erbaute Rathaus von 1713

143 In Pappenheimers Heimat

Tourenlänge
12 km

Durchschnittliche Gehzeit
3 Std.

Etappen
Pappenheim – Göhren 1 Std. – Hollerstein 1½ Std. – Pappenheim ½ Std.

Steigung
130 m

Eignung für Kinder
Ab 7 Jahren

Interessantes am Weg
In Pappenheim Burgruine und St. Galluskirche; Hollerstein, Schwedenschanze

Wegcharakter
Weitgehend befestigter Weg

Wegmarkierung
Pappenheim – Göhren Nr. 5 und Nr. 6; Göhren – Hollerstein Nr. 6 und Nr. 7; Hollerstein – Pappenheim Nr. 9 und Main-Donau-Weg

Günstigste Jahreszeit
Ganzjährig

Sie geht immerhin auf karolingische Zeit zurück, als das Kloster St. Gallen hier Güter besaß. Im Innern der Kirche gibt es ein Sakramentshäuschen von 1446 und einen gotischen Flügelaltar von 1520 zu entdecken. Das Ölbergrelief an der Außenseite war spätestens 1480 vollendet.

Aus **Pappenheim** hinaus wandern wir zunächst ein kurzes Stück auf der Landstraße nach Göhren, bis rechts die Markierung Nr. 5 abzweigt. Sie geht kurz darauf in die Nr. 6 über und führt uns sicher hinauf nach **Göhren**, durch das Dorf hindurch und auf der Ostseite unter die Westhänge des Zwieselberges. Wo der Weg Nr. 6 rechts talabwärts abbiegt, gehen wir geradeaus, queren die Westhänge des Zwieselberges und sehen beim Verlassen des Waldes vor uns den **Mittelmarterhof**

Etwa 600 m westlich der gräflichen Domäne treffen wir auf die Markierung Nr. 8 und folgen ihr nach links in den Wald. Die erste Kreuzung wird noch geradeaus gequert, am nächsten Wegedreieck wenden wir uns dann scharf nach links und folgen der Markierung Nr. 9 zum **Hollerstein** Er hat nahezu senkrecht abfallende Kalkwände. Von oben hätte man einen schönen Blick auf

Seit Schillers Wallenstein ist Gottfried von Pappenheim sprichwörtlich, obwohl er mit seinem kaiserlichen Kürassierregiment 1632 in der Schlacht von Lützen unterging. Doch in seiner Heimat ist er allgegenwärtig. Immerhin geht seine **Burg** mit ihrem trutzigen Bergfried auf das 11. Jh. zurück. Auch die wehrhafte Vorburg wurde bereits im 15. Jh. errichtet. 1570 wurde den Herren die Burg zu ungemütlich, deshalb zogen sie in das im Renaissancestil errichtete **Alte Schloß** und 1820 schließlich in das **Neue Schloß**. Noch wesentlich älter als die Burg der Grafen ist die **St. Galluskirche** am Friedhof.

143 In Pappenheimers Heimat

Blick auf Pappenheim im Naturpark Altmühltal

Zimmern und das Altmühltal, doch leider ist er nicht begehbar.
Vom Hollerstein folgen wir parallel zur Waldgrenze dem *Main-Donau-Weg* den Hang entlang zu den Drei Linden unterhalb der **Schwedenschanze**. Von hier aus beschossen die Schweden im Jahre 1633 die Burg Pappenheim. Von den Drei Linden aus ist der Rückweg nach Pappenheim nicht mehr zu verfehlen.

Informationen zur Tour

 Ausgangsort
Pappenheim im oberen Altmühltal

 Anfahrt
Über die B 2 ins Altmühltal

 Zielort
Wie Ausgangsort

 Einkehrmöglichkeit
In Pappenheim und Göhren

 Unterkunft
In Pappenheim

 Auskunft
91788 Pappenheim, Fremdenverkehrsbüro, Marktplatz 1, Tel. 0 91 43/62 66

 Karte
Topographische Karte 1:50 000, Naturpark Altmühltal, Mittlerer und Östlicher Teil

144 Von Kipfenberg ins Altmühltal

 Tourenlänge
11 km

 Durchschnittliche Gehzeit
3 Std.

 Etappen
Kipfenberg – Regelmannsbrunn 1 Std. – Arnsberg ¾ Std. – Kipfenberg 1¼ Std.

 Steigung
150 m

 Eignung für Kinder
Ab 7 Jahren

 Interessantes am Weg
Burg Kipfenberg, Pfarrkirche Kipfenberg, Römerkastell, Schloß Arnsberg, Keltenburg auf dem Michaelsberg, geographischer Mittelpunkt Bayerns

 Wegcharakter
Fast durchwegs befestigte Feldwege

 Wegmarkierung
Kipfenberg – Römerkastell Nr. 19; Regelmannsbrunn – Arnsberg E 8; Arnsberg – Kipfenberg rotes Kreuz

 Günstigste Jahreszeit
Ganzjährig

Das mittlere Altmühltal ist geschichtsträchtiger Boden. Auf den Höhen finden sich immer wieder keltische Wallanlagen, und in Kipfenberg querte der römische Limes das Tal. Zu seinem Schutz gab es wenig westlich von Böhming ein Kastell. Ausgangspunkt der Wanderung zu diesen historischen Plätzen ist der *Marktplatz* von **Kipfenberg**. Darüber thront die urkundlich erstmals 1266 belegte *Burg* der Herren von Kropf – heute Privatbesitz. Wesentlich jünger ist die Kipfenberger *Pfarrkirche*, die erst in der zweiten Hälfte des 15. Jh. entstand und eine barocke Ausstattung hat. Nicht versäumen sollte man das Fastnachtsmuseum im historischen *Torwärterhaus*.

Vom Kipfenberger Marktplatz aus wandern wir über die *Försterstaße* zur Altmühl und über die Brücke nach links zur Ziegelleite. Nach gut 2 km am linken Ufer der Altmühl queren wir den Fluß über die *Böhminger Brücke* und wenden uns gleich darauf nach rechts gegen ein kleines Kirchlein. Es steht auf dem Platz des ehemaligen Römerkastells, das zur Sicherung des Limes im Bereich der Altmühl errichtet worden war.
Auf der Westseite des Kirchleins folgen wir dem ufernahen Feldweg nach Südwesten und erreichen nach knapp 1 km bei einer Wegekreuzung die Brücke von Regelmannsbrunn, die uns wieder ans linke Ufer der Altmühl hilft. Nun folgen wir der Markierung E 8 flußaufwärts bis **Arnsberg** Hier steigen wir an der Kirche vorbei zu dem hoch über der Altmühl auf steilem Fels thronenden **Schloß** Arnsberg. Es geht auf das 13. Jh. zurück und diente später dem Bischof von Eichstätt als Jagdschloß.
Vom Arnsberger Schloß folgen wir der Markierung rotes Kreuz nordnordostwärts in den Wald hinein. Über den Mühlbuck kommen wir hinüber zum **Michaelsberg**, wo es schon in vorgeschichtlicher Zeit eine befestigte Fluchtburg der Kelten gegeben hatte. Vom Michaelsberg schlängelt sich der Weg hinunter nach Kipfenberg, wo wir es nicht versäumen sollten, dem wenig öst-

144 Von Kipfenberg ins Altmühltal

lich gelegenen geographischen Mittelpunkt Bayerns noch einen Besuch abzustatten. Der eher kuriose Punkt ist mit einem mächtigen Steinblock und einer entsprechender Schrifttafel markiert.

Informationen zur Tour

Ausgangsort
Kipfenberg im mittleren Altmühltal

Anfahrt
Über die A 9, Ausfahrt Altmühltal

Zielort
Wie Ausgangsort

Einkehrmöglichkeit
In Kipfenberg und Arnsberg

Unterkunft
In Kipfenberg und Arnsberg

Auskunft
85110 Kipfenberg, Fremdenverkehrsamt, Marktplatz 2, Tel. 0 84 65/8 82

Karte
Topographische Karte 1:50 000, Naturpark Altmühltal

Die Burg Kipfenberg aus dem 13. Jahrhundert thront über dem gleichnamigen Ort.

145 Von Kelheim zum Kloster Weltenburg

Tourenlänge
12 km

Durchschnittliche Gehzeit
3 ½ Std.

Etappen
Kelheim – Kloster Weltenburg 1 ¾ Std. – Kelheim 1 ¾ Std.

Steigung
200 m

Eignung für Kinder
Ab 8 Jahren, mit Schiff ab 6 Jahren

Interessantes am Weg
Befreiungshalle, Keltenwall, Keltisches Erzgrubenfeld, Klosterkirche Weltenburg, Donaudurchbruch

Wegcharakter
Etwa die Hälfte der Strecke ist befestigter Weg, der Rest ist unbefestigt

Wegmarkierung
Kelheim – Befreiungshalle – Kloster Weltenburg rotes Rechteck und großes L für Limesweg; Kloster Weltenburg – Kelheim rotes Dreieck und Nr. 18

Günstigste Jahreszeit
Frühling bis Herbst

Kelheim ist die älteste bayerische Residenzstadt – schon 1180 hatten die Wittelsbacher hier regiert. Aus dieser Zeit stammt noch der mittelalterliche **Herzogskasten** (heute Archäologisches Museum). Aus dem 12. Jh. stammt die *Michaelskirche*, aus dem 13. Jh. die *Spitalskirche*, und die *Pfarrkirche* ist spätgotisch. Ausgangspunkt ist der große Parkplatz oberhalb der *Schiffsanlegestelle*. Von hier folgen wir dem roten Rechteck hinauf zur **Befreiungshalle** auf dem Michelsberg. Sie wurde im Auftrag von König Ludwig I. zur Erinnerung an die Befreiungskriege gegen Kaiser Napoleon vom Hofarchitekten Leo von Klenze errichtet. Für den Bau des 45 m hohen Rundtempels wählte Ludwig I. einen geschichtsträchtigen Platz. Immerhin hatten hier schon die Kelten in einem 600 ha umfassenden Wall ihre Stadt **Alkimoennis** errichtet gehabt. Der Markierung rotes Rechteck weiter folgend, erreichen wir die Donau gegenüber vom **Kloster Weltenburg**. Per Kahnfähre geht es hinüber auf die andere Seite zum Besuch von Bayerns ältestem Kloster, das immerhin schon im Jahre 617 gegründet wurde. Ab 1713 entstand hier in 20jähriger Arbeit das erste Meisterwerk der Brüder Cosmas Damian und Egid Quirin Asam. Gemeinsam schufen die beiden eine überirdisch schöne **Kirchenkuppel**, in der das himmlische Jerusalem in unendlicher Weite und Irrealität in der äußeren Form eines »theatrum sacrum« präsentiert wird.

Für den Rückweg nutzen wir zunächst wieder die Kahnfähre und folgen dann dem rechts abzweigenden Steig mit der Markierung rotes Dreieck und dem Wegweiser Zur Langen Wand. Damit kommen wir automatisch auf den Gipfel des ersten großen Aussichtsfelsens auf der linken Seite des **Donaudurchbruchs**. Von der Aussichtskanzel aus brauchen wir lediglich weiterhin dem Wanderweg zu folgen, um automatisch zurück

145 Von Kelheim zum Kloster Weltenburg

Bayerns ältestes Kloster: Weltenburg

zur Kelheimer Schiffsanlegestelle zu kommen. Wer dagegen den Donaudurchbruch aus der Flußperspektive erleben möchte, geht von der Langen Wand aus zurück zum Kloster und nimmt von dort das Schiff nach Kelheim.

Informationen zur Tour

 Ausgangsort
Kelheim an der Mündung der Altmühl in die Donau

 Anfahrt
Über die B 16 von Regensburg

 Zielort
Wie Ausgangsort

 Einkehrmöglichkeit
Im Kloster Weltenburg (klostereigenes Bier)

 Unterkunft
In Kelheim

 Auskunft
93309 Kelheim, Fremdenverkehrsamt, Tel. 0 94 41/ 70 12 34

 Karte
Topographische Karte 1:50 000, Naturpark Altmühltal

146 In die Wälder nördlich von Lauf

 Tourenlänge
12 km

 Durchschnittliche Gehzeit
3 ½ Std.

 Steigung
100 m

 Etappen
Lauf – Nuschelberg 1 ½ Std. – Kuhnhof 1 Std. – Lauf 1 Std.

 Eignung für Kinder
Ab 7 Jahren

Interessantes am Weg
In Lauf Kaiserburg, Tore der alten Stadtbefestigung und Pfarrkirche; Kunigundenberg

Wegcharakter
Meist befestigte Wege; der Weg durch die Bitterbachschlucht kann bei feuchtem Wetter rutschig sein

Wegmarkierung
Lauf – Nuschelberg rotes Kreuz, Nuschelberg – Egelsee gelber Punkt, Egelsee – Kuhnhof rotes Andreaskreuz, Kuhnhof – Lauf blauer Punkt

 Günstigste Jahreszeit
Ganzjährig

Lauf an der Pegnitz erhielt seinen Namen von den Stromschnellen der Pegnitz, die bereits im 13. Jh. mehrere Mühlen trieb. Interessantestes Bauwerk ist die **Kaiserburg**, errichtet durch Kaiser Karl IV. von 1357 bis 1360. Die **Stadtpfarrkirche** am Markt stammt von 1553 und enthält eine sehenswerte Barockausstattung. Von der alten **Stadtbefestigung** sind noch das Nürnberger und das Hersbrucker Tor erhalten. Vom *Bahnhof* Lauf gehen wir nördlich der Bahnunterführung durch die Bleichgasse und die Rudolfshofer Straße zur Eschenauer Straße. Ihr folgen wir etwa 200 m nach rechts bis zur *Straße am Bitterbach*. Kurz darauf beginnt die Markierung rotes Kreuz, die nun sicher durch die **Bitterbachschlucht** leitet. Am Ende der Schlucht geht es über eine Wiese und ansteigend in den Wald hinein. Die Straße Lauf – Neunhof wird lediglich gequert, dahinter folgen wir weiter der Markierung hinauf nach **Nuschelberg**. Am südlichen Ortsrand von Nuschelberg schwenken wir nach rechts in den *Hallerweg*, der ostwärts über einen langgezogenen Rücken führt. Dabei erreichen wir mit 412 m den höchsten Punkt der Wanderung. Auf der Ostseite des Rückens geht es hinunter in den Wald bis zur Straße Lauf – Neunhof. Ihr folgen wir etwa 100 m nach rechts, bis der Wanderweg auf der Ostseite der Straße weiter die Wiesen abwärts führt. Über einen Holzsteg queren wir den **Teufelsgraben** und steigen anschließend durch den Wald hinauf bis zur Straße Simonshofen – Lauf, die wir wenig südlich von Egelsee erreichen. Ihr folgen wir nach rechts bis **Kuhnhof** und durch den Ort hindurch, bis rechts die Straße Zum Wasserturm abzweigt. Steil geht es nun ein Stück durch den Wald hinunter und auf der anderen Seite genau so wieder hinauf zum **Kunigundenberg**. Von der 383 m hoch gelegenen Kapelle **St. Kunigunda** bietet

295

146 In die Wälder nördlich von Lauf

sich eine prächtige Aussicht auf Lauf und das Pegnitztal. Von hier aus brauchen wir lediglich noch nach Süden abzusteigen und geradeaus durch die Felder bis an den nördlichen Ortsrand von Lauf zu gehen. Von dort führt die Straße *Urlashöhe* direkt zurück zum Bahnhof.

Informationen zur Tour

 Ausgangsort
Lauf an der Pegnitz

 Anfahrt
A 9 bis Ausfahrt Lauf

 Zielort
Wie Ausgangsort

 Einkehrmöglichkeit
Im ehemaligen Hallerschlößchen in Nuschelberg und auf dem Kunigundenberg

 Unterkunft
In Lauf

 Auskunft
91207 Lauf, Fremdenverkehrsamt, Urlasstr. 22, Tel. 0 91 23/18 41 13

 Karte
Topographische Karte 1:50 000, L 6532 Nürnberg

Romantisches Fachwerk in Lauf an der Pegnitz

Fränkische Alb/Fränkische Schweiz/Fichtelgebirge/Vogtland

147 Von Neuhaus in die Wunderwelt des Karstes

 Tourenlänge
13 km

 Durchschnittliche Gehzeit
4 Std.

 Etappen
Neuhaus – Steinerne Stadt 1½ Std. – Mysteriengrotte 1½ Std. – Neuhaus 1 Std.

 Steigung
150 m

 Eignung für Kinder
Ab 8 Jahren

 Interessantes am Weg
Burg Veldenstein, Opfersteine, Vogelherdgrotte, Steinerne Stadt, Maximiliansgrotte, Mysteriengrotte

 Wegcharakter
Etwa zwei Drittel der Strecke sind befestigter Weg, der Rest ist unbefestigt.

 Wegmarkierung
Grüner Punkt des »Karstkundlichen Wanderpfades«

 Günstigste Jahreszeit
Frühjahr bis Herbst

Nirgends in der **Fränkischen Schweiz** ist so schön zu sehen, was die Erosion aus wasserlöslichem Kalk machen kann, wie rund um **Krottensee** östlich von Neuhaus. Hier beeindruckt auch die uralte Burg **Veldenstein**, eine Sicherungsburg des Bischofs von Eichstätt, mit ihrer doppelten Ringmauer und dem 21 m hohen Bergfried.
Ausgangspunkt der Wanderung zum Karst ist der Bahnhof von **Neuhaus**, von dem aus wir nördlich und nach der Unterführung noch etwa

200 m weiter auf der Straße in Richtung Krottensee gehen, bis links der Krottenseer Weg über die Felder hinüber nach **Krottensee** führt. Bei der Querung des Dorfes stellt der **Wallerweiher** die erste Karstformation dar. Hat es stark geregnet, lassen unterirdische Quellen den Weiher regelrecht brodeln. Der nächste Karst ist dann die mächtige Hallenhöhle der **Vogelherdgrotte** Sie entstand vor Jahrmillionen durch natürliche Auswaschung.
Weiter im Wald erreichen wir bald darauf die **Steinerne Stadt** mit ihren besonders formenreichen Felsszenerien. Die einzelnen Felsen tragen bildhafte Namen wie etwa »Raubschloß«, »Höhlenruine« oder »Die beiden Brüder«.
Bei der Steinernen Stadt wenden wir uns nach Westen und erreichen am Fuß des Zinnberges die **Maximiliansgrotte**. Sie zählt zu den schönsten Höhlen der Fränkischen Schweiz, erstreckt sich über mehrere Stockwerke und führt bei einer Länge von gut 1200 m über 70 m in die Tiefe. In ihrer Orgelgrotte erinnern wunderschöne Tropfsteine an Orgelpfeifen. Ein märchenhafter See bildet den tiefsten Punkt der Höhle.
Von der Maximiliansgrotte wandern wir zunächst noch eine knappe Viertelstunde in Richtung Krottensee, folgen dann aber dem Pfad und später

147 Von Neuhaus in die Wunderwelt des Karstes

Unterwegs durch Wald und Wiesen

dem Feldweg nach Süden, der uns zur **Mysteriengrotte** bringt. Sie hat zwar keine Tropfsteine, dafür aber glatte, übersinterte Wände. Für die frei zugängliche Höhle sollte man eine Taschenlampe haben. Wenige Meter unterhalb der Grotte liegt das sogenannte Schluckloch, das selbst größte Wassermengen in kürzester Zeit in unterirdischen Hohlräumen verschwinden läßt. Von der Mysterienhöhle wandern wir über Wiesen und durch kurze Waldstücke zurück nach Neuhaus.

Informationen zur Tour

 Ausgangsort
Neuhaus a. d. Pegnitz

 Anfahrt
A 9 bis Ausfahrt Plech, von dort über die Landstraße

 Zielort
Wie Ausgangsort

 Einkehrmöglichkeit
In Krottensee

 Unterkunft
In Neuhaus

 Auskunft
91284 Neuhaus a.d. Pegnitz, Verkehrsamt, Oberer Markt 24, Tel. 0 91 56/92 91 10

Karte
Topographische Karte 1:50 000, L 6334 Pegnitz

Fränkische Alb/Fränkische Schweiz/Fichtelgebirge/Vogtland

148 Romantisches rund um Obertrubach

Tourenlänge
11 km

Durchschnittliche Gehzeit
3 ½ Std.

Etappen
Obertrubach – Leienfels 1 ¼ Std. – Bärnfels 1 ¼ Std. – Obertrubach 1 Std.

Steigung
290 m

Eignung für Kinder
Ab 8 Jahren

Interessantes am Weg
Pfarrkirche in Obertrubach, Burg Leienfels, Burg Bärnfels

Wegcharakter
Etwa Dreiviertel der Strecke ist befestigter Weg, der Rest ist unbefestigt

Wegmarkierung
Obertrubach – Ketteler Siedlung roter Ring; Ketteler Siedlung – Leienfels gelbes Kreuz; Bärnfels – Obertrubach gelber Pfeil

Günstigste Jahreszeit
Frühjahr bis Herbst

Der von Felsen eingerahmte Talkessel von **Obertrubach** war schon zur Steinzeit, also vor etwa 6000 Jahren, besiedelt. Zur Zeit der Karolinger gehörte der Quellkessel des Trubaches zum Forchheimer Königshof, der 1007 durch kaiserliche Schenkung in den Besitz des Bistums Bamberg kam. Die heutige Dorfkirche hat einen gotischen Chor und ein barockes Schiff mit drei Barockaltären.

Von der Obertrubacher *Kirche* aus wandern wir zunächst zum Neubaugebiet Ketteler Siedlung und danach über eine Forststraße an der Nordseite des Kohlberges entlang. Durch das Pitztal geht es hinüber zum Leienfelser Wald, der zügig hinauf nach **Leienfels** führt.
Am südlichen Ortsrand von Leienfels biegen wir beim Forstamt links ab, um direkt zur Burgruine hinaufzukommen. Die alten Mauern der **Burg Leienfels** gehen auf das 13. Jh. zurück, als die Grafen von Egloffstein hier ihren Stammsitz errichteten und bis 1372 in Besitz hatten. Ab 1502 war dann der Bischof von Bamberg Hausherr, doch konnte auch der nicht verhindern, daß die Burg in den Bauernkriegen des 16. Jh. zerstört wurde.
Beim Abstieg von der Burgruine nach Norden treffen wir auf den nördlichen Rundweg mit den Markierungen Nr. 2 und Nr. 4. Ihnen folgen wir bis zur Wegkreuzung am Waldrand. Gut 100 m später folgt eine weitere Kreuzung mit einem Feldkreuz. Hier beginnt die Markierung gelber Pfeil, die uns sicher nach **Bärnfels** bringt. Auch diese Burg war eine Gründung der Egloffsteiner

299

148 Romantisches rund um Obertrubach

Grafen, zerstört wurde der Bau ebenfalls im Bauernkrieg von 1525.
Ab Bärnfels wandern wir nach Süden, der Markierung gelber Pfeil folgend. Sie führt durch das **Gründleintal** zurück nach Obertrubach.

Informationen zur Tour

Ausgangsort
Obertrubach

Anfahrt
A 9 Nürnberg – Bayreuth bis Ausfahrt Plech, dann über Betzenstein und Leupoldstein nach Obertrubach

Zielort
Wie Ausgangsort

Einkehrmöglichkeit
In Leienfels und Bärnfels

Unterkunft
In Obertrubach

Auskunft
91286 Obertrubach, Verkehrsamt, Teichstr. 5, Tel. 0 92 45/98 80

Karte
Topographische Karte 1:50 000, L 6334 Pegnitz

Obertrubach liegt geschützt in einem Talkessel.

149 Im Steinwald des Fichtelgebirges

Tourenlänge
13 km

Durchschnittliche Gehzeit
4 Std.

Etappen
Pfaben – Waldhaus – Platte – Knockfelsen
2 Std. – Reiseneggerfelsen – Huberfelsen – Pfaben
2 Std.

Steigung
300 m

Eignung für Kinder
Ab 8 Jahren

Interessantes am Weg
Zahlreiche, wunderschöne Felsformationen, Aussichtsturm auf der 946 m hohen Platte

Wegcharakter
Teils befestigte Waldwege, teils Wandersteige

Wegmarkierung
Pfaben – Saubadfelsen Waldlehrpfad; Saubadfelsen – Waldhaus – Platte blaues Rechteck in weißem Rechteck; Reiseneggerfelsen – Pfaben schwarzes S auf gelbem Grund

Günstigste Jahreszeit
Frühjahr bis Herbst

Der rund 15 000 ha große **Steinwald** ist ein einziger Naturpark mit dichten Wäldern und wunderschönen Felsformationen. Auf dem kargen Granitboden wachsen Fichten, Kiefern, Tannen und Lärchen, immer wieder aber auch Buchen, und eingestreute Moorwiesen bilden stille Winkel. Am imposantesten aber sind immer wieder die aus Wollsackverwitterung entstandenen Einzelfelsen, deren vielfältige Formen der Phantasie unbegrenzten Spielraum lassen. Ausgangspunkt ist der im Norden von **Pfaben** gelegene Wanderparkplatz, von dem aus wir in wenigen Minuten den **Zipfeltannenfelsen** erreichen. Je nach Position des Betrachters zeigt er sich als Sphinx mit dem Kopf eines Menschen und dem Körper eines Löwen oder als kniendes Kamel.

Vom Zipfeltannenfelsen wandern wir über den Waldlehrpfad nordwärts zum **Saubadfelsen**. Er verdankt seinen Namen ausnahmsweise nicht seiner Form, sondern der Nutzung seiner Umgebung. Hier wachsen nämlich Buchen, und deshalb trieben die Bauern ihre Schweine hierher, um sie nach Bucheckern wühlen zu lassen.

Wenige Minuten nördlich des Saubadfelsens erreichen wir das **Waldhaus**, ein ehemaliges Forsthaus, in dessen Umgebung es heute einen Spielplatz und ein Rotwildgehege gibt.

Noch gut 2 km sind es nun nordnordostwärts bis hinauf zur 946 m hohen **Steinwälder Platte**. Auf dem höchsten Punkt des Stein-

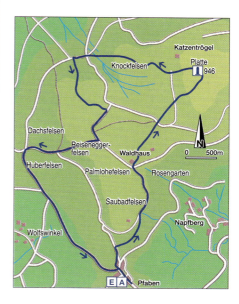

301

149 Im Steinwald des Fichtelgebirges

Dieser Felsen wird »Zipfeltanne« genannt.

waldes steht seit 1971 der 24 m hohe **Oberpfalzturm**. Er ist aus mächtigen Fichtenstämmen errichtet, um die eine Holztreppe herumführt. Seine Plattform ist der Aussichtspunkt des Steinwaldes schlechthin: nach allen Richtungen kann der Blick frei über die endlosen Wälder schweifen.
Von der Steinwälder Platte wandern wir genau westwärts und erreichen nach etwa 1 km den **Knockfelsen**. Haben wir ihn genug bewundert, bummeln wir noch einmal 1 km nach Westen, queren dabei eine Wegespinne geradeaus und biegen beim nächsten Querweg links ab (nach Süden), um zum **Reiseneggerfelsen** zu kommen. Von ihm aus wandern wir erneut rund 1 km nach Westen bis zum **Huberfelsen**. Hier treffen wir auf einen Forstweg, den Unteren Säubadweg, dem wir südostwärts zurück bis nach Pfaben folgen.

Informationen zur Tour

 Ausgangsort
Pfaben im Norden von Erbendorf

 Anfahrt
Über die B 299 bis Erbendorf und die Landstraße bis Pfaben

 Zielort
Wie Ausgangsort

 Einkehrmöglichkeit
In Pfaben

 Unterkunft
In Erbendorf

 Auskunft
92681 Erbendorf, Verkehrsamt, Tel. 0 96 82/92 10 22

 Karte
Topographische Karte 1:50 000, L 6138 Erbendorf

150 Fichtelberger Quellenweg

Tourenlänge
11 km

Durchschnittliche Gehzeit
3 Std.

Etappen
Besucherbergwerk Gleißinger Fels – Ochsenkopf 1½ Std. – Fichtelberg 1½ Std.

Steigung
300 m

Eignung für Kinder
Ab 7 Jahren

Interessantes am Weg
Besucherbergwerk Gleißinger Fels, Asenturm auf dem Ochsenkopf, Weißmainquelle, Fichtelnaabquelle

Wegcharakter
Der Anstieg zum Ochsenkopf ist befestigte Forststraße, der Abstieg teils Forststraße, teils Wandersteig

Wegmarkierung
Besucherbergwerk – Ochsenkopf Wegweiser; Ochsenkopf – Weißmainquelle schwarzes M auf gelbem Grund; Weißmainquelle – Fichtelnaabquelle schwarzes Q auf gelbem Grund

Günstigste Jahreszeit
Frühjahr bis Herbst

Der 1024 m hohe **Ochsenkopf** ist die zweithöchste Erhebung des Fichtelgebirges und ein Quellenberg besonderer Art. An seinen Hängen sprudeln unzählige größere und kleinere Quellen. Rund um den Ochsenkopf entstanden im 14. Jh. eine große Zahl von Bergwerken zur Zinn- und Eisenerzgewinnung. Zu den ältesten und bedeutendsten gehörte die Grube »Gottesgab im Gleissenfels am Viechtelberg«, die heute als »historisches Besucherbergwerk« besichtigt werden kann. Nutzen Sie die Chance, in historischer Bergmannskluft und ausgestattet mit einer Grubenlampe unter sachkundiger Führung in die Tiefen des Ochsenkopfmassives vorzudringen. Vom Besucherbergwerk aus folgen wir der Forststraße hinauf zum Ochsenkopf. Nach etwa 2,5 km erreichen wir die Quelle der **Warmen Steinach** und nach weiteren 1,5 km den Gipfel des **Ochsenkopfes**. Bis gegen Ende des 15. Jh. hieß der Ochsenkopf noch Fichtelberg, erst 1491 taucht der Name Ochsenkopf in Urkunden auf. Er wurde vom gleichnamigen Bergwerk, dessen Schacht in der Nähe in den Stein getrieben worden war, auf den Berg übertragen. Wahrzeichen des Ochsenkopfes ist zweifellos der 177 m hohe Fernsehturm. Neben diesem Riesenturm steht als vergleichsweise winziges Türmchen der 1922 erbaute Asenturm. Von seiner Aussichtsplattform aus bietet sich eine großartige Panoramasicht über das Fichtelgebirge. Vom Gipfel des Ochsenkopfes wandern wir ostwärts hinunter zu der mit dem Zollernwappen gekrönten **Weißmainquelle**. Von hier aus könnte man 542 km weit dem Main entlangwandern bis zu seiner Mündung in den Rhein. Nächstes Ziel im Südosten und nur wenig tiefer ist in 867 m Höhe die **Fichtelnaabquelle**. Mit Heidenaab und Waldnaab vereinigt, fließt die

150 Fichtelberger Quellenweg

Naab oberhalb von Regensburg der Donau zu. Von der Fichtelnaabquelle folgen wir dem Forstweg südsüdostwärts hinunter zum Fichtelberger Ortsteil Neubau. Dort wenden wir uns nach rechts (Westen) und bummeln vollends zurück zum Ausgangspunkt beim Besucherbergwerk **Gleißinger Fels**

Informationen zur Tour

 Ausgangsort
Fichtelberg am Südostfuß des Ochsenkopfes

 Anfahrt
Über die B 303, Ausfahrt Fichtelberg

 Zielort
Wie Ausgangsort

 Einkehrmöglichkeit
Auf dem Ochsenkopf

 Unterkunft
In Fichtelberg

 Auskunft
95686 Fichtelberg, Verkehrsamt, Tel. 0 92 72/9 70 33

 Karte
Topographische Karte 1:50 000, L 5936 Münchberg

Uneingeschränkte Sicht bietet sich vom Ochsenkopf

151 Von Kappel bis Tirschenreuth

Tourenlänge
24 km

Zeitbedarf
6 Stunden

Etappen
Kappel – Waldsassen – Kondrau – Leonberg – Tirschenreuth

Steigung
Wenig

Eignung für Kinder
Ab 10 Jahren

Interessantes am Weg
Barockkirche in Kappel, Basilika in Waldsassen, Tirschenreuth

Wegcharakter
Feld- und Waldwege, Nebenstraßen

Wegmarkierung
Gelb-weiße Tafeln

Günstigste Jahreszeit
April bis Oktober

Ganz im Zeichen des Barock steht der nördlichste Abschnitt des **Oberpfalzweges**. Die Tour beginnt in **Kappel** nördlich von Tirschenreuth. Die Dreifaltigkeitskirche wurde zwischen 1685 und 1689 vom berühmten Baumeister Georg Dientzenhofer erschaffen. Das stattliche Kirchengebäude zählt zu den bedeutendsten Rundbauten des Barocks in Mitteleuropa. Von Kappel orientiert sich der Weg in Richtung Süden, durchquert ein Waldstück, streift die **Waldkapelle St. Josef** und nähert sich dann der Ortschaft **Waldsassen**. Auch hier waren bedeutende Baumeister am Werk. Die Basilika ist eine der glanzvollsten Barockkirchen Deutschlands, wurde Ende des 17. Jahrhunderts erbaut und ersetzte eine romanische Basilika aus dem 12. Jahrhundert. Prachtvoll auch das Kirchenschiff mit reichlich weißem Marmor, dem Chorgestühl von Martin Hirsch und Kuppelgemälden von Johann Jakob Steinfels. Seine beeindruckende Geschichte verdankt Waldsassen den Zisterziensern, die schon im Jahr 1133 das erste Kloster an dieser Stelle gründeten. Der langen geistlichen Tradition entspringt auch der Beiname **Stiftland** für die Region um Tirschenreuth. Der Wanderweg setzt sich weiter nach Süden fort und erreicht als nächste Station die Ortschaft **Kondrau**, die vor allem wegen seiner Mineral- und Heilquellen

Die Dreifaltigkeitskirche in Kappel

151 Von Kappel bis Tirschenreuth

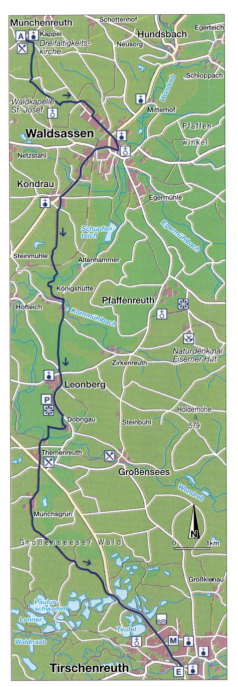

bekannt ist. Über Forkatshof kommt die Tour schließlich ins Tal der Wondreb, gelangt auf der gegenüberliegenden Talseite auf ein Hochplateau und nähert sich der Ortschaft Königshütte. Über **Leonberg**, wo es ebenfalls eine barocke Kirche zu besichtigen gibt, geht es weiter nach Dobrigau und Themenreuth. Entlang der Bahnlinie Wiesau-Tirschenreuth landet der Weg schließlich in **Tirschenreuth**. Die Kreisstadt hat einige bemerkenswerte Bauwerke zu bieten. Zum Beispiel das Rathaus in Renaissancestil und den 1330 erbauten Klettnersturm, ein mächtiger Wachtturm, der auch als Wahrzeichen der Stadt gilt. Oder der Fischhof aus dem 12. Jahrhundert, der einst Zehenthof des Klosters Waldsassen war. Wie auch andere Orte in der Region hat Tirschenreuth eine lange Tradition bei der Prozellanherstellung. Das gilt auch für die Fischerei und zwar speziell für die Karpfenzucht. Dies läßt sich nicht nur im Fischereimuseum, sondern auch in den zahlreichen Gasthäusern nacherleben.

Informationen zur Tour

 Ausgangsort
Kappel

 Anfahrt
Über die Autobahn Regensburg-Weiden, Ausfahrt Wiesau.

 Zielort und Rückkehr
Tirschenreuth; Rückfahrmöglichkeiten mit dem Bus

 Einkehrmöglichkeiten
In Waldsassen und Tirschenreuth

 Unterkunft
Zahlreiche Möglichkeiten in Waldsassen und Tirschenreuth

 Auskunft
95643 Tirschenreuth, Verkehrsamt, Rathaus, Tel. 0 96 31/6 09 14, Fax 0 96 31/6 09 49

 Karte
Fritsch Wanderkarte 1:50 000, Nr. 54, »Steinwald – Stiftland«

Oberpfälzer Wald

152 Seenplatte bei Schwandorf

 Tourenlänge
20 km

 Zeitbedarf
5 Stunden

 Etappen
Schwandorf – Charlottenhof – Rauberweiherhaus – Hohenirlach – Mitterauerbach – Altendorf

 Steigung
Wenig

 Eignung für Kinder
Ab 8 Jahren

 **Interessantes am Weg**
Marktplatz in Schwandorf, Charlottenhofer Weihergebiet

 Wegcharakter
Feldwege und Nebenstraßen

 Wegmarkierung
Grünes Viereck mit weißem diagonalen Balken

 Günstigste Jahreszeit
April bis Oktober

Die Wanderung beginnt auf dem Weinberg in **Schwandorf**, führt bergab in Richtung Fronberg und biegt dann nach rechts in einen Waldweg. An einer Kreuzung geht es links weiter, über die Autobahn weiter bis ins **Charlottenhofer Weihergebiet**. Diese Landschaft mit seinen zahlreichen kleinen Weihern und Seen ist heute Naturschutzgebiet und ein beliebtes Ausflugsziel. Hier kann man sich während der Wanderung nicht nur erfrischen, sondern mit etwas Geduld auch seltene Tiere und Pflanzen entdecken. Nach dem **Charlottenhof**, einem ehemaligen Gutshof, kommt man nach Holzhaus, wo ein Gasthaus Gelegenheit für eine Rast bietet. Nächste Station ist **Rauberweiherhaus**, ein idyllischer Weiler inmitten der Seenlandschaft.
Dann zweigt der Weg links nach Sonnenried ab und erreicht dann **Hohenirlach**, wo man im Gasthaus Holzwurm eine weitere Pause einlegen kann. Über Feld- und Waldwege geht es weiter bis nach **Wundsheim** und **Mitterauerbach**. Dort biegt man am Gasthaus Zur Linde nach links, passiert ein freies Feld und kommt schließlich an ein Waldstück, kreuzt später den Main-Donau-Wanderweg und passiert den Weiler Murglhof, von dem es nur noch ein kurzes Stück bis nach **Altendorf** ist.

Bereits im Mittelalter war es üblich, daß die Schweine aus dem Böhmischen über die Handelswege zu den Viehmärkten im nördlichen Bayern getrieben worden sind. Später im 19. und bis in die Anfänge des 20. Jahrhunderts wurden die **Sautreiberwege** für den Schmuggel genutzt. Angeblich sollen seinerzeit ganze Viehherden den illegalen Weg über die Grenze gefunden haben.
Die gesamte Strecke von Schwandorf bis Weiding ist rund 90 Kilometer lang. Die erste Etappe von Schwandorf bis nach Altendorf zählt knapp 20 Kilometer und ist vor allem wegen der Durchquerung der **Seenplatte** nordöstlich von Schwandorf sehr reizvoll.

307

152 Seenplatte bei Schwandorf

Charlottenhofer Weiher

Informationen zur Tour

 Ausgangsort
Weinberg in Schwandorf

 Anfahrt
Über die Autobahn E 50 Regensburg-Weiden, Ausfahrt Schwandorf. Bahnverbindung auf der Strecke Regensburg-Hof

 Zielort und Rückkehr
Altendorf; zurück gegebenenfalls per Abholung oder am nächsten Tag auf dem gleichen Weg

Einkehrmöglichkeiten
Gasthaus Holzwurm in Hohenirlach, Gasthaus Schiesl in Altendorf

Unterkunft
Hotels und Pensionen in Schwandorf, Gasthaus Schiesl (Tel. 0 96 75/2 55) und Gasthaus Goetz (Tel. 0 96 75/2 15) in Altendorf. Einige Häuser bieten »Wandern ohne Gepäck«, also einen organisierten Gepäcktransport, an. Auskünfte dazu gibt das Tourismusreferat beim Landratsamt Schwandorf

 Auskunft
92421 Schwandorf, Landratsamt, Tourismusreferat, Wackersdorfer Str. 80, Tel. 0 94 31/47 13 45, Fax 0 94 31/47 14 44

 Karte
Eine topographische Wanderkarte sowie ausführliche Tourenbeschreibungen gibt es beim Landratsamt Schwandorf

Oberpfälzer Wald

153 Bierweg nach Burglengenfeld

Tourenlänge
22 km

Zeitbedarf
5 Stunden

Etappen
Schwandorf – Kreuzberg – Naabeck – Münchshofen – Burglengenfeld

Steigung
Keine größeren Steigungen

Eignung für Kinder
Ab 10 Jahren

Interessantes am Weg
Schwandorf, Wallfahrtskirche auf dem Kreuzberg, Burglengenfeld

Wegcharakter
Kleinere Straßen, Feld- und Waldwege

Wegmarkierung
Oranges Viereck

Günstigste Jahreszeit
April bis Oktober

Der gesamte **Bierwanderweg** von Schwarzenfeld bis Nittenau und wieder zurück mißt knapp 100 Kilometer. Diese Etappe von **Schwandorf** bis nach **Burglengenfeld** ist mit seinen 22 Kilometern gerade recht für eine Tagestour, spielen doch kleine Privatbrauereien und Gasthöfe keine ganz unwichtige Rolle.
Als Ausgangspunkt empfiehlt sich der Marktplatz in **Schwandorf** mit der Stadtpfarrkirche St. Jakob aus dem 15. Jahrhundert. Unübersehbar ist auch die doppeltürmige **Wallfahrtskirche** auf dem Kreuzberg. Der Bierwanderweg folgt der Wackersdorfer Straße in Richtung Osten bis zum Landratsamt, nimmt dann die Schwimmbadstraße und die Steinberger Straße, biegt in einen Feldweg ein und orientiert sich an der Bahnlinie Regensburg-Hof in Richtung Süden. Erste Station ist der

Vorort Büchelkühn, von dem es weiter nach **Naabeck** geht, auf dessen Anhöhe die Schloßbrauerei steht. In direkter Nachbarschaft befindet sich ein alter Gasthof, ideal für eine Rast. Weiter in Richtung Süden geht es dann durch die Schwabstraße bis nach **Spielberg**. Nach einem Waldstück erreicht man den ungewöhnlichen *Hohlweg*, auf dem früher der Sandstein transportiert worden ist. Über die Orte Pistlwies und Oberhof kommt man schließlich nach **Münchshofen**, dessen herausragende Sehenswürdigkeit das *Renaissanceschloß* aus dem 16. Jahrhundert ist. An der Naab entlang wandert man weiter bis nach Premberg. Über die Jurahöhe gelangt man schließlich ins Köblitztal und später zum Malerwinkl. Von dort erkennt man bereits die **Burg**

309

153 Bierweg nach Burglengenfeld

von Burglengenfeld. Nach einem Waldweg geht es vorbei am Familienerholungsheim Köblitzplatte und schließlich entlang der Straße weiter bis nach **Burglengenfeld**. Hier sollte man es nicht versäumen, neben der **Altstadt** mit dem alten Rathaus, der Burg aus dem 12. Jahrhundert noch die historischen **Bierkeller** an der Naab zu besichtigen – und sich dem Kulturgut Gerstensaft eventuell auch praktisch annähern.

Informationen zur Tour

Ausgangsort
Schwandorf

Anfahrt
Von Regensburg über die Autobahn E 50, Ausfahrt Schwandorf. Bahnverbindung Hof – Regensburg

Zielort und Rückkehr
Burglengenfeld; Rückfahrmöglichkeiten mit dem Bus

Einkehrmöglichkeiten
Zahlreiche Gasthöfe in Schwandorf und Burglengenfeld. Unterwegs im Brauereigasthof in Naabeck

Unterkunft
In Schwandorf und Burglengenfeld. Einige Häuser bieten »Wandern ohne Gepäck« an. Auskünfte hierzu erteilt das Tourismusreferat Schwandorf

Auskunft
92421 Schwandorf, Landratsamt, Tourismusreferat, Wackersdorfer Str. 80, Tel. 0 94 31/47 13 45, Fax 0 94 31/47 14 44

Karte
Eine topographische Wanderkarte sowie ausführliche Tourenbeschreibungen erhält man beim Tourismusreferat in Schwandorf

Marktplatz Schwandorf

154 Auf dem Oberpfalzweg zur Burg Falkenstein

Tourenlänge
28 km

Zeitbedarf
6 Stunden

Etappen
Nittenau – Reichenbach – Walderbach – Krottenthal – Lobenstein – Marienstein – Falkenstein

Steigung
Geringe Steigungen

Eignung für Kinder
Ab 8 Jahren

Interessantes am Weg
Klosterkirche Walderbach mit Kreisheimatmuseum, Benediktinerkirche Reichenbach, Burg Falkenstein mit Jagdmuseum

Wegcharakter
Vor allem Feld- und Waldwege, Nebenstraßen

Wegmarkierung
Gelb-weiße Tafeln

Günstigste Jahreszeit
April bis Oktober

Sanfte Hügellandschaften, urwüchsige Bauerndörfer und stattliche Kirchen prägen die Wanderung von Nittenau zur Burg Falkenstein am Südrand des Oberpfälzer Waldes. Eine relativ lange Tour, die ein Teilstück des Oberpfalzwegs ist und die sich jedoch wegen der geringen Steigungen bequem in einem Tag absolvieren läßt. Der Ausgangsort **Nittenau** ist vor allem bei Anglern sehr beliebt. Wenn man sich im Stadtmuseum den 2,70 Meter langen Waller ansieht, weiß man auch warum. Bekannt ist der Ort auch wegen seiner sommerlichen **Fest-**

spiele, die den eigenwilligen Namen »Geisterwanderung« tragen. Der Weg beginnt am Freizeitpark in Nittenau, begleitet das linke Regenufer bis nach **Reichenbach** und der Benediktinerkirche aus dem 12. Jahrhundert. Nächste Station ist die von weitem sichtbare Klosterkirche in **Walderbach**. Zu dem ehemaligen Zisterzienserkloster gehört übrigens auch ein Kreisheimatmuseum sowie eine Klostergaststätte. Entlang des Perlenbachs erreicht der Weg den Weiler **Krottenthal** und nach einem kurzen Anstieg die Burgruine **Lobenstein**. Über die Ortschaft Zell führt die Wanderung zu dem Flecken **Marienstein**, an dem sich in vorchristlicher Zeit eine Kultstätte befand. Zwischen Marienstein und dem Etappenziel Falkenstein liegt nur noch der **Lauberberg**, ein sanfter Höhenrücken, der heute unter Naturschutz steht. Falkenstein ist nun nicht mehr zu verfehlen. Von weitem kann man sich an dem Burgturm orientieren, der die Spitze eines bewaldeten Hügels markiert. Nach einem kurzen steilen Anstieg ist die **Burg Falkenstein** erreicht. Eine längere Pause lohnt sich hier nicht nur wegen des Gasthauses, in dem man sich auch ein mittelal-

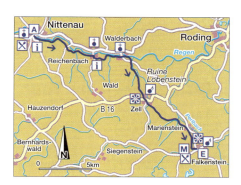

311

154 Auf dem Oberpfalzweg zur Burg Falkenstein

Burg Falkenstein

terliches Rittermahl gönnen kann. Auf der Burg, die von einem großen Natur- und Felsenpark, einem der größten in ganz Bayern, umgeben ist, befindet sich auch ein stattliches Jagdmuseum. Zwischen Mitte Juni und Anfang Mai finden im Burghof übrigens die Falkensteiner **Burghof-Festspiele** statt. Die Burg Falkenstein ist auch regelmäßig Schauplatz von Konzerten.

Informationen zur Tour

Ausgangsort
Freizeitpark in Nittenau

Anfahrt
Von Regensburg entlang des Regens oder über die B 16

Zielort und Rückkehr
Burg Falkenstein; zurück gegebenenfalls mit dem Bus über Roding

Einkehrmöglichkeiten
Zahlreiche Gasthöfe in Falkenstein

Unterkunft
Hotels in Falkenstein

Öffnungszeiten
Museum Burg Falkenstein, Mittwoch, Freitag und Samstag 14–16 Uhr, Sonntag 10–17 Uhr

Auskunft
93167 Falkenstein, Verkehrsamt, Tel. 0 94 62/2 44

Karte
Fritsch Wanderkarte 1 : 50 000, Nr.63, Landkreis Regensburg

Oberpfälzer Wald

155 Das Goldland bei Oberviechtach

 Tourenlänge
14 km

 Zeitbedarf
3 Stunden

 Etappen
Oberviechtach – Gartenried – Lukahammer – Braunbeergraben – Stangenberg –Schönsee

 Steigung
Keine größeren Steigungen

 Eignung für Kinder
Ab 8 Jahren

 Interessantes am Weg
Goldwanderung an der Murach, Dr.Eisenbarth- und Heimatmuseum

 Wegcharakter
Kleinere Straßen, Feld- und Waldwege

 Wegmarkierung
Keine

 Günstigste Jahreszeit
April bis Oktober

hier am 27.3.1663 das Licht der Welt erblickte. Vom Marktplatz geht es über die Marktgasse zur Schönseer Straße. Vor der Kaserne biegt der Weg nach links und führt weiter bis zum Schießgelände. Dann geht man rechts am Schießgelände vorbei, durchquert einen Wald und kommt zum Ufer der Murach. Auf der gegenüberliegenden Uferseite nimmt der Weg ein leichte Steigung bis nach **Gartenried**. Der Weg zweigt dort nach rechts ab und kommt zur Straße nach Lukahammer. Nach 500 Metern geht es nach rechts über die Gartenmühle bis nach **Lukahammer**.
Nach dem Ort wandert man geradeaus bis zu einer Kreuzung, an der man links abbiegt und dann am Bauernhof Bauer am Schieberberg dem Weg nach Rackenthal folgt. Am Waldrand biegt der Weg nach links ab und führt durch den Wald bis zum **Braunbeergraben**. Entlang des Weges kann man schon die Schürfstellen der Goldsucher sehen. An einer Lichtung schließlich ist das Ziel erreicht. Hier am Braunbeergraben wird auch heute noch nach Gold

Das Goldland des Oberpfälzer Waldes nannte man früher die Gegend an der oberen Murach. Bis ins 14. Jahrhundert gehen die Zeugnisse der einstigen Goldgräber zurück. Im Schwemmsand der Bachläufe fanden sich zudem auch Silber und Erz. Im Volksmund nannte man die Goldgräber auch die Venezianer. Deshalb heißt dieser Wanderweg auch der **Venezianersteig**.
Von Mai bis September bietet das Verkehrsamt geführte **Goldwanderungen** an. Ob man fündig wird, dafür gibt es jedoch keine Garantie.
Diese Etappe auf dem Venezianersteig beginnt in **Oberviechtach**, dem Geburtsort des berühmten Doktors Johannes Andreas Eisenbarth, der

155 Das Goldland bei Oberviechtach

Marktplatz Oberviechtach

gegraben. Sollte man nicht fündig werden, gibt's zumindest eine Urkunde mit dem Oberviechtacher Goldwäscherdiplom. Eine halbe Stunde weiter nördlich befindet sich am **Stangenberg** das ehemalige Goldbergwerk, wo vor rund 400 Jahren nach dem edlen Metall geschürft worden ist und dessen Eingang heute noch besichtigt werden kann.
Über **Schwand** führt uns der Venezianersteig noch weiter bis nach **Schönsee**. Von dort verkehrt eine Buslinie regelmäßig zurück nach Oberviechtach.

Informationen zur Tour

 Ausgangsort
Marktplatz in Oberviechtach

 Anfahrt
Von Regensburg über die Autobahn in Richtung Weiden, Ausfahrt Nabburg

 Zielort und Rückkehr
Schönsee; Rückfahrmöglichkeit mit dem Bus

 Einkehrmöglichkeiten
Zahlreiche Gasthöfe in Oberviechtach und Schönsee

 Unterkunft
Hotels und Pensionen in Oberviechtach

 Auskunft
92526 Oberviechtach, Verkehrsamt, Nabburger Straße 2, Tel. 0 96 71/3 07 16, Fax 0 96 71/3 07 19

 Karte
Wanderkarte vom Tourismusreferat Schwandorf (siehe Tour 153)

156 Der Pandurensteig nach Cham

Tourenlänge
20 km

Zeitbedarf
5 Stunden

Etappen
Waldmünchen – Herzogau – Lengau – Kolmberg – Luitpoldhöhe – Cham

Steigung
Hügelig

Eignung für Kinder
Ab 8 Jahren

Interessantes am Weg
Oberpfälzer Handwerksmuseum in Rötz bei Waldmünchen; Erlebnisbad Aquafit in Waldmünchen (Montag geschlossen)

Wegcharakter
Vor allem Feld- und Waldwege, zum Teil auch Nebenstraßen

Wegmarkierung
W 12

Günstigste Jahreszeit
April bis Oktober

Glaubt man der Überlieferung, dann waren die Panduren recht wilde Burschen. Im 18. Jahrhundert machten die wilden Reiter aus Ungarn auch die Gegend um Waldmünchen unsicher. Der berühmteste von ihnen war Franz Freiherr von der Trenck, an den nicht nur die alljährlichen Festspiele in Waldmünchen erinnern.

Der **Pandurensteig** etwa beginnt hier am Marktplatz von **Waldmünchen** und durchquert die Hügellandschaft bis nach Cham. Die rund 20 Kilometer lange Wanderung eignet sich für einen gemütlichen Tagesausflug. Für den Rückweg bieten sich öffentliche Verkehrsmittel an. Nach dem Marktplatz geht der Weg über die Hammerstraße zum Krankenhaus von Waldmünchen und führt über die Herzogauer Allee nach **Herzogau**. Nach der Brauerei Voithenberg und der Polizeischule erreicht man den Weiler **Lengau** unterhalb des 824 Meter messenden **Hohen Steins**. Weiter geht es über Machtesberg auf dem Wanderweg W 12 bis zum Gasthof Roßhof. Nach einer kurzen Passage auf der Straße geht es links in die Forststraße über Kühnried, Häuslarn, Habersdorf nach **Kolmberg**. Hier führt der Weg über die Stockerlgasse

Marktplatz Waldmünchen

156 Der Pandurensteig nach Cham

und die Schmiedgasse nach Geigen und Zifling. In Brennet folgt man dem Ziflinger und dann dem Wilmeringer Weg bis zur **Luitpoldhöhe**, die sich wegen der Aussichtslage und des Gasthofes für eine Rast gut eignet. Weiter geht es dann über den Kalvarienberg bis zum Stadtrand von Cham. Über die Schleinkoferstraße, durch den Stadtpark, die Forstamtstraße und den Meranweg kommt man ins Zentrum von **Cham**. Dies ist übrigens nur die erste Etappe des Pandurensteigs. Der gesamte Weg von Waldmünchen bis nach Passau mißt 180 Kilometer. Doch dafür muß man schon die Kondition eines Panduren haben. Bleibt nur noch der Besuch der Historischen Freilichtfestspiele in Waldmünchen zu empfehlen (Karten beim Verkehrsamt).

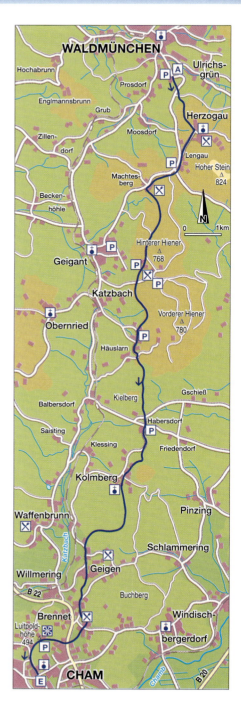

Informationen zur Tour

 Ausgangsort
Marktplatz in Waldmünchen

 Anfahrt
Von Regensburg über die Autobahn in Richtung Weiden, Ausfahrt Teublitz. Bahnverbindung nach Waldmünchen

 Zielort und Rückkehr
Stadtzentrum von Cham; Rückkehr mit Bus oder Bahn

 Einkehrmöglichkeiten
Zahlreiche Gasthöfe in Waldmünchen und Cham

 Unterkunft
Hotels und Pensionen in Waldmünchen und Cham

 Öffnungszeiten
Oberpfälzer Handwerksmuseum in Rötz: 29.3. bis 26.10. von 10–12 Uhr, 13.30–17 Uhr (Montag geschlossen); Aquafit, Waldmünchen, 13–20 Uhr, Samstag ab 11 Uhr, Sonntag ab 9 Uhr, Montag geschlossen

 Auskunft
93449 Waldmünchen, Tourismusbüro, Tel. 0 99 72/ 3 07 25, Fax 0 99 72/3 07 40

Karte
Kompass Wanderkarte, 1:50 000, Nr. 194, Südlicher Oberpfälzer Wald

Oberpfälzer Wald

157 Die Burgen an der Waldnaab

Tourenlänge
16 km

Zeitbedarf
4 Stunden

Etappen
Burg Falkenberg – Waldnaabtal – Johannisthal – Windischeschenbach – Burg Neuhaus

Steigung
Wenig

Eignung für Kinder
Ab 6 Jahren

Interessantes am Weg
Burg Falkenberg, Naturschutzgebiet Waldnaabtal, Burg Neuhaus mit Heimatmuseum

Wegcharakter
Vor allem Feld- und Waldwege, Nebenstraßen

Wegmarkierung
Gelb-blaue Tafeln

Günstigste Jahreszeit
April bis Oktober

Ausgangspunkt ist die **Burg Falkenberg**. Vom Geschlecht der Falkenberger im 11. Jahrhundert errichtet, kam sie später in den Besitz der Landgrafen von Leuchtenberg. 1930 wurde das Bauwerk von dem ehemaligen Botschafter Graf von der Schulenburg erworben, der sie auch restaurieren ließ. Der Weg in Richtung Windischeschenbach führt in das Naturschutzgebiet **Waldnaabtal** und wird von wuchtigen Granitfelsformationen begleitet. Die Blockhütte im Waldnaabtal empfiehlt sich als Raststation. Weiter geht es vorbei am Exerzitienhaus **Johannisthal**, dann bis zum Zusammenfluß von Waldnaab und Fichtelnaab und schließlich nach **Windischeschenbach** und Neuhaus. Dort lohnt ein Besuch der **Burg Neuhaus**, in der sich ein Heimatmuseum befindet. Die Burg selbst stammt aus dem 13. Jahrhundert. Deren Bergfried wird wegen seiner eigenwilligen Form von den Einheimischen **Butterfaß** genannt. Windischeschenbach ist übrigens auch aufgrund seiner Porzellanherstellung bekannt. Etwas rustikaler ist eine andere Spe-

Eine Wanderung mit Tiefgang verspricht der **Oberpfälzer Burgenweg** Einerseits ist der Burgenweg, nomen est omen, mit alten Burgen gesäumt, hat also jede Menge Historie parat. Andererseits streifen wir bei Windischeschenbach eine Sehenswürdigkeit der besonderen Art. Bis zu 10 Kilometer tief wird hier in die Erde gebohrt und geforscht. Der Burgenweg ist mit seinen 180 Kilometern wohl einer längsten unter den Fernwanderwegen in der Oberpfalz. Wer mag, kann diese Tour innerhalb von 9 Tagen absolvieren und sich dabei das Gepäck von Station zu Station transportieren lassen. Diese Etappe begnügt sich mit dem Weg von Falkenberg nach Windischeschenbach, beides Orte, an denen sich stattliche alte Burgen befinden.

317

157 Die Burgen an der Waldnaab

Im Oberpfälzer Wald

zialität dieser Gegend. Das Zoiglbier, ein untergäriges Gebräu ohne Kohlensäure, hat einen leicht bitteren Geschmack. Mit einer Hausmacher-Brotzeit dürfte das auch für ausdauernde Wanderer Stärkung genug sein.

Informationen zur Tour

 Ausgangsort
Burg Falkenberg

 Anfahrt
Über die Autobahn Regensburg-Weiden, Ausfahrt Falkenberg

 Zielort und Rückkehr
Windischeschenbach; Rückkehrmöglichkeit mit dem Bus

 Einkehrmöglichkeiten
Blockhütte Muckenthal (Montags geschlossen); Gasthof Weißer Schwan in Windischeschenbach und Gasthof Zum Waldnaabtal in Neuhaus

 Unterkunft
Zahlreiche Gasthöfe in Windischeschenbach

 Öffnungszeiten
Heimatmuseum Burg Neuhaus Samstag, Sonntag und Feiertag 9–18 Uhr

 Auskunft
92670 Windischeschenbach, Tourist-Information Waldnaabtal, Hauptstr. 34, Tel. 0 96 81/40 12 40, Fax 0 96 81/40 11 00

 Karte
Fritsch Wanderkarte, 1:50 000, Nr. 55, »Naturpark Nördlicher Oberpfälzer Wald«

Bayerischer Wald

158 Auf den Spuren Adalbert Stifters zum Steinernen Meer

Tourenlänge
Etwa 20 km

Zeitbedarf
5 ½ Std.

Etappen
Lackenhäuser – Witiko-Steig – Dreisessel – Hochkamm – Steinernes Meer – Witikosteig – Lackenhäuser

Steigung
Etwa 700 Höhenmeter

Eignung für Kinder
Ab 14 J.

Interessantes am Weg
Gut Rosenberg

Wegcharakter
Keine besonders steilen Wegstücke, gut ausgebaute, bzw. ausgetretene Pfade

Wegmarkierung
Grüner Pfeil auf weißem Grund, blau-weiße Markierung, gelegentlich auch rot-weiße Markierung

Günstigste Jahreszeit
Juni bis Oktober

Besondere Ausrüstung
Unbedingt festes Schuhwerk

rechts in den Wald hinein und weiter zu Hochstraße leitet, die bis zum Dreisesselparkplatz führt. Den Aufstieg über eine steile Treppe zu den drei markanten Felstürmen gleich neben dem **Dreisessel-Schutzhaus** sollte man sich wegen dem hervorragenden Ausblick über den gesamten Bayerwald nicht entgehen lassen.
Nach einer gemütlichen Rast im Biergarten vor dem Schutzhaus bietet sich ein Abstecher zu dem mit einem Geländer gesicherten **Hochstein** an – ebenfalls mit einer schönen Aussichtskan-

Eine schmale, aus Stein gehauene Treppe führt auf das exponierte Aussichtsplateau des Dreisessel-Gipfels.

Am Parkplatz hinter dem **Gut Rosenberg** leitet uns die Markierung nach rechts auf den **Witiko-Steig**, auf dem wir schon bald das von heimattreuen Böhmerwäldlern errichtete »Böhmerwald-Mahnmal« erreichen. Wir halten uns nun in nordwestlicher Richtung, passieren schräg nach links die Grenzstraße und wenige Minuten später einen Forstweg. Bei der dritten kreuzenden Forststraße folgen wir dieser für ein kurzes Stück nach links, bis die Markierung »Grüner Pfeil« nach

319

158 Auf den Spuren Adalbert Stifters zum Steinernen Meer

Romantische nebelverhangene Morgenstimmung im Bayerischen Wald

Informationen zur Tour

 Ausgangsort
Lackenhäuser/Gut Rosenberg

 Anfahrt
Busverbindungen nur werktags; mit dem Auto über Waldkirchen, Jandelsbrunn und Neureichenau bzw. von Norden und Westen über Grafenau, Freyung, Bischofsreut und Haidmühle; keine Bahnverbindung

 Zielort
Wie Ausgangsort

 Einkehrmöglichkeiten
Einige Gaststätten in Lackenhäuser, Dreisesselschutzhaus am Gipfel

 Übernachtung
In Lackenhäuser

 Auskunft
94089 Neureichenau, Verkehrsamt Neureichenau, Dreisesselstr. 8, Tel. 0 85 83/96 01 09

 Karten
Fritsch-Wanderkarte 62, Südl. Bayerischer Wald, 1:50 000

zel, die in etwa 15 Minuten Gehzeit erreicht werden kann. Sie wird im Gipfelbereich nur von zaghaften Flechten und einem Kreuz geschmückt.
Auf bekanntem Weg geht es nun am Gasthaus vorbei, ein Stück auf der Fahrstraße bergab, bevor wir nach links über den **Adalbert-Stifter-Steig** mit der blau-weißen bzw. der rot-weißen Markierung in Richtung »Steinernes Meer« wandern können (Achtung – gelegentlich tauchen auch farbige, etwas irreleitende Zahlenmarkierung auf). Nach etwa 30 Minuten erreichen wir, immer an der tschechischen Grenze entlang, das gut neun Hektar große Geröllfeld. Vom östlichen Rand des »Steinernen Meeres« geht es weiter über den Adalbert-Stifter-Steig, bis nach 20 Minuten der Witiko-Steig erreicht ist, in den wir rechts einbiegen. Auf dem gleichen Weg wie zu Beginn nähern wir uns schließlich wieder Gut Rosenberg.

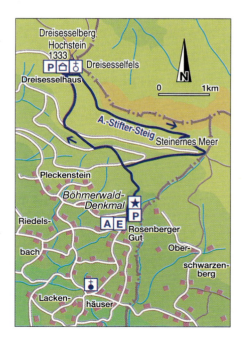

159 Erlebnistour auf den Großen Rachel

Tourenlänge
9,5 km

Zeitbedarf
4 Stunden

Etappen
Gfäll-Parkplatz – Waldschmidt-Haus – Großer Rachel – Rachelkapelle – Rachelsee – Feistenberg – Gfäll-Parkplatz

Steigung
Anfangs langsam, später steiler ansteigend zum Gipfel des Großen Rachel, in gleichem Gefälle zum Rachelsee, dann gleichmäßig abfallend bis Gfäll

Eignung für Kinder
Ab 12 Jahren

Interessantes am Weg
Fernsicht, Rachelkapelle, Urwald- und Eiszeitlehrpfad

Wegcharakter
Waldwege, meist steinig und wurzelverwachsen, einige Forstwege

Wegmarkierung
Auerhahn

Günstigste Jahreszeit
Mai bis Ende September

Besondere Ausrüstung
Festes Schuhwerk und Trittsicherheit, mitgehende Kinder sollten schon Erfahrung in steilerem Gelände haben

Ausgangspunkt unserer Wanderung auf den Großen Rachel (die mit 1452,87 Meter höchste Erhebung im Nationalpark) ist der Gfäll-Parkplatz, nördlich von Spiegelau in 950 Meter Höhe am Ende der **Schwarzachstraße**. In der Hochsaison empfiehlt sich eine frühe Anfahrt, am besten vor 8 Uhr. Der erste Teil des Anstieges, wir folgen der Markierung Auerhahn, führt uns durch steile obere Hanglagen mit Fichten- und Buchenwäldern. Mit Erreichen des Bergfichtenwaldes auf 1200 Meter Höhe wird das Gelände wieder etwas flacher. Unweit vom **Waldschmidt-Haus**, an der sogenannten Theresienruhe, bietet sich der erste lohnende Ausblick.
Nach erneut steilerem Anstieg vom Waldschmidt-Haus zum **Rachelgipfel** öffnet sich uns plötzlich der Blick nach allen Seiten: im Norden der Böhmerwald, im Nordwesten Falkenstein, Osser und Arber, im Süden der Vordere Bayerische Wald mit dem durch seinen Fernsehsender markant gewordenen Brotjacklriegel und im Südosten der kahlhäuptige Lusen und der Dreisessel im Dreiländereck Deutschland – Tschechien – Österreich.
Der Auerhahn-Weg führt uns nun zunächst wieder steil, dann flacher werdend zur **Rachelkapelle** auf 1212 Meter. Von hier bietet sich ein schöner Blick auf den **Rachelsee**, zu dem wir jetzt hinuntersteigen. Nur ein kleiner Teil des

159 Erlebnistour auf den Großen Rachel

Die Rachelkapelle über dem Rachelsee im Kerngebiet des Nationalparks

Ufers ist zugänglich, Verbotsschilder und die Anwesenheit der Nationalpark-Wacht warnen vor Mißachtung. Am Südufer münden zuerst der für Kinder interessante, mit Hinweistafeln gesäumte *Urwald-* und etwas weiter der *Eiszeitlehrpfad*

(Markierung Specht und grünes Dreieck). Hier läßt sich deutlich eine sogenannte Mittelmoräne aus der letzten Eiszeit erkennen.
Der Weg durch weniger alte Mischwaldbestände über einen felsigen Plattensteig, vorbei an der Schutzhütte **Feistenberg** auf 955 Meter, führt uns zurück zum **Gfäll-Parkplatz**.

Informationen zur Tour

 Ausgangort
Gfäll-Parkplatz bei Spiegelau

 Anfahrt
Mit dem Auto über Zwiesel oder Grafenau; per Bahn bis Bahnhof Spiegelau, Busverbindung von Zwiesel, Regen und Grafenau

 Einkehrmöglichkeit
Waldschmidt-Haus, Tel. 0 85 53/3 33, geöffnet Ende Mai bis Oktober

 Übernachtung
Zahlreiche Möglichkeiten in Spiegelau

 Auskunft
94518 Spiegelau, Verkehrsamt Spiegelau, Tel. 0 85 53/4 19

 Karte
Fritsch Wanderkarte Zwieseler Winkel 120, 1:35 000

Der Latschensee, zwischen Rachel und Falkenstein

Bayerischer Wald

160 Über den Pfahl zur Burgruine Weißenstein

Tourenlänge
8 km

Zeitbedarf
2½ Stunden

Etappen
Marktplatz Regen – Ruine Weißenstein – Matzelsried – Thurnhof – Regen

Steigung
200 Höhenmeter

Eignung für Kinder
Ab 7 Jahren

Interessantes am Weg
Niederbay. Landwirtschaftsmuseum, Ruine Weißenstein, Museum »Im fressenden Haus«

Wegcharakter
Anfangs Teerstraßen, später Feld- und Waldwege

Wegmarkierung
Weg Nr. 5, 2

Günstigste Jahreszeit
Mitte Mai bis Mitte September

Ganz in der Nähe der Kreisstadt Regen findet man die schönsten Ausläufer des »Pfahls«, eines vor 350 Millionen Jahren entstandenen, etwa 140 Kilometer langen Quarzriffs.
Wir beginnen die Tour am Marktplatz von **Regen**, halten uns in südöstlicher Richtung und überqueren zunächst die Regenbrücke, dann die Hauptstraße und folgen der Weißensteiner Straße bergan bis zur B 85, die wir ebenso queren. Weiter geht es auf einer kleinen Teerstraße leicht bergauf. Schon von hier sieht man die Ruine Weißenstein auf den bis zu 30 Meter hohen Quarzfelsen des Pfahls. Die **Burg Weißenstein** war ursprünglich eine Schutzburg, die angeblich im 13. Jahrhundert von den Grafen von Bogen errichtet wurde. Im alten Getreidespeicher befindet sich seit 1985 das Museum »Im fressenden Haus«, das seinen Namen von den hohen Reparatur- und Erhaltungkosten des schiefwinkeligen Getreidekastens erhalten hat.

Wir steigen über die hohe Steintreppe hinunter zum Parkplatz und halten uns unterhalb der Ruine an einen langgezogenen Quarzfelsen in westlicher Richtung bis zum **Kreuzfelsen**. Danach wechseln wir auf die andere Seite des Quarzriegels und steigen auf dem Pfahl an nach **Weißenstein**. Vom Gästehaus aus geht es auf der Straße etwa 50 Meter westwärts, vor

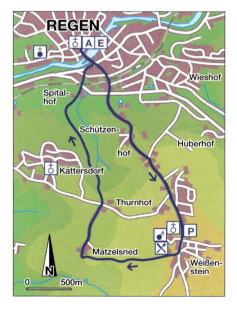

160 Über den Pfahl zur Burgruine Weißenstein

Die Turmruine der ehemaligen Schutzburg Weißenstein thront auf dem bis zu 30 Meter hohen Quarzfelsen.

Entsprechend der blau-weißen Markierung oder dem Weg Nr. 2 geht es abwärts, vorbei an Kattersdorf und Spitalhof, durch eine Unterführung und weiter durch eine Gasse vorbei an der ehemaligen evangelischen Spitalkirche zum Heiligen Geist. Von hier sind es noch etwa 5 Minuten zum Marktplatz von **Regen**.

Informationen zur Tour

 Ausgangsort
Regen

 Anfahrt
Mit dem Auto über die B 11 aus Zwiesel oder die B 85 von Rinchnach

 Einkehrmöglichkeit
Burggasthof Weißenstein, Tel. 0 99 21/22 59 (dienstags Ruhetag)

 Übernachtung
Zahlreiche Möglichkeiten in Regen

 Öffnungszeiten
Niederbayerisches Landwirtschaftsmuseum, ganzjährig von 10 – 17 Uhr; Aussichtsturm Ruine Weißenstein, täglich 10 – 12 Uhr und 13 – 17 Uhr; Museum Mitte Mai bis Mitte September, täglich 10 – 12 Uhr und 13 – 17 Uhr, Auskünfte Tel. 0 99 21/51 06

 Auskunft
94209 Regen, Verkehrsamt Haus des Gastes, Schulgasse 2, Tel. 0 99 21/29 29

Karte
Fritsch Wanderkarte Zwieseler Winkel 120, 1:35 000

Auf dem Weg zur Turmruine

einem Stadel rechts in einen Feldweg und an der nächsten Weggabelung wieder rechts. So gelangen wir zunächst nach **Matzelsried**. Ein Fahrweg leitet uns nun nach rechts zum Weiler **Thurnhof**, wo wir die Straße überqueren und uns sofort leicht links halten. Hier beginnt ein Wiesenweg, der uns vorbei an einer stattlichen Tanne mit Rastbank schließlich in den Wald führt.

324

161 Vom Arberseehaus zum Großen Arber

Tourenlänge
8 km

Zeitbedarf
3½ – 4 Stunden

Etappen
Arberseehaus – Arberschutzhaus – Stallriegel – Arberseehaus

Steigung
550 Höhenmeter

Eignung für Kinder
Ab 8 Jahren

Interessantes am Weg
Märchenpark, Geigenbachfall

Wegcharakter
Breitere Wald- und Wanderwege, teils Forststraßen

Wegmarkierung
9, 2 B

Günstigste Jahreszeit
Mai bis Oktober

Viele Wege führen zum 1456 Meter hohen Großen Arber. Wir haben den leichtesten gewählt, da er uns vom tiefblauen Arbersee, dem gern besuchten Gasthaus und dem Märchenpark durch eine nahezu unberührte Landschaft auf den König des Bayerischen Waldes leitet. Zunächst überqueren wir den Seeabfluß **Geigenbach**, dann geht es mit den Markierungen 9 und 2 B in den Wald hinein und leicht bergan. Bald kreuzen wir einen Holzabfuhrweg, steigen weiter zu einem Forstweg hinauf, dem wir rechts bis zum Beginn des Weges Nr. 5 durch die **Arberseewand** folgen. Nach etwa einer guten Stunde durch den dichten Hangwald ist die Kammhöhe erreicht.

Wir wenden uns nun an der nächsten Wegkreuzung nach rechts. In nördlicher Richtung geht es weiter, bis wir uns schließlich in einem steileren Anstieg dem Gipfel nähern. Mit dem Sessellift hätte der Aufstieg gerade 12 Minuten gedauert. Einen Abstecher lohnt der nach rechts führende Weg zum **Kleinen Seeriegel** mit einer schönen Kapelle. In nördlicher Richtung gehen wir weiter, passieren den rechter Hand liegenden Richard-Wagner-Kopf, auch Bodenmaiser Riegel genannt, und erreichen so den kahlen Gipfel des **Großen Arber**, den nicht nur an Wochenenden zahlreiche Besucher bevölkern, sondern besonders auch an manchen Feiertagen Tausende für einen Besuch der Bergmesse aufsuchen.

Das **Arberschutzhaus** bietet Möglichkeit zur Rast, bevor wir den rechts vor dem Haus beginnenden Abstieg mit der Markierung eines weiß-grünen Dreiecks antreten. In etwa 30 Minuten

Der Große Arbersee – vor allem wochentags eine Idylle

161 Vom Arberseehaus zum Großen Arber

Mit der Aufstiegshilfe Sessellift ist der Große Arber in 12 Minuten erreicht.

erreichen wir so auf dem steinigen Pfad die Hinweistafel zum **Geigenbachfall**. Wir halten uns rechts, denn unser Weg verläuft nun entlang des wildschäumenden Baches abwärts, bis wir eine Markierung mit rotem Punkt erreichen. Hier zweigen wir nun links ab und folgen der Markierung über einen Holzbohlensteig zurück zum **Großen Arbersee**, einem etwa 4,5 Hektar großen, eiszeitlichen Gewässer, das mit Bademöglichkeiten und einem Ruder- und Tretbootverleih aufwartet.

Informationen zur Tour

 Ausgangsort
Arberseehaus

Anfahrt
Mit dem Auto auf der B 11 über Regenhütte oder Bayerisch Eisenstein; Bahnverbindung bis Bayerisch Eisenstein; tägliche Busverbindungen über Zwiesel, Bodenmais oder Bayerisch Eisenstein

 Zielort
Wie Ausgangsort

 Einkehrmöglichkeit
Arberschutzhaus, Tel. 0 99 25/2 42

 Übernachtung
Siehe Einkehrmöglichkeit sowie zahlreiche Möglichkeiten in Bayerisch Eisenstein und Bodenmais

 Öffnungszeiten
Märchenpark am Arbersee, geöffnet Mai bis Oktober von 9–17 Uhr, Tel. 0 99 24/18 39

 Auskunft
94252 Bayerisch Eisenstein, Verkehrsamt, Tel. 0 99 25/3 27

 Karte
Fritsch Wanderkarte Zwieseler Winkel 120, 1:35 000

162 Rund um den Pröller

Tourenlänge
10 km

Zeitbedarf
3 Stunden

Etappen
Sankt Englmar – Pröllerhof – Gasthof Hinterwies – Sankt Englmar

Steigung
Keine nennenswerten Höhenunterschiede

Eignung für Kinder
Ab 8 Jahren

Interessantes am Weg
Eine Superrutschbahn im Kurpark, Verkehrskindergarten mit einer Spiel-Diesellok

Wegcharakter
Vor allem Feldwege und Forststraßen im Wald

Wegmarkierung
Weg Nr. 4

Günstigste Jahreszeit
Ganzjährig

Als Startplatz empfiehlt sich das Dorfzentrum von **St. Englmar** bei der Kirche. Der Weg Nummer 4 führt links hoch und in einem Rechtsschwenk an die Hauptstraße. Beim Parkplatz noch etwa 150 Meter links, bis wir rechts abbiegen und der Beschilderung in Richtung Ahornwies folgen. Nach wenigen Minuten kommen wir an einem Kruzifix vorbei, das neben einigen Totenbretter steht – ein in dieser Gegend weit verbreitetes Brauchtum: Früher wurden auf diesen Brettern die Toten zunächst im Haus aufgebahrt und dann zum Friedhof getragen, wo sie vom Brett in die Grabgrube rutschten. Die Bretter wurden anschlie-ßend in ganzen Gruppen an Wegrändern oder am Ortsrand aufgestellt.

Wir gehen den gemütlichen Weg weiter, biegen rechts ab und wechseln auf einen steinigen Weg, der an einer Lichtung den alten **Pröllerhof** erreicht. Ein einfaches altes Bauernhaus, von dem es eine merkwürdige Geschichte gibt. Dort soll einst ein Bauer gelebt haben, der mit seiner Frau 50 Jahre lang kein Wort geredet hat, bis eines Nachts zu Weihnachten ihm das Reden eingegeben worden sei.

Ein Stück später kommen wir an die **Pröllertanne**, die, so sagt die Tafel, wenigstens 32 Me-

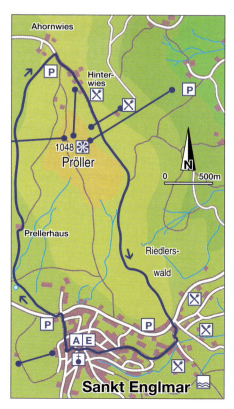

162 Rund um den Pröller

Ausblick vom Pröller auf die Umgebung von St. Englmar

ter hoch und nach einem Blitzschlag im Juni 1993 arg beschädigt worden sei. Weiter geht der Weg über eine Lifttrasse bis **Ahornwies**. Hier ist die Halbzeit, und unser Rundweg führt uns auf der anderen Seite des Pröllers zurück. Nur ein kurzes Stück weiter finden wir auf der breiten Forststraße beim Berggasthof Hinterwies oder kurz darauf beim Gasthof Hochpröller Gelegenheit zur Einkehr.

Ein abwechslungsreicher, wenig anstrengender Waldweg führt uns zurück und entläßt uns an der Hauptstraße auf 901 Meter Höhe in die Betriebsamkeit des Ortsteils **Predigtstuhl**. Quert man die Straße geradeaus in das belebte Viertel, trifft man wieder ein Hinweisschild für den Weg Nummer 4 und geht steil bergab. Der Wegweiser in Richtung Post kommt dann direkt unterhalb des Kirchturms an. Ein schattiger Biergarten, der auch einen schönen Kinderspielplatz hat, ist nur noch wenige Schritte entfernt.

Informationen zur Tour

 Ausgangsort
Zentrum von Sankt Englmar

 Anfahrt
Sankt Englmar ist bequem über die Straße von Straubing nach Viechtach erreichbar; Busverbindung über Straubing – St. Englmar – Viechtach

 Einkehrmöglichkeit
Berggasthof Hinterwies, Gasthof Hochpröller und Gasthöfe im Ort

 Übernachtung
Zahlreiche Möglichkeiten in Sankt Englmar

 Öffnungszeiten
Verkehrskindergarten Mai bis Oktober, täglich 10 – 19 Uhr, Tel. Apart-Hotel, 0 99 65/9 81

 Auskunft
94379 Sankt Englmar, Kurverwaltung, Rathausstraße 6, Tel. 0 99 65/84 03 20

 Karte
Fritsch Wanderkarte St. Englmar 135, 1:35 000

Bayerischer Wald

163 An der Regenschleife bei Chamerau

Tourenlänge
5 km

Zeitbedarf
1½ Stunden

Etappen
Chamerau – Göttling – Satzdorfer See – Chammünster

Steigung
Keine nennenswerten Höhenunterschiede

Eignung für Kinder
Ab 6 Jahren

Interessantes am Weg
Öde Turm, Satzdorfer See

Wegmarkierung
Keine Markierung

Wegcharakter
Überwiegend flache Feldwege

Günstigste Jahreszeit
Mai bis September

Der Satzdorfer See – eine ideale Gelegenheit zum Baden und Entspannen

Eine gemütliche Wanderung entlang den Ufern des Regen zwischen Chamerau und Cham, wo der Fluß große Schleifen zieht, und eine bequeme Alternative zu anstrengenden Bergtouren, mit einem idyllischen Badesee als lohnendes Ziel.
Chamerau ist ein kleiner Ort am Südufer des Regen. Wirt starten an der Brücke neben der Kirche, wechseln auf die Südseite und biegen nach etwa 50 Metern links ab. Nach 10 Minuten entlang der Bahnlinie kommen wir an die Hauptstraße bei Roßbach. Auf der gegenüberliegenden Straßenseite gehen wir weiter in Richtung Göttling und Langwitz. Dieser Streckenabschnitt direkt an der Straße ist nicht sehr angenehm. Dafür kommen wir nach 10 Minuten nach Göttling, biegen am Ortsschild links ab, lassen linker Hand einen Bauernhof liegen und erreichen nach gut 100 Metern das Regenufer. Dieser Feldweg folgt im Prinzip dem Flußlauf, macht aber nicht jede Biegung mit. Zwischen dem büschegesäumten Ufer auf der linken und Äckern und Maisfeldern auf der rechten Seite wandern wir gemütlich

329

163 An der Regenschleife bei Chamerau

Der Regen zwischen Chamerau und Chammünster

in Richtung Cham. Links sehen wir von weitem die Reste einer alten Burg, den sogenannten Öden Turm in Chammünster. Rund 20 Minuten später erreichen wir die Unterführung der Bundesstraße, gehen geradeaus weiter und erreichen nach etwa 300 Metern die Ortschaft Satzdorf. Hier biegen wir gleich links in eine schmale Straße, die direkt zum **Satzdorfer See** führt: ein weitläufiges Freizeitgelände, ideal für eine abwechslungsreiche und erholsame Unterbrechung, zum Baden und Spielen.

Nach Chammünster, unserem Zielort, kommen wir vom Nordwestufer des Badesees über ein freies Feld. Auf der anderen Seite des Feldes überqueren wir eine kleine Brücke, biegen gleich nach links ab über eine weitere Brücke und gehen dann auf einem Feldweg geradeaus in Richtung Chammünster. Der »Öde Turm« dient als idealer Orientierungspunkt, so daß wir nach 5 Minuten die Unterführung der Bundesstraße erreichen und an der Kirche von **Chammünster** ankommen. Von dort bringt uns die Buslinie 8 zurück nach Chamerau.

Informationen zur Tour

Ausgangsort
Chamerau

Anfahrt
Chamerau liegt direkt an der B 85 zwischen Cham und der Abfahrt nach Kötzting; Busverbindung der Linie 8 mit Cham an Werktagen mehrmals täglich

Zielort und Rückkehr
Chammünster; von hier zurück nach Chamerau mit der Buslinie 8, die werktags mehrmals verkehrt

Einkehrmöglichkeit
Gasthof Zum Bäcker-Wirt in Chamerau, Berggasthof Oedenturm in Chammünster

Übernachtung
Gasthof Zum Bäcker-Wirt, Chamerau, Tel. 0 99 44/7 63, Berggasthof Oedenturm, Chammünster, Tel. 0 99 71/38 80

Auskunft
93413 Cham, Touristeninformation, Propsteistr. 46, Tel. 0 99 71/49 33

Karte
Fritsch Wanderkarte Kötztinger Land 132, 1:35 000

Bayerischer Wald

164 Auf und um den Pilgramsberg herum

Tourenlänge
4,5 km

Zeitbedarf
3 Stunden

Etappen
Hubertushof – Steinbruch – Wallfahrtskirche – Hubertushof

Steigung
Mehrere kurze Anstiege, etwa 100 m Höhenunterschied

Eignung für Kinder
Ab 8 Jahre

Interessantes am Weg
Granit-Steinbruch mit Naturlehrpfad, Wallfahrtskirche St. Ursula

Wegcharakter
Einige steilere und schmale Pfade, ansonsten flache Waldwege

Wegmarkierung
R2

Günstigste Jahreszeit
April bis November

Als Ausgangspunkt wählen wir das Hotel **Hubertushof**, das man einfach erreicht, indem man kurz vor dem Dorfzentrum rechts abbiegt und dann der Beschilderung R2 folgt. Vom Parkplatz gegenüber dem Sportzentrum nehmen wir den Neundlinger Weg nach links. Aus der kleinen Asphaltstraße wird bald ein schmaler, aber bequemer Schotterweg (Wegbeschilderung Nummer 2 und 3), der unter schattigen Laubbäumen leicht ansteigt. Wir passieren links eine Abzweigung zur Wallfahrtskirche. Nach einem kurzen freien Abschnitt erreichen wir ein verlassenes, altes Wohnhaus. Hier führt uns der Weg wieder in dichten Mischwald, und wir erreichen nach zehn Minuten eine Informationstafel, die über die Vögel im Wald und ihre »Arbeit« erzählt. Gleich danach biegen wir scharf links ab, folgen dem Weg Nummer 2 hinauf, halten uns nach 50 Metern an einer weiteren Abzweigung links und kommen an eine asphaltierte Straße. Die Nummer 2 führt uns zunächst nach links und an einer kleinen Kreuzung nach rechts. Bei einer weiteren Infotafel über die Pilze im Wald halten wir uns erneut links und kommen so nach rund zehn Minuten zum Steinbruch.
Der stillgelegte **Granit-Steinbruch** ist heute ein Naturlehrpfad. Wir durchqueren ihn, passieren den alten Munitionskeller und gelangen dann wieder auf die Asphaltstraße, in die wir nach links einbiegen. An der nächsten Gabelung wieder links und gleich darauf in eine

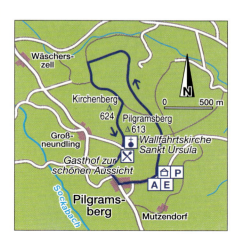

331

164 Auf und um den Pilgramsberg herum

Eine der berühmtesten Wallfahrtsstätten im Bayerischen Wald ist die Kirche der heiligen Ursula in Pilgramsberg.

Lichtung, die uns zur **Kirche der St. Ursula** leitet. Die Votivtafeln im Inneren der Kirche erzählen von den Menschen, die bei der heiligen Ursula Hoffnung gesucht haben. Nach einer kurzen Rast in der beschaulichen Gottesstätte nehmen wir den Weg in Richtung **Pilgramsberg**, der unterhalb der Kirche zunächst steil bergab geht und nach wenigen Metern am Gasthaus Zur Schönen Aussicht vorbeiführt. Auf steilen Stufen gehen wir weiter talwärts, passieren nach rund 10 Minuten eine große Wiese, durchqueren einen alten Bauernhof am Dorfrand und zweigen dann links in die Haunkenzeller Straße ein. Wenige Meter später weist uns eine Tafel den Weg zum Hotel Hubertushof, zu dem es nur noch ein kurzes Stück ist.

Informationen zur Tour

 Ausgangsort
Hotel Hubertushof in Pilgramsberg

 Anfahrt
Mit dem Auto über die B 20 Straubing – Cham, Abfahrt Ascha; Busverbindung von Straubing

 Einkehrmöglichkeiten
Gasthof Zur Schönen Aussicht

 Übernachtung
Hotel Hubertushof mit familiengerechten Apartments, Hallenbad, Kinderspielplatz. Tel. 0 99 64/4 12

 Auskunft
94375 Stallwang, Verwaltungsgemeinschaft Stallwang, Straubinger Str. 18, Tel. 0 99 64/6 40 20

 Karte
Fritsch Wanderkarte Vorderer Bayerischer Wald 57, 1:50 000

Bayerischer Wald

165 Zum Faulturm auf der Burgruine Donaustauf

Tourenlänge
6 km

Zeitbedarf
2 Stunden

Etappen
Donaustauf – Hammerschmiede – Wildgehege

Steigung
Keine nennenswerten Anstiege

Eignung für Kinder
Ab 6 Jahre

Interessantes am Weg
Burgruine, Walhalla, Wildgehege

Wegcharakter
Ruhige Seitenstraßen, Feldwege und ab der Hammerschmiede eine breite Forststraße

Wegmarkierung
Wegweiser »Grüner Pfad«

Günstigste Jahreszeit
April bis Oktober

Zu **Donaustauf** gehören eigentlich zwei Berge – oder vielleicht sollte man besser zwei größere Hügel sagen. Der bekanntere ist der, auf dem die Walhalla steht. Aber mehr zum Dorf gehört der **Burgberg**, und der ist auch nicht ohne. Vom Parkplatz in Donaustauf haben wir nur wenige Meter zur Hauptstraße und zweigen nach ein paar Schritten in Richtung Osten links in den Albertus-Magnus-Weg ab, eine steile Treppe zunächst, die später auf die Taxisstraße trifft. Hier geht es im spitzen Winkel nach links zur Burg, und rechter Hand kann man schon die Mauern des alten Burgfriedhofes sehen. Dann stößt man auf den Parkplatz, von dem zwei Wege rechts oder links nach oben zur Burg führen. Der rechte geht zunächst leicht steil bergauf, macht einen Dreh nach links und führt dann zu dem Rest eines Portals, das man über eine Holzbrücke erreicht. Etwas mehr von der Historie gibt's weiter oben: Fragmente des alten Mauerwerks samt **Faulturm** und vereinzelte Säulen. Und nicht zuletzt lohnt die Aussicht auf die Donau, auf Neutraubling mit dem modernen BMW-Werk und natürlich auf Regensburg.

333

165 Zum Faulturm auf der Burgruine Donaustauf

Gasthof Hammerschmiede am Rand des Wildgeheges von Thurn und Taxis

Zurück auf dem Parkplatz nehmen wir den Weg in Richtung **Walhalla** über die Taxisstraße, dann die Ludwig- und St. Salvatorstraße, von der wir auf die Walhallastraße kommen. Nach einem kurzen Waldstück zweigt links eine schmale Straße ab, die uns in Richtung **Hammerschmiede** bringt. Eine kaum befahrene Asphaltstraße, von der es nach einigen hundert Metern links ab in einen Feldweg geht. Der »Grüne Pfad« geht immer schön am Waldrand entlang, parallel zur belebten Hauptstraße, bis man schließlich bei **Dachsberg** wieder auf die Straße zurückkommt. Nach dem langen Fußmarsch kommt das Gasthaus Hammerschmiede mit seinem Biergarten auf der gegenüberliegenden Straßenseite für eine kurze Stärkung gerade recht. Der Weg führt am Gasthaus vorbei, streift nach dem Sägewerk den eleganten Golfclub und geht nach zwei Toren geradeaus in den Wald hinein. Rund zwei Kilometer lang leitet hier eine breite Schotterstraße durch den Forst hindurch, bis man rechts zum **Wildgehege** von Thurn und Taxis abbiegen kann.

Informationen zur Tour

 Ausgangsort
Burgruine in Donaustauf

 Anfahrt
Donaustauf ist nur wenige Kilometer von Regensburg flußabwärts entfernt und auf gut ausgebauten Straßen erreichbar; großer Parkplatz am Ortsrand

 Zielort und Rückkehr
Hammerschmiede; zurück mit dem Bus der Linie 5 im 20-Minuten-Takt

 Einkehrmöglichkeit
Gasthof Hammerschmiede

 Übernachtung
Hotels und Gasthöfe in Regensburg. Hotel Forsters in Donaustauf

 Auskunft
93093 Donaustauf, Verwaltungsgemeinschaft Donaustauf, Tel. 0 94 03/95 02 13

 Karte
Fritsch Wanderkarte, Stadt und Landkreis Regensburg 63, 1:50 000

Schwarzwald

166 Durch das Naturschutzgebiet Monbachtal

Tourenlänge
10,5 km

Durchschnittliche Gehzeit
3½ Std.

Etappen
Bad Liebenzell – Ortsrand Monakam 2 km – Monbachbrücke 2 km – Ortschaft Monbachtal 3,5 km – Ortsrand Bad Liebenzell knapp 2 km – Bahnhof Bad Liebenzell gut 1 km

Steigung
230 Hm

Eignung für Kinder
Sehr gut geeignet (ab 6 Jahren)

Wegcharakter
Überwiegend auf Waldwegen; durch Monakam und im Nagoldtal auf ruhigen Straßen bzw. Fuß- und Radweg

Interessantes am Weg
Kurort Bad Liebenzell mit Burg Liebenzell, NSG Monbachtal

Wegmarkierung
Von Bad Liebenzell bis Monakam keine Markierung, im Monbach- und Nagoldtal schwarz-rote Raute des Ostwegs; zahlreiche Wegweiser (grüne Schrift auf gelbem Grund)

Günstigste Jahreszeit
Frühjahr bis Herbst

Von Ihrem Parkplatz (Regulastraße) in **Bad Liebenzell** gehen Sie zum Kurhausdamm, überqueren die Bahnlinie und wenden sich links in die Bahnhofstraße. Nach dem Bahnhof halten Sie sich in einer Rechtskehre der Straße geradeaus auf der Schillerallee und steigen nach wenigen hundert Metern auf dem rechts abzweigenden Monakamer Kirchweg am bewaldeten Hang des Nagoldtals an. An Olgahain und einem Waldfriedhof vorbei, erreichen Sie auf der Hochfläche eine zu **Monakam** gehörende Siedlung, die Sie durchqueren. Auf der Waldstraße gehen Sie nach links auf den Luftkurort Monakam zu, biegen rechts ab in die Brunnenstraße und erreichen wenige Meter nach der Kirche – sehenswert ist der spätgotische »Monakamer Altar« – die Hauptstraße. Schräg nach rechts überqueren Sie die Straße und verlassen den Ort auf der Lindenstraße.

Ein Wirtschaftsweg führt auf das **Monbachtal** zu und am Waldrand nach links in Richtung Talausgang. Wenig später rechts in die Talsohle hinunter und weiter talabwärts über die Monbachbrücke, immer talabwärts dem felsigen Bett des Monbachs folgend. Der Weg wechselt wieder auf das andere Ufer hinüber und mündet nach einem weiten Linksbogen in die Ortschaft **Monbachtal** ein. Sie wenden sich nach links und gelangen, nur wenige Meter oberhalb der Bahn-

166 Durch das Naturschutzgebiet Monbachtal

Äußerst beliebt als Ausflugsziel für Familien: der Rastplatz im Naturschutzgebiet Monbachtal.

linie, in das zu **Bad Liebenzell** gehörende Wohngebiet Olgahain. Hier überqueren Sie Bahnlinie und Nagold und steigen zu einem Fuß- und Radweg hinunter, über den Sie entlang des Flusses zum Kurhausdamm und zu Ihrem Ausgangspunkt zurückkehren.

Informationen zur Tour

Ausgangsort
Bad Liebenzell im Nagoldtal

Anfahrt
Pkw: A 8, Stuttgart – Karlsruhe, Ausfahrt Pforzheim-Ost oder -West; durch Pforzheim und auf der B 463 in Richtung Calw nach Bad Liebenzell. **Bahn**: Station an der Linie Pforzheim – Freudenstadt.

Zielort
Wie Ausgangsort

Einkehrmöglichkeiten
Cafés und Restaurants in Bad Liebenzell, Gasthof Hirsch in Monakam

Unterkunft
Hotel Ochsen, Karlstr. 12, Tel. 0 70 52/92 00; nahe der Kirche (mittel). Hotel Adler, Wilhelmstr. 30, Tel. 0 70 52/22 26 (preiswert). Campingpark, Tel. 0 70 52/4 04-60

Öffnungszeiten
Evang. Kirche Monakam, Besichtigung April – Okt. nach Vereinbarung (Tel. 0 70 52/38 58)

Auskunft
75378 Bad Liebenzell, Kurverwaltung, Kurhausdamm 4, Tel. 0 70 52/4 08-0

Karte
TK 1:50 000, Blatt 1 (Karlsruhe, Pforzheim)

Schwarzwald

167 Zwischen Kinzig- und Schuttertal

Tourenlänge
12,5 km

Durchschnittliche Gehzeit
4 Std.

Etappen
Reichenbach – Golfplatz 2,5 km – Bruckerhof 1,5 km – Geroldseck 3 km – Burgruine Hohengeroldseck 0,5 km – Eichberg gut 3 km – Reichenbach 2 km

Steigung
510 Hm

Eignung für Kinder
Gut geeignet (ab 8 Jahren)

Wegcharakter
Insgesamt ca. 4 km auf ruhigen Sträßchen bzw. asphaltierten Fahrwegen, ansonsten auf Forst- und Waldwegen

Interessantes am Weg
Burgruine Hohengeroldseck

Wegmarkierung
Reichenbach – Geroldseck: roter Balken; Rückweg über Eichberg: blauer Balken

Günstigste Jahreszeit
Frühjahr bis Herbst

Vom Parkplatz am Friedhof von **Reichenbach** steigen Sie auf dem Kapellenweg am Westhang des Eichbergs (469 m) an, halten sich bei einer Kapelle am Waldrand geradeaus und folgen dem weiterhin ansteigenden Weg durch Wald zum Nordhang, an dem Sie in ein enges Tal absteigen. Auf dem Talsträßchen links halten und am Rand eines Golfplatzes nach rechts ansteigen. Im Wald wenden Sie sich nach rechts zum **Bruckerhof**

(Gaststätte). Auf dem Talsträßchen weiter, in den Talschluß hoch. Vor einer Linkskehre biegen Sie rechts ab auf einen Waldweg, der in mehreren Kurven zu einer großen Lichtung ansteigt, und wenden sich auf einem asphaltierten Fahrweg nach rechts. In **Geroldseck** halten Sie sich an einer Kreuzung geradeaus und steigen steil an, vorbei an einer Gaststätte, zur **Burgruine Hohengeroldseck** (524 m; Rundblick) aus dem 13. Jh.

Idyllische Stimmung am Wegesrand unterhalb von Geroldseck

167 Zwischen Kinzig- und Schuttertal

Zurück zur Kreuzung bei Geroldseck, dann links bergab. Nach wenigen hundert Metern verlassen Sie den Fahrweg nach rechts, stoßen erneut auf einen Fahrweg und folgen ihm zu einer Wegkreuzung am Fuß des Eichbergs. Hier links, kurz darauf am Rand einer Lichtung bei einer Weggabelung rechts und hinunter zum Waldrand. Am Wald entlang und weiter zwischen Wiesen und Viehweiden erreichen Sie das **Gehöft Eichberg.** Parallel zu der auf dem Talgrund verlaufenden Durchgangsstraße (B 415) führt ein asphaltierter Fahrweg bequem hangabwärts nach **Reichenbach**. Über die Burgstraße kehren Sie zu Ihrem Ausgangspunkt zurück.

Station an der Linie Freiburg – Offenburg. Stadtbus vom Bhf. in Richtung Schweighausen: Haltestelle Reichenbach-Krone

 Zielort
Wie Ausgangsort

 Einkehrmöglichkeiten
In Reichenbach mehrere Gasthäuser. Gasthaus Bruckerhof in Weiler (Do/Fr bis 17 Uhr geschl.). Burggaststätte Hohengeroldseck (Mi geschl.).

 Unterkunft
Gasthaus Linde, Gereutertalstr. 24, Tel. 0 78 21/ 71 95 (mittel). Privatzimmer u. a. Fam. Bühler, Panoramaweg 2, Tel. 0 78 21/78 68 (preiswert). Campingplatz »Ferienparadies Schwarzwälder Hof« (südlich von Reichenbach), Tel. 0 78 23/27 77

 Auskunft
Ortsverwaltung Reichenbach, Burgstr. 8a, 77933 Lahr, Tel. 0 78 21/72 22

Informationen zur Tour

 Karte
Atlasco 1:30 000, Blatt 235 (Lahr/Haslach)

 Ausgangsort
Reichenbach, Stadtteil von Lahr

 Tip
In Reichenbach historische Hammerschmiede (Schindelstr. 8/1); Mi/Sa 14 – 17, So 11 – 12 Uhr

Anfahrt
Pkw: A 5, Karlsruhe – Basel, Ausfahrt Lahr; B 415 in Richtung Biberach nach Reichenbach. **Bahn**: Lahr ist

168 Vom Kinzigtal ins Gutachtal

Tourenlänge
18 km

Durchschnittliche Gehzeit
5 ½ – 6 Std

Etappen
Hausach – Am Turm knapp 2 km – Ausgang des Kirnbachtals 2 km – Obere Ecke 3,5 km – Gutach 3,5 km – Vogtsbauernhof 4 km – Hausach (Parkplatz) 3 km

Steigung
420 Hm

Eignung für Kinder
Gut geeignet (ab 10 Jahren)

Wegcharakter
Insgesamt ca. 6 km auf Straßen und Fahrwegen, ansonsten auf Forst- und Waldwegen

Interessantes am Weg
Schwarzwaldhöfe und Freilichtmuseum Vogtsbauernhof im Gutachtal

Wegmarkierung
Hausach – Am Turm: roter Kreis; anschließend u. a. Rundweg »1« in rotem Kreis

Günstigste Jahreszeit
Frühjahr bis Herbst

Nach 2 km rechts ab in das Kirnbachtal, das in mehreren Kurven und Kehren zunächst in den Sattel Untere Ecke und weiter in den Sattel Obere Ecke hochführt. Auf der Scheitelhöhe des Bergrückens zwischen Gutach- und Kirnbachtal steigen Sie weiter an und halten sich nach 1 km rechts. Der Weg führt steil bergab zum Gutachtal, knickt an einer Schutzhütte links ab und mündet in einen Forstweg ein, der vollends in das Tal hinunterführt. Sie überqueren die Bahnlinie, halten sich in **Gutach** am Hotel-Restaurant Linde rechts und gelangen zum Ortsrand. Unmittelbar nach einer Bahnunterführung biegen Sie links ab auf einen Feldweg, der entlang der Bahnlinie verläuft – am Fuß des Talhangs stehen große Bauernhöfe. Unter den Gleisen hindurch, über die Gutach und rechts auf der verkehrsreichen B 33. Jetzt über die Gleise, links ab auf ein ruhiges Sträßchen, an einer Gabelung nach den Gleisen links und vorbei an mehreren großen Bauernhöfen, ehe Sie ab **Singersbach** entlang der Gleise zum **Freilichtmuseum Vogtsbauernhof** gelangen.

In **Hausach** gehen Sie von der Inselstraße zur Kirche an der B 294/B 33, wenden sich links, vorbei am Bahnhof, und biegen wenig später rechts ab auf eine Brücke über die Bahngleise. Auf der Wilhelm-Zangen-Straße halten Sie sich links, bei den ersten Häusern der Siedlung **Am Turm** erneut links in die Straße Im Grün und nach rechts zur Gutach. Über die Gutach und die B 33 hinweg, steigen Sie auf einigen Treppenstufen den Hang hoch und folgen einem Waldweg in stetem Auf und Ab des Kinzigtals.

168 Vom Kinzigtal ins Gutachtal

Eine der größten Attraktionen im Schwarzwald: das Freilichtmuseum Vogtsbauernhof im Gutachtal.

Weiter talabwärts erreichen Sie die Häuser von **Am Turm** und kehren auf demselben Weg wie zu Beginn nach **Hausach** zurück.

Informationen zur Tour

 Ausgangsort
Hausach im Kinzigtal

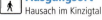 **Anfahrt**
Pkw: A 5, Karlsruhe – Basel, Ausfahrt Offenburg; B 33 über Gengenbach nach Hausach. **Bahn**: Station an der Schwarzwaldbahn Offenburg – Villingen-Schwenningen

 Zielort
Wie Ausgangsort

 Einkehrmöglichkeiten
Hausach. Am Turm. Gutach u. a. Gasthof Linde. Restaurant am Museum Vogtsbauernhof

 Unterkunft
Hotel Eiche, Wilhelm-Zangen-Str. 30, Tel. 0 78 31/ 2 29 (mittel).
Gasthaus Blume, Eisenbahnstr. 26, Tel. 0 78 31/2 86 (mittel).
Campingplatz zur Mühle in Wolfach-Kirnbach, Tel. 0 78 34/7 75

 Öffnungszeiten
Freilichtmuseum Vogtsbauernhof, 1. 4. – 1. 11. täglich 8.30 – 18 Uhr

 Auskunft
Verkehrsamt, Hauptstr. 40, 77756 Hausach, Tel. 0 78 31/7 90

 Karte
Atlasco 1:30 000, Blatt 236 (Alpirsbach/Bad Rippoldsau)

340

Schwarzwald

169 Urlaubsorte Triberg und Furtwangen

Tourenlänge
15,5 km

Durchschnittliche Gehzeit
5 Std.

Etappen
Triberg (Freibad) – Wasserfälle 0,5 km – Gasthaus Geutsche 2,5 km – Stöcklewaldturm 4 km – Furtwangen (Busbahnhof) 8,5 km

Steigung
430 Hm

Eignung für Kinder
Gut geeignet (ab 8 Jahren)

Wegcharakter
Gut 2 km auf Straßen, ansonsten auf Forst- und Waldwegen

Interessantes am Weg
Triberger Wasserfälle. Stöcklewaldturm. Uhrenmuseum in Furtwangen.

Wegmarkierung
Triberg – kurz vor Stöcklewaldturm: blaue Raute; anschließend bis Furtwangen: rote Raute (Mittelweg)

Günstigste Jahreszeit
Frühjahr bis Herbst

Die roten Raute leitet uns auf der Scheitelhöhe eines Bergrückens über die Höfe von **Vorderschützenbach** zum Südhang des Sonnenbergs (1045 m), den wir bis an den Ortsrand von **Furtwangen** hinabsteigen. Nach der ersten Wohnstraße halten Sie sich in der Sommerbergstraße rechts und gelangen nach links zum Rößleplatz hinunter. Hier geradeaus, dann links ab in die

Vom Freibad in **Triberg** steigen Sie wenige Meter am bewaldeten Talhang hoch und folgen einem Forstweg nach rechts zu den **Wasserfällen**. Über 7 Stufen stürzt das Wasser der Gutach insgesamt 163 m hinab. Zurück am Freibad, geht es über ein Sträßchen hinweg zur Straße Triberg – St. Georgen/Furtwangen. Hier rechts bergauf, am **Gasthaus Geutsche** links über **Oberliemberg** parallel zur Straße, der Sie bei der Einmündung nach links folgen bis zu einem Forstweg, der nach rechts zum **Stöcklewaldturm** (1067 m; mit Wanderheim) führt.

341

»Wiederkehr« wird das große Tor genannt, durch das die beladenen Heuwagen von der Bergseite her direkt in das Haus fahren können.

Gerwigstraße zum sehenswerten **Deutschen Uhrenmuseum**.
Der Rückweg führt schräg nach rechts über den Marktplatz in die Friedrichstraße zum Bus, der Sie nach **Triberg** zurückbringt. Vom Marktplatz in Triberg über die Hauptstraße bergauf bis zur Straßenkurve. Ein Abstecher nach rechts bringt Sie zum **Schwarzwaldmuseum** – nach links kommen Sie über die Ludwig- und Friedrichstraße zurück zu Ihrem Ausgangspunkt.

Informationen zur Tour

 Ausgangsort
Triberg

 Anfahrt
Pkw: A 81, Stuttgart – Singen, Ausfahrt Villingen-Schwenningen. **Bus**: Verbindungen von Offenburg, Villingen, Elzach und Furtwangen

 Zielort
Furtwangen

 Rückfahrt
Von Furtwangen nach Triberg; Auskunft Abfahrtszeiten: SüdbadenBus Furtwangen, Tel. 0 77 23/18 11

Einkehrmöglichkeiten
Triberg. Gasthof Geutsche (Di geschl.). Hotel-Café Geutsche (Do geschl.). Stöcklewaldturm (Do geschl.). Furtwangen

 Unterkunft
Gasthof Krone, Schulstr. 37, Tel. 0 77 22/45 24 (preiswert). Privatzimmer, u.a. Gästehaus Ingeborg, Sägedobel 20, Tel. 0 77 22/42 35 (preiswert). JH, Rohrbacher Str. 35, Tel. 0 77 22/41 10

 Öffnungszeiten
Deutsches Uhrenmuseum in Furtwangen, 1.4. – 1.11. täglich 9 – 17, 2.11. – 31.3. 10 – 17 Uhr. Schwarzwaldmuseum Triberg, 1.5. – 31.10. täglich 9 – 18 Uhr, 1.11. – 30.4. 10 – 17 Uhr, 15.11. – 15.12. nur Sa/So 10 – 17 Uhr.

 Auskunft
Kurverwaltung, 78098 Triberg, Tel. 0 77 22/95 32 30

Karte
Atlasco 1:30 000, Blatt 247 (Triberg/Elztal)

Sehenswertes in der Umgebung
In Schonach größte Kukucksuhr der Welt

Schwarzwald

170 Im Kaiserstuhl

Tourenlänge
8,5 km

Durchschnittliche Gehzeit
2 ½ – 3 Std.

Etappen
Oberrotweil – Achkarren gut 3 km – Bickensohl 3 km – Oberrotweil (Parkplatz) 2,5 km

Steigung
250 Hm

Eignung für Kinder
Gut geeignet (ab 8 Jahren)

Wegcharakter
Überwiegend auf Feldwegen und asphaltierten Weinbergwegen

Interessantes am Weg
Winzerdörfer Oberrotweil, Achkarren (Weinbaumuseum), Bickensohl. Löß-Hohlweg

Wegmarkierung
Oberrotweil – Achkarren: u. a. rote Raute auf gelbem Grund (Schwarzwald-Querweg); bis zur Straße Achkarren – Bickensohl: roter Balken; anschließend einige hundert Meter weit zur Straße Achkarren – Bickensohl: roter Punkt; bis Bickensohl: Markierung des Rundwegs »4«; Bickensohl – Oberrotweil: rotes Dreieck

Günstigste Jahreszeit
Frühjahr bis Herbst

Vom Parkplatz in der Ortsmitte des Winzerdorfs **Oberrotweil** folgen Sie der Ellenbuchstraße und steigen in einem engen Tal zunächst sanft, dann zwischen Weinbergen steiler an. Oberhalb von Achkarren folgen Sie dem querlaufenden Weg nach rechts und halten sich am Fuß des Schloßbergs links bergab nach **Achkarren**, wo Sie beim **Weinbaumuseum** auf die Ortsdurchfahrt stoßen.
Auf dieser, der Schloßbergstraße (links gehen!), durchqueren Sie nach links das Dorf bis kurz vor das Ortsende, wo Sie gegenüber der rechts abgehenden Brunnenstraße auf einem links abzweigenden Fußweg steil ansteigen bis zu einem Querweg, der nach rechts zur Straße Achkarren – Bickensohl führt. Auf ihr nach links 30 m weit, erneut links in ein Tal hinunter und parallel zur Straße talabwärts zu einer Weggabelung. Hier geht es rechts wieder zur Straße Achkarren – Bickensohl hoch und auf der anderen Straßenseite in einem tief eingeschnittenen **Hohlweg** weiter bergauf. An der ersten Gabelung rechts, nach 50 m an der zweiten links, bei der dritten auf dem breiteren Weg geradeaus zu einem Hangabsatz. Hier nach links und zwischen Weinfeldern nach **Bickensohl** absteigen.
Die Hauptstraße leitet Sie durch den Ort; am Weingut Hauser führt Sie eine Markierung durch einen ansteigenden Weinbergweg zunächst nach links talabwärts und wieder bergauf. Nach einigen hundert Metern stoßen Sie rechts auf ein Sträßchen, das nach links zum Ortsrand von **Oberrotweil** und zur Straße nach Schelingen hinunterführt.

170 Im Kaiserstuhl

Informationen zur Tour

Ausgangsort
Oberrotweil im Kaiserstuhl

Anfahrt
Pkw: A 5, Karlsruhe – Basel, Ausfahrt Riegel; über Bahlingen und Schelingen nach Oberrotweil.
Bus: Freiburg – Oberrotweil – Bischoffingen

Zielort
Wie Ausgangsort

Einkehrmöglichkeiten
In Oberrotweil und Achkarren mehrere Gaststätten. In Bickensohl Hotel-Restaurant Rebstock (Mo und Di bis 18 Uhr geschl.) und Winzerstube Engel (Mo geschl.)

Unterkunft
Mehrere Gästehäuser, u.a. Pension Reblaus, Hauptstr. 57, Tel. 0 76 62/61 62 (preiswert), an der Ortsdurchfahrt

Öffnungszeiten
Kaiserstühler Weinbaumuseum in Achkarren, Palmsonntag bis Allerheiligen Di – Fr 14 –17, Sa/So 11 –17Uhr

Auskunft
Fremdenverkehrsverein, Bahnhofstr. 43, 79235 Vogtsburg-Oberrotweil, Tel. 0 76 62/5 66 oder 4 48

Karte
Atlasco 1:30 000, Blatt 240 (Kaiserstuhl)

Um die idealen Anbaubedingungen für Wein optimal nutzen zu können, wurden die Hänge des Kaiserstuhls terrassiert.

Schwarzwald

171 Von St. Märgen nach St. Peter

Tourenlänge
16,5 km

Durchschnittliche Gehzeit
5 – 6 Std.

Etappen
St. Märgen – St. Peter (Kloster) 8 km –
Vogesenkapelle 4 km – Kapfenkapelle 2 km –
St. Märgen (Parkplatz) 2,5 km

Steigung
320 Hm

Eignung für Kinder
Bedingt geeignet (ab 9 – 10 Jahren)

Wegcharakter
Langer Abstieg in das Ibenbachtal, kürzerer Anstieg nach St. Peter; teils recht steiler Anstieg zur Vogesenkapelle; bequem über die Kapfenkapelle nach St. Märgen

Interessantes am Weg
Wallfahrtskapelle Maria Hilf in St. Märgen; Kloster in St. Peter; zwei Kapellen mit Aussichtslage; große Schwarzwaldhöfe

Wegmarkierung
St. Märgen – St. Peter: u. a. gelber Punkt; St. Peter – St. Märgen: blaue Raute

Günstigste Jahreszeit
Frühjahr bis Herbst

Vom Parkplatz am Ortsrand von **St. Märgen** gehen Sie auf einem Fußweg nach rechts zum ehemaligen **Augustinerkloster**, das im 12. Jh. als Gegenstück zum benachbarten Benediktinerkloster in St. Peter (1093) gegründet wurde. An einer Straßengabelung biegen wir links ab in die Glottertalstraße zum **Glasträgerhof**, wandern links über eine ehemalige Römerstraße am Talhang des Ibenbachs stetig bergab, gehen kurz vor dem **Hanissenhof** rechts ein und steigen steiler ab. Kurz vor der Talsohle scharf rechts, über den Ibenbach und am anderen Talhang kurzzeitig steil hoch. Über den Schafhof und der Eichwaldstraße kommen wir zum Ortsrand von **St. Peter**, und geradeaus mit dem Roten Weg zu einem Parkplatz unterhalb der Klosteranlage. Nach links auf der Zähringer Straße geht es zum ehemaligen **Benediktinerkloster** hoch.

Von der Klosterkirche kommen Sie mit dem Mühlegraben zur Talsohle, unterqueren die Durchgangsstraße St. Märgen – Glottertal und folgen dem Sträßchen nach Schmittenbach zu den Schön- und Plattenhöfen. Rechts zum **Gasthaus Panorama** und geradeaus, nun recht steil, zum Waldrand hoch. Nach rechts erreichen Sie über Waldwege zuerst die kleine **Vogesenkapelle** und auf dem Weiterweg die **Kapfenkapelle**.

Leicht bergab auf der Scheitelhöhe eines Bergrückens führt der Weg, vorbei an der Rankmühle, nach **St. Märgen**, und Sie kehren auf der Hauptstraße zu Ihrem Ausgangspunkt zurück.

Informationen zur Tour

Ausgangsort
Kurort St. Märgen

Anfahrt
Pkw: A 5, Karlsruhe – Basel, Ausfahrt Freiburg-

345

171 Von St. Märgen nach St. Peter

Typisch für den Südschwarzwald: einzelne Gehöfte und grüne Matten vor der Kulisse der höchsten Erhebungen.

Nord. **Bus**: Verbindungen von Freiburg und Hinterzarten mehrmals täglich

Zielort
Wie Ausgangsort

Unterkunft
St. Märgen, u. a. Pension Haus Vogelsang, Löwenstr. 6, Tel. 0 76 69/3 34 (preiswert). Campingplatz Steingrubenhof (nördlich von St. Peter), Tel. 0 76 60/2 10

Einkehrmöglichkeiten
Mehrere Gasthäuser und Cafés in St. Märgen und St. Peter

Öffnungszeiten
Heimatmuseum St. Märgen, nur mit Führung, 15.5.–15.10., Fr 16.30 Uhr. Uhrenausstellung St. Märgen im Rathaus, nur mit Führung, 15.5.–15.10., Mi 16.30 Uhr. Kloster St. Peter, Besichtigung der Bibliothek nur mit Führung: Di 11, Do 14.30, So 11.30 Uhr

Auskunft
Kurverwaltung, Rathausplatz 1, 79274 St. Märgen, Tel. 0 76 69/91 18 17

Karte
Atlasco 1:30 000, Blatt 228 (St. Märgen)

Schwarzwald

172 Durch das obere Wutachtal

Tourenlänge
12,5 km

Durchschnittliche Gehzeit
3½ – 4 Std.

Etappen
Bahnhof Zollhaus – Rastplatz Bühl 6,5 km – Wutachschlucht knapp 1,5 km – Bahnhof Lausheim-Blumegg knapp 5 km

Steigung
200 Hm

Eignung für Kinder
Sehr gut geeignet (ab 6 Jahren)

Wegcharakter
Überwiegend auf Feld- und Waldwegen, ca. 2 km auf Asphalt; Rückfahrt mit der Sauschwänzlebahn (Fahrzeiten beachten!)

Interessantes am Weg
NSG Wutachflühen; Museumsbahn und Eisenbahnmuseum im Bahnhof Zollhaus

Wegmarkierung
Durchgehend Markierungstäfelchen mit schwarzer Lokomotive auf hellgrünem Grund

Günstigste Jahreszeit
Frühjahr bis Herbst

Vom **Bahnhof Zollhaus** folgen Sie zunächst der B 27 nach links in Richtung Schaffhausen, biegen an einer Tankstelle rechts ab und gelangen zum Ortsrand von **Blumberg**, wo Sie bereits auf einen Tunnel der »**Sauschwänzlebahn**« stoßen. Ihren Namen erhielt Bahnlinie aufgrund der zahlreichen, teilweise in den Tunnels verlaufenden Schleifen.. Für die 231 Höhenmeter wurden insgesamt vier Viadukte sowie neun Tunnels gebaut.

Beim Tunnel steigen wir am bewaldeten Buchberg zur **Ottilienhöhe** (807 m) an, gehen links wieder hinunter, über die Bahnlinie und kurz vor der B 314 nach rechts, talaufwärts entlang eines Bächleins. Nach mehreren Links- und Rechtsknicken kommen wir unterhalb eines Rastplatzes zum **Aussichtspunkt Bühl** (685 m), wo wir zunächst nach links in Richtung Parkplatz, wenig später nach rechts auf dem Sträßchen Fützen – Achdorf hinunter in das enge **Wutachtal** wandern.

Kurz vor dem Talgrund geht es nach links – Achtung: nicht zuvor der rot-schwarzen Raute des Schwarzwald-Ostwegs folgen! – , nun im Naturschutzgebiet Wutachflühen talabwärts entlang der felsgesäumten Wutachschlucht. Vor dem Wutach-Viadukt der Bahnlinie über den Fluß und links an der Einmündung des Baches Weilergraben vorbei. Bald können Sie über die Straße Grimmelshofen – Blumegg talabwärts den Bahnhof Lausheim-Blumegg erreichen. Wir empfehlen, weiterhin der Wutach zu folgen und erst beim Bahnhof die wenigen Meter zur Straße und zur **Sauschwänzlebahn** hochzusteigen.

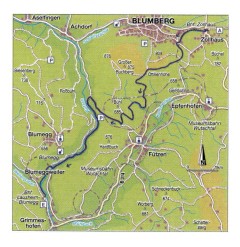

172 Durch das obere Wutachtal

Informationen zur Tour

 Ausgangsort
Bahnhof Zollhaus bei Blumberg

 Anfahrt
Pkw: A 81, Stuttgart – Singen, Ausfahrt Geisingen; über Kirchen-Hausen nach Zollhaus.
Bus: Linien Blumberg – Donaueschingen und Blumberg – Riedöschingen werktäglich; Haltestelle Blumberg-Zollhaus

 Zielort
Bahnhof Lausheim-Blumegg

 Rückfahrt
Museumsbahn Blumberg-Zollhaus – Weizen: Mai–Ende Sept. Mi/Sa/So und feiertags, Juli/August zusätzlich auch Do; 1. Oktoberhälfte Fr/Sa/So. Rückfahrt ab Bhf. Lausheim-Blumegg gegen 15.45 Uhr; Fahrtdauer ca. 60 Min.; Auskunft: 0 77 02/51 27 (8 – 12 Uhr)

 Einkehrmöglichkeiten
Kiosk und Restaurant am Bahnhof Zollhaus. Gasthaus Wutachschlucht (Di geschl.)

 Unterkunft
Zollhaus: Hotel Zollhaus, Tel. 0 77 02/25 30 (mittel)

 Öffnungszeiten
Eisenbahnmuseum am Bahnhof Zollhaus, geöffnet jeweils 1 Std. vor und nach Abfahrt bzw. Ankunft eines Zuges

 Auskunft
Fremdenverkehrsamt, Postfach 120, 78170 Blumberg, Tel. 0 77 02/51 28

 Karte
Atlasco 1:30 000, Blatt 237 (Baar, Wutach)

Der steile Talabschnitt »Wutachflühen« steht wegen seiner artenreichen Tierwelt, natürlichen Wälder und geologischen Besonderheiten unter Naturschutz.

Schwarzwald

173 Im Markgräfler Land

Tourenlänge
16 km

Durchschnittliche Gehzeit
5 – 6 Std.

Etappen
Kandern – Burgruine Sausenburg 4,5 km – Schloß Bürgeln 5 km – Parkplatz St. Johannis Breitehof knapp 2 km – Kandern (Freibad) 3,5 km – Ortsmitte 1 km

Steigung
610 Hm

Eignung für Kinder
Bedingt geeignet (ab 9 – 10 Jahren)

Wegcharakter
Nahezu durchgehend auf Forst- und Waldwegen, wenige kurze Abschnitte auf asphaltierten Wirtschaftswegen; z. T. steile Anstiege

Interessantes am Weg
Töpfereien in Kandern; Burgruine Sausenburg; Schloß Bürgeln

Wegmarkierung
Durchgehend gelber Punkt

Günstigste Jahreszeit
Frühjahr bis Herbst

Vom Rathaus in **Kandern** gelangen Sie über das Flüßchen Kander zum **Blumenplatz** und folgen der Hauptstraße nach rechts. In der links abzweigenden Ochsengasse, vorbei am Friedhof und an der katholischen Kirche, verlassen Sie Kandern und steigen über die Erhebung Häßlerköpfle (478 m) zum **Mohrensattel** und steiler weiter zur **Ruine Sausenburg** (665 m; Rundblick). Bequem gelangen Sie zu einer Lichtung – zur Rechten das Dörfchen Vogelbach –, halten sich leicht links und steigen in ein Seitental des Lippisbachs ab. Sie überqueren den Lippisbach, steigen steil an und folgen nach rechts einem Forstweg, der in die Zufahrtstraße des **Schlos-** **ses Bürgeln** einmündet. Nach links führt ein breiter Fahrweg durch eine Parkanlage zum Schloß.

Beim Verlassen des Schlosses halten Sie sich nach links bergab, an einer Weggabelung rechts und stoßen auf einen Forstweg, dem Sie geradeaus folgen. Während am Ende einer Lichtung der Forstweg links abknickt, gehen Sie geradeaus weiter, kreuzen die Straße Kandern – Obereggenen und halten sich gleich darauf am Parkplatz beim **St. Johannis Breitehof** geradeaus auf dem Enzenbergweg. Oberhalb von Sitzenkirch rechts, gleich darauf links, um dann bequem hinunter in das Lippisbachtal hinabzusteigen. Kurz vor Kandern am Campingplatz vorbei, beim Freibad nach rechts auf den Flühweg und in **Kandern gleich** links in die Feuerbacher Straße, die im Ortszentrum in die Hauptstraße einmündet. Ihr folgen Sie nach links zum Blumenplatz und erreichen wenig später Ihren Ausgangspunkt am Rathaus.

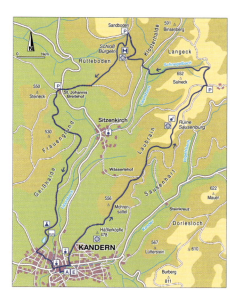

173 Im Markgräfler Land

Im Sommer macht der Blumenplatz, eine rechteckige Anlage im Zentrum von Kandern, seinem Namen alle Ehre.

Informationen zur Tour

 Ausgangsort
Kandern

 Anfahrt
Pkw: A 5, Karlsruhe – Basel, ab Autobahndreieck Weil am Rhein A 98 in Richtung Lörrach, Ausfahrt Kandern. **Bus**: Verbindungen von Müllheim, Bad Bellingen, Weil am Rhein und Lörrach

 Zielort
Wie Ausgangsort

 Einkehrmöglichkeiten
Mehrere Gaststätten in Kandern; Schloßwirtschaft Bürgeln mit Aussichtsterrasse (täglich außer Di bis 19 Uhr)

 Unterkunft
In Kandern mehrere Gasthäuser und Privatzimmer, u. a. Frau Stolz, Marktplatz 11, Tel. 0 76 26/2 82 (preiswert). Terrassen-Camping, am Freibad von Kandern, Tel. 0 76 26/78 74

 Öffnungszeiten
Schloß Bürgeln, März–Nov. täglich außer Di Führungen um 11, 14, 15, 16 Uhr. Heimat- und Keramikmuseum in Kandern, April – Ende Nov. So 10 – 12.30, Mi 15 – 17.30 Uhr

 Auskunft
Verkehrsamt, Hauptstr. 18, 79400 Kandern, Tel. 0 76 26/8 99-60

 Karte
Atlasco 1:30 000, Blatt 257 (Kandern)

Schwäbische Alb

174 Der Albtrauf bei Balingen

Tourenlänge
10 km

Durchschnittliche Gehzeit
3 Std.

Etappen
WP Laufen – Ruine Schalksburg 1 Std. – Böllat ½ Std. – Felsenmeer 1 Std. – WP Laufen ½ Std.

Steigung
200 Hm

Eignung für Kinder
Ab 10 Jahren

Interessantes am Weg
Ruine Schalksburg, Böllat, Michaelskirche, Felsenmeer

Wegcharakter
Forstwege, zum Teil steile Steige

Wegmarkierung
Rotes Dreieck, rote Raute

Günstigste Jahreszeit
Frühling bis Herbst

Startpunkt ist der Wanderparkplatz im Tal des Etschbaches im Norden von **Laufen**. Von hier folgt man der Markierung rotes Dreieck und der Forststraße bergauf, bis man auf eine weitere Forststraße trifft. Hinter ihr beginnt der etwas steile Steig, der zum schmalen Rücken zwischen dem Steinberg und der Ruine Schalksburg hinaufführt. Die **Schalksburg** zierte ab dem 12. Jh. den ausgesetzten Bergsporn und war im Mittelalter eine Zwingburg der Grafen von Zollern, die von hier aus das Eyachtal kontrollierten. 1403 kam die Burg an Württemberg, war aber bereits 100 Jahre später verfallen. Der romanische Bergfried dient heute als Aussichtsturm. Von der Ruine Schalksburg aus folgt man dem Albtrauf nach Norden, quert Burgfelden und erreicht nach wenigen Minuten den 921 m hohen **Böllat**, der für seine besonders schöne Aussicht ins Unterland berühmt ist.

Zurück in **Burgfelden,** geht es zur **Michaelskirche**, die mitten in einem alemannischen Gräberfeld liegt. Die ältesten Teile dieses Gotteshauses wurden schon zur Zeit Karls des Großen um 800 gebaut. In der Kirchenapsis fand sich ein Doppelgrab und darin ein Goldblattkreuz aus dem 6. Jh. Aus dem 11. Jh. stammen die bis 1893 aufgedeckten Fresken. Sie zeigen an der Ostwand die Darstellung eines Jüngsten Gerichts, an der Nordwand das Gleichnis vom barmherzigen Samariter und an der Südwand das vom armen Lazarus. An der Südwand sind außerdem noch Reste von Martyriumsszenen zu erkennen. Stilistisch gibt es Anklänge an die Fresken der Reichenauer St.-Georgs-Kirche, die damals immerhin zu den bedeutendsten Kirchen im süddeutschen Raum gehörte.

Burgfelden verläßt man der Markierung rote Raute folgend südwärts und erreicht den Albtrauf

174 Der Albtrauf bei Balingen

Der 921 Meter hohe Böllat

an der Oberkante des Steinberges. Unterhalb des Heersberges zweigt dann nach rechts der ebenfalls mit roter Raute gekennzeichnete Steig zum **Felsenmeer** ab. Es entstand durch einen Bergsturz und präsentiert sich als wildes Durcheinander großer Felsblöcke. Die rote Raute führt uns zurück zum Ausgangspunkt WP Laufen.

Informationen zur Tour

 Ausgangsort
Der WP Laufen liegt am Nordrand des Ortes Laufen im Etschbachtal

 Anfahrt
Pkw: von Balingen 10 km, von Albstadt Ebingen 5 km; **DB**: von Balingen und Sigmaringen

 Einkehrmöglichkeiten
Gasthöfe in Laufen und Burgfelden

 Unterkünfte
In Ebingen

 Information
72458 Albstadt, Stadtverwaltung, Tel. 0 74 31/ 16 01 2 04

Karte
Topographische Karte 1:50 000, Blatt 17, Rottenburg/ Balingen

Schwäbische Alb

175 Über die Burg Hohenzollern zum Raichberg

 Tourenlänge
12 km

 Durchschnittliche Gehzeit
4 Std.

 Etappen
WP am Zoller – Burg Hohenzollern ½ Std. – Zeller Horn 1 Std. – Raichberg 1 Std. – Zollersteighof ½ Std. – WP am Zoller 1 Std.

 Steigung
450 Hm

 Eignung für Kinder
Ab 9 Jahren

 Interessantes am Weg
Burg Hohenzollern, Zeller Horn, Backofenfelsen, Raichberg

 Wegcharakter
Kleinere Straßen und Forstwege, zum Teil steil

Wegmarkierung
Roter Balken, rotes Dreieck, blaues Dreieck

Günstigste Jahreszeit
Frühling bis Herbst

Auch für den Abstieg nach Süden in den Sattel zwischen Zoller und Zeller Horn folgt man der Kennzeichnung roter Balken, die nach dem Sattel auch zum **Zeller Horn** hinaufführt. Von hier bietet sich der erste freie Blick zurück nach Nordwesten zur Burg Hohenzollern und ihrem einmalig schönen Kegelberg.
Auch zum **Backofenfelsen** kommt man noch mit der Markierung roter Balken. Der Felsen

Vom unteren Parkplatz am Westfuß des Zollers führt die Markierung roter Balken zügig hinauf zur **Burg Hohenzollern**, dieser einmaligen neugotischen Mischung aus Wehranlage und Prachtbau. Die 1061 erstmals belegten Grafen von Zollern bauten hier im 11. Jh. ihre erste Burg.
Die heutige Burganlage wurde 1867 von König Wilhelm I. von Preußen als neue Stammburg des Geschlechtes eingeweiht. Zu den sehenswerten Schauräumen zählen eine dreischiffige Säulenhalle, die Stammbaumhalle, die Bibliothek sowie die Schatzkammer mit den preußischen Kleinodien.

kam zu seinem eigenartigen Namen, weil er wie ein großer Backofen geformt ist. Auch er bietet eine hervorragende Aussicht nach Norden ins Vorland der Schwäbischen Alb.
Hinter dem Backofenfelsen beginnt die Markierung rotes Dreieck, die hinauf zum schon längst sichtbaren **Raichberg** führt. Er bietet mit seinen 956 m und den zusätzlichen Höhenmetern des **Aussichtsturms** eine grandiose Rundsicht über die gesamte Westhälfte der Schwäbischen Alb und ihr nördliches Vorland.
Vorbei am Nägelehaus, einem Wanderheim des Schwäbischen Albvereins, führt die Markierung rotes Dreieck nach Westen, hinüber zum

175 Über die Burg Hohenzollern zum Raichberg

Zollersteighof. Er war ein Zehenthof der Grafen von Zollern. Heute kann man hier in angenehmer und nicht zu überlaufener Umgebung Rast vor dem Rückmarsch zum Auto machen. Vom Steighof aus wandert man entlang der Kennzeichnung blaues Dreieck nordwärts hinauf zum Sattel zwischen Zoller und Zeller Horn. Im Sattel folgen wir der Forststraße nach links, die im großen Bogen westwärts um den Zoller herum zurück zum unteren Parkplatz führt.

Informationen zur Tour

Ausgangsort
Parkplatz am Westfuß des Zollers

Anfahrt
Pkw: von Hechingen 5 km, von Balingen 15 km, Ausfahrt Brielhof von der B 27

Einkehrmöglichkeiten
Burg Hohenzollern, Nägelehaus, Zollersteighof

Unterkünfte
In Onstmettingen und Hechingen

Öffnungszeiten
Burg Hohenzollern: April bis Oktober täglich 9–17.30 Uhr, November bis März täglich 9–16.30 Uhr

Information
72379 Hechingen, Städt. Verkehrsamt, Tel. 0 74 71/18 51 14

Karte
Topographische Karte 1:50 000, Blatt 17, Rottenburg/Balingen

Die Burg Hohenzollern

Schwäbische Alb

176 Beuroner Naturtheater

Tourenlänge
16 km

Durchschnittliche Gehzeit
4½ Std.

Etappen
WP Beuron – Knopfmacherfels 1 Std. – Laibfelsen 1 Std. – Jägerhaus 1¾ Std. – Beuron ¾ Std.

Steigung
200 Hm

Eignung für Kinder
Ab 8 Jahren

Interessantes am Weg
Knopfmacherfels, Burgstall, Mattheisenkapelle, Laibfelsen, Ruine Kallenberg, Schloß Bronnen, Erzabtei Beuron

Wegcharakter
Moderate An- und Abstiege im oberen Donautal

Wegmarkierung
roter Dreiblock, rote Raute, roter Dreiblock, rotes Dreieck

Günstigste Jahreszeit
Frühling bis Herbst

Startpunkt ist der Wanderparkplatz am Nordwestrand von **Beuron**. Über die gedeckte, 1803 errichtete Holzbrücke quert man die Donau und folgt dann dem Wegweiser Knopfmacherfels und der Markierung roter Dreiblock nach links an der Donau entlang flußaufwärts. Nach etwa 1 km verläßt der Weg den Talboden und steigt stetig den Hang entlang hinauf zum **Knopfmacherfels**, von dem aus der Blick weit über das Donautal Richtung Beuron und hinunter zum Schloß Bronnen schweift.
Beim Gasthof Berghaus beginnt der mit roter Raute bezeichnete Weg zum **Stiegelesfels**. Er thront mitten über dem romantischen, ver-

kehrsfreien Engtal der oberen Donau. Der rote Dreiblock führt uns nach rechts zum **Laibfelsen**, ein weiterer exponierter Aussichtspunkt am westlichen Rand des Donauengtales. Von hier wandert man zunächst nordwärts bis zur Gabelung des Wanderwegs. Der rote Dreiblock zweigt nach links ab und führt unmittelbar hinunter zur Donau, die man bei der Ziegelhütte erreicht. Auf der Ostseite der Brücke folgt man der Markierung rotes Dreieck, die im weiteren Verlauf im wesentlichen dem rechten Ufer der Donau folgt. Nach einer Viertelstunde kann man beim Umlaufberg Schänzele nach rechts zur **Ruine Kallenberg** hinaufsteigen.

355

176 Beuroner Naturtheater

Im oberen Donautal bei Schloß Bronnen

Besonders malerisch wird das Tal beim **Jägerhaus** und dem darüber thronenden **Schloß Bronnen**. Die Burg Bronnen gehörte einst den Grafen von Zollern. In der heutigen Gestalt entstand das Schlößchen um 1750. In der nahe gelegenen Jägerhaushöhle wurden die bisher umfassendsten Funde aus der Mittelsteinzeit geborgen.
In **Beuron** schließlich darf ein Besuch der eindrucksvollen Erzabtei nicht fehlen. Sie wurde 1075 als Augustiner-Chorherrenstift gegründet und nach der Säkularisation 1862 von Benediktinern neu belebt. Die Klosterkirche erhielt ihre heutige Form im Vorarlberger Schema bis 1738 nach Plänen des Rottweiler Baumeisters Scharf. In der Gnadenkapelle wartet eine Pietà aus dem 15. Jh. auf Besucher. Die Ausmalung hier ist ein Werk der Beuroner Kunstschule. Die Klosterbibliothek ist berühmt für ihre umfangreiche Bibelsammlung.

Informationen zur Tour

 Ausgangsort
Beuron, Haltestelle der Donautal-Bahn

 Anfahrt
Pkw: von Sigmaringen 30 km, von Tuttlingen 22 km; **DB**: von Sigmaringen und Tuttlingen

 Einkehrmöglichkeiten
In Beuron sowie Gasthof Berghaus beim Knopfmacherfels und Gasthaus Jägerhaus

 Unterkünfte
Beuron, Berghaus Knopfmacher

 Information
88631 Beuron, Verkehrsamt, Tel. 0 74 66/2 14.

 Karte
Topographische Karte 1:50 000, Blatt 26, Naturpark Obere Donau

Schwäbische Alb

177 Von Zwiefalten zur Wimsener Höhle

Tourenlänge
10 km

Durchschnittliche Gehzeit
2 ½ Std.

Etappen
Klosterkirche Zwiefalten – Wimsener Höhle
1 Std. – Bärenhöhle ¾ Std. – Hayingen ¾ Std.

Steigung
150 Hm

Eignung für Kinder
Ab 6 Jahren

Interessantes am Weg
Klosterkirche Zwiefalten, Wimsener Höhle, Burg Ehrenfels, Glashöhle, Bärenhöhle, Pfarrkirche Hayingen

Wegcharakter
Abwechslungsreiche Tour mit Höhlen, Bootsfahrt und durch Naturschutzgebiet

Wegmarkierung
Durchgehend rotes Dreieck

Günstigste Jahreszeit
Frühling bis Herbst

in einer gemütlichen Stunde zur **Wimsener Höhle**, auch **Friedrichshöhle** genannt. Sie ist eine der wenigen noch aktiven Flußhöhlen der Schwäbischen Alb und ist bisher auf eine Länge von 723 m erforscht. Zugänglich davon sind allerdings nur 70 m, die mit dem Boot bis zu dem Punkt befahren werden können, wo die Decke einfach zu niedrig wird.

Nördlich der Wimsener Höhle folgt man weiter der Markierung rotes Dreieck zunächst wenige Meter hangaufwärts, kommt dann am **Schloß Ehrenfels** (Sommersitz der Zwiefälter Äbte) vor-

Ausgangspunkt ist der Parkplatz beim ehemaligen **Kloster Zwiefalten**. Es wurde 1089 von den kinderlosen Grafen Kuno und Luitpold von Achalm gegründet und vom Reformkloster Hirsau aus betreut. Die heutige Kirche allerdings entstand erst von 1744 bis 1765, dafür gehört sie zu den Glanzlichtern der barocken Bau- und Ausstattungskunst des 18. Jh. Ihr Baumeister war Johann Michael Fischer aus München.

Vom Klosterparkplatz aus folgt man wenige Schritte der Bundesstraße, bevor man links in die Sägmühlstraße abbiegt. Über die Gerberstraße geht es in das freundliche Wiesental der Zwiefalter Ache. Vorbei an Gossenzugen, kommt man

357

177 Von Zwiefalten zur Wimsener Höhle

bei und gewinnt schließlich bei der **Ruine Altehrenfels** das Glastal. Die Burg Altehrenfels wurde im 13. Jh.gebaut und 1516 auf Befehl des Klosterabtes abgerissen, weil sie angeblich Räubern als Unterschlupf diente.

Das weltabgeschiedene **Glastal** ist als Landschaftsschutzgebiet ausgewiesen. In seinem oberen Teil ist es ein Trockental mit besonders schönen Felspartien. Die **Glashöhle** beeindruckt mit drei etwa 10 m in die Höhe reichenden Kaminen. Die wenig später folgende **Bärenhöhle** ist etwa 15 m lang und schließt sich in einem ca. 15 m langen Kriechgang.

Das Glastal endet bei der Hayinger Brücke. Hier folgt man dem Landsträßchen nach rechts, passiert das Naturschutzgebiet **Digelfeld** und erreicht bald darauf **Hayingen**. Die ursprünglich spätgotische Pfarrkirche erhielt ihre heutige Form bis 1724. Aus diesem Jahr stammt auch das große Deckenbild von Ignaz Wegscheider. Sehenswert sind auch auch einige Bürgerbauten,

so das aus dem 17. Jh. stammende Rathaus mit seinen Erkern, das Spital von 1536 sowie der barocke Fruchtkasten aus dem 17. Jh.

Informationen zur Tour

Ausgangsort
Zwiefalten

Anfahrt
Pkw: von Sigmaringen 45 km, von Ehingen 25 km

Einkehrmöglichkeiten
Gasthöfe in Zwiefalten, bei der Wimsener Höhle und in Hayingen

Unterkünfte
In Zwiefalten und Hayingen

Information
88529 Zwiefalten, Gemeindeverwaltung, Tel. 0 73 73/2 05 20

Karte
Topographische Karte 1:50 000, Blatt 20, Sigmaringen/Ehingen

Die Wimsener Höhle

Schwäbische Alb

178 Wasserfälle über Bad Urach

Tourenlänge
11 km

Durchschnittliche Gehzeit
3 Std.

Etappen
WP Maisental – Ruine Hohenurach 1 Std. – Uracher Wasserfall ½ Std. – Gütersteiner Wasserfall 1 Std. – WP Maisental ½ Std.

Steigung
300 Hm

Eignung für Kinder
Ab 8 Jahren

Interessantes am Weg
Ruine Hohenurach, Uracher Wasserfall, Rutschenfelsen, Keltenburg auf dem Runden Berg, Gütersteiner Wasserfall

Wegcharakter
Einiges Auf und Ab, vorwiegend Forstwege

Wegmarkierung
Blaues Dreieck, blaue Raute, roter Dreiblock, rotes Dreieck

Günstigste Jahreszeit
Frühling bis Herbst

Altstadt. Marktplatz, Stiftskirche und Schloß sind gut auszumachen und verdienen am Ende der Wanderung einen Besuch.
Von der Ruine Hohenurach steigt man südwärts wieder hinunter zur Kreuzhütte und folgt von dort dem mit rotem Dreieck markierten Forstweg

Vom Wanderparkplatz im **Maisental** wandert man am Brühlbach entlang, bis der mit blauer Raute markierte Forstweg zur Kreuzhütte links abzweigt. Dieser Forstweg führt in den Sattel zwischen der Albhochfläche und dem vorgelagerten Burgberg von **Hohenurach**. Von hier geht es noch einmal steil nach Norden hinauf zum eigentlichen Burgplatz, wo die Uracher Grafen Anfang des 12. Jh. ihre Stammburg errichtet hatten.
Blickt man von Hohenurach hinunter auf **Bad Urach**, erkennt man noch gut die von den Grafen von Württemberg planmäßig angelegte

hinüber zum **Uracher Wasserfall**. Er ist ein sogenannter »konstruktiver« Wasserfall, der seine Fallkante nicht abnagt, sondern durch die kontinuierliche Kalkausscheidung des Quellwassers immer weiter aufbaut. Das in 623 m Höhe mit einer Temperatur von 3 °C austretende Wasser stürzt von einer 5 m vorragenden Nase 37 m in die Tiefe. Noch einmal 60 m fällt das Wasser dann über Kaskaden hinunter ins Brühltal.
Als nächstes Ziel nach dem Wasserfall lockt der rund 90 m hohe **Rutschenfelsen**. Hier ist die Felswand mit Spalten und heruntergestürzten Felsblöcken durchsetzt. Nach dem Rutschenfelsen kommt man auf einen Sattel, von dem aus man ohne Markierung einen Abstecher über den

178 Wasserfälle über Bad Urach

Der Marktplatz von Bad Urach

Rücken des **Runden Berges** machen kann. Sein 711 m hoher Gipfel war bereits in der Urnenfelderzeit, also zwischen 1000 und 800 v. Chr., besiedelt. Auch aus der römischen Kaiserzeit und aus der Zeit der Alemannen fanden sich Siedlungsspuren.
Immer dem roten Dreiblock folgend, kommt man verläßlich hinüber zum zweiten Wasserfall, dem **Gütersteiner Fall**. Er fällt im oberen Teil zwar nur etwa 10 m frei in die Tiefe, purzelt dann aber über mehrere moosbewachsene, bis zu 25 m breite Kalksinterterrassen insgesamt rund 60 Höhenmeter ins Tal.
Von diesem Wasserfall aus führt die Markierung blaues Dreieck talwärts zum Ausgangspunkt WP Maisental zurück.

Informationen zur Tour

Ausgangsort
Bad Urach

Anfahrt
Pkw: von Metzingen 11 km, von Münsingen 16 km

Einkehrmöglichkeiten
Kiosk beim Uracher Wasserfall

Unterkünfte
In Bad Urach

Information
72574 Bad Urach, Kurverwaltung, Tel. 0 71 25/9 43 20

Karte
Topographische Karte 1:50 000, Blatt 18, Reutlingen/Bad Urach

Schwäbische Alb

179 Von Bissingen über die Teck

Tourenlänge
12 km

Durchschnittliche Gehzeit
4 Std.

Etappen
Bissingen – Burg Teck 1¼ Std. – Sattelbogen
¾ Std. – Spitziger Fels 1 Std. – Bissingen 1 Std.

Steigung
510 Hm

Eignung für Kinder
Ab 9 Jahren

Interessantes am Weg
Ruine Teck, Sibyllenhöhle, Gelber Fels,
Veronikahöhle, Ruine Rauber, Spitziger Fels

Wegcharakter
Kräftiger An- und Abstieg, meist Feld- und
Waldwege

Wegmarkierung
Blaues Dreieck, rotes Dreieck

Günstigste Jahreszeit
Frühling bis Herbst

Vom **Bissinger** Ortszentrum mit der spätgotischen Pfarrkirche wandert man zunächst taleinwärts bis kurz hinter den südlichen Ortsrand, wo der mit blauem Dreieck markierte Steig zur Teck hinauf abzweigt.
Die **Burg Teck** hatten die Zähringer im 12. Jh. als Krönung des gestreckten Tafelberges vor der eigentlichen Albhochfläche errichtet. Ab 1187 nannten sich dann die Herren »von Teck«. Was heute auf der Teck steht, stammt von 1889 (Turm) sowie 1933 und 1955 (Wanderheim). Vom Turm bietet sich dafür eine weite Aussicht.
In der knapp 23 m langen **Sibyllenhöhle** unterhalb der Teck hauste die weise Sibylle, die den Bauern im Tal zu reichem Erntesegen verhalf. Allerdings hatte sie auch drei Söhne, die als Raubritter auf den Burgen Rauber, Diepoldsburg und Wielandstein hausten. Weil sie die wilden Herren nicht mehr zähmen konnte, entschwand Sibylle eines Nachts in einem von Katzen gezogenen glühenden Wagen quer über das Lautertal. Als letzten Liebesdienst ließ sie die Erde dort, wo die Wagenräder den Boden berührten, besonders fruchtbar werden. Diese »Sibyllenspur« quer durch das Lautertal entpuppte sich als Verteidigungswall, den die Römer im 2. Jh. n. Chr. angelegt hatten.
Über den Rücken des Teckberges geht es südwärts bis zum **Gelben Fels.** Am Fuß des Felsens liegt die **Veronikahöhle**, in der die zweite Hexe der Teck hauste. Veronika Beutlin verführte einen verheirateten Mann und bekam von ihm mehrere Kinder. Nach Christenmanier wurden die Kinder ins Tal geholt und getauft, die Frau aber wurde als Hexe verbrannt.
Der weitere Abstieg über den südlichen Rücken des Teckberges führt (blaues Dreieck) über den **Sattelbogen** direkt nach Bissingen. Weitaus schöner ist es, zur **Ruine Rauber** hinaufzusteigen, die

361

179 Von Bissingen über die Teck

im 12. Jh. von den Herren der Teck gebaut wurde. Auf der Hochfläche folgte um 1400 die zugehörige obere **Diepoldsburg**. Die untere heißt seit der Zerstörung im 16. Jh. nur noch Ruine Rauber. Südöstlich erreichen wir bald den eigentlichen Albtrauf und den **Spitzigen Felsen**. Von ihm aus führt ein unmarkierter Steig direkt in den Wald hinunter. Er mündet beim unteren Waldrand auf einen Holzweg, über den man zur Bissinger Jungviehweide und zurück nach Bissingen kommt.

Informationen zur Tour

 Ausgangsort
Bissingen

 Anfahrt
Pkw: von der Autobahnausfahrt Kirchheim-Ost 6 km

 Einkehrmöglichkeiten
Auf der Burg Teck

 Unterkünfte
Wanderheim Burg Teck, in Ochsenwang und in Dettingen

 Information
73266 Bissingen/Teck, Bürgermeisteramt, Tel. 0 70 23/90 00 00

 Karte
Topographische Karte 1:50 000, Blatt 18, Reutlingen/Bad Urach

Das Rathaus von Bissingen

Schwäbische Alb

180 Von Blaubeuren zur Urdonau

Tourenlänge
10 km

Durchschnittliche Gehzeit
3 Std.

Etappen
Bahnhof Blaubeuren – Ruine Günzelburg
3/4 Std. – Blautopf 3/4 Std. – Abzweigung Sonderbuch
3/4 Std. – Bahnhof Blaubeuren 3/4 Std.

Steigung
330 Hm

Eignung für Kinder
Ab 7 Jahren

Interessantes am Weg
Brillenhöhle, Felsenlabyrinth, Ruine Günzelburg, ehemalige Klosterkirche Blaubeuren, Blautopf, Knoblauchfelsen, Ruine Rusenschloß

Wegcharakter
Zweimaliger Anstieg auf die Hochfläche, Feld- und Waldwege

Wegmarkierung
Rotes Dreieck, gelber Dreiblock, roter Dreiblock, rote Raute

Günstigste Jahreszeit
Frühling bis Herbst

Vom Bahnhof Blaubeuren aus quert man die B 492 und wählt vor dem Lagerhaus an der Weiler Straße den mit rotem Dreieck markierten Hauptwanderweg des Schwäbischen Albvereins. Nach kaum 10 Minuten zweigt rechts unter einem mächtigen Felsen ein kleiner, unbezeichneter Steig ab, der zum Eingang der **Brillenhöhle** führt. Der Weg quert anschließend das **Felsenlabyrinth** mit so schönen Felsformationen wie etwa der Küssenden Sau, bei der zwei malerische Felsen eine Naturbrücke bilden.
Die **Günzelburg** entpuppt sich als kleines Felsplateau an der Oberkante des Talhanges. Von hier öffnet sich ein guter Blick auf die gegenüberliegenden Felsformation des **Geißenklösterle**. Dort wurden in einer etwa 30 000 Jahre alten Bodenschicht gut 100 winzige Mammutelfenbeinstückchen und ein bemalter Stein, mit seinen 37 000 Jahren die bisher älteste Höhlenmalerei Europas, gefunden.
Ab der Ruine Günzelburg orientieren wir uns mit dem gelben Dreiblock nach Osten und steigen in steilen Serpentinen zur Altstadt von Blaubeuren, zum ehemaligen Kloster und zum Blautopf hinunter. Das **Benediktinerkloster Blaubeuren** wurde im 11. Jh. gegründet und im 15. Jh. zum heutigen Umfang ausgebaut. Sein Schmuckstück ist die von 1491 bis 1499 erbaute Klosterkirche.
Der **Blautopf** ist allen Romantikern spätestens seit Mörikes Märchen von der Schönen Lau ein Begriff, nach dem der Blautopf in direkter Verbindung mit dem Schwarzen Meer steht. Tatsächlich gibt es ein riesiges System unterirdischer Kammern und Höhlen unter dem Blautopf.
Vom Blautopf aus steigt man wieder den Hang hinauf und erreicht beim Blauberg die Oberkante des Prallhanges der Urdonau. Mit dieser Hangkante wird die gesamte alte Donauschlinge umrundet. Am Südrand passiert man den markanten **Knoblauchfelsen** und kurz vor dem endgültigen Abstieg ins Tal die **Ruine Rusenschloß**

363

180 Von Blaubeuren zur Urdonau

Durch das Tal der Urdonau fließt heute die Blau; hier liegt auch der Blautopf.

Ihre Anfänge reichen zurück ins 11. Jh. Zurück im Talboden, wandern wir auf der Nordseite der Bahn entlang wieder zum Bahnhof Blaubeuren. Bleibt dann noch Zeit, sollte sie zu einem Besuch des Urgeschichtlichen Museums in der Karlstraße 2 genutzt werden.

Informationen zur Tour

 Ausgangsort
Blaubeuren

 Anfahrt
DB: von Sigmaringen und Ulm; **Pkw**: von Ulm 20 km

 Einkehrmöglichkeiten
Gasthöfe in Blaubeuren

 Unterkünfte
In Blaubeuren

 Öffnungszeiten
Urgeschichtliches Museum: April – Oktober tägl. außer Montag 10 – 17 Uhr; November – März nur Sonntag

 Information
89143 Blaubeuren, Fremdenverkehrsbüro, Tel. 0 73 44/92 10 25

 Karte
Topographische Karte 1:50 000, Blatt 19, Ulm/Blaubeuren

Schwäbische Alb

181 Von Heubach auf den Albtrauf

Tourenlänge
9 km

Durchschnittliche Gehzeit
3 Std.

Etappen
WP Rosenstein im Osten von Heubach – Große Scheuer 1¼ Std. – Festplatz 1 Std. – WP Rosenstein ¾ Std.

Steigung
290 Hm

Eignung für Kinder
Ab 7 Jahren

Interessantes am Weg
Mittelalterlicher Kern von Heubach, Ruine Rosenstein, Große Scheuer, Sedelfelsen, Finsteres Loch, keltischer Ringwall

Wegcharakter
Hauptanstieg zu Beginn, abwechslungreiches Auf und Ab

Wegmarkierung
Rotes Dreieck, roter Dreiblock, rote Raute

Günstigste Jahreszeit
Frühling bis Herbst

Bester Ausgangspunkt für die Umrundung des Rosensteinplateaus ist der Wanderparkplatz im Osten von **Heubach**. Von ihm geht man zunächst ein kleines Stück auf dem ebenen Teerweg nach Nordwesten, bis nach rechts der schmale, mit rotem Dreieck markierte Franz-Keller-Weg abzweigt. Seine Serpentinen führen zielstrebig zur **Ruine Rosenstein** hinauf. Die Burg Rosenstein entstand im 12. Jh. und gehörte ursprünglich zur Herrschaft Lauterburg. 1413 tauchten dann die Herren von Woellwarth auf, die schließlich 1579 in ihr Heubacher Stadtschlößchen hinunter zogen. Seither verfiel die Burg. Doch schon in prähistorischer Zeit war die Felsennase durch Wälle und Gräben als keltische Fluchtburg gesichert.

Von der Ruine Rosenstein folgt man dem Steig weiter bis hinüber zu dem mit rotem Dreiblock markierten Rundweg um das **Rosensteinplateau**. An der Abzweigung hält man sich links und folgt dem nordwestlichen Trauf bis hinüber zur Ostspitze, wo gleich zwei schöne Höhlen Aufmerksamkeit verlangen: das »**Haus**« und die »**Große Scheuer**«.
Die äußerste Ostspitze des Rosensteinplateaus bilden die **Sedelfelsen**, die gut 50 Höhenmeter nahezu senkrecht in den Himmel ragen und einen weiten Blick ins Albvorland bieten. Der Weg wendet sich hier nach Südwesten und erreicht wenig später das **Finstere Loch**. Mit 130 m ist dies die längste Höhle am Rosensteinplateau. Der Rundweg um das Rosensteinplateau endet bei einer Hütte, bei der man nach links abbiegt und dem Fahrweg in Richtung Fernsehturm folgt. Von April bis September lohnt sich am Wochenende der kurze Abstecher, denn dann kann der 165 m hohe **Fernsehturm** bestiegen werden. Knapp 1 km südlich des Fernsehturmes kommt man zum Festplatz und einer Wegespinne. Auf ihr biegt man nach Westen ab und folgt der Markierung rote Raute um den Heidenburren auf den **Hochberg**. Dort steht der nächste keltische Ringwall. Zusammen mit dem Wall auf

365

181 Von Heubach auf den Albtrauf

dem Mittelberg im Osten des Fernsehturmes, hatten die Kelten aus drei Fixpunkten ein ganzes Sicherungssystem errichtet. Vom Hochberg führt uns die Markierung rote Raute bis kurz vor den Waldrand. Hier folgen wir dem letzten Holzweg nach rechts zurück zum WP Rosenstein.

Informationen zur Tour

Ausgangsort
Heubach, unterhalb der Ruine Rosenstein

Anfahrt
Pkw: von Schwäbisch Gmünd 14 km, von Aalen 18 km

Einkehrmöglichkeiten
Waldschenke auf dem Rosenstein

Unterkünfte
Heubach

Information
73540 Heubach, Verkehrsamt, Tel. 0 71 73/1 81 39

Karte
Topographische Karte 1:50 000, Blatt 15, Göppingen/Geislingen

Die Sedelfelsen auf dem Rosenstein

366

Schwäbische Alb

182 Im Brenztal bei Herbrechtingen

Tourenlänge
14 km

Durchschnittliche Gehzeit
3 ½ Std.

Etappen
WP Anhausen – Eselsburg 1 ¼ Std. – Stadion Herbrechtingen ¾ Std. – Keltenwall auf dem Buigen ¾ Std. – WP Anhausen ¾ Std.

Steigung
100 Hm

Eignung für Kinder
Ab 6 Jahren

Interessantes am Weg
Ehemaliges Kloster Anhausen, Spitzbubenhöhle, Bindstein, Falkenstein, Steinerne Jungfrau, Keltenwall auf dem Buigen, Fischerfelsen

Wegcharakter
Geringe Anstiege entlang der Brenzschleife

Wegmarkierung
Roter Balken, roter Dreiblock

Günstigste Jahreszeit
Frühling bis Herbst

Vom Falkenstein steigt man hinunter in den Talboden und folgt dem rechten Talweg nach **Eselsburg**, das dem Tal der engen Brenzschlinge seinen Namen gab. Um die besonders schöne Felsformation der **Steinernen Jungfrau** von nahem erleben zu können, bleiben wir auf der rechten Talseite. Die wenig später folgende **Bernhardshöhle** ist eine der zahlreichen Kleinhöhlen im Bereich des Brenztales. Am südlichen Ortsrand von Herbrechtingen kann man westwärts gehen und die Runde zurück nach Anhausen direkt schließen. Weitaus schöner aber ist es, die Brenz zu queren und beim Parkplatz am Festplatz wieder nach Süden zu wandern. In **Herbrechtingen** selbst sind von der ehemaligen Klosterherrlichkeit nur Mauerreste der evangelischen Pfarrkirche aus dem 13. und 14. Jh. und ein Teil des ehemaligen Propsteigebäudes erhalten. Vom Herbrechtinger Festplatz führt der mit rotem Dreiblock markierte Wanderweg über das linken Brenzufer wieder nach Süden und auf die vordere Nase des **Buigen**. Dort weisen wohlerhaltene Keltenwälle darauf hin, daß das Eselsburger Tal bereits in der Bronzezeit besiedelt war.

Ausgangspunkt der Erlebnistour rund um das Eselsburger Tal ist das ehemalige **Kloster Anhausen** (1125 gestiftet). Heute stehen noch das Torhaus, der Renaissancebau der Prälatur und Teile des spätgotischen Kreuzganges. Vom Kloster folgt man dem mit rotem Balken markierten Wanderweg in den Wald hinauf. Vorbei an der **Spitzbubenhöhle** geht es hinüber zum Bindstein, den im Mittelalter eine kleine Burg gekrönt hatte. Sehr viel mächtiger allerdings war die wenig weiter südlich gelegene **Burg Falkenstein**. Sie thronte auf dem mit senkrechten Wänden aus dem Talhang emporwachsenden Felsen und dürfte zu ihrer Zeit wohl uneinnehmbar gewesen sein.

182 Im Brenztal bei Herbrechtingen

Das Eselstal an der Brenz

Die Markierung roter Dreiblock leitet hinunter ins Tal, das man gegenüber vom Falkenstein erreicht. Wir bleiben auf dem linken Ufer der Brenz, passieren den markanten Fischerfelsen und wandern nordwärts bis zur Verbindungsstraße Herbrechtingen – Anhausen. Hier geht es nach links zum nur noch wenige hundert Meter weit entfernten WP Anhausen.

Informationen zur Tour

 Ausgangsort
Ehemaliges Kloster Anhausen

 Anfahrt
Pkw: von Heidenheim 9 km, von der Autobahnausfahrt Herbrechtingen 7 km

 Einkehrmöglichkeiten
Gasthäuser in Anhausen und Eselsburg

 Unterkünfte
In Herbrechtingen

 Information
89542 Herbrechtingen, Bürgermeisteramt, Tel. 0 73 24/95 50

Karte
Topographische Karte 1:50 000, Blatt 16, Aalen/Heidenheim

Allgäu

183 Neuschwanstein und Alpsee

Tourenlänge
9 km

Durchschnittliche Gehzeit
Insgesamt ca. 2 ¾ Std.

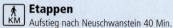
Etappen
Aufstieg nach Neuschwanstein 40 Min.

Steigung
Nach Neuschwanstein 170 Hm, gesamte Wanderung 270 Hm

Eignung für Kinder
Ab 6 – 10 Jahren

Interessantes am Weg
Zwei große Königsschlösser, Pöllatschlucht mit Wasserfall, Badeseen

Wegcharakter
Gut angelegte Fußwege, teilweise auch steiler, in der Schlucht bei Nässe recht glatt

Günstigste Jahreszeit
April bis Winteranfang, Neuschwanstein ganzjährig

Etwa bei der sehenswerten Wallfahrtskirche **St. Koloman**, die ganz einsam inmitten weiter Wiesen liegt, fällt **Neuschwanstein** das erste Mal so recht ins Auge. Vielleicht ist es schon Nacht, dann umgibt dieses gewaltige Schloß – auffallend hoch über dem Talboden thronend und in einem fahlen, weißen Licht leuchtend – etwas Unwirkliches, Geisterhaftes. Aber auch bei Tag bleibt das Bild unvergeßlich: Auf waldüberzogenem Felskegel von 964 m Höhe strebt dieses Prunkstück einer »mittelalterlichen Burg« gewaltig in den Himmel. Doch jeder weiß, daß *Bayerns König Ludwig II.* um 1870 hier seinen Träumen einer Gralsburg Gestalt verlieh. Der monumentale Bau, eine Mischung aus dem Ideal eines Schlosses und ein wenig Theaterkulisse, brachte dem König horrende Schulden ein und trug zu seinem Sturz bei. Heute profitiert eine ganze Region von Ludwigs Märchenschloß, kommen doch bis zu 10 000 Besucher am Tag, um Neuschwanstein zu besichtigen.

Einzigartig wie die Burg ist auch die Umgebung. Hinter dem Burgfelsen schneidet die **Pöllatschlucht** ein, eine malerische Klamm mit tief ausgewaschenen Gufeln, rundgeschmirgelten **Riesenfelsblöcken** und einem schönen **Wasserfall**, den in »schwindelnder« Höhe die **Marienbrücke** überspannt. Einmalig ist auch der **Alpsee**, ganz von dunklen Höhen umrandet, ein echtes Wald-Berg-Gewässer von fast zwei Kilometern Länge. Den Nordostzipfel überragt ein zweites großes Schloß: Auch **Hohenschwangau**, das um 1830 in seiner heutigen Form entstand, ist ein imposantes Bauwerk, wenn ihm auch das Grandiose Neuschwansteins fehlt.

Vielfalt auf engstem Raum: von Schlössern über Wildbäche, Tobel, Waldwege, groteske Felsen bis hin zu einem Bad am sonst unberührten Seeufer. Durch die meist bewaldeten Hänge südlich oberhalb des Alpsees ziehen zudem mehrere Wege, ideale Möglichkeiten für kleinere Wanderungen, auf denen man von einer Attraktion zur nächsten kommt.

Vom zentralen Parkplatz auf dem Weg Nr. 1 am Bergfuß entlang nach Nordosten zur ehemaligen **Gipsmühle**. Hier nach rechts in das **Tal der**

369

183 Neuschwanstein und Alpsee

Neuschwanstein, das Märchenschloß König Ludwigs II., in der Tiefe der Alpsee, hinten die Tannheimer Berge.

Pöllat und auf dem Fußweg, der zwischenzeitlich als Steg an die senkrechten Felsen geheftet ist, knapp über dem tosenden Wildwasser talein. Im Wald kurz empor und links zu einer Kanzel mit Blick auf den **Wasserfall** und die **Marienbrücke**. Dann schräg rechts aufwärts zum Schloß **Neuschwanstein**.
Nach der Besichtigung (oft lange Wartezeiten) auf dem oberen Weg weiter bergauf und Abstecher nach links auf die Marienbrücke. Dann zur Wegkreuzung an der Jugend (Bushaltestelle). Nicht auf den Straßen, sondern vis-à-vis auf einem Weg ein paar Minuten empor, dann rechts ab und auf dem *Oberen Winterzugweg* längere Zeit zwischen Bäumen quer durch die Hänge zur **Marienbuche**. Über einen kleinen Waldboden, weiter zur interessanten **Felsgruppe des Israeliten**, dann auf dem Gnomensteig zum Westende des **Alpsees**. Am südlichen Ufer entlang zur Badeanstalt und weiter zur Besichtigung von Schloß **Hohenschwangau**, dann hinab zum nahen Parkplatz.

Informationen zur Tour

Ausgangsort
Hohenschwangau (810 m), 2 km von Schwangau, 3 km von Füssen entfernt, große Parkplätze am Bergfuß

Anfahrt
Auf der B 17 von Peiting über Steingaden nach Schwangau oder auf der B 16 von Marktoberdorf über Füssen. Busverbindung von Füssen

Einkehrmöglichkeit
Gasthäuser in Hohenschwangau

Unterkunft
Gasthäuser usw. in Schwangau und Hohenschwangau

Öffnungszeiten
Neuschwanstein während der Saison von 8.30 bis 17.30 Uhr

Auskunft
Schwangau, Kurverwaltung, Tel. 0 83 62/8 19 80, Fax 81 98 25

Karte
Topographische Karte »Füssen«

184 Zwischen Füssen und Zirmgrat

Tourenlänge
7 oder 10 km

Durchschnittliche Gehzeit
Füssen – Zirmgrat – Weißensee 5 Std., Alatsee – Zirmgrat 1⅓ Std.

Etappen
Füssen – Alatsee im Tal gut 1¼ Std., über die Höhen 1¾ Std.; Alatsee – Saloberalpe 35 Min., von dort auf den Zirmgrat knapp 1 Std.; vom Alatsee zum Bad am Weißensee 50 Min.

Steigung
Alatsee – Salober 220 Hm, Salober – Zirmgrat 200 Hm

Eignung für Kinder
Ab 6 – 10 Jahren

Interessantes am Weg
Füssen: Barockkirche St. Mang. Vier Seen mit Badegelegenheiten, Berggasthaus, eine Alm

Wegcharakter
Bequem, Aufstieg zur Saloberalpe auf steinigem Sträßchen, zum Zirmgrat Fußwege

Günstigste Jahreszeit
Teilweise ganzjährig, Zirmgrat Mai bis Oktober oder November

Füssen zählt zu den ältesten Städten Deutschlands, hatten doch schon die Römer hier ein Kastell, das sie »Foetibus« nannten. Um 728 wurde dann die Benediktiner-Abtei St. Mang gegründet, die starken Einfluß auf die Urbarmachung und Besiedelung im weiten Umfeld hatte. Noch heute gibt es im Füssener Land mehr **historische Bauwerke** als sonst im Allgäu.
Hinter Füssen beginnt ein verstecktes Tälchen, das sich zwischen zwei bewaldeten Bergrücken ein gutes Stück nach Westen zieht und in dem zwei kleine Seen und weiter hinten ein stattlicher liegen. Letzterer ist der **Alatsee**, dessen meist intensiv blaue Wasserfläche das ganze Tal zwischen den von Bäumen überzogenen Hängen füllt. Am Ostufer liegt ein Gasthaus, außerdem läuft ein Wanderweg rundum. Ein anderer Weg führt von dort kräftig bergauf, er mündet schließlich auf eine schöne, verträumte Wiese, an deren Rand als nächste Einkehrstation die **Saloberalpe** (1081 m) steht, die in betont rustikalem Stil neu errichtet wurde. Wer Lust hat, steigt noch weiter bergauf und zwar zum **Zirmgrat** (1293 m), einer Höhe ganz eigener Art. Nach Süden bricht das Gelände mit Fels ab; man blickt hinunter ins **Vilstal** und hinüber zu den **Tannheimer Bergen** mit dem **Aggenstein** als auffallendster Gestalt. Der **Zirmgrat** ist ein Aussichtspunkt der Extraklasse!
Von ganz anderer Art ist der nächste und letzte Vorschlag. An den Fuß der erwähnten Höhen schmiegt sich der **Weißensee**, eine der vier großen Wasser-

371

184 Zwischen Füssen und Zirmgrat

Die Altstadt von Füssen über dem Lech mit Kirche und Klosteranlagen St. Mang.

flächen des Ostallgäus: schönster Blick von Westen über den gesamten See zum Säuling. Die besondere Eigenart des Weißensees sind die Kontraste, gibt es doch im Süden ein teilweise felsiges Ufer, während der Nordosten ganz flach ausläuft und in Moor- und Schilfflächen übergeht. Ein **Strandbad** wird zum zusätzlichen Magneten.
Wichtig: zwischen Weißensee und Füssen verkehren Busse; so braucht man den gesamten Weg nur in einer Richtung zu gehen.
Hier nun die Beschreibung im einzelnen:
Auf der Reichenstraße durch die **Füssener Altstadt** (Fußgängerzone), hinauf zum Schloß, in den **Schloßgarten** (auch Baumgarten genannt) dahinter, über eine Brücke und zu einer Wegverzweigung oberhalb des Eisstadions. Nun entweder stets auf den bewaldeten Höhen bleibend auf größeren und kleineren Wegen (Kobel- und Hahnenkopfweg) zum **»Zweiseenblick«**, einem Vorsprung mit hübscher Aussicht, und hinab zum **Alatsee** (868 m) in einem abgeschiedenen, von Wald umsäumten Tal. Oder von der Verzweigung nach **Bad Faulenbach** hinunter. Von dort an Mitter- und Obersee (Badeanstalten) vorbei immer auf breiten, ebenen Wegen zum **Alatsee**. Der Nordrand dieses Sees läßt sich auch mit dem Auto erreichen (Wanderparkplatz).
Von der Nordwestecke des Alatsees auf Forststräßchen kräftig steigend durch lichten Wald zur bewirtschafteten **Saloberalpe** (1081 m) am Rand einer Wiese. Kurz davor zweigt der Weiterweg zum **Zirmgrat** nach rechts ab: Durch dichten Jungwald hinauf, dann im Hochwald nördlich um einen Kopf und etwas abwärts in einen schmalen Sattel. Von dort über einen kleinen Kopf mit ein paar Felsen in einen zweiten, breiteren Sattel. Bei der Verzweigung bald danach auf dem oberen Weg durch Wald ein gutes Stück empor zum Kamm mit einem trigonometrischen Zeichen und noch 100 m weiter zu einer **Aussichtskanzel**. Zurück zum Alatsee (man kann auch von der obersten Verzweigung gleich unter dem Zirmgrat über Roßmoos zum Weißensee absteigen; kürzeste Route). Von dort auf der Straße nach Norden über einen ganz nahen Waldsattel. Ein paar Minuten später links ab und auf Wegen hinab zum malerischen Südufer des **Weißensees**. Nach links und immer am Wasser entlang bis zum **Strandbad** (Bushaltestelle).

Informationen zur Tour

 Ausgangsort
Füssen (808 m) oder Alatsee (Zufahrt von der Straße Füssen – Pfronten)

 Anfahrt
Vom Ende der Allgäu-Autobahn nach Füssen

 Einkehrmöglichkeit
Gasthaus am Alatsee und Saloberalpe, Gasthäuser und Cafés in Füssen, Bad Faulenbach und Weißensee

 Auskunft
Füssen, Verkehrsamt, Tel. 0 83 62/70 77, Fax 3 91 81

 Karte
Topographische Karte »Füssen«

185 Breitenberg und Aggenstein

Tourenlänge
1,5 oder 4,5 km

Durchschnittliche Gehzeit
Rundtour ca. 2½ Std.

Etappen
Vom Lift in 30 Min. auf den Breitenberg, in gut 1 Std. auf den Aggenstein, Abstieg über Pfrontner Hütte zur Hochalpe etwa 1½ Std.

Steigung
Lift-Breitenberg 150 Hm, Lift-Aggenstein 340 Hm

Eignung für Kinder
Ab 6 – 10 Jahren

Interesssantes am Weg
Pfronten: sehenswerte Barockkirche. Spannender Weg zum Aggenstein

Wegcharakter
Zum Breitenberg auf gutem Bergweg, einfach. Zum Aggenstein rauher Steig in steilem Gelände, Gipfel mit einigen Schrofen (Sicherungen), alpine Erfahrung wichtig. Beim Abstieg über die Pfrontner Hütte Trittsicherheit nötig

Günstigste Jahreszeit
Pfingsten bis Oktober

Der Auftakt zu den heutigen Touren: Fahrten mit einer **Kleinkabinenbahn** und einem **Sessellift**. So kommt man, ohne jeden Schweißtropfen zu verlieren, bis in 1670 m Höhe. Wer die Berge noch kaum kennt, nimmt den **Breitenberg** (1838 m) als Ziel. Ein bequemer Steig führt in Kehren über Wiesen und zwischen Latschen zum höchsten Punkt, ein Aufstieg von nur 30 Minuten. Ein paar Felsen neben dem Weg und windgezauste Minifichten deuten auf das Hochalpine hin. Den Gipfel krönt die **Ostlerhütte**, das Urbild eines holzverkleideten Stützpunkts in den Bergen.

Der Aggenstein (1987 m), dieser trotzige Geselle, kommt der Abenteuerlust weit mehr entgegen. **Hoher Strich** heißt eine Abdachung zwischen

Der **Aggenstein** mit seiner ungewöhnlichen Form ist einmalig im gesamten Alpenraum. Über **Pfronten** bildet er den allgegenwärtigen Hintergrund. Dieser Ort, der sich über Kilometer hinzieht, zeigt zwei Eigentümlichkeiten: Er setzt sich aus dreizehn einzelnen Dörfern zusammen, außerdem fließen die Bäche, die **Vils** und die **Faule Ache**, nicht von Süden nach Norden, sondern umgekehrt, also in die Berge hinein (die Vils mündet bei der Ulrichsbrücke in den Lech). Autofahrern mag Pfronten nur als Staustrecke ein Begriff sein. In Wirklichkeit handelt es sich um einen Ferienort in schönster Lage, der viele Ausflugsziele bietet.

185 Breitenberg und Aggenstein

Der Aggenstein, hier im letzten Abendlicht, fällt aus allen Richtungen ins Auge.

den Wänden. Hier führt ein breit ausgetretener Steig in vielen **Serpentinen** empor, teilweise etwas steinig und abschüssig, besonders nach einem Gewitterguß, wenn wieder einmal das Wasser das Geröll weggewaschen oder abgelagert hat. Im oberen Teil kommt man den Wänden ganz nahe, doch der Weg selbst führt über keine felsigen Stellen, bis man eine Schulter im Hauptgrat erreicht hat. Toll der Blick nach Süden über das **Tannheimer Tal**! Ein paar Sicherungen helfen an der letzten, felsigen Stufe, über die es zum **Gipfelkreuz** geht.
Anschließend rascher Abstieg auf der gleichen Route oder eine Rundtour, die aber deutlich mehr Zeit beansprucht. Schon vom Gipfel sieht man in den steilen südseitigen Grashängen die **Pfrontner Hütte**. Nach einer Stärkung dort, bei der man mit weiten Ausblicken verwöhnt wird, folgt ein ziemlich steiler Abstieg durch die Nordflanke des Grates, der ein wenig Trittsicherheit erfordert. Der Rückweg zur **Kabinenbahn** mit Querungen durch Wald und über Alpmatten zieht sich etwas in die Länge.
Die beiden Varianten in Stichpunkten: Mit der Kabinen-Seilbahn zur **Hochalpe** (1500 m, Berggasthaus), dann im Sessellift zum **Kamm** zwischen Breitenberg und Aggenstein. Nach rechts auf gutem Serpentinenweg auf den **Breitenberg**. Oder:

vom Kamm nach Süden ein wenig abwärts in einen breiten Sattel und weiter an den Bergfuß. Etwas nach rechts, in vielen Kehren über steile Hänge gegen die Felsen empor, dann halblinks auf eine Schulter im Hauptkamm etwa 50 m unter dem **Aggenstein-Gipfel**. Kurze Querung in eine Rinne und längs der Sicherungen, hier handelt es sich um Ketten, über harmlose Schrofen zum Kreuz. Von der Schulter entweder auf der gleichen Route zurück oder auf der Südseite des Kammes auf breit ausgetretenem, steinigem Bergweg durch steile Grashänge abwärts, dann nach links hinüber zur **Pfrontner Hütte** (1788 m). Parallel zum Grat in eine Lücke. Hier auf die Nordseite und in den steilen Hängen in ein Kar und zu einem einsamen Hüttchen. Wegverzweigung. Links etwa eben durch die Hänge, um einen bewaldeten Rücken zu den Weideflächen der Hochalpe und zurück zur Bahn.

Informationen zur Tour

Ausgangsort
Durch Pfronten nach Süden zum Ortsteil Steinach und weiter Richtung Reutte zur Talstation der Breitenbergbahn gleich nach dem letzten Haus. Vis-à-vis der Bahnhof Pfronten-Steinach

Anfahrt
Pfronten läßt sich rasch vom Ende der Autobahn Kempten – Füssen über Nesselwang erreichen. Im Ort gibt es auch vier Haltestellen der Bahn von Kempten nach Reutte

Einkehrmöglichkeit
Berggasthaus auf der Hochalpe; Ostlerhütte auf dem Breitenberg, Tel. 0 83 63/4 24

Übernachtung unterwegs
Pfrontner Hütte, auch Bad Kissinger Hütte genannt, Alpenverein, 94 Schlafplätze, Tel. 00 43/6 63/5 66 02

Auskunft
Pfronten, Verkehrsamt, Tel. 0 83 63/6 98 88, Fax 6 98 66

Karte
Topographische Karte »Füssen«

186 Zwei Rundtouren bei Oberjoch

 Tourenlänge
8 km

 Durchschnittliche Gehzeit
Aufstieg zum Spieser 2 Std.

 Etappen und Varianten
Oberjoch – Hirschalpe 1¼ Std., Hirschalpe – Spieser 40 Min., Spieser – Jochschrofen 50 Min., Jochschrofen – Oberjoch 45 Min., Hirschalpe – Hirschbachtobel – Hindelang 1¼ Std., Hindelang – Hirschbachtobel 1 Std.

 Steigung
Zur Hirschalpe 370 Hm, von dort zum Spieser 160 Hm

 Eignung für Kinder
Ab 6 – 10 Jahren

 Interessantes am Weg
In der Kirche von Bad Oberdorf gotischer Schnitzaltar

 Wegcharakter
Zur Hirschalpe auf gutem Fuß- später Fahrweg. Von dort zum Spieser teilweise etwas steiler, Übergang zum Jochschrofen auf problemlosen Steigen, Abstieg von der Hirschalpe kurzzeitig steil

 **Günstigste Jahreszeit**
Mai bis Oktober oder November, Hirschalpe oft auch im Winter

Die Landschaft bei Oberjoch zeigt, welche Veränderungen in der Natur entstehen können. Schaut man zum **Jochschrofen** hinauf, fällt auf der linken Seite ein völlig freier Hang auf, auf dem man jedoch ausgerissene Wurzelstöcke, alte Storzen, Baumleichen entdeckt. Vor dem großen Wintersturm war der Riesenhang gleichmäßig mit Fichten-Hochwald bewachsen. Auf der anderen Seite von Oberjoch, unter dem **Iseler**, gibt es ähnliche Wunden zu sehen.

Nach Ausdauer, Lust und Laune kann man zwischen vier Unternehmen im Spieser-Gebiet wählen: dem gemütlichen Brotzeit-Bummel zum **Berggasthaus Hirschalpe**, der Zwei-Gipfel-Wanderung, der Spieser-Hirschbachtobel-Runde und schließlich einem Ausflug, bei dem man nur aus dem Tal bei Hindelang den erwähnten Tobel besucht. Drei der vier Routen beginnen in **Oberjoch**. Auf einem Fußweg wandert man an einer hübschen **Aussichtskanzel** vorbei zu einem Alpsträßchen, auf dem es dann zwischen alten Fichten und über freie Flächen zur **Hirschalpe** (1493 m) geht. Dieses Berggasthaus lädt zu einer gemütlichen Brotzeit ein, bei der man auch den Blick über das **Ostrachtal** auf **Großen Daumen** und **Hochvogel** genießen kann. Freie

Schaut man vom berühmten Allgäuer Aussichtsberg, dem **Grünten**, nach Südosten, so fällt vor allem ein kilometerweites Meer von Fichten auf. Großer Wald lautet der treffende Name. Aus dieser Perspektive ahnt niemand, daß auch die Berggruppe um das **Wertacher Hörnle** (1695 m) mit weiten Alpflächen, waldarmen Wanderwegen und freien Gipfeln verwöhnt. Über **Oberjoch**, dem am höchsten gelegenen Ort Deutschlands, schaut das gleiche Massiv eben völlig anders aus. An **Spieser** und **Jochschrofen** ist das Gelände kleinräumig.

375

186 Zwei Rundtouren bei Oberjoch

Auf der rechten Seite Spieser und Hirschberg, links des Sattels der Jochschrofen

Alpweiden leiten dann empor zum **Spieser** (1649 m), dem höchsten Punkt der kleinen Berggruppe. Gipfelhungrige werden nach Osten weiter wandern, wo sie wenige Minuten später den von Gras überzogenen **Hirschberg** (1643 m) »mitnehmen« können. Das nächste Ziel ist der **Jochschrofen** (1625 m), von dem ein Weg, der weiter unten auf eine kleine Forststraße mündet, direkt nach Oberjoch hinunter führt.

Vom großen Parkplatz über die Straße und den Schildern »Ornach« folgend zwischen den Häusern gerade empor und wenige Minuten durch Wald auf einen querlaufenden Weg. Hier weit nach links bis zu einer Geländeecke mit schönem Blick über das **Ostrach-** und **Illertal**. Kurz aufwärts, dann links quer durch den steilen Hang in eine breite Mulde, wo man auf einen Alp-Fahrweg trifft. Auf ihm in Schleifen weiter empor, schließlich nach links um die Kante zur **Hirschalpe** (1493 m).

Von der **Hirschalpe** zu einem nahe gelegenen Kreuz, dann flach in einen kleinen Graben. Nun entweder – kürzer, lohnender, aber ohne Weg – gerade über die Weideflächen empor in einen Sattel und nach links zum Kreuz auf dem **Spieser** (1649m). Oder auf dem Weg bleibend weit nach links zur Verzweigung vor die Gratkante. Von dort kräftig steigend – meist etwas rechts der Schneide zwischen einzelnen, windgezausten Fichten – zum Gipfel.

Vom Spieser nach Osten in die nahe Scharte (von hier in wenigen Minuten auf den **Hirschberg**, 1643 m), dann quer durch die Hänge leicht abwärts in den Sattel vor dem Jochschrofen. Nach Norden noch ein wenig tiefer zu einer Verzweigung. Nun rechts durch eine Mini-Mulde zum Kreuz auf dem Kamm, **Ornach** genannt. Nach Süden über den Grat auf den kleinen Gipfel des **Jochschrofens** (1625 m). Zurück nach **Ornach**, von dort schräg durch den freien Hang hinab, dann im spitzen Winkel wieder nach links zum Waldrand. In langen Schleifen auf einem Forsträßchen zurück nach **Oberjoch**.

Oder: von der **Hirschalpe** nach Westen auf den freien Rücken etwas unterhalb des Kreuzes. Hier ein gutes Stück hinab, dann noch kurz durch Wald, bis man auf einen querlaufenden Weg trifft. Ein paar Minuten nach links, dann wieder steil abwärts in den inneren Kessel des **Hirschbachtobels**. Auf nun gutem Weg hinaus nach Hindelang (Busverbindung zwischen **Hindelang** und Oberjoch).

Informationen zur Tour

Ausgangsort
Oberjoch (1136 m), Ortsteil von Hindelang, Ferien- und Wintersportort, zudem Kurzentrum

Anfahrt
Von der Autobahn-Ausfahrt Oy auf sehr guter Straße an Wertach vorbei direkt nach Oberjoch. Oder dorthin von Hindelang auf der Jochstraße

Einkehr unterwegs
Berggasthaus Hirschalpe (1493 m)

Auskunft
Oberjoch, Kurverwaltung, Tel. 0 83 24/89 20, Fax 80 55; Verkehrsamt, Tel. 0 83 24/77 09

Karte
Topographische Karte »Allgäuer Alpen«

Allgäu

187 Durch die Starzlachklamm

 Tourenlänge
3,5 km

 Durchschnittliche Gehzeit
Rundtour gut 1½ Std.

 Etappen
In die Klamm 30 Min.

 Steigung
Zum Gasthaus Alpenblick 220 Hm

 Eignung für Kinder
Ab 6 – 10 Jahren

 Interessantes am Weg
Sonthofen: barocke Pfarrkirche mit Schnitzwerken von Anton Sturm. Wasserfall und eindrucksvolle Klamm

 Wegcharakter
Gut angelegte Fußwege, die nach Regen aber rutschig sein können

 Günstigste Jahreszeit
April bis Oktober oder November

Die Attraktion des Tages heißt **Starzlachklamm**. Dabei beginnt die Wanderung eher enttäuschend: Man ist in einem der typischen feuchten bis nassen V-Täler mit dichtem Gestrüpp aus Stangenholz und schmierigen, abrutschenden Seitenhängen unterwegs. Doch dann ändert sich das Bild schlagartig. Plötzlich steht man vor dem Klammbeginn mit seinem breitgefächerten **Wasserfall**. Der abrupte Übergang von weichen zu widerstandsfähigen Gesteinsschichten schafft diese auffallenden Unterschiede. Auf ihrem Weg mußte sich die Starzlach hier in Jahrtausende währender Schmirgelarbeit in den Fels fräsen, der in diesem Bereich so hart ist, daß senkrechte Wände ausgewaschen wurden. Im ersten Abschnitt des Tobels imponieren die Felsblöcke, eine kleine Chaos-Welt, durch die sich der Steig schlängelt. Dann folgt die eigentliche Klamm mit ihren glatten, oft muschelartig ausgewaschenen Felsmauern. Als Steg wurde der Pfad in dem senkrechten Gestein verankert. Wenige Meter unterhalb tost der Bach.

Nach einer Brücke beginnt der Aufstieg aus den Tiefen des Bachtals zu den sonnigen **Höhen von Ried** (975 m). Die Terrasse des Gasthauses dort oben lädt zu gemütlicher Rast ein und zum Bewundern der Aussicht, die weit über das **Illertal** bis zu den Bergen im Südwesten reicht. Der Rückweg gehört zum Freundlich-Gemütlichen. Nur kurz steigt man nochmals zwischen Bäumen empor, dann erreicht man freie Weideflächen, die allerdings stets von Wald eingesäumt sind. Diese einsamen, verwunschenen Lichtungen mit Blick ins Tal, über die man rasch abwärts wandert, muß man sich allenfalls mit dem Vieh teilen.

Vom Parkplatz auf einem Forstweg kurz talein, dann rechts auf dem Fußweg durch dichtes Stangenholz zum Beginn der **Starzlachklamm** mit einem Kiosk, wo auch eine Gebühr gezahlt werden muß. Durch die eindrucksvolle Schlucht, danach über eine Brücke nach links, im Zickzack über eine Steilstufe empor und schließlich auf schönen Wiesen zum **Gasthaus Alpenblick**

377

187 Durch die Starzlachklamm

In der Starzlachklamm bei Sonthofen – einer der schönsten Allgäuer Ausflüge für Kinder

200 m auf der Straße nach Westen bis zum Waldrand. Hier links abbiegen, kurz zwischen dichten Bäumen empor, doch bald wieder abwärts auf freie Weideflächen. Über diese immer etwas nach rechts weit hinab, dann nochmals kurzzeitig durch steilen Wald. Bei einer Verzweigung auf den rechten Weg, der zur Brücke beim Parkplatz führt.

Informationen zur Tour

Ausgangsort
Winkel (760 m), Dorf an der Ausmündung des Starzlachtals

Anfahrt
Auf der B 19 zur nördlichen Ausfahrt von Sonthofen. Die Schnellstraße überqueren und nach Osten zur dritten Ampel. Hier links abbiegen, dann immer geradeaus

Einkehrmöglichkeit
Gasthaus Alpenblick in sehr schöner Höhenlage

Übernachtung
Alle Möglichkeiten von Hotels bis Ferienwohnungen, zudem ein Campingplatz nahe der Iller

Auskunft
Sonthofen, Gästeteam, Tel. 0 83 21/61 52 90, Fax 61 52 93

Karte
Topographische Karte »Allgäuer Alpen«

Allgäu

188 Seealpsee und Oytal

Tourenlänge
9,5 km

Durchschnittliche Gehzeit
Seealpsee-Ausflug 2 Std., durchs Oytal gut 3 Std.

Etappen
Abstieg zum See knapp 1 Std., Rückkehr zur Bergbahn etwas länger. Abstieg ins Oytal und Wanderung nach Oberstdorf mindestens 3 Std.

Steigung
Seealpsee und zurück 320 Hm

Eignung für Kinder
Ab 6 – 10 Jahren

Interessantes am Weg
Ideal eines Bergsees. Spannender Steig in grandioser Landschaft, Wasserfall ganz nahe am Weg

Wegcharakter
Zum See Bergwege ohne Probleme. Abstieg ins Oytal hingegen steil, Trittsicherheit angebracht

Günstigste Jahreszeit
Pfingsten bis Oktober, Oytal von unten ganzjährig

sten Kante, wo das Gelände 600 m tief ins Oytal abstürzt. Die **Höfats** mit ihren außergewöhnlich steilen Grasflanken bildet den idealen Kontrast-Hintergrund dazu.

Wer einen einfachen, relativ kurzen Ausflug plant, der steigt vom See wieder empor zum Zeigersattel, um dann mit der Seilbahn ins Tal zu schweben. Die Erlebnishungrigen, die auch einen längeren Abstieg und steile Holperwege nicht scheuen, haben ein anderes Ziel – das **Oytal**. Aber niemand kann unmittelbar vom See ins nahe Tal hinab. Wie so oft im Hochgebirge ist ein direkter Weg unmöglich. Hier entpuppt sich die Sache sogar als besonders tückisch: Die Hänge unter dem **Seealpsee** sind anfangs gut begehbar, dann werden sie steiler und immer steiler, um schließlich in die grasdurchsetzten Seewände überzugehen, die von oben nicht zu erkennen sind. Natürlich muß man sich auch hier an den Steig, den sogenannten Gleitweg, halten, der die Problemstellen umgeht. Deshalb führt er 60 m über der Wasserfläche um eine Geländekante, die man **Mäxeleseck** nennt, nach Osten und quert dann steile Hänge, um den wild eingeschnittenen Gündlestobel zu vermeiden. Erst dann geht es im Zickzack durch zerschundenes

Der **Seealpsee** läßt sich trotz einer Höhe von 1628 m rasch und ohne Mühe erreichen. Die **Nebelhornbahn** erschließt diesen Ausflug auch für Kinder, die nur 300 Hm steigen mögen. Von der Station **Höfatsblick** wandert man in einigen Minuten zum Sattel am Zeiger. Dort öffnet sich ein weites, eindrucksvollen Panorama, und doch zieht etwas anderes den Blick zuerst auf sich – unter dem Betrachter leuchtet ein Wasserspiegel in intensivem Blau. Verblüffend die Lage des Seealpsees: Seine Fläche reicht scheinbar bis zur äußer-

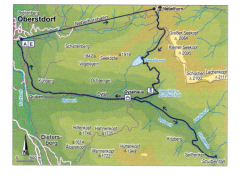

188 Seealpsee und Oytal

Blaues Kleinod in grüner Fassung: der Seealpsee hoch über dem Oytal

Gelände (mit vielen Blumen) tiefer – vorbei an einem schönen Wasserfall mit dem einfachen Namen **Seealpengündlesfall** –, bevor man schließlich den Boden des Oytals erreicht. Ein paar Minuten talaus steht das bekannte **Gasthaus**, und so kommt man urplötzlich in die völlig andersartige, viel lautere Welt der Ausflügler. Eine gute Stunde talein lockt eine weitere Sehenswürdigkeit, der hohe, wasserreiche **Stuibenfall**. Der Weg talaus, zurück nach **Oberstdorf**, zieht sich schon recht in die Länge; man müßte die Tour also nicht um zwei weitere Stunden ausdehnen.

Von der Station **Höfatsblick** am nahen **Alpenvereinshaus** vorbei zu einem Bächlein und kurz wieder aufwärts in den breiten **Wiesensattel** (1920 m) am Zeiger mit überraschendem Blick nach Süden. Auf dem unteren Weg ein Stückchen durch die Hänge nach Osten in eine Mulde, dann immer schräg abwärts über kleine Böden und durch die von **Karstfelsen** unterbrochenen Hänge bis zur Hinteren **Seealpe**. Gleich danach Wegverzweigung. Auf dem unteren Steig zum Seealpsee hinab.

Abstieg ins Oytal: Wie beschrieben zur **Hinteren Seealpe**. Nun auf dem oberen Steig querend zwischen einigen Latschen an die Geländekante, das **Mäxeleseck**. In einem Bogen durch die folgenden Steilhänge schräg hinab, dann über eine glatte Fläche in vielen Kehren tiefer zum Wasserfall des **Seealpengündlesbachs** und auf die Böden des Oytals. Evtl. auf breitem Alpweg talein zum **Stuibenfall**. Sonst gleich zum nahen **Gasthaus Oytal** (1013 m), das inmitten einer sehr eindrucksvollen Hochgebirgslandschaft steht. Auf dem Fahrweg fast eben etwa 25 Min. nach Westen. Verzweigung. Entweder weiterhin auf dem Sträßchen bis **Kühweg** und von dort auf einem Fußweg zur **Trettachbrücke** bei der Nebelhornbahn. Oder dorthin in der Nähe des Baches bleibend zur Trettach und an ihrem westlichen Ufer entlang zurück zum Ausgangspunkt bei der Seilbahn.

Informationen zur Tour

Ausgangsort
Entweder vom Ortsrand Oberstdorf mit dem Bus zur Talstation der Nebelhornbahn oder mit dem Auto am Ortsrand nach links und dorthin. Bergfahrt über zwei Sektionen zur Station Höfatsblick (1929 m)

Anfahrt
Auf der B 19 über Sonthofen bis zum Ortsrand Oberstdorf

Einkehrmöglichkeit
Gasthaus Oytal und in Kühberg

Unterkunft
Edmund-Probst-Haus an der Seilbahnstation, DAV, 110 Schlafplätze, Tel. 0 83 22/47 95

Auskunft
Oberstdorf, Kurverwaltung, Tel. 0 83 22/70 00, Fax 70 02 36

Karte
Topographische Karte »Allgäuer Alpen«

189 Vom Mittag auf den Steineberg

Tourenlänge
6,5 km

Durchschnittliche Gehzeit
Aufstieg zum Steineberg 1 Std.

Etappen
Vom Mittag zum Steineberg 1 Std., Rückweg 45 Min.

Steigung
Mittag – Steineberg 280 Hm

Eignung für Kinder
Ab 6 – 10 Jahren

Interessantes am Weg
Steig voller Spannung

Wegcharakter
Fußwege, die im Gipfelbereich einige Aufmerksamkeit erfordern. Bei Nässe nicht geeignet

Günstigste Jahreszeit
Pfingsten bis Oktober

Wie so oft im Nagelfluh, stürzt auch der Gipfelgrat unseres Berges nach Norden mit einem nicht nur senkrechten, sondern sogar ein wenig ausgebauchten Wandstreifen (= Fluh bei den Allgäuern) ab, der zwar nur zwanzig Meter hoch ist, sich aber weit hinzieht. Beim **Steineberg** ergibt das eine ganz witzige Situation: Der Steig steuert genau auf das **Gipfelkreuz** zu, klimmt über das steile Gelände empor bis auf einen kleinen Absatz. Hier steht man nun so nahe unter seinem Ziel, daß man die Menschen dort oben reden hört – trotzdem ist ein Zugang unmöglich. Der Pfad führt deshalb am Fuß der Fluh nach Westen, direkt unter der steilen Wand und am Oberrand eines glatten **Riesenhangs** entlang, den die winterlichen Lawinen glatt poliert haben. Erst 300 m weiter gibt es eine Lücke, die einen problemlosen Zugang zur Höhe erlaubt. Drei weitere Überraschungen: Man betritt nicht etwa einen schmalen Grat, sondern einen breiten Rücken mit üppigem Gras, in dem man sich herrlich ausstrecken kann.

Für den **Steineberg** (1683 m), diesen felsgeschmückten Nagelfluhgipfel hoch über Immenstadt und Gunzesried, gilt: Wer gemütliches Wandern auf möglichst glatten Wegen bevorzugt, sollte diesem Ziel fernbleiben. Die Tour bietet Liftfahrt, Aufstieg von nur einer Stunde, keine Straßen, sondern ausschließlich Fußwege, eine paar spannendere Stellen am Gipfel, steileres Gelände, aber doch keine Schwierigkeiten oder größeren Gefahren. Mag zwischendurch der Steig zum Steineberg mit dem rollenden Kies des Nagelfluh bedeckt und ein wenig zum Kugellager umfunktioniert sein, dann ruft das wohl ein lautes Oh und Ah hervor, wird dann aber doch von vielen als Abwechslung und zu lösende Aufgabe mit Freude begrüßt.
Gleiches gilt für die nordseitigen **Felsfluhen** und Bänder, dem Markenzeichen des Steinebergs.

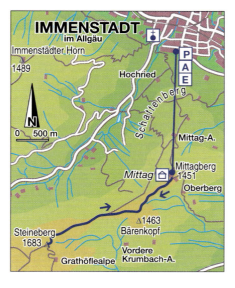

189 Vom Mittag auf den Steineberg

Der Gipfel des Steinebergs verteidigt sich mit senkrechten Felsfluhen.

Außerdem steht das schon von unten sichtbare **Gipfelkreuz** keineswegs auf dem höchsten Punkt, sondern auf einer deutlich tieferen Ecke, die nach Osten vorspringt. Die dritte ist ein Kuriosum ganz anderer Art. Ein Stückchen tiefer liegt eine **Alphütte**, die über Jahrzehnte auf allen Karten als »Brathöfle« eingetragen war. Dieser Druckfehlerteufel! Einer hatte das G aus Versehen durch ein B vertauscht, und alle schrieben schön brav diesen Unsinn ab. Es muß natürlich Grathöfle heißen, weil die Hütte am Grat liegt.

Bei der Bergstation auf die südliche Gratseite und immer etwas unterhalb der Schneide im freien Gelände zum Sattel am **Bärenkopf**; dabei genießt man stets einen Blick weit über das **Illertal** auf die großen Allgäuer Berge. Vom Sattel durch die Hänge in die tiefste Senke zwischen Mittag und **Steineberg**. Nun immer in Gratnähe zwischen Fichten rasch aufwärts und an der kurzzeitig schmalen Schneide entlang an den Gipfelfuß. Links auf steinigem Pfad auf einen Absatz direkt unter dem **Kreuz**. Unter der Felsfluh im nun alpinen Gelände 300 m nach Westen, dann zur **Grathöhe** hinauf, die man nahe dem höchsten Gipfel erreicht. Das Kreuz steht, 23 m tiefer, im Osten.

Informationen zur Tour

Ausgangsort
Immenstadt (728 m), vom Zentrum nach Süden durch Jahn- und Mittagstraße zur Talstation der Mittagbahn

Anfahrt
Von der Autobahn-Ausfahrt Waltenhofen auf der B 19 direkt nach Immenstadt

Einkehrmöglichkeit
Restaurant an der Bergstation der Bahn

Unterkunft
Alle Möglichkeiten in Immenstadt, Camping am Alpsee

Auskunft
Immenstadt, Gästeamt, Tel. 0 83 23/8 04 81

Karte
Topographische Karte »Allgäuer Alpen«

Allgäu

190 Gipfel-Tour beim Hochgrat

 Tourenlänge
9 km

 Durchschnittliche Gehzeit
Insgesamt ca. 2½ Std.

 Etappen
Grattour ab Bahn reichlich 1 Std., Rückweg mindestens 1½ Std.

 Steigung
Auf den Hochgrat 130 Hm, Drei-Gipfel-Tour 200 Hm

 Eignung für Kinder
Ab 6–10 Jahren

 Interessantes am Weg
Bergbahn mit Kleinkabinen, spannender Steig, viele bizarre Felsen

 Wegcharakter
Auf den Hochgrat breiter, sehr viel begangener Weg; Grat zum Eineguntkopf mit kleinem Steig, auch steilere Stellen. Aufstiege nur kurz

 Günstigste Jahreszeit
Pfingsten bis Oktober

Wer es ganz gemütlich haben will, der bummelt nur von der Bergstation das kurze Stück empor auf den **Hochgrat** (1834 m), besucht vielleicht anschließend das **Staufnerhaus**. Vielleicht wandert er dann noch zu Fuß über kleinere und größere Wege wieder ins Tal hinab. Apropos Hochgrat: Das Gestein Nagelfluh sorgt auch hier für ein besonderes Bild. Die gesamte, bis zu 500 m hohe Nordflanke besteht abwechselnd aus **Steilgrasbändern** und senkrechten **Felsfluhen**, die zwar ganz schmal sind, aber oft quer durch die gesamte Flanke laufen. Auch die Aussicht von diesem überragenden Gipfel zählt zum Ungewöhnlichen, gehören doch dazu ebenso das hügelige Land des Westallgäus wie die großen Gipfel um die Mädelegabel oder der Säntis drüben in der Schweiz. Doch wem das Bergwandern in den Füßen steckt, der wird zur **Drei-Gipfel-Tour** aufbre-

chen. Zusammen mit dem Hochgrat sind es sogar vier. Auch die Berge fünf und sechs (Falken und Hochhädrich mit interessantem Gratweg zwischen beiden) wären noch möglich. Doch bleiben wir bei unserer mittleren Lösung, einer kurzweiligen Tour mit pfiffigen Stellen und so manchem Blick auf besonders bizarre Felsen. Auch hier handelt es sich um Nagelfluh, der für alle Formen, für senkrechte Abbrüche, für steilstes Gras, für üppigsten **Blumenschmuck** usw. sorgt. Es paßt auch zu diesem Gestein, daß hier die Fichten selbst oben am Grat nicht nur wachsen, sondern dort sogar mächtig und hoch aufragen. Der Grat mit seinen drei Gipfeln, **Seelekopf** (1663 m), **Hohenfluhalpkopf** (1636 m) und **Eineguntkopf** (1639 m) fordert nur kurze Aufstiege, das Gelände ändert ständig sein Aussehen, kleine Stufen (es gibt sogar eine kurze Eisenleiter) wechseln mit Gratstücken, flachen Absätzen, Querungen, ganz freies Gelände mit mächtigen Fichten usw. Nach der Grattour kann man dann seine Kräfte im **Berggasthaus Falkenhütte**

Seelekopf heißt der erste Gipfel der Nagelfluhkette westlich des Hochgrats.

190 Gipfel-Tour beim Hochgrat

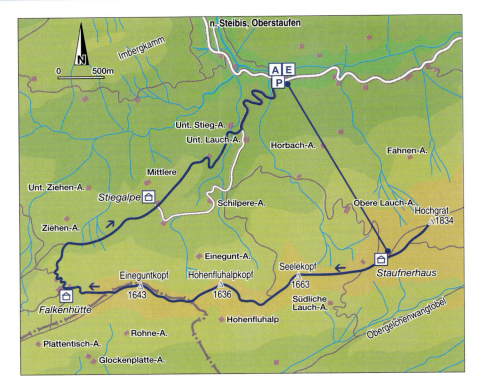

oder weiter unten in der Stiegalpe auffrischen. Mit der Kleinkabinenbahn zur Bergstation auf dem Rücken in 1700 m Höhe. Evtl. Abstecher auf den Hauptgipfel der Region, den **Hochgrat** (1834 m, breite Wege, 20 Min. Aufstieg). Dann von der Bergstation in der anderen Richtung auf dem Grat, über dem **Staufnerhaus** vorbei, nach Westen und über eine kleine Leiter in die tiefste Scharte. Auf ausgeprägter Schneide auf den **Seelekopf** (1663 m) und drüben hinab in die nächste **Gratlücke**. Nun meist etwas südlich der Kante um einige Zacken herum und wieder aufwärts auf den **Hohenfluhalpkopf** (1636 m). Nach einer weiteren Scharte zwischen großen Fichten auf den langgestreckten **Eineguntkopf** (1639 m), wo das Gelände weiträumig und sanft wird. Auf Mattenflächen zur **Falkenhütte** und über die anschließende Stufe hinab. Nun nach rechts auf teilweise feuchten Weideböden zur bewirtschafteten **Oberen Stiegalpe**. Von ihr gerade abwärts zur **Unteren Lauchalpe** und auf dem Sträßchen zurück zur Talstation der Seilbahn.

Informationen zur Tour

Ausgangsort
Von Steibis noch 3 km durchs Tal der Weißach zur Hochgratbahn (860 m)

Anfahrt
Auf der B 308 nach Oberstaufen, von dort hinab zur Weißach und gegenüber wieder empor nach Steibis

Einkehrmöglichkeit
Berggasthaus Falkenhütte; Obere Stiegalpe

Auskunft
Steibis, Verkehrsamt, Tel. 0 83 86/81 03

Karte
Topographische Karte »Allgäuer Alpen«

384

191 Kenzenhütte – Kenzensattel – Geiselsteinjoch – Wankerfleck

Tourenlänge
6 km

Durchschnittliche Gehzeit
3 Stunden

Talorte
Steingaden (763 m), Trauchgau (792 m), Halblech (825 m)

Etappen
Kenzenhütte (1285 m) – Kenzensattel (1650 m) – Geiselsteinjoch (1729 m) – Wankerfleck (1143 m)

Steigung
500 Hm

Eignung für Kinder
Für größere Kinder geeignet

Interessantes am Weg
Wieskirche; Kapelle am Wankerfleck mit Geiselstein-Nordwand; evtl. Prämonstratenserkloster Steingaden

Tourencharakter
Meist gute Bergsteige, hinunter zum Wankerfleck etwas schlechter Weg; Trittsicherheit ist angenehm

Günstigste Jahreszeit
Juni bis Mitte Oktober

Wenige Kilometer südöstlich von Steingaden steht in waldgesäumten Wiesen und zwischen zwei ausgedehnten Filzen das größte Juwel des bayerisch-schwäbischen Kirchenrokoko: die **Wies**. Mag auch immer wieder behauptet werden, ihr Äußeres sei schlicht, so weckt dieser eigenartig gestufte Bau mit der Andeutung eines Ovals doch zumindest die Neugierde darauf, was sich im Innern wohl verbirgt.
Dieses Innere ist ein Fest des Lichts. Hier dominieren Helligkeit, Leichtigkeit, Heiterkeit des Rokoko. Sechzehn Doppelpaare schlanker Freipfeiler bestimmen den Eindruck des Ovalraumes in einer Weise, daß man die Wände hinter ihnen kaum mehr wahrnimmt – wären da nicht die eigenwillig gestalteten Fenster, die diese Fülle von Licht ja erst ermöglichen. Nur eine architektonische geniale Dachstuhl- und Deckenkonstruktion konnte diese Schwerelosigkeit des Innenraumes gewährleisten.
Das Oval führt hin zum niedrigeren Chor mit dem Hauptaltar. Er birgt das Gnadenbild des gegeißelten Heilands, dessentwegen 1738 die Wallfahrt anhob. Gold prangt. Die Wieskirche wird als Gesamtkunstwerk der Brüder Dominikus und Johann Baptist Zimmermann gesehen. Innerhalb von nur neun Jahren, zwischen 1745 und 1754, war es entstanden. Den Auftrag dazu erteilte Abt Hyazinth Gaßner von Steingaden. Doch der Bau verschlang immense Summen, so daß Gaßners Nachfolger auf Grund der hohen Schulden des Stifts zurücktreten mußte.
Aber wollten wir nicht noch auf den Berg? Die Wies steht ja unmittelbar vor dem mächtigen, bewaldeten Rücken des Trauchberges. Doch wenn wir schon so großartig »in Kultur machen«, sollte die Tour adäquat sein. Und da gibt es in der nähe-

385

191 Kenzenhütte – Geiselsteinjoch – Wankerfleck

Die herrliche Wieskirche bei Steingaden gilt als größtes Juwel des bayerisch-schwäbischen Kirchenrokoko.

ren Umgebung nur eine Bergwanderung: diejenige rund um den »Herrscher der Kenzen«, den Geiselstein (1884 m).
Der **Geiselstein** steht tief drinnen im Ammergebirge. Ginge man alles zu Fuß, wär's ein beachtlicher »Schlauch«. Ich weiß, wovon ich rede. Doch von **Halblech** aus gibt es eine Kleinbusverbindung zur **Kenzenhütte**, dem eigentlichen Ausgangspunkt. Von dort steigen wir südlich aufwärts ins Tälchen zwischen Hochplatte und Kenzenkopf und darin, landschaftlich reizvoll, bis in den Kenzensattel empor. Plötzlich steht er vor uns, der Geiselstein, dieser Super-Kletterberg mit seinen zahlreichen Routen nahezu aller Schwie-

rigkeitsgrade. In den Sattel links von ihm müssen wir hinauf. Das geht rascher vonstatten, als es den Anschein hat. Vom **Kenzensattel** leicht westlich abwärts ins Gumpenkar, bis nach rechts der Steig zum **Geiselsteinjoch** abzweigt. Er führt unterhalb der Gumpenkarspitze relativ bequem ins Joch, wo man den Kletterern an der steilen Südwestkante zuschauen kann.
Jenseits abwärts, mit vielen Kehren im Bogen um die West- und Nordwestseite des Berges herum, dann steil wiederum in Serpentinen (teils schlechter Steig) hinunter zum herrlichen **Wankerfleck**, dem die mächtige Geiselstein-Nordwand sein Gepräge gibt. Man geht hinaus bis zum Sträßchen und wartet auf den von der Kenzenhütte kommenden Bus.

Informationen zur Tour

Ausgangsort
Kenzenhütte (1285 m) unterhalb von Vorderscheinberg und Kenzenkopf gelegen

Anfahrt
Nächstgelegene Bahnstationen sind Schongau bzw. Füssen; von beiden Orten Busverbindung mit Halblech und Steingaden; mit dem Auto auf der B 17 über Steingaden (dort zweigt die Straße zur Wies ab) und Trauchgau nach Halblech; der »Kenzenhütte-Parkplatz« ist gut beschildert

Einkehrmöglichkeit
Kenzenhütte, Moserwirt bei der Wieskirche

Unterkünfte
• Campingplatz: »Stadt Essen« in Lechbruck, Tel. 0 88 62/84 26
• Hütte: Kenzenhütte (1285 m, privat), Tel. 0 83 68/3 79 oder 3 90

Öffnungszeiten
Für Konzerte in der Wieskirche gibt es Programme im Verkehrsamt Steingaden

Touristeninformation
Verkehrsamt D-86989 Steingaden, Krankenhausstraße 1, Tel. 0 88 62/2 00 oder 9 10 10, Fax 0 88 62/64 70

Karte
Topographische Karte Füssen und Umgebung, M 1:50 000, Bayerisches Landesvermessungsamt München

192 Kloster Ettal – Manndl – Laberjoch

 Tourenlänge
5 km

 Durchschnittliche Gehzeit
3 Stunden

 Talort
Ettal (877 m)

 Etappen
Ettal (877 m) – Ettaler Manndl (1633 m) – Laberjoch (1648 m); mit der Seilbahn nach Oberammergau

 Eignung für Kinder
Für größere Kinder geeignet; auf das Ettaler Manndl selbst dürfen nur klettersteigerfahrene Kinder

 Steigung
850 Hm

 Interessantes am Weg
Klosterkirche Ettal; auf einer möglichen Variante der Soilesee

 Tourencharakter
Teilweise schmale, etwas exponierte Bergsteige; auf das Ettaler Manndl führt ein ausgesetzter Klettersteig

 Günstigste Jahreszeit
Mitte Mai bis Ende Oktober

Natürlich ist in gewisser Weise auch der Ettaler Klosterlikör eine kulturelle Attraktion. Uns geht es hier aber doch mehr um die berühmte **Klosterkirche**, die noch dazu unmittelbar am Tourenausgangspunkt liegt. Ludwig der Bayer gründete Ettal 1330. Der Kaiser schenkte dem Stift eine kleine, marmorne Marienfigur, die er aus Italien mitgebracht hatte. Dieses Gnadenbild befindet sich seit 1790 auf dem Hochaltar der Klosterkirche. Zwei Jahre nach der Gründung erhielt Ettal die Regel des Ritterordens. 1347 wurde sie von den Benediktinern abgelöst. Die Kirche war ursprünglich ein zwölfeckiger gotischer Zentralbau mit doppelgeschossigem Umgang. Der barocken Umgestaltung, die 1710 begonnen hatte, lagen Pläne von Enrico Zucalli zu Grunde. Joseph Schmuzer wurde für die Realisierung gewonnen. Man behielt die Außenmauern bei und errichtete den großartigen Kuppelbau. Für den Stuck sorgten die Rokokokünstler Johann Baptist Zimmermann und Johann Georg Ueblherr. Zeiller malte das Fresko der Hauptkuppel, das er 1752 vollendete.

Das Fresko der Kuppel des Chors stammt von dem großen Martin Knoller. Der Aufbau des Hochaltars ist eine salzburgische Arbeit. Die Figuren der Seitenaltäre schuf Johann Baptist Straub, seines Zeichens Münchner Hofbildhauer. Auch die Kanzel ist seine Schöpfung. Die Blätter der Seitenaltäre sind Werke von Zeiller, Felix Anton Scheffler und Martin Knoller. Letzterer schuf auch das Hochaltarblatt.

387

192 Kloster Ettal – Manndl – Laberjoch

Kloster Ettal ist unser Ausgangspunkt für den Aufstieg zum »Hausberg«, dem kecken **Ettaler Manndl**. Gleich östlich hinter der Klosteranlage beginnt die Forststraße ins Tiefental, der wir bis zu ihrem Ende folgen. Dann geht's auf dem »Manndlweg« mit vielen Kehren im Wald bergauf, bis von links (Westen) der vom Laberjoch herüberführende Weg einmündet. Rasch bis unter die lotrechten Felsen des »Weibls« und nach rechts zum Beginn des gesicherten Steiges. **Achtung**: Für reine Bergwanderer ist der Aufstieg zum höchsten Punkt des Manndls zu anspruchsvoll. Sie holen sich ihr Gipfelerlebnis mit Erreichen des Laberjochs. Bergfreunde, die das Begehen von gesicherten Steigen gewöhnt sind, klettern längs der guten Sicherungen an dem durch die vielen Begehungen sehr glatten Fels (eine Passage ist recht ausgesetzt) zum Kreuz. Blickbeherrschend zeigt sich das dunkle Estergebirge. Von besonderem Reiz indessen ist die Schau auf die Seen: Staffel- und Riegsee, Starnberger See und Ammersee sind gut auszumachen.
Der Abstieg vom Manndlgipfel zum Felsfuß erfolgt selbstverständlich auf der gleichen Route (wenn viele Bergsteiger unterwegs sind, besteht durchaus Steinschlaggefahr).
Vom Fuß des Manndls geht's dann kurz auf dem Zustiegsweg zurück, bei der Wegverzweigung wählen wir jetzt aber den zum Laberjoch führenden Steig. Er leitet durch Wald, zuletzt kurz steil bergauf, zum Verbindungskamm Laber – Ettaler Manndl. Weiter über einen Wiesenweg, dann wieder kammnah zum **Laberjoch** mit der Bergstation der von Oberammergau heraufführenden Kleinkabinenbahn. Mit ihr läßt man sich zu Tal tragen und fährt mit dem Bus nach Ettal zurück.

Ludwig der Bayer gründete Ettal.

Anfahrt
Man kann als Bahnstation auch Oberau (Eisenbahnstrecke München-Garmisch) wählen; von dort Busverbindung nach Ettal; der Autoparkplatz befindet sich östlich hinter dem Kloster

Einkehrmöglichkeit
Berggaststätte auf dem Laberjoch, Hintere Soilealm, mehrere Gaststätten in Ettal

Unterkünfte
Hotels, Gasthöfe, Campingplatz, Jugendherberge in Oberammergau

Öffnungszeiten
Klosterkirche Ettal; Passionsspieltheater, Pilatushaus in Oberammergau: offen Mai – Okt.

Touristeninformation
Verkehrsamt D-82488 Ettal, Ammergauer Straße 8, Tel. 0 88 22/35 34, Fax 0 88 22/63 99

Karte
Kompaß-Wanderkarte 05 (Oberammergau-Ammertal), M 1:35 000

Informationen zur Tour

Ausgangsort
Ettal (877 m)

Oberbayern

193 Linderhof – Brunnenkopfhäuser – Große Klammspitze

 Tourenlänge
7 km

 Durchschnittliche Gehzeit
6 Stunden

 Talort
Ettal (877 m)

 Etappen
Linderhof (942 m) – Brunnenkopfhäuser (1602 m) – Große Klammspitze (1925 m); Abstieg auf gleicher Route

 Steigung
1000 Hm

 Eignung für Kinder
Nur für größere, trittsichere Kinder geeignet

 Interessantes am Weg
Schloß Linderhof; die Solarmodule auf dem Dach der Brunnenkopfhütte

 Tourencharakter
Bis zu den Hütten guter, danach schrofiger, teils etwas ausgesetzter Bergsteig; Trittsicherheit ist unbedingt erforderlich

 Günstigste Jahreszeit
Ende Juni bis Mitte Oktober

Im Graswangtal, das von Ettal aus weit nach Westen ins Ammergebirge hineinzieht, steht am Südfuß des Pürschling-Klammspitz-Kammes das Schloß Linderhof.
Ludwig II., der ja nun ein Träumer gewesen sein mag, der andererseits aber durchaus kein »Traumtänzer« war, mochte das einsame Graswangtal. Dort baute er sein erstes Schloß, benannt nach der alten Linde, die man im Garten beließ. Den Entwurf für diesen fertigte Karl von Effner, der die Gartenanlage auch realisierte.
Das Schloß selbst plante und entwarf Georg von Dollmann. Im ersten Raum des Wohngeschosses, dem Gobelinzimmer, das als Musikzimmer diente, fällt der lebensgroße Pfau aus wertvollem, bemalten Porzellan auf. Vier hufeisenförmige Kabinette, allesamt gleich ausgestattet, jedoch jedes in einem anderen Farbton gehalten, verbinden die einzelnen Räume miteinander. Das lila Kabinett etwa führt ins Schlafzimmer, das rosafarbene ins Speisezimmer mit dem versenkbaren »Tischlein-deck-dich«. Durch das blaue Kabinett gelangt man ins zweite Gobelinzimmer, das

193 Linderhof – Brunnenkopfhäuser – Große Klammspitze

Linderhof im Graswangtal war das erste Schloß, das Ludwig II. verwirklichte.

gleichwohl ein Pfau ziert. Im Spiegelsaal verfällt man optischen Täuschungen, sieht Räume, die es gar nicht gibt...
Linderhofs Ausstattung ist von unbeschreiblichem Prunk, aber die Räume sind ebenso unbeschreiblich überladen. Der »Maurische Kiosk«, den Ludwig 1867 auf der Pariser Weltausstellung kaufte, steht noch mehr als Fremdkörper zwischen den grünen Bergen des Graswangtales als das dem Rokoko nachempfundene Schloß. Und die zu beleuchtende Felsgrotte mit ihrem See, eine Huldigung an Richard Wagner, wirkt tatsächlich unsagbar kitschig. Trotzdem: Man kann sich dem Zauber dieser »Königlichen Villa«, die sich, wenn die mächtige Fontäne ruht, so herrlich im Bassin spiegelt, nicht entziehen.
Linderhof ist auch Ausgangspunkt für unsere Tour auf die **Große Klammspitze**. Wir folgen dem schönen Weg durch Mischwald zu den **Brunnenkopfhäusern**, die in längstens zwei Aufstiegsstunden erreicht werden. Auch hier wird mittlerweile eine Photovoltaikanlage betrieben – das ist auf Alpenvereinshütten keine Seltenheit mehr.

Von den Schutzhäusern geht man südlich um den Brunnenkopf herum und gelangt auf schrofigem Steig ins »Wintertal«. Nun unterhalb der Wände von Kleiner und Großer Klammspitze etwas mühsam empor und auf die Südseite von letzterer. Den Markierungen folgend steil und schrofig auf eine östlich vorgelagerte Schulter und zum höchsten Punkt (3 ½ Std.). Der Blick nach Westen auf die schroffen Gipfel der Ammergauer Alpen ist faszinierend. In Richtung Osten schaut man über das kaum besiedelte Graswangtal hinweg zum Estergebirge.
Der Abstieg erfolgt üblicherweise auf der Anstiegsroute. Als **Variante** böte sich für wirklich trittsichere Bergsteiger der Übergang zum **Feigenkopf** (1866 m) an. Von dort würde man zum Bäckenalpsattel (1540 m) hinuntersteigen und durch das Sägertal hinauswandern ins Lindergries. Auf einem Fahrweg gelangte man zum Ausgangspunkt zurück (3 ½ Std. von der Großen Klammspitze).

Informationen zur Tour

 Ausgangsort
Schloß Linderhof (942 m)

 Anfahrt
Siehe Tour 192; Schloß Linderhof ist Bushaltestelle

 Einkehrmöglichkeit
Brunnenkopfhäuser, Linderhof

 Unterkünfte
• Hotels, Gasthöfe, Campingplatz in Oberammergau
• Hütte: Brunnenkopfhäuser (1602 m, DAV), Mitte Mai – Mitte Okt., Tel. 0161/182 51 90

 Öffnungszeiten
Schloß Linderhof, offen ganzjährig, Tel. 0 88 22/35 12

 Touristeninformation
Verkehrsamt D-82488 Ettal (siehe Tour 192)

 Karte
Topographische Karte Werdenfelser Land, M 1:50 000, Bayerisches Landesvermessungsamt, München

Oberbayern

194 Garmisch – Kramer – Stepbergalm – Garmisch

Tourenlänge
14 km

Durchschnittliche Gehzeit
7 ½ Stunden

Talort
Garmisch-Partenkirchen (708 m)

Etappen
Garmisch (708 m) – Wirtshaus St. Martin (1028 m) – Roßkarköpfe (1833 m) – Kramer (1981 m) – Stepbergalm (1583 m) – Garmisch

Steigung
1300 Hm

Eignung für Kinder
Allenfalls für größere, trittsichere Kinder geeignet

Interessantes am Weg
Das grandiose Wettersteingebirge und Garmisch-Partenkirchen zu seinen Füßen

Tourencharakter
Gute, teilweise etwas mühsame Bergsteige, im Gipfelbereich Geröll- und teils gesichertes Schrofengelände; Trittsicherheit ist unbedingt erforderlich

Günstigste Jahreszeit
Anfang Juli bis Ende Oktober; im Hochsommer sehr heiß

Ah, da steht sie ja, die **neue Pfarrkirche St. Martin**: Schmuzers Barockbau, vollendet 1734, mit Deckenbildern seines Freundes Matthäus Günther. Auch in Mittenwald werden uns diese Namen noch einmal aufhorchen lassen. Die Figuren des Hochaltars sind Werke von Anton Sturm aus Füssen.
Nördlich der Loisach, ganz in der Nähe der vielgemalten und -fotografierten Frühlingstraße, steht die **alte Pfarrkirche St. Martin**, deren Urbau etwa um 1280, also in der Frühgotik, zu datieren wäre. Hier, um die alte Kirche, ist die Wiege des Ortes. Der Unterbau des Spitzhelmturmes stellt sich noch ursprünglich dar. Netzgewölbe und Mittelstütze im Innern wurden 1520 gefertigt. Gotische Wandmalereien und vor

Garmisch-Partenkirchen muß man zu Fuß entdecken; hier die neue Pfarrkirche St. Martin.

Man mag **Garmisch-Partenkirchen**, im Gegensatz zu Mittenwald, das Gemütlich-Dörfliche beim allerersten Eindruck absprechen. Aber ein solcher Eindruck wäre zumindest teilweise falsch. Begegnen wir dem Olympiaort doch mit aufnahmebereiten Sinnen – nehmen wir uns Zeit und schlendern wir per pedes durch die Ortsteile. Alte, wirklich schöne Häuserfresken fallen auf.

allem die Christophorusfigur an der Nordwand sind eindrucksvolle Kunstschätze der alten Garmischer Kirche.

Drüben in Partenkirchen, am Hang des Wanks, steht die originelle **Wallfahrtskirche St. Anton**, die wir auf einem Kreuzweg – seine letzte Station befindet sich in einer Grotte – erreichen. Der achteckige Urbau stammt aus dem Jahr 1704.

Etwas später wurde er durch einen Raum mit ovaler Kuppel erweitert. Deren Fresko ist eine exquisite Arbeit des Johann Evangelist Holzer von 1739.

Vom **Kramer** (auch Kramerspitz) aus, der alpingeographisch zu den Ammergauer Alpen zählt, können wir einen phantastischen Blick auf Garmisch-Partenkirchen genießen und auch die drei beschriebenen Kirchen orten. Allerdings ist diese Tour eine tagesfüllende und durchaus anstrengende, Trittsicherheit fordernde Unternehmung.

Wir starten nahe der alten Pfarrkirche St. Martin bei der Garmischer »Bayernhalle«, erreichen und queren den Kramer-Plateau-Weg und steigen zum Wirtshaus St. Martin empor. Von dort nordwestlich in weiten Kehren aufwärts. Etwa 1/2 Std. nach der »Eisernen Aussichtskanzel« zweigt nach links der »Kramersteig« ab (Vorsicht: Diese Abzweigung ist leicht zu übersehen). Er führt über steile Serpentinen in die Latschenregion und westlich auf die **Roßkarköpfe**. Nach einem kurzen Abstieg geht's über das Geröll der Nordflanke zum **Kramergipfel** (4 Std.). Die Aussicht ist unbeschreiblich – natürlich vom Wetterstein dominiert.

Der Abstieg erfolgt nach Westen. Über drahtseilgesicherte Schrofen auf einen Kamm, über ihn hinweg und danach steil zur **Stepbergalm** hinunter. Von dort üblicherweise auf dem »Stepberg-Alpensteig« zum Kramer-Plateauweg hinab und zum Ausgangspunkt zurück.

Als **Variante** könnten wir ab Stepbergalm auch auf dem »Kreuzweg« zum Kramer-Plateauweg absteigen.

Informationen zur Tour

Ausgangsort
Garmisch-Partenkirchen (708 m)

Anfahrt
Garmisch-Partenkirchen ist Bahnstation; Buslinien führen in alle Ortsteile; mit dem Auto gelangt man von Norden entweder auf der BAB München-Garmisch und über Oberau, oder auf den B 11/307 über Wallgau und Krün, von Süden über Ehrwald und Griesen beziehungsweise über Scharnitz/Mittenwald nach Garmisch

Einkehrmöglichkeit
Wirtshaus St. Martin, Stepbergalm.

Unterkünfte
• Viele Hotels und Gasthöfe in Garmisch
• Campingplatz: »Zugspitze« im Ortsteil Garmisch
• Jugendherberge: Ortsteil Burgrain, Jochstraße 10, Tel. 0 88 21/29 80

Öffnungszeiten
Werdenfelser Heimatmuseum, Ludwigstraße 47, offen Di – Fr 10 – 13 und 15 – 18 Uhr, Sa, So und Feiertage 10 – 13 Uhr, Tel. 0 88 21/21 34

Touristeninformation
Verkehrsamt D-82467 Garmisch-Partenkirchen, Richard-Strauß-Platz 2, Telefon 0 88 21/18 06, Fax 0 88 21/1 80 55

Karte
Topographische Karte Werdenfelser Land, M 1:50 000, Bayerisches Landesvermessungsamt München

Oberbayern

195 Mittenwald – Brunnsteinhütte – Rotwandlspitze/Brunnsteinspitze

Tourenlänge
15 km

Durchschnittliche Gehzeit
6½ Stunden

Talort
Mittenwald (912 m)

Etappen
Mittenwald (912 m) – Brunnsteinhütte (1560 m) – Rotwandlspitze (2191 m)/Brunnsteinspitze (2180 m); Rückweg auf der Anstiegsroute

Steigung
1280 Hm

Eignung für Kinder
Für größere Kinder geeignet

Tourencharakter
Gute Bergsteige

Interessantes am Weg
Mittenwald; das winzige Tiroler Hüttchen am Brunnsteinanger

Günstigste Jahreszeit
Ende Juni bis Ende Oktober

führenden »Karwendelsteig« nach rechts. In Kehren aufwärts, bis – wiederum nach rechts – der »Leitersteig« abzweigt (deutliche Beschilderung: »Leitersteig/Brunnsteinhütte«). Diesem folgt man bequem durch Wald in südliche Richtung. Nach knapp einer halben Stunde mündet der vom »Gerber« heraufführende Weg ein. Bald darauf wird die Lindlahn und etwas später der Auslauf der Sulzleklamm gequert. Hier kommt nun auch der Weg vom Hoffeld herauf. Jetzt in Südrichtung mäßig steil aufwärts, dann in Kehren zur **Brunnsteinhütte** (2½ Std.). Von der Hütte wiederum südlich mäßig steil durch Latschen, bis vor dem Graben der Roßlahn der zum Brunnsteinanger führende Serpentinensteig beginnt. Er ist der mühsamste Teil des

Jetzt sei angeraten: am besten erst Tour, dann Kultur – sprich Museum. Zumal wir es hier mit einer »ausgewachsenen«, wenn auch unschwierigen Bergtour zu tun haben!
Wir starten am Wandererparkplatz und gehen auf dem vom Ort kommenden Asphaltsträßchen kurz zurück zum Tunnel. Vor ihm, an einer Schranke vorbei (Schild »Mittenwalder Hütte«), auf eine Sandstraße. Sie mündet in einen breiten Weg, auf dem man durch Wald ansteigt. Man gelangt zu einer breiten Sandstraße, der man links hinauf bis zu einer betonierten Bachstaustufe folgt. Dort auf dem zur Mittenwalder Hütte

195 Mittenwald – Brunnsteinhütte – Rotwandlspitze

Aufstiegs. Vom Brunnsteinanger (2100 m), wo etwas unterhalb östlich das winzige, nur zeitweise bewirtschaftete Tiroler Hüttchen (2082 m) steht, wandern wir südlich ohne Schwierigkeiten auf die beiden Gipfel (1½ Std.).

Nach gemütlicher »Schaurast« mit herrlichen Ausblicken auf die Karwendel- und Wettersteinberge und bis in die Stubaier Alpen hinein geht's auf dem Anstiegsweg wieder nach Mittenwald zurück, wobei man auf der Brunnsteinhütte noch einmal eine Zwischenstation machen kann.

Mittenwald – auf der Handelsroute zwischen Venedig und Augsburg beziehungsweise Nürnberg gelegen – war im Mittelalter ein wichtiger Warenumschlagplatz. Ende des 15. Jahrhunderts, während eines Krieges zwischen Venedig und Kaiser Maximilian, verlegte die Lagunenstadt ihre Bozner Märkte in das Karwendeldorf. Durch den Dreißigjährigen Krieg jedoch verlor die durch Mittenwald führende »Rottstraße« (»Rott« nannte man das mittelalterliche Transportwesen) an Bedeutung, und der Ort verarmte – bis Matthias Klotz, auf den man in Mittenwald zu Recht stolz ist, den Geigenbau dorthin brachte. Klotz lebte von 1653 bis 1748. Er arbeitete viele Jahre lang in Padua. Das Erlernte setzte er zum Wohle seines Heimatdorfes ein. Mittenwalder Geigen erlangten bald einen hervorragenden Ruf. 1858 gründete König Ludwig I. die staatliche Geigenbauschule, die heute internationales Ansehen genießt.

Allemal sollte man das **Geigenbau- und Heimatmuseum** in der Ballenhausgasse besuchen. Man ist fasziniert ob der seltenen Instrumente in den Vitrinen. Und man geht zumindest mit einer Ahnung von der Kunst des Geigenbaus wieder hinaus in die verkehrsberuhigte Zone mit ihren kunstvoll bemalten Häusern, über die die »Viererspitze« hereinschaut.

In der Mittenwalder Ballenhausgasse befindet sich das Geigenbau- und Heimatmuseum.

Informationen zur Tour

 Ausgangsort
Mittenwald (912 m), Wandererparkplatz unmittelbar östlich neben der Schnellstraße (Umgehungsstraße); man nimmt die Ausfahrt »Karwendel-Seilbahn«, biegt sofort nach der Ausfahrt rechts ab, fährt rechts durch den Tunnel und hinter diesem auf den Parkplatz

 Anfahrt
Über Garmisch (siehe Tour 194)

 Einkehrmöglichkeit
Brunnsteinhütte (1560 m).

 Unterkünfte
• Viele Hotels und Gasthöfe in Mittenwald
• Campingplätze und Jugendherberge in Mittenwald
• Hütte: Brunnsteinhütte (1560 m, DAV), bewirt. Mitte Mai bis Mitte Okt., Tel. 01 61/1 80 36 23

 **Öffnungszeiten**
Geigenbau- und Heimatmuseum Mittenwald, offen Jan. – Okt., Telefon 0 88 23/25 11

 Touristeninformation
Verkehrsamt Mittenwald, D-82477, Dammkarstraße 3, Tel. 0 88 23/3 39 81, Fax 0 88 23/27 01

Karte
AV-Karte Karwendelgebirge, Westliches Blatt, M 1:25 000

Oberbayern

196 Gschwendt – Tutzinger Hütte – Benediktenwand

Tourenlänge
21 km

Durchschnittliche Gehzeit
6 1/2 Stunden

Talort
Benediktbeuern (617 m)

Etappen
Gschwendt (651 m) – Söldneralm (etwa 800 m) – Eibelsfleckalm (1033 m) – Tutzinger Hütte (1327 m) – Benediktenwand (1801 m) – Tutzinger Hütte – Eibelsfleckalm – Kohlstattalm – Gschwendt

Steigung
1200 Hm

Eignung für Kinder
Für größere Kinder geeignet

Interessantes am Weg
Klosterkirche Benediktbeuern, Dorfkirche in Bichl, Maria Brunn am Ausgangspunkt in Gschwendt; Wildbach- und Waldlehrpfad

Tourencharakter
Fahrwege, gute Bergsteige, am Benediktenwand-Ostweg kurze gesicherte Stellen

Günstigste Jahreszeit
Mitte Juni bis Mitte/Ende Oktober

Die alten Abteien waren Oasen des Kunstschaffens und Gelehrtentums. In Benediktbeuern wurde Pater Karl Meichelbeck zum bedeutendsten barocken Geschichtsschreiber Süddeutschlands. Von 1722 bis 1727 schrieb er in zwei Bänden die Geschichte des Stifts, später eine Chronik. Benediktbeuern verwahrte auch die Handschriftensammlung der »Carmina Burana« aus dem 13. Jahrhundert mit durchaus frechen Liedern der fahrenden Scholaren, die man als Vorläufer der Studenten bezeichnen könnte.

Die **Klosterkirche Benediktbeuern** wurde, sehr wahrscheinlich nach Plänen des Münchner Hofbaumeisters Max Schinnagl, zwischen 1681 und 1686 verwirklicht. Es scheint, als sei Kaspar Feichtmayr wesentlich weniger an den Entwürfen beteiligt gewesen, als man lange Zeit annahm. Die Kirche ist ein Langbau mit neun Kapellen. Die zehnte, die einzigartige Anastasiakapelle mit

Das Kloster **Benediktbeuern** ist, wie Tegernsee, eine Huosi-Stiftung. Die Huosi gehörten, wie die Fagana (der Ort Vagen an der Mangfall erinnert an sie), Hahilinga, Drozza und Anniona, zum Geschlechtsadel unter dem Agilolfinger Tassilo III. Der ursprüngliche Name Benediktbeuerns war Buron oder Burin, was bedeutete: bei den Bauern. Erst nachdem Papst Hadrian I. dem Stift eine Reliquie des heiligen Benedikt geschenkt hatte, wurde aus Buron Benedictoburum und schließlich Benediktbeuern.

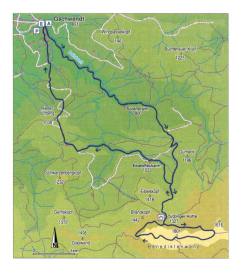

196 Gschwendt – Tutzinger Hütte – Benediktenwand

ihrem ovalen Grundriß, befindet sich an der Nordostecke. Dieses »Juwel des Rokoko« wurde 1758 vollendet. Kein Geringerer als Johann Michael Fischer entwarf es. Johann Michael Feuchtmayer, der große Stukkateur, schuf die Innendekoration und den Hauptaltar. Der Tiroler Johann Jakob Zeiller malte das so luftig-leicht wirkende Deckenfresko. Von Ignaz Günther stammen die Seitenaltäre samt Holzskulpturen.

Für die Kirche selbst schuf die Deckenfeldfresken Hans Georg Asam, der Vater der später so berühmten Gebrüder Asam. Den Raumstuck realisierten italienische Künstler, wohingegen der Stuck an den Seitenwänden des Altarraums von dem Wessobrunner Franz Doll gefertigt worden ist.

Zur **Benediktenwand** starten wir in Gschwendt südöstlich von Benediktbeuern und etwas östlich des Alpenwarmbads. Früher galt der Anstieg zur Tutzinger Hütte als monoton. Seit das Lainbachtal durch Sanierungsmaßnahmen wieder begehbar und jetzt sogar mit einem Wildbachlehrpfad ausgestattet ist, gibt sich dieser Zugang als durchaus spannend. Der landschaftlich reizvolle Lehrpfad bringt uns zur **Söldneralm**. Von hier geht's weiter zur **Eibelsfleckalm**. Bald danach beginnt der Serpentinensteig zur **Tutzinger Hütte**.

Die Überschreitung der Benediktenwand empfehle ich von Osten nach Westen. Also Aufstieg von der Hütte zum Rotöhrsattel und über den an einigen Stellen mit Drahtseilen gesicherten Ostweg zum Kamm. Nach dem ersten größeren Aufschwung werden schon Gipfelkreuz und -Unterstandshüttchen sichtbar. Von dort aus wirkt die Tutzinger Hütte wie ein Spielzeughäuschen.

Der Abstieg über den Westweg zurück zur Hütte ist unschwierig. Hinunter zum Ausgangspunkt Gschwendt können wir wieder durchs Lainbachtal gehen, oder von der Eibelsfleckalm durch die Schmiedlaine zur Kohlstattalm und auf dem Waldlehrpfad zum Parkplatz beim Bad und zum Ausgangspunkt zurückkehren.

Benediktbeuern gehörte zu den kraftvollsten Klöstern Bayerns.

Informationen zur Tour

 Ausgangsort
Gschwendt (651 m) am Südostrand von Benediktbeuern.

 Anfahrt
Benediktbeuern ist Station der Bahnstrecke München – Kochel; mit dem Auto fährt man auf der BAB München-Garmisch bis Ausfahrt Sindelsdorf und über Bichl nach Benediktbeuern; von Süden erreicht man es über Kochel und Ried.

 Einkehrmöglichkeit
Tutzinger Hütte, Klosterbräustüberl, Gaststätten in Benediktbeuern.

 Unterkünfte
• Campingplätze und Jugendherbergen in Benediktbeuren
• Hütte: Tutzinger Hütte (1327 m, DAV), bewirt. Ende April – Anf. Nov.,Tel. 0 88 57/2 10 (140 Schlafplätze)

 Öffnungszeiten
Kloster Benediktbeuern, Führungen ganzjährig

 Touristeninformation
Verkehrsamt D-83671 Benediktbeuern, Prälatenstraße 3, Tel. 0 88 57/2 48, Fax 0 88 57/94 70

 Karte
Topographische Karte Bad Tölz-Lenggries und Umgebung, M 1:50000, Bayerisches Landesvermessungsamt München

Oberbayern

197 Tegernsee – Riederstein – Baumgartenschneid – Tegernsee

 Tourenlänge
12 km

 Durchschnittliche Gehzeit
3 ½ Stunden

 Talort
Tegernsee (749 m)

 Etappen
Tegernsee (749 m) – Wirtshaus Galaun (1060m) – Riederstein (1207 m) – Baumgartenschneid (1449 m) – Sagfleckl (etwa 1200 m) – Tegernsee

 Steigung
750 Hm

 Eignung für Kinder
Für Kinder geeignet

 Interessantes am Weg
Klosterkirche Tegernsee; Riedersteinkapelle

 Tourencharakter
Teils etwas schlechte Bergsteige und Forststraße

 Günstigste Jahreszeit
Frühjahr und Herbst/Spätherbst

Die Brüder Adalbert und Otkar aus dem baierischen Adelsgeschlecht der Huosi gründeten im 8. Jahrhundert das **Kloster Tegernsee**. 804 wurde dort die erste große Kirche, St. Peter, fertiggestellt. In diese Kirche holte man denn auch die Reliquien des heiligen Quirin, die sich bis zu diesem Zeitpunkt in der etwas weiter nordwestlich stehenden kleineren Kirche befunden hatten. Tegernsee entwickelte sich zum Mittelpunkt kulturellen und wirtschaftlichen Schaffens, wurde wesentliche Stätte des Benediktinerordens. Der Mönch Froumund bereitete jenes geistige Umfeld, in dem zwischen 1030 und 1050 der erste deutsche Roman, der »Ruodlieb«, entstand. Unter den Briefen des Mönchs Werinher von Tegernsee fand sich ein sechszeiliger mittelhochdeutscher Liebesgruß, der von Literaturwissenschaftlern mit den Anfängen des Minnesangs in Verbindung gebracht wurde.
Am Ende des Mittelalters verfügte die Tegernseer Bibliothek über etwa 200 Handschriften und übertraf damit die vatikanische Sammlung. Ende des 16. Jahrhunderts schon hatte Tegernsee seine eigene Druckerei. Später sorgte ein Tegernseer Abt für die Ausbildung der Brüder Asam in Rom.
Mit einem Schlag ging alles dahin. Radikal fegte Graf Maximilian von Montgelas 1803 die Abteien hinweg. König Ludwig I. ist schließlich die teilweise Wiedererrichtung der Monasterien ab 1830 zu verdanken. Heute dient das Tegernseer Schloß als Gymnasium. Aber in die Klosterkirche, deren klassizistische Fassade gleichwohl von Klenze stammt, sollten wir allemal hineinschauen. Im Schloß ist, anläßlich der jährlich stattfindenden Schloßkonzerte, noch der ehemalige Rekreationssaal des Klosters mit von Johann Baptist Zimmermann geschaffenem Stuck zu besichtigen.
Für unsere Tour zur **Baumgartenschneid** könn-

Die Baumgartenalm, darüber der Wiesengipfel der Baumgartenschneid, die Ludwig Thomas Lieblingsberg war.

397

197 Tegernsee – Riederstein – Baumgartenschneid – Tegernsee

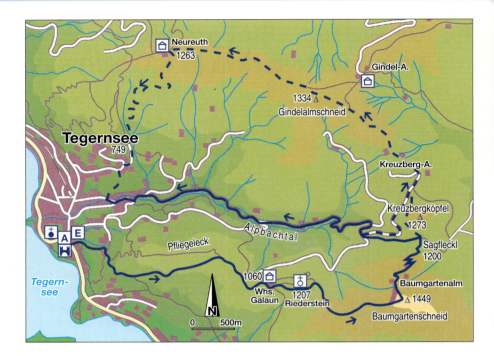

ten wir direkt vom Schloß starten. Über den **Pfliegelhof** (843 m) und am Südhang des Pfliegelecks entlang führt uns der Weg zum Wirtshaus Galaun. Von dort geht's auf einem Kreuzweg zur weithin sichtbaren, auf einem schroffen Felsen stehenden **Riedersteinkapelle** hinauf, von der aus man einen herrlichen Blick auf den Tegernsee erlebt.

Von der Kapelle kurz auf dem Anstiegsweg zurück und über den Kamm erst durch Wald, dann über lichte Rücken, zuletzt mit Kehren über einen steilen Grashang auf den Gipfel der **Baumgartenschneid** (gut 2 Std.). Sie sei Ludwig Thomas Lieblingsberg gewesen. Nun war der Dichter freilich kein Bergsteiger, wohl aber Jäger.

Wir steigen nördlich zur Baumgartenalm (1366 m) ab und in gleicher Richtung durch steilen Wald, an einigen Felsabsätzen vorbei, zum **Sagfleckl** hinunter. Jetzt westlich auf dem Prinzenweg ins **Alpbachtal** und durch dieses hinaus nach Tegernsee.

Informationen zur Tour

 Ausgangsort
Tegernsee (749 m).

 Anfahrt
Tegernsee ist Bahnstation; mit dem Auto auf der BAB München-Salzburg bis Ausfahrt Holzkirchen; von dort auf der B 318 über Gmund nach Tegernsee.

 Einkehrmöglichkeit
Bräustüberl im Schloß, Wirtshaus Galaun, evtl. Neureuthhaus, zahlreiche weitere Gasthäuser in Tegernsee.

 Unterkünfte
• Campingplatz: »Wallberg« in Kreuth-Weißach
• Jugendherberge: Kreuth-Scharling

 Öffnungszeiten
Olaf-Gulbransson-Museum im Kurgarten, offen ganzjährig außer Nov.

 Touristeninformation
Kuramt D-83682 Tegernsee im »Haus des Gastes«, Tel. 0 80 22/18 01 40 (41), Fax 0 80 22/37 58

Karte
Topographische Karte Mangfallgebirge, M 1:50 000, Bayerisches Landesvermessungsamt München

398

Oberbayern

198 Fischbachau – Breitenstein – Bucheralm – Fischbachau

Talort
Fischbachau (772 m) im Leitzachtal

Etappen
Fischbachau (772 m) – Kesselalm (1278 m) – Hubertushütte (1585 m) – Breitenstein(1622 m) – Hubertushütte – Bucheralm (etwa 1220 m) – Fischbachau

Tourenlänge
8 km

Durchschnittliche Gehzeit
4 ½ Stunden

Steigung
850 Hm

Eignung für Kinder
Für Kinder geeignet

Interessantes am Weg
Basilika St. Martin, Friedhofskirche »Mariä Schutz«, Wallfahrtskapelle Birkenstein; das Kapellchen der Kesselalm

Tourencharakter
Almstraßen und Bergsteige

Günstigste Jahreszeit
Mai bis Spätherbst

1079 gründete Gräfin Haziga, die Gemahlin des Pfalzgrafen Otto von Wittelsbach, in Bayrischzell ein Kloster. Benediktinermönche aus Hirsau bezogen es. Doch war's denen im Quellgebiet der Leitzach ebenso wenig geheuer wie anfänglich den Augustinern drüben in Berchtesgaden. Das Klima zu rauh, die Wege zu beschwerlich – 1085 durften die Patres und Laienbrüder ihr Stift nach Fischbachau verlegen, wo Haziga 1087 zunächst die kleine Mariä-Schutz-Kirche errichten ließ. Das Kloster samt der dem heiligen Martin geweihten Basilika erstand dann Ende des 11. Jahrhunderts. Aber wie man weiß, zogen die Mönche bereits

1107 zur Burg Glaneck in der Dachauer Gegend, und 1119 wurde ihnen Scheyern angedient.
Die ehemals romanische **Klosterkirche Fischbachau** bekam 1705 – im Jahr der »Sendlinger Bauernschlacht« des Spanischen Erbfolgekrieges – ein Holzgewölbe. Der markante Zwiebelturm wurde schon etwas früher gebaut.
Den Stuck des Mittelschiffgewölbes schufen Wessobrunner etwa um 1738. Das Hochaltarbild zeigt die Gründerin des Urstifts, Gräfin Haziga, zusammen mit den Heiligen Benedikt und Martin.
Die schon erwähnte **Friedhofskirche »Mariä Schutz«**, in ihrer heutigen Form aus dem Jahr 1630, lohnt natürlich ebenfalls einen Besuch. In ihrem Hochaltar steht das Relief einer lieblichen »Schutzmantelmadonna« aus dem Jahr 1504.
Weithin bekannt und für Trauungsgottesdienste äußerst beliebt ist die malerische **Wallfahrtskapelle Birkenstein** von 1710 mit ihrer wundertätigen Muttergottes.
Das Leitzachtal ist reich an schönen Dorfkirchen und freskenbemalten Häusern, »Lüftlmalereien«, wie wir sie in solcher Intensität nur von Oberammergau und von Mittenwald her in Erinnerung haben. Bekannt und daher vielfotografiert sind die Fresken des Jodlbauernhofes in Hagnberg zwischen Aurach und Geitau. Köstlich, wie die

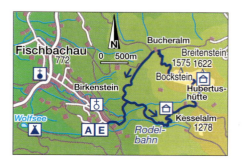

399

198 Fischbachau – Breitenstein – Bucheralm – Fischbachau

Ausblick vom Breitenstein auf die Schlierseer Berge. Wenngleich dieser Gipfel »überlaufen« ist – die Fischbachauer Kirchen muß man sehen.

Eva dem Adam »um's Hauseck herum« den Apfel reicht.
Wie einladend und anheimelnd ist doch die Landschaft im Leitzachtal. Besonders prächtig zeigt sie sich im späten Frühjahr, wenn auf den Talwiesen schon alles blüht, aber von Jägerkamp, Aiplspitz und Miesing noch der Schnee des vergangenen Winters herunterleuchtet. Und immer wieder gestandene Bauernhäuser und eigenwillige Kirchtürme!
Unseren Weg auf den **Breitenstein** beginnen wir unweit der Wallfahrtskapelle Birkenstein. Vom südöstlichen Ortsende Fischbachaus folgen wir einem Sträßchen bis zur **Kesselalm** (1278 m) und wandern von dort weiter in den Sattel zwischen Breitenstein und Schweinsberg. Nun dem Steig nördlich folgen zur **Hubertushütte** und gänzlich zum Breitensteingipfel hinauf (etwa 2½ Std.). Zurück zur Hubertushütte müssen wir allemal. Von dort aber gehen wir nun in Westrichtung hinüber bis unter den **Bockstein** (1512 m) und steigen nordwestlich zur Bucheralm ab.
Jetzt überwiegend im Waldgelände zurück nach Fischbachau.

Informationen zur Tour

Ausgangsort
Fischbachau (772 m), großer Parkplatz am südöstlichen Ortsende

Anfahrt
Bahnstation ist Fischbachau-Hammer; von dort Busverbindung; mit dem Auto auf der BAB München-Salzburg bis Ausfahrt Weyarn bzw. Irschenberg; über Miesbach durchs Leizachtal nach Fischbachau

Einkehrmöglichkeit
Kesselalm (1278 m), Hubertushütte, Gasthäuser in Fischbachau.

Unterkünfte
• Hotels und Gasthöfe in Fischbachau
• Campingplätze: »Wolfsee« zwischen Fischbachau und Hammer; »Glockenalm« bei Aurach
• Hütten: Kesselalm (1278 m), im Sommer bewirtschaftet, Tel. 0 80 28/8 96; Hubertushütte (1585 m), im Sommer bewirtschaftet

Touristeninformation
Verkehrsamt D-83728 Fischbachau im ehemaligen Klostergebäude, Telefon 0 80 28/8 76, Fax 0 80 28/20 40

Karte
Topographische Karte Mangfallgebirge, M 1:50 000, Bayerisches Landesvermessungsamt München

Oberbayern

199 Höglwörth – Teisenberg – Stoißberg – Höglwörth

 Tourenlänge
17 km

 Durchschnittliche Gehzeit
5 ½ Stunden

 Talort
Teisendorf (500 m)

 Etappen
Höglwörth (etwa 500 m) – Teisenberg (1334 m) und Stoißeralm (1272 m) – Stoißberg (858 m) – Höglwörth

 Steigung
900 Hm

 Eignung für Kinder
Für Kinder geeignet

 Interessantes am Weg
Stiftskirche Höglwörth, Kapellchen bei der Stoißeralm

 Tourencharakter
Forststraßen, Waldwege und -pfade

 Günstigste Jahreszeit
April bis November

Ganz nahe der lauten Autobahn München – Salzburg liegt das ehemalige Augustiner-Chorherrenstift **Höglwörth**. Klostergebäude und Kirche stehen auf einer Halbinsel des kleinen, wald- und schilfumgebenen Höglwörther Sees. Wer am Vormittag eines klaren, windstillen Herbsttages vom südlichen Uferweg Gebäude und Kirche, die sich in der Wasserfläche spiegeln, schaut, ist entzückt. Herrlich der Farbenkontrast der unregelmäßigen Klosterhäuser, die vom zwiebelgekrönten Turm der **Stiftskirche St. Peter und Paul** überragt werden.
Die Kirche wurde 1689 geweiht. Die Deckenfresken, darunter eine herrliche Mariä Himmelfahrt, und der grüne Wessobrunner Rocaillestuck stammen aus der Mitte des 18. Jahrhunderts. Der Hochaltar trägt Statuen der Kirchenpatrone Petrus und Paulus sowie ein Altarblatt, das wohl der größte Schatz der Kirche ist. Es zeigt die Verklärung Christi. Wir beginnen unsere Wanderung auf den **Teisenberg** unmittelbar bei Höglwörth. Die Beschreibung fällt diesmal ungewöhnlich detailliert aus, weil »Rezepte«, um auf den Teisenberg zu gelangen, rar sind. Und: Er ist Ziel einer »ausgewachsenen« Bergwanderung mit 900 Höhenmetern Aufstieg.

Wir fangen – egal, ob rechts oder links herum – mit dem Seerundweg an und steigen vom Westufer entlang des mit Kaskaden »entschärften« Zulaufs hinauf zu einer Teerstraße. Ihr folgen wir nach **links**. Bei der Straßenkreuzung dann rechts hinauf nach **Zellberg**. Unmittelbar nach dem ersten Haus mit Totenbrett und Gekreuzigtem weist ein Pfeil mit der Aufschrift »Stoißeralm« nach links. Der Weg führt unter der Autobahn durch und auf eine breite Forststraße, der man rechts hinauf folgt. Nach einiger Zeit trifft man auf die Hinweisschilder der DAV-Sektion Teisendorf und damit auf den von dort kommenden Weg. Man verläßt die Forst-

Die heiter-farbigen Gebäude des ehemaligen Chorherrenstifts Höglwörth spiegeln sich im gleichnamigen See.

401

199 Höglwörth – Teisenberg – Stoißberg – Höglwörth

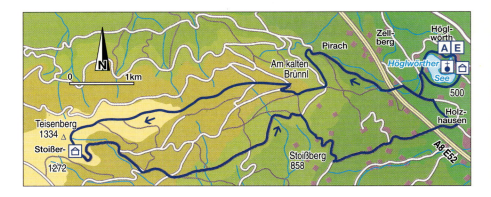

straße nach links und steigt durch Wald empor, bis man weiter oben erneut auf die Straße trifft. Auf ihr zum »Kalten Brünnl«. Noch ein Stück auf der Forststraße weiter, dann rechts an einer Schonung entlang steil hinauf. Der weitere Weg ist im Grunde, da gut bezeichnet, nicht zu verfehlen. Man folgt einfach immer den Wegweisern »Stoißeralm« und erreicht endlich die Kammhöhe, der man in westlicher Richtung mit leichtem Auf und Ab – mal auf breitem Weg, mal auf schmalem Pfad – durch Wald folgt. Endlich öffnet sich die liebliche, freie Almfläche (2 ¾ Std.).

Es lohnt sich, vor der lockenden Einkehr noch auf den höchsten Punkt des Teisenberges (1334 m) hinaufzugehen und die herrliche Aussicht gen Süden zu genießen. Besonders markant zeigen sich Sonntagshorn, Loferer und Leoganger Steinberge, Reiter Alm und Hochkalter. Wuchtig ragen die nahestehenden Hochstaufen, Mittelstaufen und Zwiesel auf. Neben letzterem sind Mittel- und Südspitze des Watzmanns zu erkennen.

Für den Abstieg wählen wir den nach Südosten hinunterführenden Fahrweg. Bei der ersten Wegverzweigung wählen wir die Richtung »Kohlhäusl/Anger«; bei einer weiteren die Richtung »Stoiß«. An einer dritten Verzweigung der Fahrwege könnten wir links hinüber nach Zellberg zurück. Reizvoll ist's aber, von hier auf kleinem Steig – dem etwas versteckten Hinweisschild »Stoißberg« folgend – durch Laubwald entlang von Weiden zur Bauernsiedlung **Stoißberg** hinunterzugehen. Von dort immer auf dem Teersträßchen in Richtung Anger bleiben. Es führt zuletzt unter der Autobahn durch. Nach dem Tunnel dem ersten Feldweg nach links folgen. Er mündet in das nach Zellberg führende Sträßchen. Auf ihm linker Hand weiter. Bald weist ein Pfeil nach Höglwörth.

Informationen zur Tour

 Ausgangsort
Kloster Höglwörth (etwa 500 m) zwischen Teisendorf und Anger

 Anfahrt
Teisendorf ist Bahnstation; zwischen Teisendorf und Anger besteht eine Busverbindung mit Haltestelle Höglwörth; mit dem Auto auf der BAB München–Salzburg bis Ausfahrt Neukirchen und über Achthal nach Teisendorf; oder man wählt die Ausfahrt Bad Reichenhall und fährt über Anger direkt nach Höglwörth

 Einkehrmöglichkeiten
Stoißeralm, Klosterwirt

 Unterkunft
• Campingplatz: Bad Reichenhall
• Hütte: Stoißeralm (1272 m), während der Weidezeit bewirt.

 Öffnungszeiten
Bergbaumuseum Achthal (Erzbergbau und Verhüttung), offen Mai – Ende Sept.

 Touristeninformation
Verkehrsamt D-83317 Teisendorf, Poststraße 11, Tel. 0 86 66/2 95

 Karte
Kompaß-Wanderkarte 16 (Traunstein-Waginger See), M 1:50 000

Oberbayern

200 Vordergern – Rauher Kopf

Tourenlänge
12 km

Durchschnittliche Gehzeit
5 Stunden

Talort
Berchtesgaden (540 m)

Etappen
Vordergern (730 m) – »Blaues Kastl« (etwa 1120 m) – Rauher Kopf (1604 m); Rückweg auf Anstiegsroute

Steigung
875 Hm

Eignung für Kinder
Für Kinder ungeeignet

Interessantes am Weg
Wallfahrtskirche Maria Gern, die eindrucksvolle Berggestalt des benachbarten Berchtesgadener Hochthrons

Tourencharakter
Forststraßen und teilweise sehr steiler Bergsteig mit einer ausgesetzten Felspassage

Günstigste Jahreszeit
Mai bis Mitte Oktober

zum Berchtesgadener Hochthron. Wer also nicht über absolute Trittsicherheit und Schwindelfreiheit verfügt, gehe lieber von Gern über das Stöhrhaus (1894 m) auf den höchsten Untersberggipfel (3 1/2 Std.).
Wer sich's zutrauen darf, steuert indessen den **Rauhen Kopf** an. Etwa 800 Meter nördlich der Wallfahrtskirche Maria Gern zweigt von der Talstraße ein steiles Sträßchen nach links hinauf ab. Auf ihm gelangt man nach Obergern und zum Beginn einer Forststraße, die westlich hinüber an die Hänge des Rauhen Kopfes führt. Bei der Abzweigung zum Stöhrweg (hier könnte man sich spontan noch für den Berchtesgadener Hochthron entscheiden!) links auf der Forststraße weiter. Bald mündet das von Bischofs-

Vom höchsten Punkt des Rauhen Kopfes beeindrucken die lotrechten Kletterwände des Berchtesgadener Hochthrons.

Der Rauhe Kopf gibt sich – und damit macht er seinem Namen alle Ehre – tatsächlich ein wenig rauh. Wenngleich er um nahezu 400 Meter niedriger buckelt als sein prominenter Nachbar, der Berchtesgadener Hochthron, müssen trotzdem knapp 900 Aufstiegshöhenmeter und der recht schroffe, etwas ausgesetzte Gipfelaufbau überwunden werden.
Eines sei gleich vorweg gesagt: Der Rauhe Kopf ist wesentlich anspruchsvoller als der Stöhrweg

200 Vordergern – Rauher Kopf

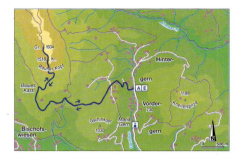

Das Innere der schönsten unter den Berchtesgadener Wallfahrtskirchen wird geprägt durch das geschnitzte Rankenwerk mit seinen köstlichen Engeln und durch die erst vor etwa 30 Jahren freigelegten Fresken an der flach gewölbten Decke.

wiesen heraufführende Sträßchen ein. Um den Rauhen Kopf südlich herum, bis man rechter Hand am Waldrand einen blauen Kasten entdeckt.
Von diesem sogenannten »Blauen Kastl« rechts auf Steig durch Wald, dann ein kurzes Stück flach über eine Wiese. Danach beginnt der sehr steile Gipfelaufbau. Man geht in Kehren empor gegen die Kammhöhe, dann auf schmalem Steig an der Westflanke entlang und anstrengend gänzlich hinauf auf den Kamm. Bald zu einem schroffen, felsdurchsetzten Aufschwung. Über ihn empor. Eine kurze Rechtsquerung mit großen Tritten und Griffen ist ausgesetzt. Gleich darauf wird das Gipfelkreuz sichtbar, das man über einen letzten, unschwierigen, schrofigen Steilaufschwung erreicht (3 Std.).
Der Rauhe Kopf ist ein hervorragender Aussichtsgipfel. Die berühmten Gebirgsstöcke um Berchtesgaden hat man frei vor sich stehen: Göll, Watzmann, Hochkalter. Besonders eindrucksvoll aber präsentiert sich in relativer Nähe der Berchtesgadener Hochthron mit seinen steilen, farbenprächtigen Südwänden.
Der Abstieg erfolgt auf der Anstiegsroute, wobei die erwähnte Querung im Felsgelände Vorsicht und Konzentration verlangt.
Nach einer guten Brotzeit in Vordergern ist man dann gerne bereit, die Schön- und Besonderheiten der Wallfahrtskirche **Maria Gern** zu genießen.

Informationen zur Tour

Ausgangsort
Vordergern (730 m) nördlich oberhalb von Berchtesgaden

Anfahrt
Berchtesgaden ist Bahnstation; nach Gern besteht eine Busverbindung; mit dem Auto fährt man am besten von Bischofswiesen (dorthin von Bad Reichenhall über Hallthurm, von Ramsau und Berchtesgaden über die Umgehungsstrecke der B 20 an Strub vorbei) nach Gern hinauf

Einkehrmöglichkeiten
Gasthäuser in Gern

Unterkünfte
• Hotels und Gasthöfe in Berchtesgaden und Bischofswiesen
• Campingplätze: Winkl bei Bischofswiesen »Allweglehen« in Untersalzberg
• Jugendherberge: Berchtesgaden-Strub

Öffnungszeiten
Heimatmuseum Berchtesgaden, Besichtigung nur mit Führung, Tel. 0 86 52/44 10; Königliches Schloß Berchtesgaden, offen Ostern – 30. Sept., Tel. 0 86 52/20 85; Salzbergwerk Berchtesgaden, Führungen ganzjährig

Touristeninformation
Kurdirektion des Berchtesgadener Landes, D-83463 Berchtesgaden, Königseer Straße 2, Tel. 0 86 52/96 70, Fax 0 86 52/6 33 00. Verkehrsbüro D-83483 Bischofswiesen, Hauptstraße 48, Tel. 0 86 52/72 25 und 72 72, Fax 0 86 52/78 95

Karte
Topographische Karte Berchtesgadener Alpen, M 1:50 000, Bayerisches Landesvermessungsamt München

Kartensymbole

A	Anfang der Tour
E	Ende der Tour
M	Museum
☼	Aussichtspunkt
☩	Kirche
☩	Kapelle
H	Schloß
∩	Höhle
X	Einkehr
▲	Camping
⌂	Hütte, Berghaus
≋	Bademöglichkeit

Die Autoren

Wolfhart Berg: Touren 44 – 49; Dr. Henning Böhme: Touren 77 – 88; Birgit Chlupacek/Georg Weindl: Touren 158 – 165; Helmut Dumler: Touren 57 – 65, 103 – 109; Ute und Peter Freier: Touren 166 – 173; Wieland Giebel: Touren 25 – 37; Horst Höfler: Touren 191 – 200; Thomas F. Klein: Touren 66 – 76, 99 – 102, 110 – 142; Dr. Dieter Maier: Touren 1 – 18, 89 – 98, 143 – 150, 174 – 182; Michael Neumann-Adrian: Touren 38 – 43; Bernhard Pollmann: Touren 50 – 56; Dieter Seibert: Touren 183 – 190; Henning Sietz: Touren 19 – 24; Georg Weindl: Touren 151 – 157

Bildnachweis

Fremdenverkehrsamt Altenberg: S. 190
Verkehrsamt Alzenau: S. 254
Verkehrsamt Amorbach: S. 248
Verkehrsamt Bad Dürkheim: S. 264
Kurverwaltung Bad Münster am Stein: S. 224
Kur- und Touristinformation Bad Sobernheim: S. 226
Verkehrsverein Bischofsheim: S. 154
Atelier Blume, Waldkappel: S. 142
Carola Böhm, Mainz: S. 228
Dr. Henning Böhme: S. 92, 94, 96, 98, 100, 102, 158, 160, 162, 164, 166, 168, 170, 172, 174, 176, 178, 180
Birgit Chlupacek: S. 319, 320, 324, 325, 326
Petra Dubilski: S. 57
Helmut Dumler: S. 118, 120, 122, 124, 126, 128, 130, 132, 134, 210, 212, 214, 216, 218, 220, 222
Verbandsgemeinde Edenkoben: S. 266
Verkehrsamt Erbendorf/Foto: Hans Tretter: S. 302
Verkehrsamt Fladungen: S. 150
Ute und Peter Freier: S. 336, 337, 340, 342, 344, 346, 348, 350
Wieland Giebel: S. 54, 56, 60, 62, 64, 66, 68, 70, 72, 74, 76, 78 (2 x)
Hessisches Landesmuseum, Darmstadt: S. 242
Horst Höfler: S. 391, 394, 396, 397, 401, 403
Touristinformation Kipfenberg: S. 292
Thomas F. Klein: S. 136, 144, 146, 148, 152, 238, 240, 244, 250, 252, 256, 258, 260, 232, 268, 270, 274, 276, 278, 280, 282, 284, 286, 288
Werbeagentur W. Knopf, Wiesloch: S. 230
Fotohaus König, Lobenstein: S. 182
Fremdenverkehrs GmbH Krumhörn/Greetsiel: S. 6
Stadtverwaltung Lauf: S. 296
Foto Löbl-Schreyer, Bad Tölz: S. 386, 388, 390
Dr. Dieter Maier: S. 8, 10, 12, 14, 16, 18, 20, 22, 24, 26, 28, 30, 32, 34, 36, 38, 40, 184, 186, 192, 194, 196, 198, 200, 202, 294, 304, 352, 354, 356, 358, 360, 362, 364, 366, 368
Fremdenverkehrsamt Neuhausen/Erzgebirge: S. 188
Michael Neumann-Adrian: S. 80, 84, 86, 88, 90
Gemeinde Obertrubach/Foto: Konrad Maier: S. 300
Tourist-AG Oestrich-Winkel, Geisenheim: S. 236
Tourismusverband Ostbayern, Regensburg: S. 305, S. 328 (Foto: Unger)
Fremdenverkehrsbüro Pappenheim: S. 290
Bernhard Pollmann: S. 104, 106, 108, 110, 112, 114, 116, 298
Fremdenverkehrsverband Rhön: S. 156, S. 262
Tourismusverein Sachsen-Anhalt e. V., Magdeburg: S. 82
Dieter Seibert: S. 370, 372, 374, 376, 378, 380, 382, 384
Henning Sietz: S. 42, 44, 46, 47, 50, 52
Verkehrsverein Spiegelau/Foto:Mirwald: S. 322 (2 x)
Weber, Dreifelden: S. 206, 208
Georg Weindl: S. 308, 310, 312, 314, 315, 318, 329, 330, 332, 334
Tourist-Information Wertheim: S. 272
Fremdenverkehrsverein Westerwald: S. 204
Fremdenverkehrsamt Witzenhausen: S. 140
Photo-Kunstverlag F. G. Zeitz KG, Königssee/Obb.: S. 138

Ortsregister

Achkarren 343f.
Ahrweiler 209f.
Albstadt 352
Alf 220
Altastenberg 129f., 132
Altenahr 209f.
Altenberg 189f.
Altendorf 307
Altenkirchen 33
Alzenau 253f.
Amorbach 247f.
Amorsbrunn 247
Amrum 15f.
Anhausen 367
Annweiler 259f.
Arnsberg 291
Attendorn 121f.
Auerbacher Feste/Schloß 243f.
Auerbachs Keller (Leipzig) 172

Bad Düben 179f.
Bad Dürkheim 263f.
Bad Faulenbach 371f.
Bad Grund 93f.
Bad Homburg 237f.
Bad Liebenzell 335f.
Bad Münster am Stein 223
Bad Schandau 198
Bad Sobernheim 225f.
Bad Urach 359f.
Bad Windsheim 287f.
Balingen 351f.
Bärnfels 299
Bastei 193f.
Bayerisch-Eisenstein 236
Behringen 45f.
Benediktbeuern 395f.
Berchtesgaden 403f.
Bergrothenfels 251f.
Berlin 54, 56, 58, 60, 62, 64, 68
Beuron 355
Bichl 395
Bickensohl 343
Biebernheim 229
Binz 37f.
Bischofsheim 153f.
Bischofswiesen 404
Bispingen 45f.
Bissingen 361f.
Blankenburg 97f.
Blaubeuren 363f.

Blumberg 347f.
Bodenmais 326
Bofsheim 275
Borgwedel 23
Bornhagen 141
Braunschweig 85f.
Bronnbach 272
Brotterode 162
Brück 211
Buckow 61f.
Bullenheim 279f.
Bundenbach 227f.
Burg 71f., 77
Burg Eltz 221f.
Burg Hohenzollern 353
Burg Rheinfels 229f.
Burg Teck 361
Burgberg 377
Bürgeln 349f.
Burgfelden 351f.
Burglahr 205
Burglengenfeld 309f.

Cämmerswalde 187
Canitz 178
Canum 5
Carwitz 39f.
Cattenstedt 97
Cham 315f., 330
Chamerau 329f.
Chammünster 329f.
Clausthal 99f.
Cochem 219f.
Cölbe 137
Cottbus 65f.

Dahn 261f.
Dannenfels 267f.
Danzwiesen 155
Daun 213
Debnitz 175
Dillenburg 201f.
Donaustauf 333f.
Dörrhof 275
Dreifelden 208

Ebingen 352
Ebrach 283f.
Echternacherbrück 217f.
Edenkoben 265f.
Ehestorf 13
Ehrenfriedersdorf 185
Eichberg 337f.
Eilenburg 178ff.
Eisenach 157

Eitzum 89
Elpersheim 273f.
Erbendorf 302
Erfweiler 261
Erkner 63f.
Erlabronn 285f.
Erlabrunn 183
Eselsburg 367f.
Esper Ort 29
Ettal 387f., 389
Evessen 90

Fahr 281f.
Fahrdorf 23
Falkenstein 311f.
Falshöft 21
Feldberg 39f.
Fichtelberg 303f.
Fischbachau 399f.
Fischbek 13
Fladungen 149
Fleckeby 23
Fleckenberg 125
Frankfurt/Main 231, 239
Freepsum 5
Freilingen 207
Frielingen 139f.
Furtwangen 341f.
Füssen 371f.

Garmisch-Partenkirchen 391f.
Gartenried 313
Geisenheim 235f.
Gelting 21f.
Gemünden 215f.
Gern 404
Geroldseck 337
Gerolstein 213f.
Gersfeld 151f.
Glaucha 180
Göhren 289
Gollwitz 27
Gommern 79f.
Goslar 91f.
Göttling 329
Granitzer Ort 37
Gransee 53f.
Grasellenbach 250
Graswarder 25f.
Grimma 173f.
Grünheide 64
Grube Messel 241f.
Gschwendt 395f.
Gundelsheim 277f.
Gutach 339

Ortsregister

Haddeby 23
Hahnenklee 92
Haiger 202
Halblech 385f.
Haldensleben 81f.
Haltern 116
Hamburg 13f.
Hameln 104, 106
Handthal 283f.
Hardenburg 263f.
Harra 181f.
Haselbach 153
Hausach 339f.
Hausbruch 13
Hausen 149f.
Hausen 227
Hayingen 357f.
Hechingen 354
Heidelberg 269f.
Heiligenhafen 25f.
Helgoland 9f.
Herbrechtingen 367f.
Hermannsburg 47f., 49f.
Herzberg 101f.
Herzogau 315
Hessisch Oldendorf 106
Heubach 365f.
Hiddensee 35f.
Hilchenbach 123f.
Hindelang 375f.
Hinterhermsdorf 199f.
Hochgrat 383f.
Hofgeismar 147f.
Höfgen 174
Höglwörth 401f.
Hohenirlach 307
Hohenprießnitz 180
Hohenschwangau 369f.
Hohensyburg 117f.
Hohnstädt 174
Hohnstein 195f.
Hoppenstedt 87
Horn-Bad Meinberg 109f.
Hornburg 87f.
Hörstel-Riesenbeck 113f.
Hösseringen 51f.

Ickelheim 287
Immenstadt 381f.

Johanngeorgenstadt 183f.
Johannisberg 236

Kandern 349f.
Kappel 305

Kassel 145
Kasselburg 213f.
Kassel-Wilhelmshöhe 145f.
Keitum 19
Kelheim 293f.
Kipfenberg 291f.
Kirchdorf 27f.
Kloster 35f.
Kloster Ettal 387f.
Kloster Liebfrauenthal 205
Kloster Limburg 263f.
Kloster Sielmönken 5
Kloster Weltenburg 293f.
Kneitlingen 89
Kolmberg 315
Kondrau 305
Königslutter 90
Köppel 204
Köthen 73f.
Krausnick 67f., 73f.
Kronberg 239f.
Krottenthal 311
Krummhörn 5f.
Kuhnhof 295

Lackenhäuser 319f.
Lange Anna 9
Lauf an der Pegnitz 295f.
Laufen 351f.
Lausheim-Blumegg 347f.
Lautenthal 93f.
Lehde 77f.
Leibsch 73f.
Leienfels 299
Leinsweiler 259f.
Leipzig 171f.
Lengau 315
Lenkersheim 287
Leonberg 306
Letzlingen 83f.
Linderhof 389f.
Lindow 53f.
Lobenstein 181f.
Lohme 31f.
Lübben 67f., 74, 75f.
Lübbenau 75f., 77f.
Lubolz 67f.
Lübschütz 177f.
Lukahammer 313

Machern 177f.
Magdeburg 79
Marburg 137f.
Marienstein 311
Marienthal 235

Markelsheim 273f.
Masserberg 167f., 169f.
Matzelsried 323f.
Melibocus 243f.
Meseberg 53
Mespelbrunn 255f.
Messel 241f.
Michelbach 253f.
Milseburg 155f.
Missunde 23
Mittelberg 155
Mittenwald 393f.
Mitterauerbach 307
Modautal-Neunkirchen 245
Monakam 335f.
Monbachtal 335f.
Montabaur 203f.
Morsum 19
Moselkern 221
Müden 47f.
Münchshofen 309

Naabeck 309
Naumburg 143f.
Nebel 15f.
Nenzenheim 279f.
Neugraben 13f.
Neuhaus am Rennweg 169f.
Neuhaus an der Pegnitz 297f.
Neuhaus im Solling 107f.
Neuhausen 187
Neuschwanstein 369f.
Neustadt/Wied 205f.
Neuwerk 11
Neuwernsdrof 187
Nideggen 211f.
Niedereichenau 320
Niederhaverbeck 41f.
Niederholte 119
Nittenau 311
Nitzschka 175
Nobbin 33
Norddorf 15f.
Nordenau 127f.
Norderney 7f.
Norheim/Nahe 223
Nuschelberg 295f.

Oberammergau 387f.
Oberaula 139
Oberbernhards 155
Oberhof 163f., 165f.
Oberjoch 375f.
Oberkirchen 127f., 131
Oberliemberg 341

407

Ortsregister

Obernhain 237f.
Oberreifenberg 231f.
Oberrotweil 343f.
Oberstdorf 379f.
Obertrubach 299f.
Oberursel 239f.
Oberviechtach 313f.
Ockensen 104
Odernheim 225
Oldendorf 47f.
Ording 17
Osterburken 275f.
Osterode 100
Osterwieck 87f.
Ottomühle 192

Pappenheim 289f.
Petkampsberg 70
Pewsum 5f.
Pfaben 301
Pfronten 373f.
Pilgramsberg 331f.
Plötzky 79f.
Poel 27f.
Pommerby 21f.
Poppenhausen 151
Potsdam 59f.
Prerow 29
Pretzien 79
Püchau 177f.
Putgarten 33

Rathen 193f.
Rauschenbach 187
Regelmannsbrunn 291
Regen 323f.
Regensburg 334
Reichenbach 311
Reichenbach 337f.
Rhaunen 227f.
Rheinsberg 55f.
Rhoden 87f.
Rhodt 265
Riddagshausen 85f.
Riesenbeck 113f.
Rimbach 249f.
Rohrbrunn 257f.
Rosenthal 192
Rothenfels 252
Rügen 31f.
Ruhla 157f., 159f.

Saalburg 237f.
Saaldorf 181
Sababurg 147f.

Sahlenburg 11f.
Salaburg 17f.
Saßnitz 31f.
Scheinfeld 285f.
Schlepzig 67f., 69f., 73f.
Schleswig 23f.
Schloß Branitz 65f.
Schloß Hohenschwangau 369f.
Schloß Linderhof 389f.
Schloß Ludwigshöhe 263f.
Schloß Neuschwanstein 369f.
Schloß Rheinsberg 55f.
Schloß Sanssouci 59f.
Schmallenberg 125f.
Schnodserbach 285f.
Scholbrunn 257f.
Schönsee 314
Schöppenstedt 85, 89
Schotten 136
Schwand 314
Schwandorf 307ff.
Schwangau 370
Schwarzenberg 285f.
Schweizermühle 191f.
Sellin 37f.
Sieber 101f.
Sonderbuch 363
Sonthofen 377f.
Spiegelau 322
Spielberg 309
St. Englmar 327f.
St. Goar 229f.
St. Mang 372
St. Märgen 345f.
St. Peter 354f.
St. Peter-Ording 17f.
Stallwang 332
Steibis 382
Steinach 373
Steinbach 183
Steingaden 385f.
Steinwand 155
Steinwarder 25
Stephanshausen 235f.
Stoißeralm 401f.
Stützerbach 165f., 167f.
Sudenau 245
Suderburg 52
Süplingen 81
Syburg 118
Sylt 19f.

Tegernsee 397f.
Teisendorf 401f.
Telgte 111f.

Thale 95f.
Thallwitz 177f.
Timmendorf-Strand 27
Timmenrode 97
Tirschenreuth 305f.
Trauchgau 385
Trebsen 173f., 175f.
Treseburg 96
Triberg 341f.

Undeloh 43f.
Unterlüß 51f.
Unterrieden 141
Ützdorf 58

Valbert 121
Veldenstein 297
Vitte 35f.
Volkach 281f.
Vorderschützenbach 341

Walderbach 311
Waldmünchen 315
Waldsassen 305
Wandlitz 57f.
Wandlitzsee 57f.
Warendorf 111f.
Wartburg 257f.
Wasewitz 178
Wasserkuppe 151f.
Wednig 174
Wehrda 137
Weikersheim 273f.
Weilburg 233f.
Weilerbach 218
Weißenstein 323f.
Weitmershausen 287
Wertheim 271f.
Wieck am Darß 30
Wieskirche 385
Wildemann 94
Wilsede 41f., 43f., 45f.
Windhausen 121n 136
Windischeschenbach 317f.
Winterberg 132ff.
Witzenhausen 141f.
Wundsheim 307
Wurzen 175

Zellberg 401
Zinnwald-Georgenfeld 189f.
Zollhaus 347f.
Zotzenbach 249
Zwiefalten 357f.
Zwingenberg 243f.